Sezession im Völkerrecht – Faktisches Phänomen oder reale Utopie

Völkerrecht, Europarecht und Internationales Wirtschaftsrecht

Herausgegeben von Peter Hilpold und August Reinisch

Band 24

PL ACADEMIC RESEARCH

Anna Fischer

Sezession im Völkerrecht – Faktisches Phänomen oder reale Utopie

Die Geschichte eines Prinzips im Lichte eines unglücklichen Präzedenzfalls

PL ACADEMIC RESEARCH

Bibliografische Information der Deutschen Nationalbibliothek
Die Deutsche Nationalbibliothek verzeichnet diese Publikation in der Deutschen Nationalbibliografie; detaillierte bibliografische Daten sind im Internet über http://dnb.d-nb.de abrufbar.

Die Publikation wurde mit finanzieller Unterstützung aus den Fördermitteln des Vizerektorats für Forschung der Leopold-Franzens-Universität Innsbruck und der Abteilung Wissenschaft und Weiterbildung des Landes Vorarlberg gedruckt.

universität innsbruck

Vorarlberg
Wissenschaft

ISSN 1862-457
ISBN 978-3-631-72528-3 (Print)
E-ISBN 978-3-631-72529-0 (E-PDF)
E-ISBN 978-3-631-72530-6 (EPUB)
E-ISBN 978-3-631-72531-3 (MOBI)
DOI 10.3726/b11255

PL Academic Research ist ein Imprint der Peter Lang GmbH.

Peter Lang – Frankfurt am Main · Bern · Bruxelles · New York · Oxford · Warszawa · Wien

Diese Publikation wurde begutachtet.

www.peterlang.com

Dank

Auf meinem Weg durch das Studium und insbesondere auch in der Zeit der Erstellung dieser Arbeit haben mich viele Menschen auf verschiedenste Weise unterstützt und mich in meinem Tun bestärkt und motiviert – an dieser Stelle möchte ich all jenen meinen tiefen Dank aussprechen.

Ein großer Dank gebührt insbesondere dem Betreuer meiner Diplomarbeit, a.o. Univ. Prof. MMag. Dr. Peter Hilpold, der mich mit großem Engagement begleitet hat, für alle Fragen und Anliegen immer und jederzeit ein offenes Ohr hatte und mir wertvolle Literatur zur Verfügung gestellt hat.

Ein besonderer Dank gilt meinen Eltern, Kurt und Beate Fischer, die mir eine akademische Ausbildung ermöglicht haben und auf meinem Weg stets eine große Stütze waren und sind.

Danken möchte ich auch meiner Mitstudentin Laura, meinen Freundinnen Patricia, Eva und Anna sowie meiner Schwester Lena.

… perhaps no other question of political philosophy, or international law, pregnant with such unutterable calamities, has ever been so partially and superficially examined as the right of secession.

Albert Taylor Bledsoe

Inhaltsverzeichnis

Abkürzungsverzeichnis

AO	Advisory Opinion
ASIL	American Society of International Law
DRC	Democratic Republic of the Congo
EDA	Eidenössisches Departement für auswärtige Angelegenheiten
EJIL	European Journal of International Law
FRY	Federal Republic of Yugoslavia
ICCPR	International Covenant on Civil and Political Rights
ICJ	International Court of Justice
ICO	International Civilian Office
IGH	Internationaler Gerichtshof
ILC	International Law Commission
IOK	Internationales Olympisches Komitee
KFOR	Kosovo Force
KLA	Kosovo Liberation Army
KPS	Kosovo Police Service
KSZE	Konferenz über Sicherheit und Zusammenarbeit in Europa
KVM	Kosovo Verification Mission
LDK	Demokratische Liga Kosovo
NATO	North Atlantic Treaty Organization
OAS	Organisation Amerikanischer Staaten
OSZE	Organisation für Sicherheit und Zusammenarbeit in Europa
PISG	Provisional Institutions of Self-Government
R2P	Responsibility to Protect
SFRJ	Socialist Federal Republic of Yugoslavia
SZIER	Schweizer Zeitschrift für internationales und europäisches Recht
UÇK	Ushtria Çlirimtare e Kosovës – Befreiungsarmee des Kosovo
UDI	Unilateral Declaration of Independence
UNCIO	United Nations Conference on International Organizations
UNDRIP	United Nations Declaration on the Rights of Indigenous Peoples
UNESCO	United Nations Educational, Scientific and Cultural Organization
UNGA	United Nations General Assembly
UNMIK	United Nations Interim Administration Mission in Kosovo

UNPROFOR	United Nations Protection Force
UNSCR	United Nations Security Council Resolution
WGIP	Working Group on Indigenous Populations
ZaöRV	Zeitschrift für ausländisches öffentliches Recht und Völkerrecht
ZÖR	Zeitschrift für öffentliches Recht

Vorwort

> "To explore self-determination [...] is [...] a way of opening a window towards a multifaceted, hugely important phenomenon. It is also a way of opening a veritable Pandora's box."[1]

> "People need Utopia. I have always distinguished utopic means from utopic ends. Utopia is bad when it is reduced to means. Such as, for example, the belief in a perfect constitution which would suit all countries in all epochs.
>
> A utopic end, in contrast, is the aspiration towards an ultimate goal. Of course, it can't be achieved without the appropriate means. But these means can never be definite, they can only be provisional: they are temporary, interim and can be corrected or discarded."[2]

> „Wir werden also mit der Möglichkeit umzugehen wissen, sie begreifen, damit es nicht nur eine mehr oder minder vage Hoffnung ist und als solche mit schlechter Utopie verwechselt werden kann, sondern damit sie Anweisung zur fundierten Tat wird und etwas wie ein intellektueller Generalstab zur Umwälzung unserer Wirklichkeit zu einer rechten, guten, humanen, für Menschen erträglichen und endlich für Menschen gebauten daraus werden kann. *Darum nie genug konkrete Utopie.*" *(Herv. A.F.)*[3]

An einem strahlenden Sommerwochenende im Jahr 1914 wollten Kinder in ihrem Garten in Bad Tölz mit Nachbarskindern ein kleines Theaterstück aufführen: *Die Büchse der Pandora.* In eigens geschneiderten Kleidern fieberten sie am Samstag, dem 1. August, der Generalprobe entgegen, doch diese wurde vom Kindermädchen der Familie jäh unterbrochen: „«Zieht euch nur wieder aus, [...] der Krieg ist ausgebrochen.»" Der Vater der Kinder, Thomas Mann, soll den Moment so kommentiert haben: „«Nun wird wohl auch gleich ein feuriges Schwert am Himmel erscheinen.»"[4]

Die Büchse der Pandora war geöffnet, das unheilvolle Schwert sollte auch nach 1918 nicht verschwinden, auch wenn für einen kurzen Augenblick, im *Wilsonian Moment*,[5] ein Prinzip der Hoffnung am weltgeschichtlichen Horizont aufleuchtete:

---

1 A. Cassese, Self-Determination of Peoples. A Legal Reappraisal, Cambridge 1995, S. 1.

2 René-Jean Dupuy im Gespräch mit Antonio Cassese, in: A. Cassese, Five Masters of International Law – Conversations with R. J. Dupuy, E. Jiménez de Aréchaga, R. Jennings, L. Henkin and O. Schachter, Oxford 2011, S. 41.

3 E. Bloch, Zum Begriff der Utopie, in: Abschied von der Utopie? Vorträge – Herausgegeben v. Hanna Gekle, Frankfurt a. M. 1980, S. 82.

4 J. Leonhard, Die Büchse der Pandora, Geschichte des Ersten Weltkrieges, München 2014, S. 9.

5 Vgl. E. Manela, The Wilsonian Moment, Self-Determination and the International Origins of Anticolonial Nationalism, New York 2007.

das Prinzip der Selbstbestimmung. Es vereinte gleich zwei utopische Prinzipien in sich: *Freiheit* und *Ordnung*,[6] und sollte, so die Hoffnung vieler, Grundlage sein für eine Neuordnung Europas in Freiheit und Frieden. Sein eigener Außenminister warnte Präsident Wilson vor dem verhängnisvollen, mit Dynamit geladenen Begriff, der unerfüllbare Hoffnungen wecken, Abertausende von Leben kosten und Frieden und Stabilität gefährden werde.[7]

Im historischen Rückblick hat Wilson die Büchse der Pandora geöffnet[8] – das Ordnungsprinzip der (nationalen) Selbstbestimmung, das Europa Freiheit und Demokratie bringen sollte, erwies sich als „Element internationaler Unruhe und Unordnung", als doppeldeutiges Ideal, das „gleichzeitig Nationen schaffen und Staaten zerstören" kann, bis zur Fragmentierung der Welt in „Natiönchen".[9]

Selbst nach der „Domestizierung"[10] des Prinzips nach dem Zweiten Weltkrieg durch die Verankerung in der Charta der Vereinten Nationen und die Beschränkung auf die Entkolonialisierung behielt das Prinzip seine Sprengkraft und führte immer wieder zu unglücklichen Präzedenzfällen, insbesondere durch ihr anti-statisches, sezessionistisches Moment.

Trotz der Ambivalenz und gefährlichen Unbestimmtheit der Selbstbestimmung sehen manche in ihr bis heute ein hoffnungsvolles, utopisches Prinzip, das als Fernziel mehr ist als nur „abstraktes wishful thinking".[11] So glaubt Antonio Cassese an das Prinzip der Selbstbestimmung als reale Utopie, an die Möglichkeit, diese schrittweise zu realisieren. Das Fernziel der Verwirklichung der Utopie

6 Ernst Bloch unterscheidet zwei gegensätzliche Arten von Utopien: Freiheitsutopien und Ordnungsutopien. Als Beispiele nennt er die liberal-föderative Utopie bei Thomas Morus und die autoritär-zentralistische Utopie bei Campanella. E. Bloch, Zum Begriff der Utopie, in: Abschied von der Utopie? Vorträge – Herausgegeben v. Hanna Gekle, Frankfurt a. M. 1980, S. 51 f.

7 Vgl. R. Lansing, The Peace Negotiations. A Personal Narrative. Boston and New York, 1921, S. 97 f.

8 Vgl. V. Prott, The Politics of Self-Determination – Remaking Territories and National Identities in Europe 1917–1923, New York 2016, S. 1.

9 K. Schwabe, Woodrow Wilson und das europäische Mächtesystem in Versailles: Friedensorganisation und nationale Selbstbestimmung, in: G. Clemens (Hrsg.), Nationen und Europa, Studien zum internationalen Staatensystem im 19. und 20. Jahrhundert, Stuttgart 2001, S. 89 ff.

10 Vgl. J. Fisch, Das Selbstbestimmungsrecht der Völker – Die Domestizierung einer Illusion, München 2010.

11 Vgl. E. Bloch, Abschied von der Utopie, S. 70.

verhindert, dass uns Misserfolge in der Gegenwart, unglückliche Präzedenzfälle, resignativ stimmen, zynisch oder gar nihilistisch.[12]

Im Gegensatz zu Cassese ist das Prinzip der Selbstbestimmung für seine schärfsten Kritiker wie Robert Y. Jennings eine politische Worthülse ohne wirklich feststellbaren Inhalt.[13] Wenn man in der Selbstbestimmung in erster Linie ein rhetorisches Kampfmittel, insbesondere der Großmächte, sieht, dann ist es konsequent, ihre Verabschiedung zu fordern: *A Farewell to Rhetorical Arms.*[14]

Schon vor gut 40 Jahren fragte Sinha, ob das Prinzip der Selbstbestimmung am Ende der Entkolonialisierung passé sei. Während er zum Schluss kommt, dass dies keineswegs der Fall ist[15], sprechen andere heute von der Obsoleszenz der Selbstbestimmung[16], oder von deren „Sonnenuntergang“[17]. Stehen wir am

---

12 Ibid., S. 80. Bloch betont, „dass in den Nahzielen […] nichts glückt, wenn man keine Fernziele hat. Die Spannung fehlt, die Erregung fehlt, der Wille, die Begeisterung, die Leidenschaft fehlen, um sich für Nahziele einfachster, praktischer Art einzusetzen […]. [D]as Fernziel verhindert, dass nicht jeder Mißerfolg in der sogenannten Gegenwart wieder eine neue Resignation erzeugt, vor allen Dingen aber verhindert, dass Nihilismus eintritt.“

13 A. Cassese, Five Masters of International Law, S. 117: […] Jennings was not especially supportive of the principle of self-determination of peoples, adopting a somewhat hostile attitude to it instead. Without asking himself whether that powerful if ambiguous and polyvalent political concept had been translated into law, and if so, what meaning it could hold, he simply discarded its legal impact out of hand. In 1967 he defined self-determination as *'a political catchword totally without certainly ascertainable content'.*“ (Herv. A.F.)

14 Z. Oklopcic, A Farewell to Rhetorical Arms, in: A. Eisenberg et. al. (Hrsg.), Recognition vs. Self-Determination, Dilemmas of Emancipatory Politics, Vancouver 2014, S. 101–124.

15 S. P. Sinha, Is Self-Determination Passé, in: 12 Columbia Journal of Transnational Law (1973), S. 273: „In view of the above discussion, the conclusion is inescapable that the decolonization of nearly all overseas colonies has not rendered the principle of self-determination obsolete.“ Zur Frage der Bedeutung des Prinzips der Selbstbestimmung im postkolonialen Zeitalter vgl. auch G. J. Simpson, The Diffusion of Sovereignty: Self-Determination in the Post-Colonial Age, in: 32 Stanford Journal of International Law (1996), S. 255–286.

16 J. R. Morss, "Mars for the Martians"? On the Obsolescence of Self-Determination, in: F. R. Tesón, The Theory of Self-Determination, S. 184: "My intention […] is to defend the argument that the concept of self-determination has outlived its usefulness in international law. It will be proposed that self-determination was a phenomenon of the twentieth century from which we have collectively and globally moved on, normatively if not historically."

17 Z. Oklopcic, S. 102: "This chapter charts the reluctant sunset of the concept of self-determination in the context of the Yugoslav dissolution, Quebec's unsuccessful secession and Kosovo's contested independence."

Ende des Zeitalters der Selbstbestimmung? Sind wir in einer Welt der Post-Selbstbestimmung *(post-self-determination world)?* Ist eine prägende Gestalt der Geschichte alt geworden und lässt sich *nicht verjüngen, nur erkennen*[18] und verabschieden – mit einem würdigen Begräbnis[19]? Diejenigen, die den Abschied vom Prinzip der Selbstbestimmung fordern, zeichnen zum Teil ein düsteres Bild:

> "[T]he dominant forms of representative democracy, self-determination and democratisation promoted through international law are not alternatives to imperialism, but, rather, the means through which informal imperialism operates against the wishes of the majority of the population of the post-colonial world."[20]

Abschied von der Selbstbestimmung als logische Konsequenz einer zunehmend postdemokratischen Welt?[21] Unglückliche Präzedenzfälle wie Kosovo oder Krim scheinen diese radikale Kritik am Prinzip der Selbstbestimmung zu bestätigen. Sie zeigen, wie Großmächte je nach Bedarf das Völkerrecht instrumentalisieren, manipulieren oder sich ihm fallweise entziehen wollen:

---

18 Vgl. G. F. Hegel, Grundlinien der Philosophie des Rechts., Frankfurt a. M. 1972, S. 14: „Wenn die Philosophie ihr Grau in Grau malt, dann ist eine Gestalt des Lebens alt geworden, und mit Grau in Grau lässt sie sich nicht verjüngen, sondern nur erkennen; die Eule der Minerva beginnt erst mit der einbrechenden Dämmerung ihren Flug."

19 Vgl. L. C. Buchheit, Secession, S. 223: "[T]here are some who would have thought it a more honorable and less cynical course for the community to have openly disowned the principle of self-determination, in the postcolonial era, as a contentless, vestigial doctrine. After shouldering the hopes of so many from Woodrow Wilson on down, perhaps it deserved a decent burial."

20 J. Tully, The Imperial Roles of Modern Constitutional Democracy, Imperalism and Civic Freedom, Vol. 2, Public Philosophy in a New Key, Cambridge 2008, S. 158: Ausgehend von Tully kritisiert Oklopcic die heuchlerische Selbstbestimmungs-Rhetorik der Großmächte: "Invoking somebody's self-determination is a rhetorical strategy employed [...] to enact what could be considered radical desire management, through which great powers co-opt the diverse political energies of selected populations and make them work for them."

21 Zum Begriff der Postdemokratie vgl. C. Crouch, Postdemocracy, Cambridge 2004. Crouch sieht die Demokratie zu Beginn des 21. Jahrhunderts in einer paradoxen Situation. Einerseits erlebt sie einen weltgeschichtlichen Höhepunkt *(world-historical peak)*, andererseits sieht sie Crouch durch den zunehmenden Einfluss internationaler Konzerne und privilegierter Eliten in höchster Gefahr.

> “[P]owerful states tend to use international law as a means of regulation as well as of pacification and stabilization of their dominance; in other areas, faced with the hurdles of equality and stability that international law erects, they withdraw from it.“[22]

Instrumentalization und *Withdrawal* sind für Krisch zwei Pole einer hegemonialen Strategie.[23] Ein aktueller Fall von „Withdrawal“ ist Russlands Widerruf seiner Zustimmung zum Rom-Statut des Internationalen Strafgerichtshofs. In der allgemeinen Begründung Russlands heißt es, „der zur Verfolgung von Kriegsverbrechen eingerichtete Gerichtshof werde den Hoffnungen der internationalen Gemeinschaft nicht gerecht, er sei ineffizient, verursache aber hohe Kosten.“[24] Kurz vor der Ankündigung Russlands, seine Unterschrift unter das Statut zurückzuziehen, hatte die Chefanklägerin des Strafgerichtshofs, Fatou Bensouda, erklärt, die russische Besetzung der Halbinsel Krim und die Kämpfe in der Ostukraine deuteten auf einen bewaffneten internationalen Konflikt zwischen Russland und der Ukraine hin.[25] Wie die USA und China hatte Russland das Rom-Statut nicht ratifiziert, konnte aber mit dem Rückzug der Unterschrift ein Signal der Ablehnung setzen.

Durch ihre heuchlerische Logik und Rhetorik der „Selbstbestimmung“ haben insbesondere die Großmächte diesem Prinzip und dem gesamten Völkerrecht stark geschadet und dessen Weiterentwicklung im postkolonialen Kontext verhindert oder zumindest gefährdet:

---

22 N. Krisch, International Law in Times of Hegemony: Unequal Power and the Shaping of the International Legal Order, in: The European Journal of International Law, Vol. 16, No. 3 (2005), S. 379.

23 Ibid., S. 381.

24 „Russland zieht sich vom Weltstrafgericht zurück“. Süddeutsche Zeitung, 16. November. 2016, http://www.sueddeutsche.de/politik/internationaler-straf-gerichtshof-russland-zieht-sich-aus-weltstrafgericht-zurueck-1.3252552.

25 „The law of international armed conflict would continue to apply after 18. March 2014 to the extent that the situation within the territory of Crimea and Sevastopol factually amounts to an on-going state of occupation. For purposes of the Rome Statute an armed conflict may be international in nature if one or more states partially or totally occupies the territory of another state, whether or not the occupation meets with armed resistance.“ International Criminal Court, Report on Preliminary Examination Activities 2016, 14. November 2016, S. 33 ff. https://www.icc-cpi.int/iccdocs/otp/161114-otp-rep-PE_ENG.pdf.

> "After all this talk of misuse of legal argument, obfuscation, frustration and covert operations, is international law no more than an excuse, a cloak of respectability covering up the ugly truths of power?"[26]

Wenn man sich nicht resignativ damit begnügen will, vergangene faktische Entwicklungen zu beschreiben oder im besten Fall zu rechtfertigen, dann muss man Selbstbestimmung als Gestaltung sehen, als „Versuch ein ‚besseres', ‚gerechteres' internationales System zu schaffen."[27] Wer diesen Weg geht, glaubt daran, um zum eingangs erwähnten Mythos von der Büchse der Pandora zurückzukehren, dass uns die Hoffnung geblieben ist:

> „So ist auf Dauer die zweite Fassung des Pandoramythos doch die einzig wahre; Hoffnung ist das den Menschen gebliebene, das keineswegs bereits gereifte, aber auch keineswegs vernichtete Gut."[28]

In einem Gespräch mit Antonio Cassese hat René-Jean Dupuy einen hoffnungsvollen Blick auf den Wert des Völkerrechts und dessen Bedeutung für das große Friedensprojekt[29] der Menschheit geworfen:

> "The value of international law is to present the following challenge to governments: If you don't want to kill each other, if you want to build a peaceful solution, I, as a jurist, can provide you with the tools: mediation, conciliation, and arbitration. I can provide you with a way to set out a treaty, to make reservations to it, arrange it. I can provide you with all the means if you only consult me. Therefore, international law is a set of means which challenge the conscience of States. Obviously, a State won't accept this challenge if it is governed by a dictator, and it will manipulate international law to entirely different ends. But *the true nature and function of international law is to challenge the conscience of good-willed heads of State. It puts at their disposal the means for establishing peace and saving face.*"[30] (Herv. A. F.)

Das Völkerrecht wird immer wieder instrumentalisiert und manipuliert – die Geschichte des Selbstbestimmungsrechts der Völker zeigt dies eindrucksvoll. Aber gerade durch seine Humanisierung in den letzten Jahrzehnten appelliert das Völkerrecht an das Gewissen der Staatengemeinschaft und ruft immer

26 C. J. Borgen, Law, Rhetoric, Strategy: Russia and Self-Determination Before and After Crimea, in: International Law Studies (2015), S. 277.

27 P. Hilpold, Von der Utopie zur Realität – das Selbstbestimmungsrecht der Völker im Europa der Gegenwart, in: Juristenzeitung 68, 22/2013, S. 1061–1070.

28 E. Bloch, Das Prinzip Hoffnung, GA Band 5, Frankfurt a. M. 1959, S. 389.

29 "Men have a right to peace. Humanity carries within it a great peace project, and will continue to carry it until the end of time." Antonio Cassese im Gespräch mit René-Jean Dupuy, in: A. Cassese, Five Masters of International Law, S. 38.

30 Ibid.

wieder das utopische Fernziel in Erinnerung: eine friedliche Weltordnung, welche die Menschenrechte und das Recht auf Selbstbestimmung gewährleistet. Für die Realisierung braucht es einen Fahrplan – die Schaffung eines normativen Rahmens. Der Fall Kosovo wurde gerade deshalb zum unglücklichen Präzedenzfall, weil ein solcher Rahmen fehlte und der Internationale Gerichtshof die historische Chance verpasste, einen mutigen Beitrag zur Schaffung eines solchen Rahmens zu leisten.

1. Einleitung

"Do you consider human rights to be among the values which illustrate a positive evolution in international law?
Human rights and the right to self-determination.
More than the value of peace?
Yes. Peace is a fundamental value. But it is a substitute for human rights and self-determination."[31]

Dem Blick zurück aus dem noch jungen 21. Jahrhundert in das 20. Jahrhundert erscheint dieses als Jahrhundert der Selbstbestimmung, und dessen zweite Hälfte als Zeitalter der Sezession oder der Sezessionskriege.[32] In seinem kürzlich erschienenen Buch *Age of Secession* geht Ryan D. Griffiths dem vorherrschenden Trend dieses Zeitalters, der Vermehrung von Staaten, nach und nennt dabei einleitend eine bemerkenswerte Zahl: seit 1945 wurden 131 souveräne Staaten geboren.[33] Ein Rückblick auf die letzten beiden Jahrhunderte zeigt einen Übergang von einem Zeitalter der Staatenvereinigung zu einem der Fragmentierung. So nahm die Zahl der Staaten im Laufe des 19. Jahrhunderts ständig ab, insbesondere nach 1860, und erreichte 1912 den absoluten Tiefpunkt: die internationale Staatengemeinschaft bestand nur noch aus 51 Staaten.

Trotz der ersten „Geburtenwelle" in der Staatengemeinschaft nach dem Ersten Weltkrieg wurde 1943, durch die Eroberungen des Zweiten Weltkriegs, mit 53 Staaten noch einmal ein Tiefpunkt erreicht. Der Trend lässt sich auch anhand der durchschnittlichen Staatengröße verdeutlichen: während die durchschnittliche Staatengröße im 19. Jahrhundert ständig wuchs und um die Jahrhundertwende mit knapp zwei Millionen km^2 einen Höhepunkt erreichte, ging der Durchschnittswert im 20. Jahrhundert, vor allem in der zweiten Hälfte des Jahrhunderts, deutlich zurück und betrug 2004 nur noch 854.000 km^2.[34]

Sezession in der zweiten Hälfte des 20. Jahrhunderts war immer wieder begleitet von kriegerischen Auseinandersetzungen:

---

31 Ibid.

32 A. Buchanan, Self-Determination, Secession and the Rule of Law. In: R. McKim/ J.McMahan, The Morality of Nationalism, New York, 1997, S. 301.

33 R. G. Griffiths, The International and Domestic Determinants of State Birth, Cambridge 2016, S. 1.

34 Ibid., S. 2.

“Of all the different types of disputes that can occur within states, self-determination disputes are the most likely to escalate to war and the most likely to resist compromise settlement.”[35]

Im Zentrum meiner Arbeit steht die historische Entwicklung des Prinzips der Selbstbestimmung, vor allem im Zeitalter der Sezession. Dabei gehe ich ausführlich auf den Kosovo-Fall ein, mit dem „die Selbstbestimmungsdiskussion in ganz enge Nähe zur Sezessionsdebatte gerückt“[36] wurde und dessen mögliche Wirkung als Präzedenzfall bis heute Gegenstand kontroverser völkerrechtlicher und politischer Debatten ist.

Dabei zeigt sich, wie diese Debatte „zwischen Rechtfertigung (vergangener faktischer Entwicklungen) und Utopie (Hoffnung auf gerechtere, friedlichere Zukunft)“ pendelt.[37] Reduziert auf das apologetische Element, wird die Selbstbestimmungsdebatte zur rein soziologischen Beschreibung der Staatenpraxis, abgehoben von dieser zur reinen Utopie.[38] Um zu belegen, dass das Selbstbestimmungsrecht existiert, muss man zeigen, dass es gleichzeitig normativ und konkret ist[39], gleichsam eine konkrete Utopie.[40]

Im ersten Kapitel blicke ich zurück in die Geschichte des Prinzips der Selbstbestimmung, auf die Entwicklung von einer aufklärerischen und revolutionären Idee zu einem diffusen Phänomen der globalen Welt. Der Weg der Selbstbestimmung in den unterschiedlichen Entwicklungsphasen verlief keinesfalls linear, eher als *„long and winding road“*. Eine wichtige Wegmarke in der Entwicklung zu einem (völker-)rechtlichen Prinzip war sicherlich der Auftritt zweier Propheten der Selbstbestimmung, Lenin und Wilson, auf der weltpolitischen Bühne. Mit

35 Vgl. B. F. Walter, Reputation and Civil War – Why Separatist Conflicts Are So Violent, Cambridge 2009, S. 3.

36 Vgl. P. Hilpold, Selbstbestimmung und Autonomie – Zwischen Sezession und innerer Selbstbestimmung, in: P. Hilpold (Hrsg.), Autonomie und Selbstbestimmung in Europa und im internationalen Vergleich, Wien 2016, S. 14.

37 Ibid., S. 15.

38 Vgl. M. Koskenniemi, From Apology to Utopia: The Structure of International Legal Argument, Cambridge 2005, S. 17: “A law which would lack distance from State behaviour, will or interest would amount to a non-normative apology, a mere sociological description. A law which would base itself on principles which are unrelated to State behaviour, will or interest would seem utopian, incapable of demonstrating its own content in any reliable way.“

39 Ibid.

40 Vgl. E. Bloch, Abschied von der Utopie? – Vorträge (Hrsg.) H. Gekle, Frankfurt 1980, S. 82.

ihnen rückte das Prinzip der Selbstbestimmung in den Mittelpunkt der Weltpolitik, wenn auch in ideologisch unterschiedlichen Versionen.

Wilson sah in der Selbstbestimmung in erster Linie das Recht der Völker, ihre Regierung selbst zu wählen. Selbstbestimmung, als Selbstregierung, rückte dabei in einen engen Zusammenhang zu den demokratiepolitischen Wertevorstellungen der Amerikanischen und Französischen Revolution. Wilsons Konzept der Selbstbestimmung beschränkte sich also zunächst auf die klassische Form der „inneren Selbstbestimmung", letztendlich erkannte dieser aber, dass sich dieses auch als praktisches Instrument zur Um- und Neugestaltung Europas nach dem ersten Weltkrieg eignete. Schon damals hatte sich gezeigt, dass diesem Prinzip eine enorme Sprengkraft innewohnt und dieses nicht nur Chancen, sondern auch Gefahren in sich birgt. Am Ende war Wilsons idealistisches Propagieren der Selbstbestimmung nur eine sehr unpräzise Ausgestaltung seiner Ideen. Hoffnungen wurden geweckt, die, wie Wilsons 1919 selbst erkannte, nicht realisiert werden konnten.

Während Wilson sich anfänglich auf den Begriff der „Selbstregierung" beschränkte, umfasste Lenins Konzept der Selbstbestimmung schon anfänglich das Recht unterdrückter Nationen zur politischen Abspaltung – das Recht einen unabhängigen Nationalstaat zu etablieren. Lenins Auffassung von Selbstbestimmung sollte allerdings nur insoweit zur Anwendung kommen, als es der Stärkung des Sozialismus und des Klassenkampfes dienen konnte.

Trotz der Bemühungen Wilsons, das Prinzip der Selbstbestimmung als Grundsatz in die Satzung des Völkerbundes aufzunehmen, fand dieses keinen Eingang in die Endfassung der Satzung und gelangte nur auf indirektem Wege, durch die Aufnahme des Art. 22, in die Satzung des Völkerbundes. Die Idee, die hinter dem in Art. 22 festgelegten Mandatssystem steckte, hatte ihren Ursprung im Konzept der Selbstbestimmung.

In der Ära des Völkerbundes blieb das Konzept der Selbstbestimmung ein politisches Postulat und gründete auf keiner rechtlichen Basis. Die Stellung, die dem Prinzip der Selbstbestimmung in der Völkerbundära zukam, verdeutlicht auch der Aland-Fall. Der vom Völkerbundrat eingesetzte Juristenausschuss bejahte zwar die bedeutende Rolle der Selbstbestimmung als modernes, politisches Konzept, sprach ihr aber jegliche rechtliche Geltung ab. Der Aland-Fall stellt auch eine wichtige Wegmarke in der Entwicklung des Konzepts der Sezession als Notwehrrecht dar, zumal die Berichterstatterkommission ein Recht auf Abspaltung, als letzten Ausweg, explizit angesprochen hatte.

Ein weiterer Meilenstein in der Entwicklung des Selbstbestimmungsrechts „vom umstrittenen Prinzip hin zum vieldeutigen Recht“[41] war die Verabschiedung der Satzung der Vereinten Nationen im Oktober 1945 – das Selbstbestimmungsrecht fand damit erstmals Eingang in ein internationales Dokument mit universellem Charakter. Das Prinzip der Selbstbestimmung in Art. 1(2) und Art. 55 der Charta ist allerdings nur vage formuliert und weder der rechtliche Charakter noch der konkrete Inhalt eines solchen lassen sich aus den Bestimmungen der Charta ableiten.

Mehr Klarheit über den Inhalt und die Trägerschaft der Selbstbestimmung brachten die Resolutionen der Generalversammlung der darauf folgenden Jahre. Dabei wurde das Prinzip geschärft, insbesondere durch den Fokus auf die Entkolonialisierung. Mit der Eingliederung des Konzepts der Selbstbestimmung in die beiden Menschenrechtspakte von 1966 stand dem Rechtscharakter des Prinzips der Selbstbestimmung nichts mehr im Wege.[42]

Außerhalb des kolonialen Kontexts rückt das Konzept der inneren Selbstbestimmung in den Mittelpunkt. Das Ende der Entkolonialisierung markierte einen Wendepunkt und es stellte sich die Frage nach einem fortlaufenden Charakter des Konzepts der Selbstbestimmung. Während die kolonialen Völker aus den Entkolonialisierungs-Resolutionen im Jahre 1960 erstmals einen Anspruch auf Unabhängigkeit ableiten konnten und der Fokus auf das äußere Selbstbestimmungsrecht gesetzt wurde, wird vermehrt die Auffassung vertreten, dass außerhalb des kolonialen Kontexts das Konzept der inneren Selbstbestimmung die primäre Form der Selbstbestimmung bildet.[43]

Die Frage nach dem „Selbst“ der Selbstbestimmung, also nach der Trägerschaft eines solchen Rechts, ist eine Schlüsselfrage.[44] Die vielfältigen Bestrebungen, eine einheitliche Definition des Begriffes „Volk“ im Völkerrecht auszuarbeiten,

---

41 Vgl. P. Hilpold, Das Selbstbestimmungsrecht der Völker: Vom umstrittenen Prinzip zum vieldeutigen Recht?, Frankfurt am Main 2009.

42 Vgl. P. Hilpold, Selbstbestimmung und Autonomie: Zwischen Sezession und innerer Selbstbestimmung, in: P. Hilpold (Hrsg.), Autonomie und Selbstbestimmung in Europa und im internationalen Vergleich, Wien 2016, S. 29.

43 Ibid., Reference re Secession of Quebec (1998) 2 SCR 217, Abs. 126: “The recognized sources of international law establish that the right to self-determination of a people is *normally fulfilled through internal self-determination* – a people's pursuit of its political, economic, social and cultural development within the framework of an existing state.”

44 Vgl. H. Hannum, Rethinking Self-Determination, S. 35: „[…] defining the 'people' or the 'self' that possesses the right of self-determination is the key issue in analyzing the scope of the right.“

zeigten wenig Erfolg. Eine bedeutende Schwierigkeit der Definition des „Volkes" ergibt sich auch aus einer vorzunehmenden Abgrenzung zwischen „Volk" und „Minderheit". Nur Gruppierungen, die sich als Volk qualifizieren lassen, können Träger eines Rechts auf Selbstbestimmung sein. Einer Minderheit stehen die in Art. 27 ICCPR gewährleisteten Minderheitenrechte zu – ein Recht auf Achtung ihrer eigenen Sprache, Kultur, Religion und Ethnizität durch den Mutterstaat[45] – aber nicht ein Recht auf Selbstbestimmung.

Im dritten Kapitel wende ich mich der äußeren Selbstbestimmung zu, der Sezession. Wie zu zeigen sein wird, hat sich bis dato außerhalb des kolonialen Kontexts kein Recht auf (einseitige) Sezession etablieren können und dies wird angesichts der vorherrschenden Verhältnisse im Völkerrecht auch in naher Zukunft nicht geschehen, weil ein Recht auf Sezession mit dem Prinzip der territorialen Integrität und Souveränität der Staaten in Konflikt steht.

Entwicklungen im Völkerrecht zeigen, dass das „staatsorientierte Modell der Souveränität"[46] auf den Prüfstand gestellt wird, und der Souveränitätsbegriff durch das Erstarken der Menschenrechte und eine deutliche Hinwendung im Völkerrecht zum Individuum einer neuen Auslegung bedarf.[47] Es haben sich Konzepte entwickelt, die zur Verfolgung humanitärer Interessen im Fall gravierender Menschenrechtsverletzungen Einschränkungen der Souveränität der Staaten erlauben.

In Ausübung seiner Souveränität kommen dem Staat nicht nur Rechte, sondern auch Pflichten zu, insbesondere ist der Staat verpflichtet, den Schutz seiner Bevölkerung sicherzustellen. Wenn der Staat es also unterlässt, den Schutz seiner Bevölkerung sicherzustellen, verwirkt er sein Recht auf territoriale Integrität und das Völkerrecht stellt Konzepte bereit, die für die Gewährleistung des Schutzes dieser Staatsbürger Sorge tragen.

Eine der neuesten Errungenschaften in der Völkerrechtslehre ist dabei sicherlich das Konzept der Schutzverantwortung der Staaten *(R2P)*. Ebenfalls Ausfluss

---

45 Internationaler Pakt über bürgerliche und politische Rechte vom 19. Dezember 1966, Art. 27: „In Staaten mit ethnischen, religiösen oder sprachlichen Minderheiten darf Angehörigen solcher Minderheiten nicht das Recht vorenthalten werden, gemeinsam mit anderen Angehörigen ihrer Gruppe ihr eigenes kulturelles Leben zu pflegen, ihre eigene Religion zu bekennen und auszuüben oder sich ihrer eigenen Sprache zu bedienen."

46 Vgl. P. Hilpold, Die Schutzverantwortung im Recht der Vereinten Nationen (Responsibility to Protect) – auf dem Weg zur Etablierung eines umstrittenen Konzepts?, in: SZIER/RSDIE 2/201, S. 231.

47 Ibid.

des neuen Souveränitätsverständnisses ist die Doktrin der *Remedial Secession*, die unter bestimmten Voraussetzungen – schwerwiegender Menschenrechtsverletzungen und Diskriminierungen durch den Staat – Einschränkungen der territorialen Integrität und Souveränität zulässt. Wenn es für einen Teil der Bevölkerung eines Gesamtstaates nicht mehr zumutbar ist, im betreffenden Staat zu verbleiben, dann sieht diese Doktrin die Möglichkeit einer Sezession vor – dies allerdings nur als letzten Ausweg.

In meinen Ausführungen werde ich aufzeigen, dass dieses Konzept in der Lehre auf immer breitere Anerkennung stößt – einen wesentlichen Beitrag für die Entwicklung dieses Konzepts hat dabei sicher Lee C. Buchheit in seinem Werk *Secession – The Legitimacy of Self-Determination* aus dem Jahre 1972 geleistet. Allerdings hat sich im Völkerrecht bis heute noch kein explizites Recht auf *Remedial Secession* etabliert.

Auf der Suche nach einer völkerrechtlichen Grundlage für diese Doktrin werde ich auf verschiedene gerichtliche und quasi-gerichtliche Entscheidungen eingehen, die allesamt auf diese Bezug genommen haben, wenn auch zum Teil nur implizit – den Aland-Insel-Fall der Völkerbundära, die Entscheidung des kanadischen Höchstgerichts im Fall Quebec, den Fall Katanga vor der Afrikanischen Kommission für Menschenrechte und den Fall *Loizidou v. Turkey* vor dem Europäischen Gerichtshof für Menschenrechte.

Im Unterkapitel 3.3 wende ich mich dem „Kampf zweier völkerrechtlicher Titanen“[48] zu – dem Spannungsverhältnis zwischen (einseitiger) Sezession und territorialer Integrität. Dabei wird zu zeigen sein, dass keinem dieser Prinzipien ein absoluter Gehalt beigemessen werden kann und diese vielmehr in einen sinnvollen Zusammenhang zu stellen sind.[49] Keines der Prinzipien soll dabei also so ausgelegt werden, dass das andere dadurch vollständig seine eigentliche Wirkung verliert. Vielmehr soll versucht werden, eine „Balance“[50] zwischen diesen beiden konkurrierenden Prinzipien zu finden.

Für das Thema Sezession ist die Frage der Anerkennung von großer Bedeutung. In Zusammenhang mit einseitigen Sezessionen ergibt sich die Frage der rechtlichen Wirkung einer Anerkennung durch Drittstaaten, da eine erfolgreiche

---

48 J. Dugard, The Secession of States and Their Recognition in the Wake of Kosovo, S. 90.

49 S. Oeter, The *Kosovo* Case – An Unfortunate Precedent, in: ZaöRV 75 (2015), S. 57: “Self-determination of peoples and territorial integrity of states must be balanced against each other in a sensible way.”

50 A. Peters, Does Kosovo Lie in the *Lotus*-Land of Freedom?, in: Leiden Journal of International Law, 24 (2011), S. 102: „[T]erritorial integrity and self-determination are conflicting legal principles. The conflict must be solved by balancing.“

(einseitige) Sezession bis zu einem gewissen Grad von der Anerkennung der Staaten abhängig ist. Dabei werde ich auf die zwei im Völkerrecht etablierten Theorien der Anerkennung eingehen – die *konstitutive* und *deklaratorische* Theorie. Während gemäß der konstitutiven Theorie die Anerkennung als *conditio sine qua non* für die Entstehung eines Staates angesehen wird, geht die deklaratorische Theorie davon aus, dass die Anerkennung kein staatsbildendes Element darstellt und ein Staat unabhängig von der Anerkennung der Drittstaaten entstehen kann, wenn er die erforderlichen Staatskriterien erfüllt.

In diesem Zusammenhang werde ich insbesondere die Schwachpunkte beider Theorien durchleuchten. Dabei wird aufzuzeigen sein, dass Anerkennung auch oft von geopolitischen Interessen der Großmächte getragen ist. Gerade in Zusammenhang mit Unabhängigkeitserklärungen kann entscheidend sein, ob die Großmächte gewillt sind, diese durch ihre Anerkennung zu legitimieren und dadurch in einer Sezessionsfrage Einfluss zu nehmen. Der Fall Kosovo zeigt, dass in der Praxis weder die konstitutive noch die deklaratorische Theorie der Anerkennung in Fragen der erlangten Eigenstaatlichkeit befriedigende Lösungsansätze liefern, deklaratorische und konstitutive Elemente nicht eindeutig voneinander getrennt werden können und sich diese zumeist auch überlagern. Dies werde ich anhand einzelner Anerkennungserklärungen der Staaten verdeutlichen.

Im vierten Kapitel meiner Arbeit gehe ich ausführlich auf den Fall Kosovo ein, und widme mich dabei zunächst den historischen Entwicklungen in dieser Region. Die historischen Hintergründe sind insbesondere für die weiteren Ausführungen von grundlegender Bedeutung, zumal zur Rechtfertigung der Anerkennung und der Legitimität der Unabhängigkeitserklärung immer wieder die besonderen Umstände, welche die Einzigartigkeit des Falls Kosovo ausmachen, herangezogen wurden und werden: Die vollständige Aushöhlung des autonomen Status des Kosovo auf Betreiben Miloševićs im Jahre 1989, die schwerwiegenden Diskriminierungen und Menschenrechtsverletzungen durch das Milošević-Regime über ein Jahrzehnt (1989–1999), das Scheitern der diplomatischen Lösungsversuche des Kosovo-Problems und der Eindämmung der Diskriminierungen und Menschenrechtsverletzungen durch die internationale Gemeinschaft, die Verweigerung Jugoslawiens (Serbiens) der Unterzeichnung des Entwurfes des Abkommens von Rambouillet, das Einschreiten der NATO-Staaten im Frühjahr 1999 und letztendlich die Errichtung einer UN-Übergangsverwaltung.

Das vom Sicherheitsrat nicht autorisierte Eingreifen der NATO-Staaten, eine Verletzung der Charta der Vereinten Nationen, ist ein Teil des Kosovo-Präzedenzfalles, dem ich mich in meinem abschließenden Kapitel widme. In der Völkerrechtslehre wird das Einschreiten der NATO-Staaten überwiegend als völkerrechtswidrig eingestuft, allerdings wird in der Lehre immer wieder versucht, das Vorgehen durch den *illegal but legitimate* Ansatz zu rechtfertigen. *Illegal*, weil gegen völkerrechtliche Prinzipien, insbesondere gegen das Gewalt- und Interventionsverbot der Charta der Vereinten Nationen, verstoßend, *legitimate*, weil auf diplomatischem Wege keine Befriedung der Situation erreicht werden konnte.[51]

Ein weiterer Markstein im Fall Kosovo bildete die Sicherheitsratsresolution 1244 vom 10. Juni 1999, die den Kosovo unter eine Sonderverwaltung der Vereinten Nationen stellte, unter Aufrechterhaltung der territorialen Integrität Jugoslawiens (Serbiens). Es folgten Bemühungen der internationalen Gemeinschaft zur Klärung der endgültigen Statusfrage des Kosovo. Einen weiteren wichtigen Meilenstein bildete dabei sicherlich der Bericht des Martti Ahtisaari, der Ahtisaari-Plan, in dem dieser unter anderem betonte, dass die einzige realisierbare Option hinsichtlich der Statusfrage Kosovos Unabhängigkeit unter internationaler Aufsicht sei.[52] Nach weiteren gescheiterten Verhandlungen zwischen Belgrad und Priština, geführt von der Troika Kontaktgruppe, erfolgte am 17. Februar 2008 die unilaterale Unabhängigkeitserklärung des Kosovo.

Nach dem Blick auf die historischen Hintergründe des Kosovo-Problems und die Entwicklungen, die letztendlich zur einseitigen Unabhängigkeitserklärung führten, werde ich mich ausführlich dem Rechtsgutachten des Internationalen Gerichtshofs zuwenden.

Am 8. Oktober 2008 wurde auf Betreiben Serbiens die Resolution 63/3 der Generalversammlung verabschiedet und der Internationale Gerichtshof in Den Haag mit dem Fall Kosovo befasst. Die Erwartungen in Bezug auf das Rechtsgutachten waren, weit über Serbien hinaus, groß. Viele erhofften sich insbesondere eine Klärung und Schärfung des Konzepts der Selbstbestimmung außerhalb des kolonialen Kontexts. Diese Hoffnungen wurden spätestens mit der Veröffentlichung des Rechtsgutachtens am 22. Juli 2010 enttäuscht: Der Internationale Gerichtshof vermied, zu dieser Thematik Stellung zu nehmen und beschränkte sich auf eine sehr eng gefasste Beantwortung der durch die Generalversammlung gestellten Frage.

---

51 Vgl. The Kosovo Report – Conflict/International Response/Lessons Learned, The Independent International Commission on Kosovo, S. 5: "The Commission concludes that the NATO military intervention was illegal but legitimate."

52 S/2007/168, *Report of the Special Envoy of the Security-General on Kosovo's future status*, Abs. 5: "[…] I have come to the conclusion that the only viable option for Kosovo is independence, to be supervised for an initial period by the international community."

Während das Rechtsgutachten von der einen Seite, insbesondere hinsichtlich der engen Auslegung der Fragestellung und der Vermeidung der Behandlung der Aspekte der Selbstbestimmung, abseits des kolonialen Kontextes und des Rechts auf Sezession kritisiert wurde – der Gerichtshof habe eine einmalige Chance zur Klärung des Konzepts der Selbstbestimmung im 21. Jahrhundert verpasst[53] – war für manche gerade dieser Minimalismus, diese „Bescheidenheit“[54], Ausdruck dafür, in einer politisch höchst brisanten Ausgangssituation Verantwortung zu zeigen. Dem Gerichtshof wurde aber auch Ängstlichkeit, ja Feigheit unterstellt, weil er durch eine extreme Engführung die wirklich relevanten Fragen erst gar nicht gestellt hatte – eine Art Sicherheitsstrategie, die an Karl Valentin erinnert: „Ich sag nit so und sag nit so, damit's nachher net heißt, ich hätt' so oder so gesagt.“[55]

Das Ersuchen eines Rechtsgutachtens durch die Generalversammlung der Vereinten Nationen, in einer solch brisanten Ausgangssituation, brachte den Internationalen Gerichtshof offensichtlich in eine Zwickmühle. Dabei gehe ich in meinen Ausführungen unter anderem auch auf die Frage ein, ob der Gerichtshof etwa im Sinne seines Ermessens die Beantwortung der Frage vollständig verweigern hätte sollen. Fest steht, dass er sich dadurch jedenfalls geschickt und schnell aus dieser Zwickmühle hätte befreien können. Er entschied sich allerdings für eine Beantwortung der Frage und versuchte sich durch sein „bemühtes Schweigen“[56] und die „Kunst des Nichts Sagens“[57] aus der Zwickmühle zu befreien.

Durch „akrobatisches Geschick“[58], insbesondere hinsichtlich der vielkritisierten Abhandlungen zur Frage der Urheberschaft der Unabhängigkeitserklärung, konnte der Gerichtshof Fragen hinsichtlich der Selbstbestimmung bzw. Sezession, der Rechtmäßigkeit der Anerkennungen der Drittstaaten und der Statusfrage des Kosovo umgehen.

---

53 Vgl. T. Burri, The Kosovo Opinion and Secession: The Sounds of Silence and Missing Links, in: German Law Journal, Vol. 11, No. 8, S. 886.

54 M. Weller, Modesty Can be a Virtue: Judicial Economy in the ICJ *Kosovo* Opinion?, in: Leiden Journal of International Law, Vol. 24, Issue 2 (2011), S. 127–147.

55 Karl Valentin, zitiert in: Ernst Bloch, Abschied von der Utopie? – Vorträge (Hrsg.) H. Gekle, Frankfurt 1980, S. 78.

56 S. Oeter, Sezession, territoriale Integrität und die Rolle des Sicherheitsrates, in: P. Hilpold (Hrsg.), Das Kosovo-Gutachten des IGH vom 22. Juli 2010, Leiden 2012, S. 83.

57 A. Peters, Das Kosovo-Gutachten und die Kunst des Nichtssagens, in: Jusletter 25, Oktober 2010.

58 T. W. Waters, Misplaced Boldness: The Avoidance of Substance in the International Court of Justice's *Kosovo* Opinion, in: 23 Duke Journal of Comparative & International Law (2013), S. 332.

Da das Gutachten des Internationalen Gerichtshofs zur Unabhängigkeitserklärung des Kosovo die Frage hinsichtlich eines Rechts auf Sezession keiner Beantwortung zuführte und dieser das Konzept der *Remedial Secession* zwar erwähnte, es allerdings nicht für notwendig erachtete, dieser Doktrin weitere Aufmerksamkeit zu schenken, werde ich insbesondere auch auf die Lücken des Rechtsgutachtens eingehen. In Zusammenhang mit dem Konzept der *Remedial Secession* lohnt es sich zudem, einen Blick auf vereinzelte Stellungnahmen der Richter des Gerichtshofes und der am Verfahren mitwirkenden Staaten zu werfen. Dabei zeigt sich, dass mehrere Staaten explizit auf das Konzept der Sezession als Notwehrrecht Bezug genommen und diesem in Zusammenhang mit dem Fall Kosovo grundlegende Bedeutung beigemessen haben. Die Staaten waren hinsichtlich dieser Doktrin stark gespalten, und auch der Gerichtshof betonte, dass das Verfahren hinsichtlich dieses Konzepts von „*radical different views*“[59] geprägt war.

Im letzten Teil meiner Arbeit werde ich mich dem Präzedenzfall Kosovo und seinen möglichen Auswirkungen auf gegenwärtige und zukünftige separatistische Bestrebungen widmen – insbesondere in Zusammenhang mit der Ukraine-Krise und dem Fall Krim. Wenige Tage nach der Unabhängigkeitserklärung des Kosovo warnte der russische Präsident Putin den Westen vor dem soeben geschaffenen Präzedenzfall – dieser werde als zweischneidiges Schwert auch dem Westen ins Gesicht schlagen. Die Entwicklungen auf der Halbinsel Krim seit 2014 zeigen, dass Putins Worte nicht nur eine leere Drohung waren, sondern vielmehr eine selbsterfüllende Prophezeiung. Spätestens mit der Sezession und der darauffolgenden Annexion der Krim durch Russland erfolgte der Schlag ins Gesicht des Westens, gleichzeitig ein schwerer Schlag ins Gesicht des Völkerrechts.

Zur Legitimierung des russischen Vorgehens bediente sich Putin der „Kosovo-Rhetorik“ und versuchte gezielt Analogien zwischen den beiden Fällen herzustellen. In seiner Rede vom 18. März 2014 bezog sich Putin explizit auf das Selbstbestimmungsrecht der russischsprachigen Bevölkerung der Krim, die Sezession der Ukraine von der UDSSR und auf den durch den Westen geschaffenen Präzedenzfall Kosovo.

59 Kosovo Advisory Opinion, 22 July 2010, S. 438, Abs. 82: "Whether [...] the international law of self-determination confers upon part of the population of an existing State a right to separate from that State is, however, a subject on which radically different views were expressed by those taking part in the proceedings and expressing a position on the question."

Putin nutzte diese Argumentationslinie als eine Art Revanche hinsichtlich der Völkerrechtsverletzung der Vereinigten Staaten und mehrerer EU-Mitgliedstaaten im Fall Kosovo – wenn die Vereinigten Staaten und der Westen es für angemessen erachten, das Völkerrecht zu ihren eigenen Interessen zu umgehen, wieso sollte sich Russland dann im Fall Krim an das Völkerrecht halten? Was der Westen im Fall Kosovo begonnen hatte, wurde nun von Russland zu Ende geführt.

Die Vereinigten Staaten und mehrere Mitgliedsstaaten der EU versuchten die Anerkennung des durch einseitige Sezession von Serbien abgespaltenen Kosovo durch die besonderen und einzigartigen Umstände dieses Falles zu rechtfertigen und legitimieren. Kosovo sei ein Fall *sui generis,* und deswegen könne dieser nicht als Präzedenzfall für andere separatistische Bestrebungen angesehen werden. Damit wollte man eine Präzedenzwirkung tunlichst vermeiden – allerdings zeigt der Fall Krim, dass auch diese Argumentationsstrategie von Russland leicht als Rechtfertigungsgrundlage des Vorgehens auf der Krim missbraucht werden konnte.

Jeder Fall ist auf eine gewisse Art und Weise *sui generis* – wenn Kosovo ein einzigartiger Fall ist, dann kann auch die Krim als einzigartiger Fall angesehen werden.[60] Wie sich bei einer Gegenüberstellung der beiden Fälle, Kosovo und Krim, ergibt, versuchen beide Seiten „zwei Pferde gleichzeitig zu reiten."[61] Je nach Interessenslage wird einmal mit dem Prinzip der Selbstbestimmung und dann wieder mit dem der territorialen Integrität argumentiert – für Milanovic eine unverfrorene, atemberaubende Heuchelei[62]:

> "One of the more remarkable aspects of the whole unfortunate Ukraine episode is the rampant hypocrisy on part of all of the major players involved in the dispute. Those same Western states that unlawfully invaded Iraq, and supported Kosovo's secession from Serbia while endlessly repeating that Kosovo was somehow a really super-special *sui generis* case, are now pontificating about the sanctity of the UN Charter and territorial integrity. On the other hand, that same Russia that fought two bloody wars in the 1990s to keep Chechnya within its fold, that same Russia that to this day refuses to accept

60 Sergey Lavrov: Throwing Russia off balance is ultimate aim, http://tass.com/russia/748935?page=2: "I believe that Crimea was a very special case, a unique case from all points of view. Historically, geopolitically, and patriotically, if you wish." Zitiert in: C. J. Borgen, Law, Rhetoric, Strategy: Russia and Self-Determination Before and After Crimea, in: 91 International Law Studies (2015), S. 235.

61 T. Christakis, Self-Determination, Territorial Integrity and *Fait Accompli* in the Case of Crimea, in: ZaöRV 75 (2015), S. 75.

62 M. Milanovic, Crimea, Kosovo, Hobgoblins and Hypocrisy, Blog of the European Journal of International Law, 20. März 2014, http://www.ejiltalk.org/crimea-kosovo-hobgoblins-and-hypocrisy/.

the independence of Kosovo, has now re-discovered a principle of self-determination that apparently allows for the casual dismemberment of existing states."[63]

Das Kosovo-Gutachten des Internationalen Gerichtshofs brachte nicht die erhoffte Klärung des Konzepts der Selbstbestimmung abseits des kolonialen Kontexts und eines Rechts auf Sezession. Gerade die Engführung und das Schweigen zu zentralen Fragen der Selbstbestimmung und Sezession haben es erleichtert, das Kosovo-Gutachten zur Legitimation eigener machtpolitischer Interessen heranzuziehen.

Der Blick zurück in die Geschichte des Prinzips der Selbstbestimmung und auf die beiden konkreten Fälle Kosovo und Krim zeigt viel Apologetisches: Versuche, den Präzedenzcharakter völkerrechtswidriger Handlungen zu vermeiden oder zu leugnen, oder machtpolitisch motiviertes, illegales Vorgehen mittels Berufung auf Präzedenzfälle zu legitimieren. Es stellt sich die Frage, wie sich das Prinzip der Selbstbestimmung, das Selbstbestimmungsrecht und das Völkerrecht im Allgemeinen weiterentwickeln könnten, mit anderen Worten, die Frage wie die „konkrete Utopie" eines zukunftsweisenden Völkerrechts aussehen könnte. Noam Chomsky hat in seinem Versuch, Lehren aus dem Fall Kosovo zu ziehen, zwei grundsätzliche Wege aufgezeigt, die zur Wahl stehen. Entweder es gelingt, einen rechtlich verbindlichen Regelungsrahmen zu schaffen, oder die Großmächte werden weiterhin auf das Privileg ihrer Macht setzen und nach ihrem Willen handeln.[64]

Um die Entwicklung hin zur Achtung der Menschenrechte, zur Stärkung des Rechts auf Selbstbestimmung, kurz zur „Humanisierung des Völkerrechts"[65], zu fördern, braucht es einen Fahrplan und das konstruktive Zusammenspiel vieler Akteure, die sich gemeinsam auf den Weg machen, mit dem Fernziel, die Utopie zu realisieren. Zurzeit herrscht allerdings alles andere als Aufbruchsstimmung. Es gibt keinen etablierten Mechanismus für einen Reformprozess des Völkerrechts und schon gar keinen Fahrplan. Große, einflussreiche Staaten nehmen zunehmend konservative Positionen ein, als würden sie zu einer Art Westfälischem

---

63 Ibid.

64 N. Chomsky, The New Military Humanism – Lessons from Kosovo, London 1999, S. 154.

65 T. Meron, The Humanization of International Law, Leiden/Bosten 2006, zitiert in: P. Hilpold, Die Sezession – Zum Versuch der Verrechtlichung eines faktischen Phänomens, in: ZÖR 63 (2008), S. 117–141, S. 128: „Dies mag mit dem generellen Trend zur ‚Humanisierung des Völkerrechts' zusammenhängen, wobei immer deutlicher das Los des Individuums in den Mittelpunkt der Aufmerksamkeit gerückt wird."

Staatensystem zurückkehren wollen.[66] Der Sicherheitsrat der Vereinten Nationen ist alles andere als Motor einer „Humanisierung des Völkerrechts" auf Grundlage des Prinzips der Selbstbestimmung.

Bleibt uns das Prinzip Hoffnung und das Warten auf einen neuen *Wilsonian Moment*, der hoffentlich mehr ist als ein bloßes kurzes Aufleuchten in dunklen Zeiten.

---

66 Vgl. A. Cassese, Realizing Utopia, S. 646 f., und W. Burke-White, Power Shifts in International Law: Structural Realignment and Substantive Pluralism, Harvard International Law Journal, Vol. 56, Nr. 1, S. 77: "This reassertion of the centrality of the state conflicts with the individualization of international law [...]. For legal rules and regimes that seek to advance this individualization or draw their effectiveness from it – human rights law, the law of investment protection, and the law of humanitarian intervention, for example – the return of the state will likely have pronounced negative consequences. Over time these regimes may be ratcheted back as international law returns closer to its Westphalian origins as a system of sovereigns, among sovereigns." Vgl. auch A. Peters, After Trump: China and Russia move from norm-takers to shapers of the international legal order, in: Blog of the European Journal of International Law, http://www.ejiltalk.org/after-trump-china-and-russia-move-from-norm-takers-to-shapers-of-the-international-legal-order/#more-14745.

2. Die Geschichte der Selbstbestimmung *Von einer aufklärerischen Idee zu einem Phänomen der globalen Welt*

2.1 Einleitung

„Der Spruch der Vergangenheit ist immer ein Orakelspruch: nur als Baumeister der Zukunft, als Wissende der Gegenwart werdet ihr ihn verstehen.“[67]

“Self-determination is a name for a social phenomenon which, like all social phenomena, contains the past still active within it, and which, like all social phenomena, also contains within it possible futures which are ours to choose.”[68]

“The history of self-determination is a history of the making of nations and the breaking of States.”[69]

Das Selbstbestimmungsrecht der Völker ist ein komplexes Phänomen, „vielleicht das dynamischste und zugleich eines der umstrittensten Prinzipien des modernen Völkerrechts“[70]. In der Rezeptionsgeschichte des Selbstbestimmungsrechts seit den theoretischen Anfängen in der Aufklärung und den ersten praktischen Manifestationen in der Amerikanischen Unabhängigkeit und der Französischen Revolution zeigt sich die Vielfältigkeit und Widersprüchlichkeit dessen, was Crawford treffend als *lex lata, lex obscura-Paradoxon*[71] bezeichnet. Um den heutigen Inhalt und die rechtliche Bedeutung dieses wichtigen, völkerrechtlichen Prinzips besser zu verstehen und mögliche zukünftige Entwicklungen

67 F. Nietzsche, Vom Nutzen und Nachteil der Historie für das Leben, in: ders., Werke in drei Bänden, hrsg. v. K. Schlechta, Band I, München 1954, S. 250.

68 P. Allot, Self-Determination – Absolute Right or Social Poetry?, in: C. Tomuschat (Hrsg.), Modern Law of Self-Determination (1993), S. 177.

69 A. Cobban, The Nation-State and National Self-Determination, 1969, S. 42–43. Zitiert in: P. Thornberry, The Democratic or Internal Aspect of Self-Determination with some remarks on Federalism, in: C. Tomuschat, Modern Law of Self-Determination, Leiden 1993, S. 104.

70 D. Thürer, Das Selbstbestimmungsrecht der Völker – ein Überblick, in: Archiv des Völkerrechts 22 (1984), S. 113.

71 J. Crawford, The Right of Self-Determination in International Law: its Development and Future, in: P. Alston (Hrsg.), Peoples' Rights, Oxford, 2001, S. 10.

aufzuzeigen, ist ein kritischer Blick in die Geschichte unablässig.[72] Er hilft uns, faktische Gegebenheiten unserer Gegenwart besser zu verstehen und als „Baumeister der Zukunft" neue Anwendungsmöglichkeiten dieses bedeutenden Prinzips zu schaffen.

72 Zur Geschichte des Selbstbestimmungsbegriffs, des Selbstbestimmungsprinzips und des Selbstbestimmungsrechts vgl. J. Fisch, Das Selbstbestimmungsrecht der Völker – Die Domestizierung einer Illusion, München 2010; J. Fisch (Hrsg.), Die Verteilung der Welt – Selbstbestimmung und das Selbstbestimmungsrecht der Völker, München 2011; P. Hilpold, Selbstbestimmung und Autonomie – Zwischen Sezession und innerer Selbstbestimmung, in: P. Hilpold (Hrsg.), Autonomie und Selbstbestimmung in Europa und im internationalen Vergleich, Wien 2016, S. 13–49; P. Hilpold, The Right to Self-Determination. Approaching an Elusive Concept Through Historic Iconography, in: 11 Austrian Review of International and European Law 2006 (2009), S. 23–48; P. Hilpold, Self-Determination in the 21th Century – Modern Perspectives for an Old Concept, in: 36 Israel Yearbook of Human Rights (2006), S. 247–288; J. Fisch, Die Geschichte des Selbstbestimmungsrechts der Völker oder der Versuch, einem Menschenrecht die Zähne zu ziehen, in: P. Hilpold (Hrsg.), Das Selbstbestimmungsrecht der Völker, Frankfurt a. Main 2009, 45–74; J. Castellino, International Law and Self-Determination, The Hague 2000; L. Brilmayer, Secession and Self-Determination: A Territorial Interpretation, in: Yale Journal of International Law 16 (1991), 177–202; H. Hannum, The Right of Self-Determination in the Twenty-First Century, in: 55 Washington and Lee Law Review 773 (1998), S. 773–780; H. Hannum, Self-Determination in the Post-Colonial Era, in: D. Clark/R.G. Williamson (Hrsg.), Self-Determination. International Perspectives, Basigstoke 1996; O. Dahbour, Illusion of the Peoples. A Critique of National Self-Determination, Lanham 2003; P. Kluke, Selbstbestimmung – Der Weg einer Idee durch die Geschichte, Göttingen 1963; M. Pomerance, Self-Determination in Law and Practice. The New Doctrine in the United Nations, The Hague 1982; T. Veiter, Die Entwicklung des Selbstbestimmungsrechts, in: Das Selbstbestimmungsrecht der Völker und die deutsche Frage, Köln 1984, S. 9–36; K. Rabl, Das Selbstbestimmungsrecht der Völker. Geschichtliche Grundlagen. Umriss der gegenwärtigen Bedeutung. Ein Versuch. 2. umg. und erw. Auflage, Köln 1973; E. Rodríguez-Santiago, The Evolution of Self-Determination of Peoples in International Law, in: F. R. Téson (Hrsg.), The Theory of Self-Determination, Cambridge 2016, S. 201–240; S. Oeter, Selbstbestimmungsrecht im Wandel. Überlegungen zur Debatte um Selbstbestimmung, Sezessionsrecht und „vorzeitige" Anerkennung, in: Zeitschrift für ausländisches öffentliches Recht und Völkerrecht 52 (1992), S. 741–775; A. Cassese, Self-Determination of Peoples. A legal reappraisal, Cambridge 1995; D. Raič, Statehood and the Law of Self-Determination, The Hague 2002, insb. S. 171–220; B. R. Elsner, Die Bedeutung des Volkes im Völkerrecht. Unter besonderer Berücksichtigung der historische Entwicklung und der Praxis des Selbstbestimmungsrechts der Völker, Berlin 2000; P. Macklem, Self-Determination in Three Movements, in: F. R. Téson (Hrsg.), The Theory of Self-Determination,

Das Selbstbestimmungsrecht wurde sehr stark durch die ständigen Veränderungen in der Welt- und Völkerrechtsordnung geprägt und die Entwicklungen sind bis heute nicht zum Stillstand gekommen.[73] Als zunächst rein politisches Konzept lässt sich die Idee der Selbstbestimmung der Völker als eindeutiges Produkt der Aufklärung einstufen[74], ja es ist untrennbar mit dem politischen Schlüsselkonzept der Aufklärung, dem Konzept der *Volkssouveränität*, verbunden.[75]

Betrachtet man lediglich den Sprachgebrauch, so begegnet man dem Begriff *Selbstbestimmung* wohl am frühesten in der deutschen Sprache, unter anderem bei Schiller und Goethe, wenngleich er sich in der Folge nicht wirklich durchsetzen konnte.[76] Besonders Schiller ist dabei vom aufklärerischen Impetus Kants inspiriert.

Viel jünger ist das Wort im Englischen. So findet man es im großen Wörterbuch von Murray in der Ausgabe von 1914 noch nicht. Erst im Supplementband aus dem Jahre 1933 wird *self-determination* aufgeführt mit den Hinweisen auf seine Aufnahme in den englischen Sprachschatz. Auch wenn das Wort in seinem berühmten *14-Punkte-Programm* noch nicht vorkommt, so hat sicherlich Präsident Woodrow Wilson einen großen Beitrag zur Verbreitung des Begriffs im angelsächsischen Sprachraum und darüber hinaus geleistet.

Die sprachpuristischen Franzosen haben sich sogar „bis in die allerjüngste Zeit mit einer langatmigen sachgetreuen Übersetzung begnügt, nämlich dem für das empfindliche französische Ohr sicher nicht sehr eleganten und eingängigen «droit des peuples à disposer d'eux-mêmes».“[77] Ausdrücke wie *autodétermination*

Cambridge 2016, S. 94–119; A. K. Coleman, Resolving Claims to Self-Determination: Is there a role for the international Court of Justice, New York 2013, S. 42–60; K. Knop, Diversity and Self-Determination in international Law, Cambridge 2002; M. Weller, Escaping the Self-Determination Trap, Leiden 2008; J. Summers, Peoples and International Law. How Nationalism and Self-Determination shape a Contemporary Law of Nations, Leiden, 2007, insbes. S. 131–254; M. Sterio, The Right to Self-Determination under International Law – 'Selfistans', secession, and the rule of the great powers, London 2013.

73 Vgl. P. Hilpold, Selbstbestimmung und Autonomie, S. 13.

74 Vgl. D. Thürer, S. 114, „Das Selbstbestimmungsrecht, wie es heute verstanden wird, ist zunächst in der Ideenwelt der Aufklärung verwurzelt. Es wurde damals als das Recht jeden Volkes verstanden, selbst über sein Schicksal zu entscheiden, und insofern als Voraussetzung oder internationales Korrelat zum Prinzip der Volkssouveränität gesehen.“

75 Vgl. S. Oeter, Selbstbestimmung im Wandel, S. 743 ff.

76 Vgl. P. Kluke, S. 11 ff.

77 P. Kluke, S. 11 ff.

oder *auto-destination* findet man bis heute außerhalb des Fachjargons recht selten, aber immerhin führt die Suche nach dem Begriff der Selbstbestimmung auf fr.wikipedia.org zu einem umfangreichen Artikel mit dem Titel: „Le droit des peuples à disposer d'eux-mêmes, ou droit à l'autodétermination".[78]

Paul Kulke betont in seinem Buch *Selbstbestimmung – Vom Weg einer Idee durch die Geschichte*, dass der Begriff der Selbstbestimmung, wenngleich in der deutschen Sprache früh entstanden, keineswegs ein inhaltliches Konzept *made in Germany* darstellt, das dann den anderen Völkern gleichsam geliefert wurde: „Eher das Gegenteil ist der Fall: sachlich sind die Deutschen die Nehmenden gewesen."[79] Eine bedeutende „Quelle" waren dabei sicher die Revolutionen des 18. Jahrhunderts in Amerika und Frankreich.

2.2 Die Amerikanische Unabhängigkeit und die Französische Revolution: die Anfänge nationaler Selbstbestimmung[80] und Volkssouveränität

Das Selbstbestimmungsrecht ist historisch in einem engen Zusammenhang mit der Amerikanischen Unabhängigkeit und der Französischen Revolution in der zweiten Hälfte des 18. Jahrhunderts zu sehen. *Selbstbestimmung* und

---

78 https://fr.wikipedia.org/wiki/Droit_des_peuples_à_disposer_d'eux-mêmes. Jörg Fisch weist auf die „eigentümliche Mischung" im Französischen hin: „Für ‚Selbstbestimmung' steht normalerweise *autodétermination*, während das Selbstbestimmungsrecht häufig nicht terminologisch als *droit d'autodétermination* bezeichnet, sondern offener umschrieben wird, etwa als *droit des peuples à disposer d'eux-mêmes.*" J. Fisch, Das Selbstbestimmungsrecht der Völker, S. 26.

79 Vgl. P. Kluke, S. 13.

80 In ihrem Werk *On Revolution* arbeitet Hannah Arendt die Unterschiede zwischen der Amerikanischen und der Französischen Revolution heraus. Für Arendt ist die Amerikanische Revolution, die nicht ihre Kinder gefressen hat, die eigentlich demokratische Revolution, allerdings habe sich die Französische Revolution als Inbegriff einer modernen Revolution durchgesetzt: "The sad truth of the matter is that the French Revolution, which ended in disaster, has made world history, while the American Revolution, so triumphantly successful, has remained an event of little more than local importance." H. Arendt, On Revolution, London 1963, S. 56. Arendt begründet den wesentlichen Unterschied mit dem unterschiedlichen politischen Hintergrund in England und in Frankreich: "Historically speaking, the most obvious and the most decisive distinction between the American and the French Revolutions was that the historical inheritance of the American Revolution was *'limited monarchy'* and that of the French Revolution an *absolutism* which apparently reached far back into the first centuries of our era and the last centuries of the Roman Empire." (Herv. A. F.) Ibid., S. 155.

Volkssouveränität rückten an beiden historischen Schauplätzen in den Mittelpunkt. Oeter sieht in den Konzepten der nationalen Selbstbestimmung und der Volkssouveränität geradezu „siamesische Zwillinge, als die zwei Kehrseiten einer Medaille“[81]. Herrschaft wird durch das Volk legitimiert und so konnte „der Gedanke aufkommen, was als Volk einen Staat zu bilden habe, sei eine Frage des Willens der Bürger.“[82] Nach Cassese liegt der Kern des Prinzips in der Forderung beider Revolutionen, dass die Regierung dem Volk verantwortlich sein muss.[83] Beide Revolutionen bezogen sich dabei explizit auf die *Glorious Revolution* von 1688, die erste moderne Revolution.[84]

> "*That all Power was originally in the People - that all the Powers of Government are derived from them - that all Power, which they have not disposed of, still continues theirs* - are Maxims of the English Constitution, which, we presume, will not be disputed."[85]

> „Pourquoi craindrions-nous l'avouer, Messieurs? La révolution qui s'opère au-jourd'hui dans notre patrie, est due surtout à l'exemple que l'Angleterre nous a donné depuis un siècle. C'est du jour où nous avons appris à connaître la constitution politique de cette

---

Für Jörg Fisch haben beide Revolutionen selbst der Sache nach nichts mit Selbstbestimmung oder dem Recht auf Selbstbestimmung zu tun: „Es gehört zu den erstaunlichen Befunden der Begriffsgeschichte, daß die Selbstbestimmung und das Selbstbestimmungsrecht da, wo man ihr frühestes Erscheinen am ehesten erwarten würde, nämlich in den beiden großen Revolutionen am Ende der Aufklärung, der amerikanischen und der französischen, nicht vorkommen, weder als Ausdruck noch wenigstens der Sache nach. Die US-Unabhängigkeitserklärung konzentriert sich stattdessen auf das klassische Widerstandsrecht, die Französische Revolution auf die Volkssouveränität.“ J. Fisch, Einleitung, in: J. Fisch (Hrsg.), Die Verteilung der Welt, S. X. Dieser Befund scheint zu „radikal“ - auch wenn der Begriff von den Revolutionären nicht ausdrücklich verwendet wird, so haben doch beide weltgeschichtlichen Ereignisse die Entwicklung der Selbstbestimmung wesentlich beeinflusst.

81 Vgl. S. Oeter, Selbstbestimmung im Wandel, S. 744.

82 Ibid.

83 Vgl. A. Cassese, Self-Determination of Peoples, S. 11.

84 Vgl. S. Pincus, 1688 - The First Modern Revolution, New Haven 2009, S. 10: "[T]he revolution of 1688-89 had long-term causes and long-term consequences for England and the wider world. It was, in fact, the first modern revolution."[84] Zum Einfluss von John Locke auf die Amerikanische Politik vgl. B. Arneil, John Locke and America. The Defence of English Colonialism, Oxford 1996.

85 Vgl. J. Wilson, Address to the Inhabitants of the Colonies, in: K. L. Hall und M. D. Hall (Hrsg.), Collected Works of James Wilson, Indianapolis, S. 47.

Isle, et des prospérités que l'accompagnent, que notre haine pour le despotisme a pris une veritable énergie."[86]

Mit der Amerikanischen Revolution wird das Prinzip der Selbstbestimmung als „Selbstregierung" erstmals explizit zu einer Grundlage realpolitischen Handelns. „Jedermann und jede Menschengruppe", so Thomas Jefferson, „besitzt das Recht auf Selbstregierung"[87].

Auch wenn die Amerikanische Revolution ein wichtiger Meilenstein in der Entwicklung der Selbstbestimmung ist, sie stützt sich ganz im Sinne Lockes und in der erwähnten Anlehnung an die *Glorious Revolution*[88] auf ein Widerstandsrecht eines Volkes, das Unrecht erlitten hat und nicht auf das natürliche Recht jedes Volkes auf Selbstbestimmung.[89]

In der Französischen Revolution von 1789 stand das Prinzip der Selbstbestimmung noch deutlich mehr im Vordergrund. Ihr revolutionäres Potenzial,

---

86 Ansprache des Monsieur Navier vor der *Assemblé National* in Dijon (30. November 1789), abgedruckt n: R. Price, A Discourse on the Love of Our Country, London, 1789, Appendix, S. 22. Der amerikanische Politiker und Unabhängigkeitskämpfer James Otis beruft sich in seiner Schrift von 1764 „The Rights of the British Colonies Asserted and Proved" explizit auf die Glorreiche Revolution und die Bill of Rights. Zu den Einflüssen der Glorious Revolution von 1688 auf die Unabhängigkeitsbestrebungen der Amerikanischen Kolonien vgl. D. S. Lovejoy, The Glorious Revolution in America, Middletown 1987 und R. R. Johnson, The Revolution of 1688–89 in the American Colonies, in: J. I. Isreal (Hrsg.), The Anglo-Dutch Moment. Essays on the Glorious Revolution and its world impact, Cambridge 1991, S. 214–240.

87 Zitiert in S. Oeter, Selbstbestimmung im Wandel, S. 744.

88 John Locke hat für die Revolution nicht nur wichtige theoretische Grundlagen geschaffen, er war, so Steve Pincus, Teil der Revolution: "John Locke, often described as one of the earliest and most influential liberal thinkers, was one of these revolutionaries." S. Pincus, S. 8.

89 Vgl. J. Fisch, Das Selbstbestimmungsrecht der Völker, S. 80 ff; Rodríguez-Santiago geht sogar soweit, die Amerikanische Revolution als ‚Remedial Secession' zu deuten: "The American Declaration of Independence of 1776 was a proclamation of self-determination, both internal (the government deriving its just powers from the consent of the governed) and external. But American independence was, above all, an act of remedial secession, in the sense that this term has today [...] So the thirteen colonies did not decide to separate because they capriciously preferred to have their own government or because they felt that they were a nation ethnically different from the British one. They separated because they believed that it was their last remedy solution against the injustices of their sovereign." E. Rodriguez-Santiago, The Evolution of Self-Determination of Peoples in International Law, in: F. R. Tesón, The Theory of Self-Determination, Cambridge 2016, S. 207 f.

ihr anti-despotischer demokratischer Geist[90], wirkte in anderen Ländern weiter, zum Beispiel im benachbarten Italien. In seinem Kampf für die Einigung Italiens übernahm es Giuseppi Mazzini als politisches Postulat, dass alle Nationen frei sein sollen, über ihren Status zu entscheiden.[91] Durch das Schicksal der großen, europäischen Nationen wurde das Verständnis von Volk und Nation sowie auch der damit verbundene Begriff der nationalen Selbstbestimmung stark beeinflusst. In Bezug auf Italien sei dabei noch auf die Positionen von Pasquale Stanislao Mancini hingewiesen. Mancini sah die Nation als eine überragende Einheit jenseits von Zeit und Staat, jede Nation sollte nach ihm einen eigenen Staat bilden und jeder Staat eine Nation umfassen.[92] Den Begriff der Nation hat in Frankreich außerdem Ernest Renan in seiner berühmten Rede am 11. März 1892 an der Sorbonne nachhaltig geprägt.

> „Die Nation ist eine große Solidargemeinschaft, die durch das Gefühl für die Opfer gebildet wird, die erbracht wurden und die man noch zu erbringen bereit ist. Sie setzt eine Vergangenheit voraus und lässt sich dennoch in der Gegenwart durch ein greifbares Faktum zusammenfassen: die Zufriedenheit und den klar ausgedrückten Willen, das gemeinsame Leben fortzusetzen. Die Existenz einer Nation ist (man verzeihe mir diese Metapher) ein tägliches Plebiszit, wie die Existenz des Individuums eine ständige Bekräftigung des Lebens ist.“[93]

Wenn im Begriff der Nation über dieses Plebiszit hinaus „eine ‚vorstaatliche‘ oder ‚überstaatliche‘ Nation in den Vordergrund“ rückt[94], wie beispielsweise bei Mancini, dann geht diese Auffassung von Nation über den bei Hobbes grundgelegten „klassischen“ Staatsbegriff hinaus. Martti Koskenniemi unterscheidet zwei entgegengesetzte Auffassungen von nationaler Selbstbestimmung. Der klassischen, Hobbesschen[95] Auffassung von Staat und Nation als vom Volk gewählte Ordnungseinheit stellt er eine romantische, *rousseauesque* Auffassung entgegen.

---

90 Vgl. A. Cassese, Self-Determination of Peoples, S. 13.

91 Ibid.

92 Vgl. P. Hilpold, Selbstbestimmung und Autonomie, S. 22. Vgl. außerdem Macini in seiner Antrittsvorlesung von 1851, „Della nationalita come fundamento del diritto della genit“ (zitiert in: Decker, das Selbstbestimmungsrecht der Nationen).

93 Vortrag von Renan an der Sorbonne, 11. März 1882, „Qu'est-ce qu'une nation?“, zitiert in: P. Hilpold, Selbstbestimmung und Autonomie, S. 21.

94 Vgl. ibid., S. 22.

95 Vgl. M. Koskenniemi, National Self-Determination Today: Problems of Legal Theory and Practice, in: International and Comparative Law Quarterly, Vol. 43/2 , S. 249: "THE self-determination which identifies the nation as the State could be called the classical, or Hobbesean, conception of self-determination. lt starts from the assumption that the authentic expression of human nature in primitive communities is something

Durch diese Auffassung erhält Selbstbestimmung ein anti-statisches, sezessionistisches Moment:

> "The secessionist sense of self-determination builds upon a romantic or a *rousseau-esque* approach. It tries to look deeper into nationhood as something more basic, more fundamental than mere decision-processes. For this view, the crucial question is less how popular will is exercised, more to what end it is exercised, whether it participates in the natural life-form appropriate for each nation as an authentic (and not artificial) community."[96]

Mit diesem Gegensatz, *klassisch* versus *romantisch*, ist ein Konflikt grundgelegt, der die Entwicklung des Selbstbestimmungsrechts bis heute wesentlich bestimmt, z.B. durch das Spannungsverhältnis von territorialer Integrität und externer Selbstbestimmung (Sezession), auf das ich im Weiteren noch ausführlich eingehen werde:

> "The *classical view* has a strong preference for the statehood of existing States. It tries to reconcile self-determination claims with statehood by dealing with them as claims for the entitlement of national minorities to participate in public life within the State on an equal footing with others. By contrast, the *romantic view* sees nationhood as primary. Thus it contains an inbuilt preference for secession […].[97]"

Die klassische Auffassung von Selbstbestimmung wurde zu Beginn des 20. Jahrhunderts vor allem von der sozialistischen Auffassung von Selbstbestimmung, aber auch durch Präsident Wilsons *14-Punkte-Programm* herausgefordert, und für einen kurzen historischen Augenblick, vor dem Hintergrund der zerfallenden Vielvölkerstaaten, insbesondere der Donaumonarchie und des Osmanischen Reichs, schien die Möglichkeit zu bestehen, der romantischen Variante der Selbstbestimmung zum Durchbruch zu verhelfen.[98]

2.3 Lenin und Wilson: Zwei Propheten der Selbstbestimmung auf der weltpolitischen Bühne

> „Es ist höchst bemerkenswert, daß sowohl die Sowjetunion wie die Vereinigten Staaten zum gleichen Zeitpunkt unter Anrufung dieser Idee [des Selbstbestimmungsrechts] ihren Eintritt in die Weltpolitik als bestimmende Mächte genommen haben […]. Die Gleichzeitigkeit des Auftretens auf der weltpolitischen Bühne mag sich aus

---

essentially negative-that unless it can be channelled into formally organised States, whatever natural bonds exist will not prevent a *bellum omnium*."

96 Ibid., S. 250.

97 Ibid., S. 250 f.

98 Ibid., S. 253.

Kausalströmen ergeben haben, die unabhängig voneinander entstanden waren; die ideologische Berührung der geographisch so entfernten und in ihrer Sozialstruktur so verschiedenen Mächte in dem gleichen Bekenntnis zum Selbstbestimmungsrecht ist aber kein Zusammentreffen des Zufalls; es ist vielmehr aus einem gründlichen Durchdenken der Weltsituation erwachsen, das trotz aller Verschiedenheiten von der innen- und außenpolitischen Zielsetzung aus zu gleichem Ergebnis gekommen ist."[99]

Mit Lenin und Wilson rückt das Prinzip der Selbstbestimmung in den Mittelpunkt der Weltpolitik, wenn auch in ideologisch völlig unterschiedlichen Auffassungen. Während Lenin immer die weltweite, sozialistische Revolution im Auge hat, versteht Wilson Selbstbestimmung, ganz im Sinne der Amerikanischen und vor allem auch der Französischen Revolution, als das Recht der Völker, ihre Regierung selbst zu wählen[100] – als „das Recht auf Selbstregierung", wie es Thomas Jefferson schon nannte.[101]

Präsident Wilson war für viele Menschen, nicht nur im neu zu ordnenden Europa, sondern durchaus auch in kolonialen Gebieten, ein großer Hoffnungsträger. Der *Wilsonian Moment* blieb aber nur ein kurzer weltgeschichtlicher Augenblick, und Wilson, der Prophet des Selbstbestimmungsrechts wider Willen[102], wurde zur tragischen Figur. Der „Messias" einer neuen, friedlichen Weltordnung verschwand bald von der Bildfläche.

2.3.1 Wilson – messianische Hoffnungen auf Weltfrieden

"For a brief interval, Wilson stood alone for mankind. Or at least he seemed to stand for mankind. And in that brief interval there was a very extraordinary and significant wave of response to him throughout the earth. So eager was the situation that all humanity

---

99 Vgl. P. Kluke, S. 8.

100 Vgl. Robert Lansing, The Peace Negotiations. A Personal Narrative. Boston and New York, 1921, S. 95: "'Self-determination' is as right in theory as the more famous phrase 'the consent of the governed,' [...] The two phrases mean substantially the same thing and have to an extent been used interchangeably by those who advocate the principle as a standard of right. 'Self-determination' was not a new thought. It was a restatement of the old one."

101 Zu den unterschiedlichen Auffassungen von Selbstbestimmung bei Lenin und Wilson vgl. A. Cassese, S. 21 ff.; E. Manela, The Wilsonian Moment, Self-Determination and the International Origins of Anticolonial Nationalism, Oxford, 2007; A. Mayer, Wilson Vs. Lenin: Political Origins of the New Diplomacy, 1917–1918, Cleveland, Ohio, 1964; M. Schickel, Zwischen Wilson und Lenin: Die Anfänge der globalen Blockbildung in den Jahren 1917–1919. Dargestellt am Beispiel des amerikanischen Diplomaten William Christian Bullitt. Studien zur Zeitgeschichte, Bd. 45, Hamburg, 2005.

102 Vgl. J. Fisch, Das Selbstbestimmungsrecht der Völker, S. 156.

> leapt to accept and glorify Wilson — for a phrase, for a gesture. It seized upon him as its symbol. He was transfigured in the eyes of men. He ceased to be a common statesman; he became a Messiah. Millions believed him as the bringer of untold blessings; thousands would gladly have died for him. That response was one of the most illuminating events in the early twentieth century. Manifestly the World-State had been conceived then, and now it stirred in the womb. It was alive. And then for some anxious decades it ceased to stir."[103]

> "On December 4th, 1918, Woodrow Wilson, the first president to leave the territory of the United States during his presidency, sailed for France aboard the *George Washington*, the most powerful man in the world."[104]

Wilson hatte die Ideen, die den Kern seiner Auffassung von Selbstbestimmung ausmachten, schon lange vor seiner berühmten Rede vom 8. Januar 1918, in der er sein *14-Punkte-Programm* vorbrachte, entwickelt. Zuerst verwendete Wilson den Begriff der Selbstbestimmung noch nicht, sondern berief sich auf das Recht der „Selbstregierung". Dieses fundamentale Element von Wilsons Konzept hat, wie schon erwähnt, seinen Ursprung in den demokratiepolitischen Wertevorstellungen der Amerikanischen und Französischen Revolution[105] und dem, von diesen wesentlich geprägten, westlich-liberalen Demokratieverständnis.

Cobban bringt es auf den Punkt: Der Schlüssel zum Verständnis von Wilsons Auffassung von Selbstbestimmung liegt darin, dass diese für ihn eine völlig logische Folge aus der demokratischen Theorie darstellt[106]. Wilson sprach also hauptsächlich von „Selbstregierung" und ging davon aus, dass ethnisch abgrenzbare Völker und Nationen das Recht haben sollten, ihre demokratische Regierung

---

103 H. G. Wells, The Shape of Things to Come, zitiert in: E. Manela, The Wilsonian Moment, Self-Determination and the International Origins of Anticolonial Nationalism, New York 2007, S. 3. Vgl. auch J. Fisch, Das Selbstbestimmungsrecht der Völker, S. 156: „Ohne es zu wollen, wurde Wilson zum großen Propheten des Selbstbestimmungsrechts [...]. Das Publikum dankte es ihm mit einer Popularität, die während einiger Monate nahezu an Vergöttlichung grenzte [...]".

104 J. Dos Passos, 1919, Vol. Two of the U.S.A. Trilogy, New York 1932, zitiert in: Erez Manela, S. 15.

105 Vgl. D. Raič, Statehood and the Law of Self-Determination, S. 177 ff.

106 Vgl. A. Cobban, National Self-Determination, Chicago 1944, S. 20: "The key to the understanding of Wilson's conception of self-determination is the fact that for him it was entirely a corollary of democratic theory. His political thinking derived, by way of the American democratic tradition, from the democratic and national ideals of the French and American Revolutions. [...] Self-determination was to Wilson almost another word for popular sovereignty. In this he followed the French and the American, rather than the British, political tradition."

selbst zu bestimmen. Eine demokratische Regierung war nach Wilson die einzige Garantie gegen Unterdrückung und daraus resultierende Konflikte, da nur unter einer demokratischen Regierungsform die Völker ihre eigene Regierung bestimmen, Handlungen der Regierung kontrollieren und sicherstellen können, dass ihre Rechte und Interessen nicht verletzt werden:[107]

> "'Self-determination,' as conceived by Wilson, was an imprecise amalgam of several strands of thought, some long associated in his mind with the notion of 'self-government', others newly hatched as a result of wartime developments, but all imbued with a general spirit of democracy ('consent of the governed'). Thus, Wilson had long held that every people had the right to select its own form of government – an idea that might be termed 'internal' self-determination. More-over, if 'consent' was to be given continuously, rather than as a one-time exercise, the form of government chosen would probably have to be democratic."[108]

Wilsons Auffassung von Selbstbestimmung war also zunächst „klassisch" die einer „inneren Selbstbestimmung".[109] Cassese weist aber darauf hin, dass Wilson auf der internationalen Ebene vier unterschiedliche Aspekte von Selbstbestimmung ins Spiel brachte: Erstens, angedeutet im Punkt 6 seines 14-Punkte-Programms, das Recht aller Völker, die Regierungsform frei zu wählen. Zweitens, Selbstbestimmung im Zusammenhang mit der Umgestaltung der zentraleuropäischen Staaten unter Berücksichtigung nationaler Begehren. Drittens, Selbstbestimmung als Maßstab bei der Regelung territorialer Veränderungen, und viertens sah Wilson Selbstbestimmung im Zusammenhang mit kolonialen Ansprüchen und dem Umgang damit.[110]

Am 8. Januar 1918 formulierte Wilson sein *14-Punkte-Programm*, das die Basis für die Friedensverhandlungen darstellen sollte, vor dem Amerikanischen Senat. Dieses Programm und die *Vier Prinzipien*, die er in seiner Ansprache vor dem Kongress am 11. Februar 1918 später noch hinzufügte, zeigen, dass seine Auffassung von Selbstbestimmung auch von der „romantischen" Ideologie des Nationalismus beeinflusst war.[111]

> „Nationale Bestrebungen müssen respektiert werden; die Völker dürfen jetzt nur mit ihrer eigenen Zustimmung beherrscht werden. ‚Selbstbestimmung' ist nicht nur eine Phrase [...]. Jede mit diesem Krieg zusammenhängende territoriale Regelung muss im

107 Vgl. D. Raič, S. 177 ff.
108 M. Pomerance, S. 1.
109 Vgl. ibid., S. 1 ff.
110 Vgl. Cassese, S. 19 ff.
111 Vgl. D. Raič, S. 177 ff.

Interesse und zum Nutzen der betroffenen Bevölkerung getroffen werden, und nicht bloß als Teil eines Ausgleichs oder eines Kompromisses zwischen rivalisierenden Staaten."[112]

Wilsons fünften Punkt[113] hat man immer wieder als ersten Schritt in der Anerkennung des Selbstbestimmungsrechts kolonialer Völker dargestellt.[114] Dies war keinesfalls die Intention, die hinter diesem von Wilson formulierten Ansatz steckte, denn das hätte auch die amerikanische Kolonialpolitik in Frage gestellt. Wilson versuchte diese Missverständlichkeit zu bereinigen und stellte am 17. September 1919 in San Francisco klar: „Es war nicht das Privileg der Friedenskonferenz, irgendeinem Volk das Selbstbestimmungsrecht zu gewähren, außer jenen, die zu den Territorien der besiegten Imperien gehört hatten."[115]

So gab Wilson dem Begriff der Selbstbestimmung doch eine neue, externe Dimension, wenn auch eingeschränkt auf bestimmte Territorien. Er erkannte, dass sich das Konzept der Selbstbestimmung auch für die Neuordnung Europas nach dem Krieg eignete. Wilson leitete daraus die Legitimation ab, unnatürlich große und künstliche Staatsgebilde, wie die Österreichisch-Ungarische Monarchie oder das Osmanische Reich, in kleinere natürliche Einheiten, „Nationalitäten" oder „Nationen", aufzuteilen. Selbstbestimmung blieb nicht nur ein theoretisches Konzept, sondern diente als praktisches Instrument bei der Um- und Neugestaltung Europas nach dem Krieg.[116]

Kritik an Wilsons Begriff der Selbstbestimmung: Eine gefährlich unbestimmtes, mit Dynamit geladenes Prinzip

"When the President talks of 'determination' what unit has he in mind? Does he mean a race, a territorial area, or a community? Without a definite unit which is practical, application of this principle is dangerous to peace and stability [...] It is bound to be the basis of impossible demands on the Peace Congress and create trouble in many lands [...] The phrase is simply loaded with dynamite. It will raise hopes which can never be

112 56 Congressional Record, 8671, 11. Februar 1918. Zitiert in: P. Hilpold, Die Sezession, in: ZÖR 63 (2008), S. 119.

113 "V. A free, open-minded, and absolutely impartial adjustment of all colonial claims, based upon a strict observance of the principle that in determining all such questions of sovereignty the interests of the populations concerned must have equal weight with the equitable claims of the government whose title is to be determined." https://wwi.lib.byu.edu/index.php/President_Wilson's_Fourteen_Points.

114 Vgl. A. Cassese, S. 19 ff.

115 Zitiert in: J. Fisch, Das Selbstbestimmungsrecht der Völker, S. 156.

116 Vgl. D. Raič, S. 177 ff.

realized. It will, I fear, cost thousands of lives. In the end it is bound to be discredited, to be called the dream of an idealist who failed to realize the danger until too late to check those who attempt to put the principle in force. What a calamity that the phrase was ever uttered! What misery it will cause!"[117]

Nicht nur durch seinen Außenminister wurde Wilson für die unpräzise Ausgestaltung seiner Ideen kritisiert.[118] Aus seinen Formulierungen konnte keine genaue Definition des Trägers des Selbstbestimmungsrechts abgeleitet werden. Wilson ging in gewisser Naivität davon aus, dass sich die Träger selbstevident aus dem Recht als solchem ergeben und somit leicht zu bestimmen seien:[119]

> „War er mit der Tatsache vertraut, dass dieses Recht nicht nur die Erfüllung menschlicher Aspirationen darstellt, sondern auch ein Element internationaler Unruhe und Unordnung? War er sich bewusst, dass diese Ambivalenz vielleicht in der Doppeldeutigkeit dieses Ideals selbst begründet ist, das gleichzeitig Nationen schaffen und Staaten zerstören und so zu einer Entstehung von immer kleinerer politischen Einheiten – ‚Natiönchen' – führen kann, zu einer Aufsplitterung der Welt [...]?".[120]

Schon 1919 schien Wilson die Tragweite seines idealistischen Propagierens der Selbstbestimmung bewusst geworden zu sein. Vor dem Ausschuss des Senats zur Außenpolitik *(Senate Foreign Relations Committee)* sprach Wilson von den Auswirkungen, der von ihm geweckten Hoffnungen:

> "When I gave utterance to those words [that all nations had a right to self-determination], I said them without the knowledge that nationalities existed, which are coming to us day after day. You do not know and cannot appreciate the anxieties that I have experienced as a result of many millions of people having their hopes raised by what I have said."[121]

Die US-Diplomatie mied in der Folge den „gefährlichen" Begriff der Selbstbestimmung, bis in die Zeit nach dem Zweiten Weltkrieg. Er verschwand im wahrsten Sinne „schlagartig" – nach Wilsons Schlaganfall am 2. Oktober 1919 – aus

---

117 R. Lansing, S. 97/98.

118 Vgl. auch P. Hilpold, Sezession und humanitäre Intervention – völkerrechtliche Instrumente zur Bewältigung innerstaatlicher Konflikte? In: ZÖR 54 (1999), 532 ff.; A. Cassese, Self-Determination of Peoples, S. 22.

119 Vgl. D. Raič, Statehood and the Law of Self-Determination, S. 177 ff.

120 Vgl. K. Schwabe, Woodrow Wilson und das europäische Mächtesystem in Versailles: Friedensorganisation und nationale Selbstbestimmung, in: G. Clemens (Hrsg.), Nationen und Europa, Studien zum internationalen Staatensystem im 19. und 20. Jahrhundert, Stuttgart 2001, S. 89 ff.

121 Zitiert in: D. Heater, National Self-Determination – Woodrow Wilson and his Legacy, Basingstone, 1994, S. 98.

dem Vokabular der amerikanischen Außenpolitik. „Es scheint fast so, als hätten sich die Akteure der amerikanischen Außenpolitik stillschweigend darauf verständigt, nie wieder vom Prinzip der Selbstbestimmung zu sprechen.“[122]

Besonders im Rückblick auf die weltpolitischen Entwicklungen im 20. und auch im 21. Jahrhundert wird im Zusammenhang mit Wilsons Popularisierung des Begriffs der Selbstbestimmung immer wieder der Mythos von der Büchse der Pandora verwendet.[123] Außenminister Lansing sollte Recht behalten – der Begriff enthält viel Sprengstoff, bis heute. Im Mythos enthält die Büchse der Pandora höchst gefährliche Inhaltsstoffe, aber auch Hoffnung. Wilson hat uns auch diese mit auf den Weg gegeben.

2.3.2 Lenin – „Die sozialistische Revolution und das Selbstbestimmungsrecht der Nationen“[124]

> „Der siegreiche Sozialismus muß die volle Demokratie verwirklichen, folglich nicht nur vollständige Gleichberechtigung der Nationen realisieren, sondern auch das Selbstbestimmungsrecht der unterdrückten Nationen durchführen, das heißt das Recht auf freie politische Abtrennung anerkennen. [A]llerdings ist die Demokratie eine Staatsform, die mit dem Absterben des Staates überhaupt ebenfalls verschwinden muß. Das aber wird erst dann eintreten, wenn der siegreiche Sozialismus dem vollständigen Kommunismus weichen wird.“[125]

Während Wilson sich in seinen Anfängen zunächst nur auf den Begriff der „Selbstregierung“ stützte, hatte Lenin 1917 bereits die Theorie der bolschewistischen, „nationalen Selbstbestimmung“ entwickelt.[126] Lenin sah im Konzept der Selbstbestimmung das Recht unterdrückter Nationen zur politischen Abspaltung. Sein Konzept beinhaltete somit von Anfang an ein Recht auf Sezession,

---

122 M. Frey, Selbstbestimmung und Zivilisationsdiskurs in der Amerikanischen Außenpolitik 1917–1950, in: J. Fisch (Hrsg.), Die Verteilung der Welt: Selbstbestimmung und das Selbstbestimmungsrecht der Völker, München 2011, S. 159 ff.

123 V. Prott, The Politics of Self-Determination: Remaking Territories and National Identities in Europe, 1917–1923, New York 2016, S. 1; Vgl. auch D. Heater, S. 98: “In historical hindsight, the global proliferation of Wilsonian idealism in the wake of the First World War resembles the opening of Pandora's box.”

124 Vgl. W. I. Lenin, Die sozialistische Revolution und das Selbstbestimmungsrecht der Nationen, in: Vorbote Nr. 2, April 2016. Zitiert nach Ders.: Werke, Bd. 22: Dez. 1915 – Juli 1916, S. 144–145.

125 Ibid.

126 Vgl. B. Meissner, Die marxistisch-leninistische Auffassung vom Selbstbestimmungsrecht, in: D. Blumenwitz und B. Meissner (Hrsg.), Das Selbstbestimmungsrecht der Völker und die deutsche Frage, Köln 1984, S. 89–106.

ein Recht, sich von Fremdherrschaften abzuspalten und einen unabhängigen Nationalstaat zu etablieren.[127] Lenin sah im Recht der Selbstbestimmung eine generelle Voraussetzung für die Befreiung aller Völker.[128] Er wandte sich dabei entschieden gegen den Vorwurf, dem Separatismus Vorschub zu leisten.[129] Er unterschied auch deutlich zwischen dem Recht auf Sezession und Sezession als letztem Ausweg[130]:

> „[...] auf eine Lostrennung werden sie [die Massen der Bevölkerung] nur dann eingehen, wenn die nationale Unterdrückung und die nationalen Reibungen das Zusammenleben völlig unerträglich machen und alle und jedwede wirtschaftlichen Beziehungen stören. Und in einem solchen Fall werden die Interessen der kapitalistischen Entwicklung und der Freiheit des Klassenkampfes gerade durch diejenigen vertreten, die sich lostrennen."[131]

Die Anerkennung des Rechts auf Lostrennung *verringert* nach Auffassung Lenins sogar die Gefahr eines Zerfalls des Staates.[132] Das Selbstbestimmungsrecht hat für Lenin drei Komponenten. *Erstens*, es ermöglicht ethnischen und nationalen Gruppierungen über ihr Schicksal frei zu bestimmen, im Rahmen innerstaatlicher Autonomie oder – als letzten Ausweg – auch durch eine Abspaltung vom bisherigen Staat. *Zweitens* ist Selbstbestimmung ein Konzept, welches in den Nachwirkungen militärischer Konflikte in Fragen der territorialen Aufteilung zwischen den Staaten angewendet werden kann. *Drittens* ist es ein antikoloniales Postulat, das auf die Befreiung aller kolonialen Völker abzielt[133]:

> „Die Sozialisten haben nicht nur die sofortige bedingungslose und entschädigungslose Befreiung der Kolonien zu fordern – diese Forderung bedeutet aber politisch nichts anderes als die Anerkennung des Selbstbestimmungsrechts der Nationen –, sondern sie

---

127 Vgl. D. Raič, S. 184 ff.

128 Vgl. A. Cassese, Self-determination of peoples, S. 14 ff.

129 Vgl. W. I. Lenin, Über das Selbstbestimmungsrecht der Nationen, in: Lenin Werke Bd. 20, Berlin 1961, S. 426: „Die Anhänger der Freiheit der Selbstbestimmung, d. h. der Freiheit der Lostrennung, zu beschuldigen, sie förderten den Separatismus, ist die gleiche Dummheit und die gleiche Heuchelei, wie die Anhänger der Freiheit der Ehescheidung zu beschuldigen, sie förderten die Zerstörung der Familienbande."

130 Vgl. N. G. Hansen, Modern Territorial Statehood, (Dissertation), Leiden 2008, S. 80: "Therefore, his [Lenin's] formulation of self-determination retained the possibility of secession as a necessary final guarantor of the existence of the right."

131 W. I. Lenin, Über das Selbstbestimmungsrecht der Nationen, S. 427.

132 Ibid., S. 425.

133 Vgl. A. Cassese, Self-Determination of Peoples, S. 16 ff.

müssen die revolutionärsten Elemente in den bürgerlich-demokratischen nationalen Befreiungsbewegungen in diesen Ländern auf das Entschiedenste unterstützen."[134]

Für Lenin beinhaltet das Selbstbestimmungsrecht auch das Recht auf Sezession, aber immer im Hinblick auf das übergeordnete Ziel einer universellen, kommunistischen Gesellschaft. Selbstbestimmung sollte nicht die Interessen und Werte eines Kollektivs schützen und fördern, sondern als politisches Prinzip dem Klassenkampf und der Stärkung des Sozialismus dienen.[135] Mit seinem Konzept der Selbstbestimmung hatte Lenin eine „zündende Formel gefunden und sie auch im populären Verständnis verankert".[136]

2.4 Selbstbestimmung in der Zeit des Völkerbundes

2.4.1 Das Mandatssystem: Selbstbestimmung in den ersten Anfängen der Dekolonialisierung

"Before we leave that bleak and futile idealist, Woodrow Wilson, altogether, we will draw the attention [...] to the essential factors of his failure. The defects of his personality must not blind us to the impossibility of his ambition. [...] The World-State, the Modern State, was still only a vaguely apprehended suggestion; it had not been worked out with any thoroughness and the League was the most hasty of improvisations. [...] and – strangest fact of all in this strange story – the United States, the Arbitrator and Restorer of Nations, stood out from the League, because President Wilson's obstinate resolve to monopolize the immortal glory of World Salvation for himself and his party had estranged a majority of his senators. The Senate, after some attempts at compromise, rejected the Covenant of the League altogether, washed its hands of world affairs, and the President, instead of remaining forever Prince of Everlasting Peace and Wonder of the Ages, shrank again very rapidly to human proportions and died a broken and disappointed man."[137]

---

134 W. I.. Lenin, Die sozialistische Revolution und das Selbstbestimmungsrecht der Nationen (Thesen). Januar – Februar 1916. Zitiert in: J. Fisch, Das Selbstbestimmungsrecht der Völker, S. 138.

135 Vgl. D. Raič, Statehood and the Law of Self-Determination, S. 188; Vgl. D. Thürer, S. 117/118: „Der Wert der Anerkennung des Selbstbestimmungsrechts [...] wird nun aber allerdings insofern erheblich geschmälert, als dieses nur als anwendbar bezeichnet wird, wenn es der Festigung und Ausdehnung des Sozialismus dient."

136 Vgl. J. Fisch, Das Selbstbestimmungsrecht der Völker, S. 148 ff.

137 H. G. Wells, The Shape of Things to Come, 1933, Chapter 11: The Impulse to Abolish War: Why the League of Nations Failed to Pacify the World, The University of Adelaide Library, https://ebooks.adelaide.edu.au/w/wells/hg/w45th/ chapter 11.html.

Der Begriff der Selbstbestimmung wurde, trotz aller Bemühungen Wilsons[138], nicht in die Satzung des Völkerbundes aufgenommen und es ist eine weitere Ironie seines Schicksals, dass die Vereinigten Staaten dem Völkerbund nicht beitraten. Wilsons Entwurf zum Artikel 10 beinhaltete das Prinzip der Selbstbestimmung als eine Basis für territoriale Neuanpassungen. Der Entwurf wurde abgelehnt und die finale Version der Satzung verzichtete ganz auf eine Bezugnahme auf das Prinzip der Selbstbestimmung. Stattdessen wurde die territoriale Integrität der Mitglieder des Völkerbundes stark hervorgehoben.

Im Artikel 10, zugunsten der territorialen Integrität „ausgesperrt", kam das Prinzip der Selbstbestimmung gleichsam über eine Hintertür in die Satzung, allerdings mit klar eingeschränktem Wirkungsbereich: im Mandatssystems, das in den Artikel 22 der Satzung aufgenommen wurde.[139] Für die Territorien, die nach dem Ende des Krieges und dem Zusammenbrechen alter Imperien nicht mehr der Souveränität eines Staates angehörten, sollte eine alternative Lösung gefunden werden.[140]

Es wurde ein Mandatssystem eingeführt, das die ehemaligen Kolonien und Territorien besiegter Länder unter die Administration der Mitglieder des Völkerbundes stellte.[141] Das sogenannte Mandatssystem erfasste Territorien der türkischen und deutschen Überseegebiete. Diese ließen sich in drei verschiedene Kategorien einordnen. Es wurde zwischen „A-", „B-" und „C-Mandaten" unterschieden. Ziel eines solchen Systems war die Förderung des Wohlbefindens und der Entwicklung der Völker der verschiedenartigen Territorien und ihre fortschrittliche Entwicklung in Richtung einer „Selbstregierung" und einer Unabhängigkeit, wobei Letzteres nicht direkt in der Satzung angesprochen wurde.[142]

Jede der einzelnen Kategorien bezog sich auf ein bestimmtes Maß der autonomen Regierung der Bevölkerung des betreffenden Mandats, mit den „A" Mandaten als höchste Form autonomer Selbstregierung. Welche Kategorie dem

138 Wilsons Entwurf des Artikels 10 enthielt das Prinzip der Selbstbestimmung: "The Contracting Powers unite in guaranteeing to each other political independence and territorial integrity; but it is understood between them that such territorial readjustments, if any, as may in the future become necessary by reason of changes in present racial conditions and aspirations or present social and political relationships, pursuant to the principle of self-determination ..." Zitiert in: R. Lansing, S. 93.

139 Vgl. D. Raič, S. 194.

140 Ibid.

141 Vgl. E. Rodríguez-Santiago, The Evolution of Self-Determination of Peoples, S. 201 ff.

142 Vgl. J. Crawford, The Creation of States in International Law, Oxford 2006, S. 566 ff. und S. 741–745.

jeweiligen Gebiet zugeordnet wurde, hing somit vom Grad der politischen Reife der betroffenen Bewohner und ihrer Fähigkeit, sich selbst zu regieren, ab.[143]

Für die „A-Mandate", unter welche die Territorien des ehemaligen Osmanischen Reiches gestellt wurden, war das Erreichen einer Unabhängigkeit vorhersehbar und die Aufgabe der Mandatsmacht war lediglich, sie auf dem Weg zur Unabhängigkeit zu unterstützen.[144] Die ehemaligen deutschen Gebiete in Zentralafrika wurden als „B-Mandate" eingestuft. Sie wurden in ihrer Entwicklung als rückständig qualifiziert ohne Aussicht auf Unabhängigkeit in absehbarer Zeit. Die „C-Mandate", als dritte Kategorie, erstreckten sich auf die Gebiete Südwest-Afrikas und verschiedene südpazifische Inseln. Diese Territorien sollten aufgrund ihrer besonderen Eigenschaften als integrale Einheit der Mandatsmacht verwaltet werden.[145]

Die Einführung eines solchen Mandatssystems markierte einen Wendepunkt in der historischen Entwicklung. Vor dem ersten Weltkrieg war es Praxis, dass die Kolonien besiegter Ländern zur Kriegsbeute der Sieger wurden. Durch die Einführung des Mandatssystems wurde den Territorien eine völkerrechtliche Personalität eingeräumt, was sie von den Territorien unter den ehemaligen, kolonialen Regimen unterschied.

2.4.2 Der Völkerbund und der Aland-Fall

Die Aland-Inseln sind eine Inselgruppe, bestehend aus 300 kleinen Inseln, die sich zwischen Schweden und Finnland befinden. Seit dem 17. Jahrhundert wurden die Inseln von Finnland verwaltet. Zu diesem Zeitpunkt war Finnland schwedische Provinz. Nach der Niederlage Schwedens im schwedisch-russischen Krieg von 1809 kam die Inselgruppe zusammen mit dem restlichen Finnland wieder zu Russland. Im Jahre 1917 erlangte Finnland durch die Abspaltung vom Zarenreich seine Unabhängigkeit. Die Bewohner der Aland-Inseln verlangten den Anschluss an Schweden. Die schwedische Regierung unterstützte diese Bestrebungen und verlangte vor dem Völkerbundrat, die Bewohner der Aland-Inseln über ihre Zugehörigkeit abstimmen zu lassen.[146]

Die Bewohner der Aland-Inseln waren sowohl kulturell als auch sprachlich schwedischen Ursprungs und es stand außer Zweifel, dass die Mehrheit der

---

143 Vgl. D. Raič, S. 195.

144 Vgl. J. Crawford, S. 569.

145 Vgl. J. Summers, The Idea of the People: The Right of Self-Determination, Nationalism and the Legitimacy of International Law, S. 125.

146 Vgl. D. Thürer, Das Selbstbestimmungsrecht, S. 57.

Bevölkerung den Wunsch hatte, sich Schweden anzuschließen oder, als Alternative, ihren eigenen Staat zu bilden.[147] Finnland hielt dem entgegen, dass es sich um eine interne Angelegenheit handle und Finnland somit die alleinige Kompetenz zur Entscheidung über diese Angelegenheit zukomme.[148]

Der Aland-Fall zeigt auf, dass das Konzept der Selbstbestimmung auf verschiedenste Art und Weise ausgelegt werden kann.[149] Zur Behandlung der rechtlichen Debatte wurde vom Völkerbundrat im Juli 1920 ein Juristenausschuss und eine Berichterstatterkommission eingesetzt, die jeweils ein Gutachten zum konkreten Fall erarbeiten sollten.[150] Gegenstand der Angelegenheit war die strittige Frage, inwieweit die Bevölkerung der Aland-Inseln ein Recht auf Abspaltung von Finnland und auf Angliederung an Schweden habe.[151]

Der Juristenausschuss befasste sich zunächst mit der Frage, ob seine Zuständigkeit in der Behandlung dieser Angelegenheit überhaupt gegeben war oder es sich, wie Finnland argumentierte, um eine reine innerstaatliche Angelegenheit handelte. Als Grundlage für das Bejahen der Zuständigkeit des Völkerbundes stützte sich der Juristenausschuss auf die Tatsache, dass sich Finnland noch nicht als eigenständiger, gefestigter Staat etabliert habe und die Aland-Inseln resultierend daraus noch nicht endgültig in den finnischen Staat eingegliedert waren. Die Angelegenheit der Aländer falle somit unter die internationale Zuständigkeit in Ausübung durch den Völkerbund:

> "From the point of view of both domestic and international law, the formation, transformation and dismemberment of States as a result of revolutions and wars create situations of fact which, to a large extent, cannot be met by the application of the normal rules of positive law […]
> Under such circumstances, the principle of self-determination of peoples may be called into play. New aspirations of certain sections of a nation, which are sometimes based on old traditions or on a common language and civilization, may come to the surface and produce effects which must be taken into account in the interests of the internal and external peace of nations."[152]

---

147 Vgl. A. K. Coleman, Resolving Claims to Self-Determination. Is there a role for the International Court of Justice?, Oxfordshire 2013, S. 45 ff.

148 Vgl. E. Rodríguez-Santiago, S. 215.

149 Vgl. P. Hilpold, Self-Determination in the 21th Century – Modern Perspectives for an Old Concept, in: 36 Israel Yearbook of Human Rights, 2006, S. 249.

150 Vgl. A. Cassese, Self-Determination of Peoples, S. 27 ff.

151 Vgl. P. Hilpold, Sezession und humanitäre Intervention – völkerrechtliche Instrumente zur Bewältigung innerstaatlicher Konflikte?, in: ZÖR 54 (1999), S. 536 ff.

152 Zitiert in P. Hilpold, Selbstbestimmung und Autonomie, S. 26.

Der Ausschuss bejahte die bedeutende Rolle des Selbstbestimmungsrechts als modernes, politisches Konzept, sprach ihm aber eine rechtliche Geltung ab, da das Prinzip als solches in der Völkerbundsatzung keinen Eingang gefunden habe.[153]

> "Positive International Law does not recognize the right of national groups, as such, to separate themselves from the State of which they form part by the simple expression of a wish, any more than it recognizes the right of other States to claim such a separation. Generally speaking, the grant or refusal of the right to a portion of its population of determining its own political fate by plebiscites or by some other method, is, exclusively, an attribute of the sovereignty of every State which is definitely constituted. A dispute between two States concerning such a question, under normal conditions therefore, bears upon a question which International Law leaves entirely to the domestic jurisdiction of one of the States concerned […]."[154]

Darauffolgend beauftragte der Völkerbundrat eine Berichterstatterkommission damit, die Streitfrage ebenfalls abzuhandeln und ein Lösungsprogramm zu erarbeiten. Die Berichterstatterkommission ging davon aus, dass es sich bei Finnland nicht um einen neu etablierten Staat handle, sondern um eine Weiterführung des autonomen Gebietes Finnland, in welches die Aland-Inseln von Anfang an einbezogen waren. Auch als Finnland unter russischer Herrschaft stand und innerhalb dieses Staatsverbandes eine Verwaltungsautonomie zugestanden bekam, unterstanden dieser auch die Aland-Inseln. Die Frage, ob sich der finnische Staatsverband definitiv gefestigt hatte, stellte sich somit erst gar nicht und die Anwendung eines Selbstbestimmungsrechts wurde somit verneint.[155] In Bezug auf ein Selbstbestimmungsrecht kam die Berichterstatterkommission zu folgendem Ergebnis:

> "This principle is not, properly speaking a rule of international law and the League of Nations has not entered it in its Covenant. This is also the opinion of the International Commission of Jurists […] It is a principle of justice and liberty, expressed by a vague and general formula which has given rise to most varied interpretations and differences of opinion […] To concede to minorities, either of language or religion, or to any fraction of a population the right of withdrawing from the community to which they belong, because it is their wish or their good pleasure, would be to destroy order and stability

---

153 Vgl. P. Hilpold, Sezession und humanitäre Intervention, S. 536 ff.

154 Zitiert in A. Cassese, Self-Determination of Peoples, S. 28; Vgl. Report of Commission of Jurists (Larnaude, Huber, Struycken), LNOJ Sp Supp No 3 (October 1920), S. 5 f. Außerdem zitiert in: J. Crawford, The Creation of States in International Law. Second Edition, London 2006, S. 109–110.

155 Vgl. J. Crawford, The Creation of States in International Law, S. 111.

within States and to inaugurate anarchy in international life; it would be to uphold a theory incompatible with the very idea of the State as a territorial and political unity [...] The separation of a minority from the State of which it forms a part and its incorporation in another State can only be considered as *an altogether exceptional solution*, a last resort when the State lacks either the will or the power to enact and apply just and effective guarantees."[156] (Herv. A.F.)

Die Berichterstatterkommission bejahte Finnlands Souveränität über die Aland-Inseln und sah die bestmögliche Lösung der betreffenden Angelegenheit in der Gewährung der innerstaatlichen Autonomie unter Berücksichtigung der kulturellen Rechte der Aländer. Die minderheitenschutzrechtlichen Zusagen wurden durch Finnland ausgeweitet und am 27. Juni 1921 das Aland-Abkommen mit Schweden geschlossen, das die Grundlage für die umzusetzende Minderheitenautonomie war.[157]

Hervorgehoben werden sollte vor allem, dass beide Gutachten die Möglichkeit eines externen Selbstbestimmungsrechts, also eines Sezessionsrechts bei schwerster Unterdrückung einer Minderheit, angesprochen haben. Explizit bestätigt wurde die Möglichkeit einer Sezession allerdings nur durch die Kommission. Mangels eines Beweises konkreter Diskriminierungen der Aländer durch Finnland wurde diese auf den konkreten Fall bezogen allerdings verneint. Ein Recht auf Sezession soll nur den letzten Ausweg darstellen und dies nur, wenn es keine anderen alternativen Lösungen mehr gibt, die massiven Unterdrückungen einer Minderheit durch den Staat zu unterbinden. James Crawford beschreibt eine solche Situation als „carence de souveraineté".[158] Wenn dieser Ausnahmezustand nicht vorliegt, dann liegt der optimale Ansatz einer Konfliktlösung in der Gewährung von Minderheitenschutzvorkehrungen.[159]

Thürer weist darauf hin, dass das Aland-Gutachten das einzige Dokument der Geschichte des Völkerrechts darstellt, „in dem eine richterliche bzw. quasirichterliche Instanz auf Bedeutung und rechtliche Geltung des Selbstbestimmungsrechts der Völker in aller Ausführlichkeit einging."[160] Die wesentlichen Gedanken des Gutachtens fasst Thürer wie folgt zusammen:

---

156 Report of the International Committee of Rapporteurs (Beyens, Calonder, Elkens), 16. April 1921, LN Council Document B7/21/68/106 (VII), at paras 22–23, zitiert in: J. Crawford, S. 111.

157 Vgl. P. Hilpold, Selbstbestimmung und Autonomie, S. 27.

158 Vgl. J. Crawford, S. 111.

159 Vgl. P. Hilpold, Sezession und humanitäre Intervention, S. 537.

160 D. Thürer, Das Selbstbestimmungsrecht der Völker, S. 60.

„1. Das Selbstbestimmungsrecht bildet *nicht Bestandteil des allgemeinen Völkerrechts,* da es nicht im Völkerbundspakt verankert ist und sich nicht [...] zu einem Rechtssatz des positiven Völkerrechts verfestigt hat.
2. In Ausnahmesituationen, in denen die Souveränität eines Staates über ein Territorium als zweifelhaft erscheint, kann das Selbstbestimmungsrecht als *politisches Prinzip* zur Anwendung kommen und zu Unabhängigkeit, Anschluss an einen anderen Staat oder Errichtung eines Minderheitenstatus führen.
3. Das Subjekt des Selbstbestimmungsrechts bestimmt sich nicht – und damit werden verfehlte im Nationalismus des 19. Jahrhunderts verwurzelte Theorien klar zurückgewiesen – nach objektiven Kriterien, sondern allein nach dem *von der Bevölkerung geäußerten und betätigten Willen,* denn es handelt sich um einen politischen Anspruch.“[161]

Das Aland-Gutachten ist ein wichtiger Meilenstein in der Geschichte des Prinzips der Selbstbestimmung. Sowohl die Kommission von Berichterstattern als auch der Juristenausschuss *(Committee of Jurists)* gingen vom Souveränitätsprinzip aus, schlossen aber ein Sezessionsrecht im Falle schwerster Unterdrückung einer Bevölkerungsgruppe nicht aus, ohne die entsprechenden Rechtsgrundlagen auszuführen.[162] Dennoch nahmen sie mit ihrer Argumentation eine wichtige Entwicklung vorweg: die Bedeutung der Menschenrechte als wichtige Grundlage eines modernen Selbstbestimmungsrechts.

2.5 Selbstbestimmung nach der Entstehung der Vereinten Nationen

2.5.1 Die Charta der Vereinten Nationen

Schon während des 2. Weltkrieges verkündeten die USA und Großbritannien Selbstbestimmung als eines der Ziele, das nach dem Krieg erreicht und umgesetzt werden sollte. Am 14. August 1941 unterzeichneten der amerikanische Präsident F. D. Roosevelt und der britische Premierminister Winston Churchill die Atlantik-Charta, in der Selbstbestimmung als ein generelles Prinzip in Bezug auf territoriale Veränderungen und die freie Wahl der Regierung in jedem souveränen Staat (interne Selbstbestimmung) anerkannt wurde. So lautet Punkt 2 dieses Dokuments:[163]

„Sie [Roosevelt und Churchill] wünschen keine territoriale Änderung, die nicht mit dem frei zum Ausdruck gebrachten Wunsch der Völker übereinstimmen.“[164]

---

161 Ibid.
162 Ibid., S. 61; Vgl. P. Hilpold, Selbstbestimmung und Autonomie, S. 27.
163 Vgl. A. Cassese, Self-Determination of peoples, S. 37.
164 Zitiert in: P. Hilpold, Selbstbestimmung und Autonomie, S. 28.

Churchill vertrat eine sehr restriktive Interpretation der Atlantik-Charta und brachte am 9. September 1941 vor, dass diese nicht auf koloniale Völker anzuwenden sei.[165] Obwohl die Alliierten das Konzept der Selbstbestimmung schon zwischen 1941 und 1944 in verschiedenen politischen Dokumenten aufgriffen, fand das Prinzip keinen Eingang in die ersten Entwürfe der Charta. Der Vorschlag für den Art. 1 (2) lautete, es sei die Aufgabe der Vereinten Nationen

> "To develop friendly relations among nations and to take appropriate measures to strengthen universal peace".[166]

Erst in den *Amendements Proposals* der vier Großmächte vom 5. Mai 1945 ist auf Vorschlag der Sowjetunion eine Selbstbestimmungsklausel enthalten. Die „freundschaftlichen Beziehungen" werden nun näher bestimmt, sie sollen auf der Achtung vor dem Grundsatz der Gleichberechtigung und Selbstbestimmung der Völker beruhen *("based on the respect for the principle of equal rights and self-determination of peoples").*

Die mit der endgültigen Formulierung der UN-Charta beauftragte „United Nations Conference on International Organization", die vom 25. April bis zum 26. Juni 1945 in San Francisco tagte, übernahm diese Formulierung. Es folgten mühselige Verfahren, in den verschiedenen Gremien der Konferenz in San Francisco, die verdeutlichten, dass nicht alle Staaten für das konkrete Vorhaben, Selbstbestimmung in die Charta aufzunehmen, empfänglich waren.

Die Diskussionen um die Bedeutung der Selbstbestimmung auf der Konferenz von San Francisco waren intensiv. So zeigte der syrische Berichterstatter am Beispiel Österreichs, dass die Nationalsozialisten, die sich auch auf das Prinzip der Selbstbestimmung berufen hatten, dieses Prinzip nicht diskreditiert, sondern missbraucht hatten:

> "Looking at the Austrian example as it was set, the principle of self-determination might look very nasty, but it is that nasty principle of self-determination which would have helped, for which people fought the war, and which would help countries like Belgium, like Norway, like Greece, like Syria to be liberated. When we want to rule it out, unconsciously, without wanting it, we would be reverting to previous conditions which lead to many wars. We would be in the same way breathing the air of our enemies, and it is not fragrant air and we would not like to breathe it."[167]

Belgien, aber auch andere Staaten, brachten ihre Zweifel zum Ausdruck, die hauptsächlich von der Angst getragen waren, dass das Konzept der Selbst-

165 Vgl. A. Cassese, Self-Determination of Peoples, S. 37 ff.

166 UNCIO-Dokumente III S. 2, zitiert in: D. Thürer, S. 68.

167 Rapporteur, Cmttee. I/1, 15 May, p. 12. Zitiert in: J. Summers, The Idea of People, S. 123.

bestimmung starkes Konfliktpotential in sich trage und sezessionistische Bewegungen fördern würde. Die belgische Delegation hatte Bedenken, dass sich aus der Gleichstellung der Begriffe „*peoples*“ und „*nations*“ ein Recht auf Sezession ableiten ließe.[168] Ägypten betonte, dass das Prinzip der Selbstbestimmung von politischen Machthabern leicht zur Rechtfertigung militärischer Eingriffe und Annexionen missbraucht werden konnte.[169]

Zwei wichtige Gesichtspunkte der Diskussion wurden wie folgt festgehalten:

> "Concerning the principle of self-determination it was strongly emphasized on the one side that this principle corresponded closely to the will and desires of peoples everywhere and should be clearly enunciated in the Chapter; on the other side it was stated that the principle conformed to the purposes of the Charter only insofar as it implied the right of self-government of peoples and not the right to secession."[170]

Cassese leitet aus der Analyse der intensiven Debatte der Konferenz und dem Bericht des syrischen Berichterstatters an die Kommission ab, dass das in Art. 1 (2) UN-Charta verankerte Konzept der Selbstbestimmung sich durch vier Hauptkriterien kennzeichnen lässt. *Erstens,* Selbstbestimmung im Sinne des Art. 1 (2) UN-Charta bezieht sich nicht auf ein Recht von Minderheiten oder ethnischer oder nationaler Gruppierungen, sich von einem souveränen Land abzuspalten. *Zweitens,* Art. 1 (2) UN-Charta umfasst nicht das Recht kolonialer Völker auf politische Unabhängigkeit; für diese Völker bedeutet Selbstbestimmung nur „Selbstregierung“; *drittens,* Selbstbestimmung bezieht sich nicht auf das Recht des Volkes eines souveränen Staates, seine Regierung durch regelmäßige, demokratische und freie Wahlen frei zu bestimmen; auch für diese Völker bedeutet Selbstbestimmung nur „Selbstregierung“. Und *viertens* umfasst Selbstbestimmung im Sinne des Art. 1 (2) UN-Charta auch nicht das Recht zweier oder mehrerer Nationen, die entweder zu einem souveränen Land oder auch zwei verschiedenen souveränen Ländern gehören, sich zusammenzuschließen.

Daraus ableitend kommt Cassese zum Schluss:

> "[T]he principle enshrined in the UN Charter boils down to very little; it is only a principle suggesting that States should grant self-government as much as possible to the communities over which they exercise jurisdiction."[171]

---

168 Vgl. A. K. Coleman, Resolving Claims to Self-Determination: Is there a role for the International Court of Justice?, New York 2013, S. 51.

169 Vgl. A. Cassese, Self-determination of peoples, S. 37 ff.

170 UNCIO-Dokumente VI S. 296, zitiert in: D. Thürer, S. 69.

171 Vgl. A. Cassese, Self-Determination of Peoples, S. 41 ff.

Die Befürworter der Aufnahme des Selbstbestimmungsrechts vermochten sich durchzusetzen und die teilnehmenden Staaten schafften es in der Angelegenheit Einigung zu erlangen. Im Oktober 1945 trat die Satzung der Vereinten Nationen in Kraft und das Selbstbestimmungsrecht fand erstmals Eingang in ein internationales Dokument mit universeller Geltung. In zwei Artikeln der UN-Charta wurde auf das Prinzip der Selbstbestimmung Bezug genommen. In Art. 1 (2) UN-Charta und Art. 55 UN-Charta wird das Prinzip als Grundlage des Weltfriedens und „freundlicher Beziehungen zwischen den Nationen" angesehen.[172] Art. 55 UN-Charta nimmt Bezug zu den Mitteln, die erforderlich sind, um „den Zustand der Stabilität und Wohlfahrt" herbeizuführen. Neben der Verbesserung des Lebensstandards und der Förderung internationaler Zusammenarbeit zur Lösung internationaler Probleme soll auch „die allgemeine Achtung und Verwirklichung der Menschenrechte und Grundfreiheiten für alle ohne Unterschied der Rasse, des Geschlechts, der Sprache oder der Religion" zu diesen Mitteln zählen. Dass das Selbstbestimmungsrecht neben Art. 1 auch in einem weiteren Artikel erwähnt wird, ist keine unnötige Redundanz; die Erwähnung in Art. 55 „stellt das *Bindeglied* dar zwischen der in Art. 1 Ziff. 3 postulierten und in den Kapiteln IX und X umschriebenen ‚wirtschaftlichen und sozialen Fundierung des Friedens' einerseits und der Erhaltung von ‚internationaler Sicherheit und Weltfrieden' andererseits."[173]

Auch wenn die Selbstbestimmung in der UN-Charta an prominenter Stelle, gleich im ersten Artikel, erwähnt wird, so gilt es zu beachten, dass der Adressat der Charta die Organe der Vereinten Nationen sind und nicht die Völker als Rechtssubjekte. Selbstbestimmung ist „ein von den Vereinten Nationen als Institution zu verfolgendes Prinzip"[174] und kein verbindliches Recht:

> „[E]s fragt sich, ob die in der Satzung verankerte Formel genügend präzise ist, um der Rechtsverbindlichkeit überhaupt fähig zu sein. Insbesondere die Frage nach der Umschreibung des Trägers, aber auch nach dem Inhalt, den Voraussetzungen der Anwendbarkeit oder nach dem Verhältnis zu anderen Satzungsprinzipien bleibt unbeantwortet."[175]

172 Vgl. C. Gusy, Selbstbestimmung im Wandel. Von der Selbstbestimmung durch den Staat zur Selbstbestimmung im Staat, in: Archiv des Völkerrechts 30 (1992), S. 387.

173 Vgl. D. Thürer, S. 73.

174 Ibid., S. 67.

175 D. Thürer, Das Selbstbestimmungsrecht der Völker – ein Überblick, in: Archiv des Völkerrechts 22 (1984), 118 f.

Das Prinzip der Selbstbestimmung der UN-Charta ist somit „kein geschlossenes Konzept, sondern eher ein Komplex von Ideen und Verwirklichungsmöglichkeiten“[176] ohne Rechtscharakter[177], eine *lex imperfecta*[178]. Anfänglich wurde das Prinzip der Selbstbestimmung auch als simples Pendant zum Prinzip der Staatensouveränität und als Vorstufe der souveränen Gleichheit der Staaten gem. Art. 2 (1) der Satzung angesehen.[179] Aus dieser Auffassung lässt sich weiter ableiten, dass sich das Prinzip nur auf die Mitgliedsstaaten der Organisation bezieht.[180]

Guilhaudis weist beispielsweise darauf hin, dass Art. 1 (2) nur auf die Beziehungen zwischen den UN-Mitgliedern Bezug nimmt. Er bekräftigt dies damit, dass sich in der Präambel der Charta die vertragsschließenden Partien selbst als *„Wir, die Völker der Vereinten Nationen“* bezeichnen und sich daraus ohne Zweifel ableiten lässt, dass sich der Begriff des Volkes allein auf die Mitgliedsstaaten der Vereinten Nationen bezieht.[181] In der französischen Version der Charta kommt dies noch viel klarer zum Ausdruck. Die französische Version des Art. 1 (2) UN-Charta lautet: „Développer entre les nations des relations amicales fondées sur le respect du principe de l'égalité de droit des peuples et leur droit[182]

176 Ibid., 119.

177 Ibid.: „Es scheint somit richtig zu sein, der Selbstbestimmungsformel der Satzung den Rechtscharakter abzusprechen, denn auch mit der Aufnahme in einen rechtsverbindlichen Text kann [...] einem Prinzip nicht der Stempel der Rechtsgültigkeit aufgedrückt werden, wenn es hierzu seiner inneren Struktur wegen nicht fähig ist.“

178 Vgl. M. N. Shaw, International Law, Cambridge 2006, S. 226; Vgl. auch P. Thornberry, The Democratic and Internal Aspect of Self-Determination with Some Remark on Federalism , in: C. Tomuschat (Hrsg.), Modern Law of Self-Determination, Dordrecht 1993, S. 101–138, 109; Vgl. P. Hilpold, Sezession und humanitäre Intervention – völkerrechtliche Instrumente zur Bewältigung inner-staatlicher Konflikte?, in: ZÖR 54 (1999), S. 529–602. Nach Hilpold war das in Art. 1 (2) UN-Charta verankerte „Ziel“ der Selbstbestimmung bzw. der in Art. 55 verankerte „Grundsatz“ „wohl noch kaum als Ausdruck eines dahinterstehenden Rechts zu sehen, außer man identifiziert mit Hans Kelsen den Träger dieses Rechts, die Völker, mit den Staaten.“ Ibid., S. 538. Vgl. auch A. Rosas, Internal Self-Determination, in: C. Tomuschat (Hrsg.), Modern Law of Self-Determination, S. 225: "In this commentary to the UN Charter, Hans Kelsen leaned towards the interpretation that the term 'peoples' simply meant States."

179 Vgl. P. Hilpold, Sezession und Autonomie, S. 28.

180 Vgl. ibid. und E. Rodríguez-Santiago, The Evolution of Self-Determination of Peoples in International Law, S. 217.

181 Guilhaudis, Le droit des peoples, S. 169, zitiert in: E. Rodríguez-Santiago, S. 217 ff.

182 Fisch weist darauf hin, dass im Englischen von einem Prinzip die Rede ist, im Französischen von einem Recht: „Es ist schwer vorstellbar, dass die Differenz nicht bemerkt wurde. Da man es offensichtlich nicht für nötig hielt, sie zu beseitigen,

à disposer d'eux-mêmes". Die englische Übersetzung von „leur droit à disposer d'eux-mêmes" wäre „their right to self-determination", das Possessivpronomen fehlt allerdings in der englischen Version.[183] In der französischen Fassung wird klar, dass sich die zwei Satzteile jeweils auf dasselbe Subjekt beziehen, nämlich die Mitgliedsstaaten der Charta. In anderen Worten, die Sätze beziehen sich auf den Grundsatz der Gleichberechtigung der UN-Mitglieder und das Recht genau dieser Mitgliedsstaaten auf Selbstbestimmung.[184]

Der in Art. 1 (2) und Art. 55 der UN-Charta formulierte Grundsatz der „Gleichberechtigung und der Selbstbestimmung der Völker" („equal rights and self-determination"), bezieht sich auf die Rechte eines Staatsvolkes, „auf die staatliche Souveränität und als Konsequenz und Vorbedingung der souveränen Gleichheit der Staaten gemäß Art. 2 (1) der Satzung.[185] Higgins betont, dass wir die Verknüpfung von Selbstbestimmung mit Gleichberechtigung nicht ignorieren dürfen und dass es um die Gleichberechtigung von Staaten geht, nicht von Individuen. Das Konzept der Selbstbestimmung bezog sich also ursprünglich nicht auf ein Recht abhängiger Völker auf Unabhängigkeit:[186]

> "It can [...] be seen that self-determination is *not* provided for by the text of the UN Charter – at least not in the sense that it is generally used."[187]

Abgesehen von diesen Einschränkungen und Defiziten des Konzepts der in der UN-Charta verankerten Selbstbestimmung ist die Verankerung der Selbstbestimmung als Grundsatz und Ziel der Vereinten Nationen dennoch ein wichtiger Wendepunkt in der Entwicklung.[188] Mehr Klarheit über Inhalt und Trägerschaft der Selbstbestimmung brachten die Resolutionen der Generalversammlung der darauf folgenden Jahre. Das vage Prinzip wurde geschärft, insbesondere durch den Fokus auf die Entkolonialisierung.[189] So stellen die Resolutionen der

---

ist anzunehmen, dass sie für unbedeutend gehalten wurde." J. Fisch, Das Selbstbestimmungsrecht der Völker, S. 221.

183 UN-Charter, Art. 1 (2): „[...] to develop friendly relations among nations based on respect for the principle of equal rights and self-determination of peoples [...]".

184 Vgl. E. Rodríguez-Santiago, S. 218 u. A. Cassese, Self-Determination of Peoples, S. 37–43.

185 Vgl. P. Hilpold, S. 28.

186 Vgl. R. Higgins, Self-Determination and Secession, in: J. Dahlitz (Hrsg.), Secession and International Law. Conflict Avoidance – Regional Appraisals, S. 23.

187 Ibid., S. 24.

188 Ibid, S. 43.

189 Vgl. D. Raič, Statehood and the Law of Self-Determination, S. 201 ff.

UN-Generalversammlung 1514 (XV)[190] vom 14. 12. 1960 und G.A. Res. 1541 (XV)[191] vom 15. 12. 1960, die die Basis des kolonialen Selbstbestimmungsrechts bilden, einen weit bedeutenderen Wendepunkt in der Fortentwicklung des Grundsatzes der Selbstbestimmung hin zu einer Verrechtlichung dar.[192]

2.5.2 Entkolonialisierung: die „Domestizierung“[193] des Prinzips

> "[I]t was almost with a sense of relief that many statesmen witnessed the principle of self-determination after World War II being conscripted into the cause of decolonization. Colonial self-determination, although not very popular with colonial Powers, did not suffer the political drawback of seeming to offer comfort to disaffected groups within established, independent States. This development, however, which seemed at first heaven-sent to supply a minimally explosive content for the doctrine of self-determination, eventually worked to evolve an even more vague but certainly more incendiary terminology – that of the right of 'peoples' to self-determination."[194]

Koloniale Völker unter der UN-Charta

Neben Art. 1 (2) UN-Charta und Art. 55 UN-Charta bezieht sich das Selbstbestimmungsrecht auch auf weitere Regelungen dieser Satzung. Obwohl der Begriff der Selbstbestimmung in diesen Passagen nicht explizit genannt wird[195], liegt dieses Prinzip dem Kapitel XI („Declaration Regarding Non-Self-Governing Territories“) und dem Kapitel XII („International Trusteeship System“) der Charta zugrunde. Kapitel XII (Art. 76 UN-Charta) kann als Surrogat des Mandatssystems des Völkerbundes angesehen werden, da es im Wesentlichen gleichartige Ziele verfolgt.[196]

Durch Art. 75 UN-Charta wurde zur Verwaltung der Hoheitsgebiete, die sich unter Art. 77 UN-Charta subsumieren lassen, ein internationales Treuhandsystem eingeführt. Ziel und Zweck dieses Systems ist die Festigung des Weltfriedens und der internationalen Sicherheit, die Förderung der politischen,

---

190 „Declaration on the Granting of Independence to Colonial Countries and Peoples“, G.A. Res. 1514 (XV) v. 14.12.1960

191 G.A. Res. 1541 (XV) v. 15.12.1960.

192 Vgl. P. Hilpold, Selbstbestimmung und Autonomie, S. 28 u. ders., Sezession und humanitäre Intervention, S. 539.

193 Vgl. J. Mayall, Nationalism and International Society, Cambridge 1990, S. 50 ff.

194 L. C. Buchheit, Secession – The Legitimacy of Self-Determination, S. 7.

195 Vgl. R. Higgins, Self-Determination and Secession, S. 23.

196 Vgl. D. Raič, S. 200 ff.

wirtschaftlichen und erzieherischen Entwicklung und der fortschreitenden Entwicklung zur Selbstregierung oder Unabhängigkeit, unter Berücksichtigung der frei geäußerten Wünsche der Bevölkerung.[197]

Kapitel XI legte ein neues System für Hoheitsgebiete ohne Selbstregierung fest, das auf Territorien Anwendung findet, „deren Völker noch nicht die volle Selbstregierung erreicht haben". Dadurch wird der Anwendungsbereich des Prinzips der Selbstbestimmung im Vergleich zur Völkerbundära substantiell erweitert.[198] Aus dem Art. 73 UN-Charta lassen sich Verpflichtungen der UN-Mitglieder bei der Verwaltung der Hoheitsgebiete ohne Selbstregierung ableiten. Sie verpflichten sich, die politische, wirtschaftliche, soziale und erzieherische Entwicklung zu fördern, die Selbstregierung zu entwickeln und dabei die politischen Bestrebungen dieser Völker zu berücksichtigen. Außerdem sollen sie dem Generalsekretär regelmäßig Informationen zu den betreffenden Territorien übermitteln.[199] Beide Kapitel förderten die Heranführung der Kolonien zum Zustand einer Selbstregierung oder, im Fall der Territorien unter dem Treuhandsystem, hin zur Unabhängigkeit.

Das Konsultationsprinzip gemäß Artikel 76 und der Präzedenzfall Togoland

> Art. 76 [Zweck des Treuhandsystems] Im Einklang mit den in Artikel 1 dieser Charta dargelegten Zielen der Vereinten Nationen dient das Treuhandsystem hauptsächlich folgenden Zwecken:
>
> a) den Weltfrieden und die internationale Sicherheit zu festigen;
> b) den politischen, wirtschaftlichen, sozialen und erzieherischen Fortschritt der Einwohner der Treuhandgebiete und ihre fortschreitende Entwicklung zur Selbstregierung oder Unabhängigkeit so zu fördern, wie es den besonderen Verhältnissen eines jeden dieser Hoheitsgebiete und *seiner Bevölkerung sowie deren frei geäußerten Wünschen* entspricht und in dem diesbezüglichen Treuhandabkommen vorgesehen ist; (Herv. A.F.)

Art. 76 der Charta nennt den Zweck des Treuhandsystems der Vereinten Nationen, spricht vom „Fortschritt der Einwohner der Treuhandgebiete" und ihrer „fortschreitenden Entwicklung zur Selbstregierung" unter Berücksichtigung ihrer „frei geäußerten Wünsche". Was trotz dieser klaren Zielsetzung dennoch unklar bleibt, ist die Frage, „worauf sich das Selbstbestimmungsrecht bezieht:

---

197 Vgl. Art. 75 UN-Charta, Art. 76 UN-Charta, Art. 77 UN-Charta.

198 Vgl. D. Raič, S. 201 ff.

199 Vgl. Art. 73 UN-Charta.

auf die in einem Treuhandgebiet lebenden ethnischen […] Gruppen oder die Gesamtheit der Einwohner eines bestimmten Territoriums?“[200]

Ausgehend vom Präzedenzfall Togoland[201] wurde diese Frage für die gesamte Entkolonialisierung geklärt und zwar im Sinne eines territorialen Selbstbestimmungskonzepts“[202], mit anderen Worten, der Selbstbestimmungsprozess hat sich im Rahmen der Kolonialgrenzen zu vollziehen.[203] Verständlich, dass gerade die neu entstandenen Staaten, mit zum Teil sehr heterogenen Bevölkerungen, diesen territorialen Ansatz im Sinne der inneren Stabilität vehement unterstützten.[204]

Somit etabliert sich das *Uti-Possidetis*-Prinzip[205] und zwar, wie sich zeigen wird, über den kolonialen Kontext hinaus.[206] Im sogenannten „Frontier Dispute Case“ zwischen Burkina Faso und Mali bezog sich sogar der Internationale Gerichtshof explizit auf das Prinzip:

> "Since the two Parties have, as noted above, expressly requested the Chamber to resolve their dispute on the basis, in particular, of the 'principle of the intangibility of frontiers inherited from colonization', the Chamber cannot disregard the principle of *uti possidetis juris*, the application which gives rise to this respect for intangibility of frontiers. Although there is no need, for the purposes of the present case, to show that this is a firmly established principle of international law where decolonization is concerned, the Chamber nonetheless wishes to emphasize its general scope, in view of its exceptional importance for the African continent and for the two Parties […]"

> "[…] the essence of the principle [uti possidetis] lies in its primary aim of securing respect for the territorial boundaries at the moment when independence is achieved. Such

---

200 D. Thürer, Das Selbstbestimmungsrecht der Völker, S. 129.

201 Ibid., S. 129 f.

202 Ibid., S. 130.

203 Ibid.

204 Ibid.

205 Zum Uti Possidetis Prinzip vgl. J. Dugard, The Secession of States, S. 123 ff; S. Lalonde, Determining Boundaries in a Conflicted World – *The Role of* Uti Possidetis, Montreal 2002; A. Peters, The Principle of Uti Possidetis Juris: How Relevant is it for Issues of Secession, in: C. Walter et. al (Hrsg.), Self-Determination and Secession in International Law, S. 95–137.

206 Vgl. C. Rossi, Ex Injuria Jus Non Oritur, Ex Factis Jus Oritur, and the Elusive Search for Equilibrium After Ukraine, in: Tulne Journal of international and Comparative Law, Vol. 24 (2015), S. 168: "Yet *uti possidetis* 'keeps its place' as a bedrock principle of international law, and has shown a surprising adaptability to new circumstances. Originally meant to quite title and demarcate territorial boundaries of retreating empires, it has been separated from its colonial context and applied to the dissolution of Yugoslavia."

territorial boundaries might be no more than delimitations between different administrative divisions or colonies all subject to the same sovereign. In that case, the application of the principle of *uti possidetis* resulted in administrative boundaries being transformed into international frontiers in the full sense of the term. This is true both of the States which took shape in the regions of South America which were dependent on the Spanish Crown, and of the States Parties to the present case, which took shape within the vast territories of French West Africa. *Uti possidetis,* as a principle which upgraded former administrative delimitations, established during the colonial period, to international frontiers, is therefore a principle of a general kind which is logically connected with this form of decolonization wherever it occurs."[207]

Resolution 1514 (VX): Erklärung über die Gewährung der Unabhängigkeit an koloniale Länder und Völker

Die Resolution der Generalversammlung 1514 (XV) vom 14. Dezember 1960 markierte den radikalen Wandel der Politik der Vereinten Nationen bezüglich der in Art. 73 UN-Charta geregelten Hoheitsgebiete ohne Selbstregierung und der in Art. 77 UN-Charta erwähnten Territorien unter dem internationalen Treuhandsystem. Dies verdeutlicht das in dieser Resolution formulierte Ziel, „der Notwendigkeit, dem Kolonialismus in allen seinen Erscheinungsformen rasch und bedingungslos ein Ende zu machen".[208] Waren Treuhandschaft und Kolonialherrschaft zunächst Hilfsmittel zur Förderung der Entwicklung kolonialer Völker, wurde Kolonialismus fortan für die Entwicklung als hemmend angesehen. So findet sich in der Präambel der Resolution folgende Formulierung: „*überzeugt*, dass das Fortbestehen des Kolonialismus die Entwicklung der internationalen wirtschaftlichen Zusammenarbeit behindert, die soziale, kulturelle und wirtschaftliche Entwicklung der abhängigen Völker hemmt […]".[209]

Im Gegensatz zur verhaltenen Entkolonialisierungspolitik des Kapitel XI der Vereinten Nationen wurde mit der Resolution 1514 (XV) eine neue Entkolonialisierungspraxis eingeleitet.[210] Es wurde nun explizit darauf hingewiesen, dass „unzugängliche politische, wirtschaftliche, soziale Vorbereitung" nicht als Vorwand herangezogen werden dürfe, die Erlangung der Unabhängigkeit zu verzögern.[211] Resolution 1514 (XV) kündigte Selbstbestimmung als Konzept und

207 International Court of Justice, Case Concerning the Frontier Dispute (Burkina Faso/ Republic of Mali), 22 December 1986, S. 565–566, Abs. 20 u. 23.

208 Vgl. Resolution der Generalversammlung v. 14. Dezember 1960, 1514 (XV). Erklärung über die Gewährung der Unabhängigkeit an koloniale Länder und Völker.

209 A/Res/1514/1960 – Präambel.

210 Vgl. P. Hilpold, Sezession und humanitäre Intervention, S. 539 ff.

211 A/Res/1514/1960 – Resolution 1514(XV), Abs. 3.

Mechanismus an, der der Entkolonialisierungspolitik der Vereinten Nationen zugrunde liegen sollte.[212]

Mehr als hundert Staaten sind als Resultat der Entkolonialisierung nach dem Zweiten Weltkrieg entstanden, und dies zeigt eindrucksvoll, dass sich die Selbstbestimmung durch die Entkolonialisierungspolitik der Vereinten Nationen von einem politischen Konzept hin zu einer rechtlichen Norm entwickelt hat, allerdings mit klar eingeschränktem Wirkungsbereich. Zum ersten Mal war die Etablierung eines Staates nicht ein rein politisches Faktum, sondern Gegenstand eines völkerrechtlichen Prinzips.[213]

So bezieht sich die Resolution 1514 (XV) explizit auf Selbstbestimmung als ein Recht und nicht als bloßes Prinzip. Der Charakter der Selbstbestimmung als ein völkerrechtliches Gewohnheitsrecht spiegelt sich in der Tatsache wider, dass ungefähr dreißig Hoheitsgebiete ohne Selbstregierung und Territorien unter dem Treuhandsystem vor der Verabschiedung der Resolution am 14. Dezember 1960 ihre Unabhängigkeit erlangten. Aus der Resolution 1514 (XV) lässt sich somit eine existierende gewohnheitsrechtliche Norm in Bezug auf ein Recht auf Selbstbestimmung für koloniale Länder und Völker ableiten.[214]

Die Resolution 1514 (XV) vertritt einen territorialen Ansatz und legt weitere grundlegende völkerrechtliche Prinzipien dar, wie das Prinzip der territorialen Integrität[215] kolonialer Territorien und das Interventionsverbot der Staaten.[216] Träger des Rechts auf Selbstbestimmung sind die Bewohner territorialer Gebiete und nicht Minderheiten oder Bevölkerungsteile innerhalb eines Territoriums.[217] Einem territorialen Ansatz der Definition des Trägers der Selbstbestimmung in Zusammenhang mit der Entkolonialisierungsresolution kann folgende Formulierung dieser Resolution gegenübergestellt werden:

---

212 Vgl. A. K. Coleman, Resolving Claims to Self-Determination, S. 54.

213 Ibid, S. 54.

214 Vgl. D. Raič, S. 216 ff.

215 Vgl. P. Thornberry, The Democratic or Internal Aspect of Self-Determination with some Remarks on Federalism, S. 108: "Any attempt aimed at the partial or total disruption of the national unity and the territorial integrity of a country is incompatible with the purposes and principles of the Charter of the United Nations."

216 Vgl. A. K. Coleman, S. 55; Vgl. A/Res/1514(1960), „in der *Überzeugung*, dass alle Völker ein unveräußerliches Recht auf volle Freiheit, auf die Ausübung ihrer Souveränität und die Integrität ihres nationalen Territoriums haben […]".

217 Vgl. D. Raič, S. 209.

„Alle Völker haben das Recht auf Selbstbestimmung; kraft dieses Rechts bestimmen sie frei ihren politischen Status und verfolgen frei ihre wirtschaftliche, soziale und kulturelle Entwicklung."[218]

Obwohl diese Formulierung proklamiert, dass „alle Völker" ein Recht auf Selbstbestimmung haben, und daraus eine universelle Anwendungsmöglichkeit der Selbstbestimmung abgeleitet werden könnte, verdeutlicht eine Analyse der Praxis der Vereinten Nationen bis in die Mitte der 1960er Jahre, dass in Bezug auf das Konzept der Selbstbestimmung im Wesentlichen auf den Aspekt der Dekolonisierung abgestellt wurde und sich die eigentliche Anwendung eines solchen Rechts auf kolonialen Völker begrenzte.[219] In seinem Gutachten zum Namibia-Fall brachte der Internationale Gerichtshof vor, dass Selbstbestimmung sich zu einem Recht der Territorien des Treuhandsystems entwickelt habe, sich diese Entwicklung allerdings nicht auf diese Territorien beschränke.[220]

"Furthermore, the subsequent development of international law in regard to non-self-governing territories, as enshrined in the Charter of the United Nations, made the principle of self-determination applicable to all of them. The concept of the sacred trust was confirmed and expanded to all 'territories whose peoples have not yet attained a full measure of self-government' (Art. 73). Thus it clearly embraced territories under a colonial regime. Obviously the sacred trust continued to apply to League of Nations mandated territories on which an international status had been conferred earlier. A further important stage in this development was the Declaration on the Granting of Independence to Colonial Countries and Peoples (General Assembly resolution 1514 (XV) of 14 December 1960), which embraces all peoples and territories which 'have not yet attained independence' [...]"[221]

Daraus lässt sich ableiten, dass sich Selbstbestimmung nicht nur auf Territorien unter dem Treuhandsystem, sondern auch auf die in Art. 73 UN-Charta erwähnten Hoheitsgebiete ohne Selbstregierung bezieht. In Anbetracht des enormen Umfangs abhängiger Territorien, die nach 1960 ihre Unabhängigkeit erlangten,

218 Vgl. A/Res/1514(1960) Abs. 2.

219 Vgl. D. Raič, S. 206.

220 Vgl. Ibid. und R. Higgins, Self-Determination and Secession, S. 25.

221 *International Court of Justice, Legal Consequences For States of the continued presence of South Africa in Namibia (South West Africa) notwithstanding Security Council Resolution 276 (1970),* Advisory Opinion ICJ Reports 1917, S. 31, Abs. 52. http://www.icj-cij.org/docket/files/53/5595.pdf.

können die „Antikolonialismus-Resolutionen"[222], insbesondere Resolution 1514 (XV) als Katalysator der Befreiung kolonialer Völker betrachtet werden.[223]

Resolution 1541 (XV) – „Lex Portugal"

Die Unklarheiten und daraus resultierende Probleme, die sich bei einer Definition eines kolonialen Volkes ergeben können, wurden durch Portugals Ablehnung, ihre Überseegebiete als Kolonien anzusehen, verdeutlicht. Portugal argumentierte, dass es sich bei den portugiesischen Kolonien lediglich um den überseeischen Teil der territorialen Souveränität Portugals handle und sich diese somit nicht unter den Begriff der Hoheitsgebiete ohne Selbstregierung gem. Art. 73 UN-Charta subsumieren lassen.

In Reaktion auf Portugals Verhalten erließ die Generalversammlung Resolution 1541 (XV).[224] Diese führte Kriterien ein, mit Hilfe derer ein Mitgliedstaat entscheiden konnte, ob er gemäß Art. 73 zur Übermittlung von Informationen an den Generalsekretär über Hoheitsgebiete ohne Selbstregierung verpflichtet ist. Die Resolution soll also zur Definition kolonialer Territorien dienen.[225] Ein solches Gebiet sei "geographically separate and distinct ethnically and/ or culturally from the country administering it."[226]

In diesem Zusammenhang wird häufig auf die *Salt-Water-Theorie* verwiesen.[227] Durch die Bedingung, dass die Territorien „geografisch getrennt" sein müssen, wurde die Anwendung der Erklärung über Hoheitsgebiete ohne Selbstregierung auf "overseas colonial countries and peoples ruled by alien whites"[228] beschränkt. Im Prinzip VI der Resolution wurden drei Möglichkeiten festgelegt, durch die ein Hoheitsgebiet ohne Selbstregierung die Selbstbestimmung erlangen könne:

> „a. die Errichtung eines souveränen und unabhängigen Staates
> b. die freie Assoziation mit einem unabhängigen Staat
> c. Integration in einen unabhängigen Staat."[229]

---

222 Vgl. P. Hilpold, Selbstbestimmung und Autonomie, S. 28.
223 Vgl. D. Raič, S. 205.
224 Vgl. A. K. Coleman, Resolving Claims to Self-Determination, S. 55.
225 Vgl. E. Rodríguez-Santiago, Self-Determination of Peoples in International Law, S. 223.
226 Generalversammlung Resolution 1541 (XV) v. 15.12.1960, Prinzip IV.
227 Vgl. D. Raič, S. 207.
228 Vgl. R. Emerson, Self-determination, in: Proceedings 60, 1966, S. 135, zitiert in: D. Raič, S. 207.
229 A/Res/1541(1960), Prinzip VI.

Resolution 1541 (XV) setzte außerdem den Vorgang fest, der erforderlich ist, dass auf Informationen basierende, freie und freiwillige Entscheidungen gewährleistet werden können.[230] Der Wortlaut des Prinzips VII macht dies deutlich: "Free association should be the result of a free and voluntary choice by the peoples of the territory concerned expressed through informed and democratic processes [...]"[231].

2.5.3 Das Selbstbestimmungsrecht als Grundvoraussetzung für die Verwirklichung der Menschenrechte[232]

Innerhalb der sechs Jahre, die auf die Verabschiedung dieser Entkolonialisierungsresolutionen folgten, setzte sich das Recht der Völker auf Selbstbestimmung zu einem eigenständigen Grundsatz abseits der Grenzen der normativen Praxis der Entkolonialisierung durch.[233] Mit der Eingliederung in verschiedene internationale und regionale völkerrechtliche Instrumente änderte sich der Anwendungsbereich des Rechts auf Selbstbestimmung. Nach der Implementierung des Konzeptes der Selbstbestimmung in den beiden Menschrechtspakten von 1966 (Internationaler Pakt über bürgerliche und politische Rechte und Internationaler Pakt über wirtschaftliche, soziale und kulturelle Rechte) war der Rechtscharakter der Selbstbestimmung unzweifelhaft gegeben:[234]

> „Diese beiden Menschenrechtspakte enthalten nämlich je an ihrer Spitze in einem gesonderten ersten Teil einen gleichlautenden Selbstbestimmungsartikel. Sie bringen damit zum Ausdruck, dass das Selbstbestimmungsrecht ein fundamentales Menschenrecht oder – wohl zutreffender – eine Voraussetzung für die Verwirklichung der Menschenrechte darstellt. Das in der Satzung vorgezeichnete Verhältnis von Menschenrechten und Selbstbestimmungsrecht wurde hier in seiner Gegenteil umgekehrt, erscheint doch in der Satzung der Genuß der Rechte des Einzelnen als Grundlage für die Selbstbestimmung des ganzen Volkes."[235]

Durch die Selbstbestimmungsartikel der UN-Menschenrechtspakte wurde das Prinzip inhaltlich wesentlich präzisiert.[236] In Art. 1 Ziff. 1 der Konventionen findet sich zunächst die folgende Definition des Selbstbestimmungsrechts:

---

230 Vgl. R. Higgins, Self-Determination and Secession, S. 27.
231 Generalversammlung Resolution 1541 (XV) v. 15.12.1960, Prinzip IV.
232 Vgl. D. Thürer, Das Selbstbestimmungsrecht der Völker, S. 109 ff.
233 Vgl. R. Higgins, Self-Determination and Secession, S. 27.
234 Vgl. P. Hilpold, Selbstbestimmung und Autonomie, S. 29.
235 D. Thürer, Das Selbstbestimmungsrecht der Völker, S. 122.
236 Ibid., S. 121.

„Alle Völker haben das Recht auf Selbstbestimmung. Kraft dieses Rechts entscheiden sie frei über ihren politischen Status und gestalten in Freiheit ihre wirtschaftliche, soziale und kulturelle Entwicklung.“[237]

Durch die Übernahme in grundlegende Dokumente der internationalen Praxis wie die *Friendly Relations Declaration* von 1970 oder die Helsinki Schlußakte von 1975 ist diese Umschreibung „zur klassischen Legaldefinition des Selbstbestimmungsrechts geworden.“[238] Die Formulierung enthält auch keine geographische oder politische Beschränkung,[239] keinen Versuch einer „Domestizierung“ schon in der Definition selbst.

Der Weg zu dieser Definition war aber kein leichter. Schon die *travaux préparatoires* waren geprägt von Kontroversen hinsichtlich der Formulierung des Art. 1 und am umstrittensten war dabei die inhaltliche Aufnahme des Selbstbestimmungsrechts. Während der Entwurfsphase vertraten die westlichen Länder die Auffassung, dass die internationalen Menschenrechtspakte nur die fundamentalen Rechte und Freiheiten der Individuen statuieren sollten. Demgegenüber betonte die Sowjetunion die Notwendigkeit der Verankerung des Rechts auf Selbstbestimmung in beiden Menschenrechtspakten.[240]

Schlussendlich war die Debatte um die Aufnahme der Selbstbestimmung in die Menschenrechtspakte geprägt von den konträren Ansätzen, einerseits der sozialistischen Staaten, die eine solche befürworteten, und andererseits der westlichen Staaten, von denen die meisten eine solche ablehnten. Der UN-Menschenrechtsausschuss brachte schließlich vor, dass die Menschenrechtspakte von 1966 beabsichtigten, eine weitläufigere Definition aufzunehmen, um Selbstbestimmung somit „allen Völkern“ zu gewährleisten.[241]

Inhaltlich führte die Aufnahme des Selbstbestimmungsrechts in die Menschenrechtspakte von 1966 zu einer Verlagerung des Anwendungsbereichs auch auf interne Aspekte. Artikel 1 setzte den wesentlichen Impuls zur Entwicklung des Selbstbestimmungsrechts hin zu einem rechtlichen Prinzip, das den innerstaatlichen politischen Entscheidungsprozess mitumfasst. Art. 1 (1) festigt die Verknüpfung der Selbstbestimmung mit bürgerlichen und politischen

---

237 Internationaler Pakt über bürgerliche und politische Rechte v. 19. Dezember 1966, Artikel I (1).

238 D. Thürer, S. 122.

239 Ibid.

240 Vgl. D. Thürer, Das Selbstbestimmungsrecht der Völker, S. 108.

241 Vgl. A.K. Coleman, Resolving Claims to Self-Determination, S. 59, Human Rights Committee, UN Doc CCPR/C/21/ Abs. 3, P. Thornberry, The Democratic and Internal Aspect of Self-Determination, S. 112.

Rechten.[242] Ein demokratischer Entscheidungsprozess ist demgemäß Voraussetzung für die Ausübung der Selbstbestimmung.[243]

2.5.4 Die *Friendly Relations Declaration* von 1970

> "By virtue of the principle of equal rights and self-determination of peoples enshrined in the Charter of the United Nations, all peoples have the right freely to determine, without external interference, their political status and to pursue their economic, social and cultural development, and every State has the duty to respect this right in accordance with the provisions of the Charter".[244]

> "['The Friendly Relations Declaration'] is the most authoritative statement of the principles of international law relevant to the question of self-determination and territorial integrity."[245]

Am 24. Oktober verabschiedete die Generalversammlung der Vereinten Nationen die Resolution 2625 (XXV), in deren Anhang sich die endgültige Fassung der *Friendly Relations Declaration* findet. Die Deklaration umfasst sieben Prinzipien, wobei das Prinzip der Selbstbestimmung gemeinsam mit dem Prinzip der Gleichberechtigung das fünfte Prinzip bildet.

Aus dem ersten Absatz des fünften Prinzips – des „Prinzips der Gleichberechtigung und Selbstbestimmung der Völker" – ergibt sich, dass allen Völkern das Recht eingeräumt wird, ihren politischen Status frei zu bestimmen und ihre wirtschaftliche, soziale und kulturelle Entwicklung frei zu gestalten.[246] Daraus lässt sich ableiten, dass das in dieser Resolution verankerte Recht auf Selbstbestimmung aus zwei wesentlichen Elementen besteht: Das Recht, den politischen Status frei zu bestimmen, und das Recht, sich in einem wirtschaftlichen und sozialen System freier Wahl kulturell weiterzuentwickeln. Das in dieser Resolution verankerte Selbstbestimmungsprinzip beinhaltet also zwei Formen der Selbstbestimmung: Die Wahl eines politischen, wirtschaftlichen und sozialen Systems, somit innere Selbstbestimmung, und die freie Wahl eines politischen Status, die auch ein äußeres (externes) Selbstbestimmungsrecht ermöglicht. Zur freien Bestimmung des politischen Status bzw. der „Verwirklichung des Selbstbestimmungsrechts" sieht die Deklaration folgende Möglichkeiten vor:

---

242 A. Cassese, Self-Determination of Peoples, S. 54.

243 Ibid.: "[T]here is no self-determination without democratic decision-making."

244 A/RES/2625 (XXV), 24. Oktober 1970.

245 The Review of International Commission of Jurists (1972), S. 44, http://icj.wpengine.netdna-cdn.com/wp-content/uploads/2013/07/ICJ-Review-8-1972-eng.pdf, zitiert in: D. Thürer, S. 177.

246 A/RES/2625 (XXV).

„[D]ie freie Assoziation mit einem unabhängigen Staat, die freie Eingliederung in einen solchen Staat, oder der Eintritt in einen anderen, durch ein Volk frei bestimmten politischen Status […].“[247]

Die Deklaration betont weiter, dass jegliche Gewaltanwendung, die das Recht der Völker auf Selbstbestimmung, Freiheit und Unabhängigkeit gefährdet, zu unterlassen sei.[248] Zudem ergibt sich aus der Deklaration, dass das Selbstbestimmungsrecht in Einklang mit dem Prinzip der territorialen Integrität zu verwirklichen ist und das äußere Selbstbestimmungsrecht jedenfalls durch dieses beschränkt wird. Dabei ist auf die in dieser Deklaration verankerte sogenannte „Schutzklausel“ im siebten Absatz des fünften Prinzips der Deklaration zu verweisen:

"Nothing in the foregoing paragraphs shall be construed as authorizing or encouraging any action which would dismember or impair, totally or in part, the territorial integrity or political unity of sovereign and independent States conducting themselves in compliance with the principle of equal rights and self-determination of peoples as described above and thus possessed of a government representing the whole people belonging to the territory without distinction as to race, creed or colour."[249]

Aus der Deklaration lässt sich nicht explizit ableiten, wer als Träger eines Rechts auf Selbstbestimmung in Frage kommt und wer mit „alle Völker“ im Konkreten angesprochen wird.

Am ehesten wird in Bezug auf einen möglichen Träger des in der Deklaration verankerten Selbstbestimmungsrechts ein „Staatsvolk“ gemeint sein. Allerdings stellt sich dabei die Frage, inwieweit man das Selbstbestimmungsrecht auf einen solchen Träger beschränken wollte. Die Deklaration nimmt jedenfalls explizit auf die „kolonialen Völker“ als Träger des Selbstbestimmungsrechts Bezug.[250]

---

247 Ibid., Abs. 4.

248 A/RES/2625 (XXV): „Jeder Staat hat die Pflicht, jede Gewaltmaßnahme zu unterlassen, welche die Völker, auf die sich die Erläuterung dieses Grundsatzes bezieht, ihres Rechts auf Selbstbestimmung, Freiheit und Unabhängigkeit beraubt. Bei ihren Maßnahmen und ihrem Widerstand gegen solche Gewaltmaßnahmen im Bemühen um die Ausübung ihres Selbstbestimmungsrechts sind diese Völker berechtigt, im Einklang mit den Zielen und Grundsätzen der Charta Unterstützung zu suchen und zu erhalten.“

249 A/RES/2625 (XXV).

250 A/RES/2625 (XXV): "The territory of a colony or other Non-Self-Governing Territory has, under the Charter, a status separate and distinct from the territory of the State administering it; and such separate and distinct status under the Charter shall exist until the people of the colony or Non-Self-Governing Territory have exercised their right of self-determination in accordance with the Charter, and particularly its purposes and principles."

In den Vorbereitungsarbeiten zur *Friendly Relations Declaration* waren es vor allem die westlichen Staaten, die dem Selbstbestimmungsrecht universellen Charakter einräumen wollten und Großbritannien betonte in seinem Vorschlag, dass das Selbstbestimmungsrecht auch auf ethnische und kulturelle Völker, die sich vom „Staatsvolk“ unterscheiden, ausgeweitet werden sollte, dies wenn die Zentralregierung diese nicht repräsentiere.[251] Die Vereinigten Staaten schlugen die Aufnahme folgender Generalklausel in die Deklaration vor, um dem Selbstbestimmungsrecht umfassenden Charakter auch außerhalb eines kolonialen Kontexts einzuräumen:

> “The principle is prima facie applicable in the case of the exercise of sovereignty by a State over a territory geographically distinct and ethnically or culturally diverse from the remainder of that State territory, even though not as a colony, or other Non-Self-Governing Territory.”[252]

Dieser Vorschlag vermochte sich allerdings nicht durchzusetzen, und die Endfassung beschränkte sich auf den Wortlaut „all peoples“. Man wollte unter keinen Umständen einer Ausweitung des Selbstbestimmungsrechts über den kolonialen Kontext hinaus Vorschub leisten.[253]

Dass die Deklaration über „die freundlichen Beziehungen“ dennoch auch zur Rechtfertigung einer Sezession außerhalb des kolonialen Bereiches – einer Sezession als Notwehrrecht – herangezogen wird, werde ich im Laufe meine Arbeit in den Ausführungen zur Doktrin der *Remedial Secession* aufzeigen. Dabei stützen sich die Befürworter des Konzepts einer Sezession als Notwehrrecht auf eine *a contrario* Auslegung dieser Deklaration.

Thürer weist darauf hin, dass die Methode einer Negativ-Interpretation in Zusammenhang mit dieser Deklaration wohl kaum angemessen sei, wenn man die Intentionen der Kommissionsmitglieder berücksichtige. Daraus ergebe sich, dass diese sich einig waren, dass das in der Deklaration verankerte Selbstbestimmungsrecht keinesfalls ein Recht auf Sezession beinhalten sollte, das Dokument sollte gerade auch in der Generalversammlung Zustimmung erlangen:

> „Welcher Staat wäre da bereit, eine Blankoformel zur Auflösung seiner Existenz bzw. seines territorialen Umfangs zuzustimmen!“[254]

251 Vgl. A. Cassese, Self-Determination of Peoples, S. 115.
252 A/AC.125/L.32., zitiert in: D. Thürer, S. 182.
253 Vgl. ibid., S. 183.
254 Ibid., S. 187–188.

2.5.5 Die Wiener Menschenrechtserklärung von 1993 der Menschenrechtskonferenz der Vereinten Nationen in Wien – *„Wiener Erklärung und Aktionsprogramm“*

Die Wiener Weltkonferenz über Menschenrechte *(Weltmenschenrechtskonferenz)* fand vom 14. bis 25. Juni 1993 in Wien statt. 171 Staaten und viele Vertreterinnen und Vertreter der Zivilgesellschaft nahmen daran teil, insgesamt über 7000 Teilnehmer, darunter Vertreter von 800 NGOs. Die Schlusserklärung der Konferenz gilt als Meilenstein in der Entwicklung des Menschenrechtsschutzes auf universeller Ebene, für UN-Generalsekretär Boutros Boutros-Ghali "a new vision for global action for human rights into the next century"[255].

Wesentliches Element dieser neuen Vision war die Bekräftigung der Universalität und Unteilbarkeit der Menschenrechte. Zudem wurde der Grundsatz formuliert, dass Menschenrechte ein internationales Anliegen sind und nicht nur interne Angelegenheit. Zudem wurde der Grundstein für die Schaffung des UNO-Hochkommissariats für Menschenrechte gelegt, ein wichtiger Schritt in der deren Institutionalisierung. Die Generalversammlung der Vereinten Nationen hat im selben Jahr mit der Resolution A/RES/48/121 die Ergebnisse der Wiener Weltkonferenz bestätigt.

Im Absatz 2 der Wiener Menschenrechtserklärung wird das Recht aller Völker auf Selbstbestimmung betont. Der Wortlaut ist gleichlautend wie das Prinzip V der *Friendly Relations Declaration:*

> „Alle Völker haben das Recht auf Selbstbestimmung. Kraft dieses Rechts entscheiden sie frei über ihren politischen Status und betreiben frei ihre wirtschaftliche, soziale und kulturelle Entwicklung.“[256]

Daraus ergeben sich wiederum zwei Elemente des Selbstbestimmungsrechts: Die freie Bestimmung des politischen Status und die freie Wahl eines politischen, wirtschaftlichen und sozialen Systems zur kulturellen Entwicklung. Auch dieses Dokument betont die territoriale Integrität und politische Einheit souveräner und unabhängiger Staaten und enthält ebenfalls eine „Schutzklausel“, die sich in ihrem Wortlaut stark an die der *Friendly Relations Declaration* annähert, diese allerdings durch die Einfügung folgender Passage substantiell erweitert:

> „Gemäß der Erklärung über die Grundsätze des Völkerrechts betreffend freundschaftliche Beziehungen und Zusammenarbeit unter den Staaten im Einklang mit der Satzung

255 http://www.ohchr.org/EN/ABOUTUS/Pages/ViennaWC.aspx.

256 Wiener Erklärung der Weltkonferenz der Vereinten Nationen über Menschenrechte, Wien 1993, Abs. 2.

der Vereinten Nationen ist dies nicht so auszulegen, daß damit irgendeine Handlungsweise erlaubt oder ermutigt wird, welche die *territoriale Integrität oder politische Einheit souveräner und unabhängiger Staaten*, die sich gemäß dem Grundsatz der Gleichberechtigung und des Selbstbestimmungsrecht der Völker verhalten und daher eine Regierung besitzen, *die ohne Unterschied irgendwelcher Art* die gesamte zu dem betreffenden Gebiet gehörende Bevölkerung vertritt, zur Gänze oder zum Teil zerstören oder beeinträchtigen würde."[257] (Herv. A.F.)

Befürworter des Konzepts der *Remedial Secession* (Sezession als Notwehrrecht) sehen in dieser Erklärung eine Rechtfertigungsgrundlage für ihre Doktrin. Dabei beziehen sie sich ebenfalls auf eine *a contrario* Interpretation der „Schutzklausel".

Durch die Aufnahme in ein Dokument der Vereinten Nationen zu den Menschenrechten wird das Selbstbestimmungsrecht wiederum in engen Zusammenhang mit der Verwirklichung dieser Rechte gestellt und aus dem Dokument ergibt sich explizit, dass die Verweigerung des Selbstbestimmungsrechts eine Menschenrechtsverletzung darstellt:

„[D]ie Weltkonferenz über die Menschenrechte betrachtet die Verweigerung des Selbstbestimmungsrechts als eine Menschenrechtsverletzung und unterstreicht die Bedeutung der wirksamen Durchsetzung dieses Rechts."[258]

2.6 Innere Selbstbestimmung:[259] Rechtsnorm oder politisches Prinzip?

„In der Folge bleiben aber Zweifel, ob es sich beim Grundsatz der inneren Selbstbestimmung wirklich um ein Prinzip mit Rechtsnormqualität handelt, ob die innere Selbstbestimmung nicht vielmehr bis heute ein rein politisches Prinzip darstellt, eine Forderung zunächst eher programmatischer Natur – wie ja ursprünglich das gesamte Selbstbestimmungsprinzip."[260]

"The idea of 'internal' self-determination *as a principle of public international law* is a challenge to the traditional inter-State paradigm, as it may imply a collective human right enjoyed by the population of a State against the 'sovereign' State."[261]

---

257 Ibid.

258 Ibid.

259 Zum Konzept der „inneren Selbstbestimmung" vgl. D. Thürer, Das Selbstbestimmungsrecht der Völker; A. Rosas, Internal Self-Determination; M. Pomerance, Self-Determination in Law and Practice; A. Cassese, Self-Determination of Peoples; G. Fox, Self-Determination in the Post-Cold War Era: A New Internal Focus?, Michigan J. of Int. L. 16 (1994), S. 733 f; S. Oeter, Selbstbestimmungsrecht im Wandel, S. 760 ff.

260 S. Oeter, Selbstbestimmung im Wandel, S. 763.

261 A. Rosas, Internal Self-Determination, S. 227.

Am Ende der Entkolonialisierung stellte sich die Frage, inwieweit das Prinzip der Selbstbestimmung auch auf Sachverhalte abseits des kolonialen Kontextes angewendet werden kann und welche Bedeutung diesem zukommt. Wie oben zum Teil schon ausgeführt, wurde das Selbstbestimmungsrecht in verschiedene internationale Dokumente aufgenommen, unter anderem in die zwei Menschenrechtspakte von 1966, die *Friendly Relations Declaration,* die OSZE Schlussakte von Helsinki, die Afrikanischen Charta für Menschen- und Bürgerrechte und die Erklärung der Weltmenschenrechtskonferenz 1993 in Wien. Diese Instrumente beziehen sich jeweils auf „alle Völker" und beschränken sich somit nicht auf koloniale Völker als Träger eines Selbstbestimmungsrechts.[262]

Auch die Generalversammlung der Vereinten Nationen hat das Konzept der Selbstbestimmung auf Sachverhalte außerhalb des kolonialen Kontexts ausgeweitet und dieses beispielsweise in ihrer Resolution 48/94 auf das palästinensische Volk und die Bevölkerung Südafrikas angewendet.[263] Der Internationale Gerichtshof erachtete in seinem Rechtsgutachten "Legal Consequences of the Construction of a Wall in the occupied Palestinian Territory" das Selbstbestimmungsrecht ebenfalls als auf das palästinensische Volk anwendbar.[264]

Auch aus der *Friendly Relations Declaration* lässt sich eindeutig ableiten, dass sich das Selbstbestimmungsrecht nicht auf koloniale Völker beschränkt und auf „alle Völker" Anwendung findet. Außerhalb des kolonialen Kontexts kommt dem Prinzip der Selbstbestimmung eine enorme Sprengkraft zu und dies birgt nicht nur Chancen, sondern auch Gefahren für die Stabilität und Ordnung der bestehenden Staatengemeinschaft.

Im Kontext der Entkolonialisierung beinhaltete das Selbstbestimmungsrecht ein Recht der kolonialen Völker auf Unabhängigkeit und beschränkte sich somit hauptsächlich auf externe Aspekte der Selbstbestimmung. Wenn nun abseits eines kolonialen Zusammenhanges jedes Volk daraus ein positives Recht auf Eigenstaatlichkeit ableiten könnte, würde dies zu ungewünschten Fragmentierungen der souveränen, bestehenden Staaten führen und es könnte im Selbstbestimmungsrecht eine Rechtfertigungsgrundlage für Abspaltungen vom Ursprungsstaat gesucht werden.

Es besteht deswegen Einigkeit darüber, dass sich der fortlaufende Charakter des Selbstbestimmungsrechts gerade auf interne Aspekte der Selbstbestimmung

---

262 Vgl. D. Raič, S. 228.

263 Vgl. D. Thürer/ T. Burri, Self-Determination, in: Max Planck Encyclopaedia of Public International Law; A/RES/48/94.

264 Ibid; *International Court of Justice, Legal Consequences of the Construction of a Wall in the occupied Palestinian Territory*, Abs. 118.

bezieht, die Verwirklichung des Selbstbestimmungsrechts innerhalb eines Staates – abseits des kolonialen Kontexts – wird in der inneren Selbstbestimmung sogar „die prioritäre Form der Selbstbestimmung" gesehen.[265] Damit soll die Gefahr unendlicher Fragmentierungen verhindert werden, die Aufsplitterung der Welt in unzählige „Natiönchen".

Auch das kanadische Höchstgericht betonte 1998 im Zusammenhang mit dem Fall Quebec, dass außerhalb eines kolonialen Kontexts in der inneren Selbstbestimmung die primäre Form der Selbstbestimmung liege.[266] Im Gutachterverfahren zum Kosovo-Fall vor dem Internationalen Gerichtshof brachte Serbien vor, dass bezüglich Selbstbestimmung im Zusammenhang mit unabhängigen Staaten immer nur innere Selbstbestimmung gemeint sein kann:

> "International law recognizes the right of self-determination with regard to peoples within independent States as meaning the right of such peoples to participate in the governance of such States and generally to benefit from the collective expression of human rights strictly and solely within the territorial framework of the State in question."[267]

2.6.1 Inhalt des Rechts auf innere Selbstbestimmung

Abseits des Entkolonialisierungskontexts spielt das Prinzip der inneren Selbstbestimmung im Zusammenhang mit der Partizipation im politischen Entscheidungsfindungsprozess innerhalb des Staates eine bedeutende Rolle – Partizipation spielt bei der Erlangung der inneren Selbstbestimmung eine Schlüsselfunktion.[268] So brachte die australische Regierung in ihrer Stellungnahme in der UN-Arbeitsgruppe über indigene Bevölkerungen Folgendes vor:

> "Realization of the right of self-determination is not limited in time to the process of decolonization nor is it accomplished solely by a single act or exercise. Rather it entails *the continuing right of all peoples and individuals within each state to participate fully in the political process by which they are governed.* Clearly, enhancing popular participation in this decision-making is an important factor in realizing the right of self-determination [...]".[269] (Herv. A.F.)

---

265 Vgl. P. Hilpold, Selbstbestimmung und Autonomie, S. 40.

266 Kanadisches Höchstgericht in Reference re Secession of Quebec, Abs. 126: "the recognized sources of international law establish that the right to self-determination *is normally fulfilled through internal self-determination* – a people's pursuit of its political, economic, social and cultural development within the framework of an existing state." (Herv. A.F.).

267 Written Statement Serbia, 15. April 2009, S. 202, Abs. 557.

268 Vgl. A. Rosas, Internal Self-Determination, S. 249.

269 Vgl. G. Alfredsson, The Right of Self-Determination and Indigenous Peoples, in: C. Tomuschat (Hrsg.), Modern Law of Self-Determination, Dordrecht 1993, S. 50.

Während der Debatten bezüglich der Verabschiedung der *Friendly Relations Declaration* konnte Einstimmigkeit in Bezug auf die Tatsache erreicht werden, dass eine Regierung, die für die gesamte Bevölkerung repräsentativ ist, in Wahrung der inneren Selbstbestimmung der Bevölkerung des Staates handelt.[270]

Rosas unterscheidet drei Schichten *(three 'layers')* der internen Selbstbestimmung. *Erstens,* das Recht eines Volkes, sein eigenes politisches System zu konstituieren *(pouvoir constituant). Zweitens,* das Mitspracherecht des Volkes in Fragen der Verfassungsänderung, inklusive einem Recht auf Widerstand gegen Tyrannei und Unterdrückung. *Drittens,* das Recht eines Volkes auf politische Partizipation und Mitwirkung in öffentlichen Angelegenheiten.[271] Die konkreten Partizipationsrechte können aufgrund verschiedener demokratiepolitischer Vorstellungen der einzelnen Staaten auf verschiedenste Art und Weise gewährleistet werden, allerdings werden immer „echte Teilhaberechte“[272] gefordert.

Das innere Selbstbestimmungsrecht wird im Sinne eines Partizipationsrechts auch häufig über Art. 25 des Paktes über bürgerliche und politische Rechte definiert.[273] Dieser setzt sich im Detail damit auseinander, wie eine freie Wahl gewährleistet werden kann, nämlich durch regelmäßig wiederkehrende Wahlen auf Basis eines allgemeingültigen Wahlrechts.[274]

Seit 1989 hat sich die internationale Gemeinschaft vermehrt mit dem Konzept der demokratischen Rechte, die in Art. 25 verankert wurden, auseinandergesetzt. Das bedeutendste demokratische Recht ist das Recht auf Partizipation am eigenen Entscheidungsfindungsprozess durch Wahlen und andere Formen der Beteiligung. Wenn man Selbstbestimmung als Manifestation der im ICCPR erwähnten Rechte ansieht, dann kann das Recht auf demokratische Partizipation im eigenen politischen System als das „Schüsselrecht“ der Selbstbestimmung angesehen werden. Demgemäß ist Selbstbestimmung ein fortlaufendes Recht als kollektiver Ausdruck der individuellen Rechte der Mitglieder eines politischen Systems.

---

270 Vgl. D. Raič, S. 273.

271 A. Rosas, S. 249.

272 Vgl. P. Hilpold, Der Osttimor-Fall, Frankfurt am Main, 1996, S. 80.

273 Art. 25 Pakt über bürgerliche und politische Rechte vom 19. Dezember 1966: In Art. 25a verweist auf direkte („an der Gestaltung der öffentlichen Ordnung unmittelbar“) und indirekte („oder durch frei gewählte Vertreter“) Partizipationsrechte, vlg. auch: P. Hilpold, Sezession und humanitäre Intervention, S. 548.

274 Vgl. R. Higgins, zitiert in D. Raič, S. 274.

Demokratische Strukturen sind „wichtige Realisierungsformen des Selbstbestimmungsrechts,[275] aber aus dem Selbstbestimmungsrecht lässt sich nicht zwingend ein Recht auf Demokratie ableiten.[276] Andere Regierungsformen, die als repräsentativ und partizipatorisch erachtet werden, können ebenso einen entsprechenden Respekt für ein Recht auf innere Selbstbestimmung sicherstellen.[277] Thürer bringt vor, dass sich nicht allein aus einer demokratischen Regierungsform ein Recht auf (innere) Selbstbestimmung ableiten ließe:

> „Durch die Demokratie als staatliche Organisationsform kann in einem Staat mit heterogener Bevölkerungsstruktur Unterdrückung einer Minderheit bedeuten. [D]as demokratische Prinzip verlangt also nicht nur eine demokratische Verfassung, sondern als Voraussetzung für deren Anwendung, die Wahrung des Selbstbestimmungsrechts.[278]

Ein Regierungssystem, das der Bevölkerung ermöglicht, am politischen Entscheidungsfindungsprozess teilzunehmen, stellt ein starkes Indiz für die Einhaltung des Rechts auf innere Selbstbestimmung dar, allerdings muss darauf hingewiesen werden, dass ein solches nicht notwendigerweise und stets einen Garanten für die Gewährung dieser Rechte bildet:[279]

---

275 S. Boysen, Selbstbestimmungsrecht und Recht auf Demokratie, in P. Hilpold (Hrsg.), Das Selbstbestimmungsrecht der Völker. Vom umstrittenden Prinzip zum vieldeutigen Recht? Frankfurt am Main 2009, S. 75.

276 Oeter spricht von einer „Radikalposition, die Teile der Literatur kennzeichnet." Vgl. S. Oeter, Selbstbestimmung im Wandel, S. 760; Cassese vertritt die „radikale" Überzeugung, dass es kein Selbstbestimmungsrecht ohne demokratiepolitische Entscheidungsprozesse geben kann, A. Cassese, Self-Determination of Peoples, S. 54: "[T]here is no self-determination without democratic decision-making process."

277 Vgl. J. Salmon, Internal Aspects of the Right to Self-Determination: Towards a Democratic Legitimacy Principle?, in: C. Tomuschat (Hrsg.), Modern Law of Self-Determination, Dordrecht 1993, S. 280; S. Oeter, Selbstbestimmung im Wandel: Überlegungen zur Debatte um Selbstbestimmung und „vorzeitige" Anerkennung, S. 760,: „Wie ein Staat verfaßt sein muss, ergibt sich nicht notwendig aus einem Grundsatz der ‚inneren Selbstbestimmung'. Auch andere Formen des Herrschaftskompromisses mögen dessen Erfordernissen durchaus genügen, soweit sie den Aspirationen aller in einen Staat eingeschlossenen, Völker' auf Teilhabe am staatlichen Leben Rechnung tragen."

278 D. Thürer, Das Selbstbestimmungsrecht der Völker, S. 41.

279 Ibid, S. 279.

"[I]t is evident that even in some countries which are formally fully democratic, structural, attitudinal and procedural barriers inhibit the full democratic participation of particular groups."[280]

Im Völkerrecht hat sich noch kein Recht auf Demokratie etabliert, allerdings gewinnt die parlamentarische Demokratie als Regierungsform stetig an Popularität und Anerkennung.[281] Für Franck ist die Selbstbestimmung der historische Ursprung des Anspruchs auf Demokratie.

"Self-determination is the historic root from which the democratic entitlement grew. Its deep-rootedness continues to confer important elements of legitimacy on self-determination, as well as on the entitlement's two newer branches, freedom of expression and the electoral right. [...] Since self-determination is the oldest aspect of the democratic entitlement its pedigree is the best established. Self-determination postulates the right of a people organized in an established territory to determine its collective political destiny in a democratic fashion and is therefore at the core of the democratic entitlement."[282]

Schon 1992 sprach Franck, „in visionärer Vorahnung“[283], von einem im Entstehen begriffenen Recht auf Demokratie, das auch zunehmend unterstützt und durch kollektive, internationale Prozesse geschützt werden wird.[284] Von der utopischen Vorstellung einer Demokratisierung der Welt sind wir auch 25 Jahre später weit entfernt, auch wenn es in offiziellen Dokumenten mehr oder weniger klare Bekenntnisse zu einem Recht auf Demokratie gibt.

Die verabschiedeten Dokumente der KSZE bzw. OSZE betonten die Bedeutung einer „echten Demokratie“ als zentrales Element des inneren Selbstbestimmungsrechts. Ein „Recht auf Demokratie“ kann im „Dokument des Kopenhagener Treffens der Konferenz über die menschliche Dimension der KSZE“ vom 29. Juni 1999, der „Charta von Paris für ein neues Europa“ vom 21. November 1990, dem „Dokument des Moskauer Treffens der Konferenz über die menschliche Dimension der KSZE“ vom 3. Oktober 1991 sowie im „Prager Dokument über die erweiterte Entwicklung der KSZE-Institutionen und -Strukturen“ vom 30. Januar 1992 gefunden werden.[285]

---

280 Australian Government's statement at WGIP, zitiert in: G. Alfredsson, The Right of Self-Determination and Indigenous Peoples, S. 51.

281 Vgl. P. Hilpold, Der Osttimor-Fall, S. 80, vgl. auch ders., Selbstbestimmung und Autonomie, S. 41, und ders., Sezession und humanitäre Intervention, S. 548.

282 T. M. Franck, The Emerging Right to Democratic Governance, in: The American Journal of International Law, Vol. 86, No. 1. (Jan., 1992), S. 52.

283 P. Hilpold, Selbstbestimmung und Autonomie, S. 41.

284 Ibid, S. 46.

285 Vgl. P. Hilpold, Sezession und humanitäre Intervention, S. 548.

Der UN-Sicherheitsrat hat seine Forderung nach Abschaffung des südafrikanischen Apartheid-Systems und der Einführung eines demokratischen Regierungssystems mit dem Prinzip der Selbstbestimmung verknüpft.[286] Auch in der Resolution 745 vom 28. Februar 1992 zum Kambodscha-Konflikt forderte der Sicherheitsrat, dem Kambodschanischen Volk das Recht auf Selbstbestimmung durch freie und faire Wahlen zuzusichern.[287]

Außerdem ist auf die Aktivitäten der EU zu verweisen, die eine Mitgliedschaft nur für europäische Staaten ermöglichen, deren Regierungssystem auf demokratischen Grundsätzen aufbaut.[288] Hilpold verweist in diesem Zusammenhang auf zahlreiche Befunde, die auf eine „allgemeine Anerkennung und inhaltliche Präzisierung eines internen Selbstbestimmungsrechts hindeuten".[289] Er geht davon aus, dass dieses interne Selbstbestimmungsrecht mit einem Recht auf Demokratie gleichzusetzen sei.[290]

2.7 Das „Selbst"[291] des Rechts auf Selbstbestimmung

> "Nearly forty years ago, a Professor of Political Science, who was also the President of the United States, President Wilson, enunciated a doctrine which was ridiculous, but which was widely accepted as a sensible proposition, the doctrine of self-determination. On the surface it seemed reasonable: let the people decide. It was in a fact ridiculous because the people cannot decide until somebody decides who are the people."[292]

286 S/RES/591 (1986).

287 S/RES/745 (1992).

288 Vgl. P. Hilpold, Sezession und humanitäre Intervention, S. 549.

289 Ibid., S. 550.

290 Ibid.

291 Vgl. J. Dugard, The Secession of States and Their Recognition in the Wake of Kosovo, Den Haag 2013, S. 107.

292 I. Jennings, The Approach to Self-Government, Cambridge 1956, S. 55/56, zitiert in: A. Whelan, Wilsonian Self-Determination and the Versailles Settlement, in: The International and Comparative Law Quarterly, Bd. 43, Nr. 1, Cambridge 1994, S. 99–115; Z. Oklopcic weist auf die inflationäre Verwendung des Zitats in akademischen Abhandlungen hin, um es dann doch zu bemühen: "Should we then join Ivor Jennings, in his celebrated quip, repeated ad nauseam in academic treatments of self-determination, that the idea of self-determination of peoples is 'ridiculous because the people cannot decide until somebody decides who are the people'?" Z. Oklopcic, Populus Interruptus: Self-Determination, the Independence of Kosovo, and the Vocabulary of Peoplehood, in: Leiden Journal of International Law, 22 (2009), S. 681.

> „Wer ist das Volk der Selbstbestimmung? — Die Frage kann [...] stets nur im konkreten Fall, d. h. mit Bezug auf historisch zufällige, umstrittene, rechtsmoralisch bzw. ethisch oft hoch ambivalente Voraussetzungen beantwortet werden."[293]

Der in der Literatur über Selbstbestimmung viel zitierte Aphorismus von Sir Ivor Jennings rückt die entscheidende Frage nach der Trägerschaft der Selbstbestimmung in den Mittelpunkt. In Bezug auf die Frage, was ein Volk ausmacht, dem Selbstbestimmung zusteht, gehen die Meinungen weit auseinander.[294] Die Festlegung des Subjekts der Selbstbestimmung ist eine der zwiespältigen, kontroversesten und am weitaus wenigsten geklärten Angelegenheiten der Völkerrechtslehre.[295] "At the heart of the ambiguity of the concept of self-determination is the difficulty of defining the 'self' of the principle."[296] Die Unbestimmtheit des Subjekts der Selbstbestimmung ist gleichsam „die Achillesferse des Selbstbestimmungsrechts der Völker als Rechtsprinzip."[297] Die Frage nach dem Träger eines Rechts auf Selbstbestimmung ergibt sich schon aus dem Wortlaut des Art. 1 der Menschenrechtspakte der Vereinten Nationen von 1966.

> "All peoples have the right of self-determination. By virtue of that right they freely determine their political status and freely pursue their economic, social and cultural development".[298]

Wenn allen „Völkern" ein Recht auf Selbstbestimmung zukommt, dann muss sich im Weiteren definieren lassen, wann sich eine Gruppe als ein solches „Volk" qualifizieren lässt.[299] Trotz der vielfältigen Bestrebungen, eine konkrete Definition auszuarbeiten, konnte bis dato kein Konsens erreicht werden.[300] Das Unvermögen, eine solche einheitliche, unumstrittene Definition zu formulieren, ergibt

293 G. Kohler, Selbstbestimmung individuell und kollektiv – Oder: Rousseaus Problem, in: J. Fisch (Hrsg.), Die Verteilung der Welt: Selbstbestimmung und das Selbstbestimmungsrecht der Völker. München 2011, S. 18.

294 Vgl. O. Höffe, Demokratie im Zeitalter der Globalisierung, München 1999, S. 379.

295 D. Murswiek, Offensives und Defensives Selbstbestimmungsrecht: Zum Subjekt des Selbstbestimmungsrecht der Völker, in: Der Staat 24 (1984), S. 523–548.

296 Vgl. F. Mégret, The Right to Self-Determination: Earned, Not Inherent, in: F. R. Tesón (Hrsg.), The Theory of Self-Determination, Cambridge 2016, S. 48.

297 Vgl. H. Rumpf, Das Subjekt des Selbstbestimmungsrechts, in: D. Blumenwitz und B. Meissner (Hrsg.), Das Selbstbestimmungsrecht der Völker und die deutsche Frage, S. 47.

298 Internationaler Pakt über bürgerliche und politische Rechte, 1966, Art. 1.

299 Vgl. F. R. Tesón, Introduction: The Conundrum of Self-Determination, in: F. R. Tesón, The Theory of Self-Determination, S. 2.

300 Vgl. P. Thornberry, The Democratic or Internal Aspect of Self-Determi-nation with some Remarks on Federalism, S. 124.

sich allerdings nicht aus dem fehlenden Verständnis für das Schema und die konkreten Idee, die hinter dem Begriff des „Volkes" steckt. Die Bedeutung der „Völker" ist vielmehr geprägt durch die ständigen Veränderungen in den komplexen politischen und diplomatischen Prozessen.[301]

Eine Expertengruppe der UNESCO umschrieb „Völker" als ein wandelbares und dynamisches Konzept.[302] Die Schwierigkeit einer Definition verschärft sich auch durch die Existenz vieler verschiedener Einheiten, deren Identität sich nur schwerlich bestimmen lässt, beispielsweise Minderheiten, indigene Völker oder ethnische Gruppierungen. Die Frage eines Anknüpfungspunktes für die Definition der „Völker" steht somit im Zusammenhang mit der Suche nach der Bedeutung für diese Begrifflichkeiten und einer daraus resultierenden Möglichkeit der Abgrenzung zwischen diesen Einheiten.[303]

2.7.1 Staatsvolk[304]

Schon in seinem Kommentar zur Satzung der Vereinten Nationen ging Kelsen davon aus, dass der Begriff des Volkes identisch mit dem des Staates sei. „Volk" war für ihn somit ein Synonym für „Staatsvolk".[305] Das Selbstbestimmungsrecht der Charta der Vereinten Nationen bezieht sich auf die „Beziehungen zwischen den Nationen". Die Vereinten Nationen sind eine Organisation, die aus Staaten besteht. Daraus ableitend ergibt sich, dass das Selbstbestimmungsrecht, das sich auf die Ziele der Vereinten Nationen bezieht, auf diese Mitgliedsstaaten abstellt und dem Begriff der „Nation" wohl die Bedeutung des Staates zukommt. Auch durch Verweis auf die Präambel der Charta ergibt sich ein solcher Ansatz. Der Wortlaut „Wir, die Völker der Vereinten Nationen" deutet darauf hin, dass mit dem Begriff des „Volkes" nur die Staatsvölker der Mitgliedsstaaten gemeint werden können.[306]

Diese Gleichsetzung des Volkes mit der Gesamtbevölkerung eines Staates, die somit als Träger eines Rechts auf Selbstbestimmung anerkannt werden kann, stützt sich auf einen territorialen Ansatz[307], auf das Prinzip der territorialen Integrität. Higgins betont:

---

301 Ibid.

302 Ibid.

303 Vgl. J. Dugard, The Secession of States and Their Recognition in the Wake of Kosovo, S. 108.

304 Zur Gegenüberstellung von „Volk" und „Nation" vgl. P. Hilpold, Selbstbestimmung und Autnomie, S. 20 ff.

305 Vgl. A. Rosas, Internal Self-Determination, S. 225.

306 Vgl. C. Gusy, S. 380.

307 Vgl. D. Raič, S. 244.

“The emphasis in all the relevant instruments, and in the state practice (which I mean statements, declarations, positions taken) on the importance of territorial integrity, means that „peoples“ is to be understood in the sense of *all* the peoples of a given territory. Of course, all members of distinct minority groups are part of the people‘s territory. In that sense they too, as individuals, are the holders of the right of self-determination. But minorities *as such* do not have a right of self-determination [...]”.[308]

Dieser Ansatz hat seine Ursprünge in der Entkolonialisierung und wird durch die Staatenpraxis, die Praxis der Vereinten Nationen und gerichtliche Entscheidungen nicht mehr vollumfänglich vertreten. Crawford betont:

“The term ‘peoples’ is coming to be seen as more inclusive, and is not limited to the people of the State as a whole [...].”[309]

Auch Dugard geht davon aus, dass das Völkerrecht nicht mehr gewillt sei, den Begriff des „Volkes“ als Synonym der Bevölkerung eines Gesamtstaates anzusehen. Eine territoriale Definition des Begriffs des „Volkes“ lässt üblicherweise ethnische, kulturelle und sprachliche Differenzen zwischen verschiedenen Gruppierungen innerhalb eines Staatsverbandes außer Acht. Ein solcher Ansatz vernachlässigt somit stark die Komplexität des Begriffes des „Volkes“ und die Viel- bzw. Mehrdeutigkeit, die sich durch diese ergibt. Die meisten Nationen setzen sich aus verschiedenen ethnischen Gruppierungen zusammen, deren Identitäten durch verschiedenartige Merkmale gekennzeichnet sind. Daher möchte ich der Frage nachgehen, ob auch diese Subgruppierungen, Minderheiten und indigene Völker unter den Begriff des „Volkes“ fallen und ihnen das Recht auf Selbstbestimmung zukommen kann.[310]

2.7.2 „Subgruppierungen“[311] innerhalb eines Staatsverbandes

Die Möglichkeit die Anwendung des Selbstbestimmungsrechts auf verschiedene Gruppierungen innerhalb dieses Staates auszuweiten, ergibt sich schon aus dem Wortlaut der *Friendly Relations Declaration,* die im Prinzip V Folgendes vorbringt:

“Nothing in the foregoing paragraphs shall be construed as authorizing or encouraging any action which would dismember or impair, totally or in part, the territorial integrity or political unity of sovereign and independent States conducting themselves in compliance with the principle of equal rights and self-determination of peoples as described

308 R. Higgins, zitiert in: J. Dugard, S. 108 f.
309 Vgl. J. Crawford, The Rights of Peoples, zitiert in: J. Dugard, S. 120.
310 Vgl. D. Raič, S. 247.
311 Ibid.

above and thus possessed of a government representing the whole people belonging to the territory without distinction as to race, creed or colour."[312]

Staaten verhalten sich in Einhaltung des Rechts auf Selbstbestimmung, wenn sie eine Regierung haben, die Repräsentativität bezüglich der Bevölkerung aufweist, dies ohne Unterscheidung von „Rasse, Glaube oder Farbe."[313] Dies verdeutlicht, dass neben der Gesamtbevölkerung eines Staates auch Gruppierungen innerhalb dieses Staates ein Recht auf Partizipation im Entscheidungsfindungsprozess eingeräumt werden soll.[314]

Eine Anwendung der Selbstbestimmung auf diese Gruppierungen ist nach Raič die notwendige Konsequenz der *raison d'être* der Selbstbestimmung, deren Wesensmerkmal der Schutz der kollektiven Identität der „Völker" ist:

> "From a theoretical point of view the applicability of self-determination to subgroups appears to be a logical and necessary consequence of the *raison d'être* of self-determination, which [...] concerns amongst other the protection of the collective identity of 'people' as a group. [...] The need for protection of the collective identity of subgroups is more substantial in this context than with respect to the nation as such, because the threat to the collective identity of the former is, potentially at least, greater."[315]

Die aus Paragraph 7, Prinzip V der *Friendly Relations Declaration* abzuleitende Schlussfolgerung, dass zumindest rassischen und ethnischen Gruppierungen innerhalb eines Staates das Recht auf Selbstbestimmung zukommt, wurde durch den Wortlaut der Wiener Erklärung der Weltkonferenz der Vereinten Nationen von 1993 noch weiter verstärkt. Die in der Wiener Erklärung von 1993 enthaltene Wendung ist mit dem Wortlaut des Paragraphs 7 der *Friendly Relations Declaration* fast ident, erweitert diesen aber substantiell durch die Einfügung folgender Passage:

> „Gemäß der Erklärung über die Grundsätze des Völkerrechts betreffend freundschaftliche Beziehungen und Zusammenarbeit unter den Staaten im Einklang mit der Satzung der Vereinten Nationen ist dies nicht so auszulegen, dass damit irgendeine Handlungsweise erlaubt oder ermutigt wird, welche die territoriale Integrität oder politische Einheit souveräner und unabhängiger Staaten, die sich gemäß dem Grundsatz der Gleichberechtigung und des Selbstbestimmungsrechts der Völker verhalten und daher eine Regierung besitzen, die ohne Unterschied irgendwelcher Art die gesamte zu dem

312 A/RES/25/2625 (XXV), 14. Oct. 1970, Principle V.

313 Vgl. A. Cassese, Self-Determination of Peoples, S. 112.

314 Vgl. D. Raič, S. 246.

315 Ibid., S. 248.

betreffenden Gebiet gehörende Bevölkerung vertritt, zur Gänze oder zum Teil zerstören oder beeinträchtigen würde."[316]

Die Anwendbarkeit der Selbstbestimmung auf ethnische Gruppierungen innerhalb eines Staates wurde auch von der Afrikanischen Kommission der Menschenrechte und der Rechte der Völker in ihrer Entscheidung bezüglich „Katangese Peoples' Congress v. Zaire" bestätigt.[317] Die Kommission akzeptierte darin, dass eine Gruppe von Personen mit einer gemeinsamen Kultur, Sprache und einem gemeinsamen historischen Hintergrund ein „Volk" bezüglich des Rechts auf Selbstbestimmung ausmacht. In Fall Quebec brachte das kanadische Höchstgericht Folgendes vor:

> "[I]t is clear that 'a people' may include only a portion of the population of an existing state. The right to self-determination has developed largely as a human right, and is generally used in documents that simultaneously contain references to 'nation' and 'state'. The juxtaposition of these terms is indicative that the reference to 'people' does not necessarily mean the entirety of a state's population. To restrict the definition of the term of the population of existing states would render the granting of a right to self-determination largely duplicative, given the parallel emphasis within the majority of the source documents on the need to protect the territorial integrity of existing states and would frustrate its remedial purpose."[318]

Das Höchstgericht beantwortete die kontroverse Frage bezüglich der Existenz des „Volkes" von Quebec im Völkerrecht nicht explizit, stellte allerdings Folgendes fest:

> "[M]uch of the Quebec population certainly shares many of the characteristics (such as common language and culture) that would be considered in determining whether a specific group is a 'people', as do other groups within Quebec and/or Canada."[319]

Damit brachte das Höchstgericht zum Ausdruck, dass in Bezug auf Quebec nicht nur ein Volk existiert, sondern verschiedene nebeneinander bestehen.[320]

---

316 Wiener Erklärung der Weltkonferenz der Vereinten Nationen über Menschenrechte, Wien, 25.6.1993, Abs. 2.

317 Katangese Peoples' Congress v. Zaire, African Commission on Human and Peoples' Rights, Comm. No. 75/92 (1995), D. Raič, S. 255.

318 Reference re Secession of Quebec, Abs. 124.

319 Ibid., Abs. 125; Vgl. P. Dumberry, Lessons learned from the Quebec Secession Reference before the Supreme Court of Canada, in M. G. Kohen (Hrsg.), Secession: International Law Perspectives, Cambridge 2006, S. 436; Secession Reference, Abs. 135.

320 Vgl. P. Dumberry, S. 436.

Man kann also durchaus „Subgruppierungen" als Träger eines Rechts auf Selbstbestimmung erachten.[321] Es stellt sich die Frage, welche Kriterien eine solche Gruppierung als Träger der Selbstbestimmung erfüllen muss. Es leuchtet ein, dass nicht jegliche Gruppierung oder Ansammlung von Individuen als solche Träger eines Rechts auf Selbstbestimmung sein kann.[322] Damit eine Gruppierung innerhalb eines Staates als „Volk" mit einem Anspruch auf Selbstbestimmung qualifiziert werden kann, muss sie das Kriterium einer kollektiven Identität erfüllen.[323] Es wird auf die Merkmale dieser kollektiven Identität abgestellt, durch die sich diese Gruppe von anderen Gruppen unterscheidet und die sie als Gruppe verbindet. Dabei werden objektive und subjektive[324] Subsumtionskriterien miteinander verbunden. In seiner „separate opinion" im Rechtsgutachtenverfahren zu Kosovo brachte Richter Cancado Trindade Folgendes vor:

> "What is clear to me is that, for its configuration, there is conjunction of factors, of an objective a well as subjective character, such as traditions and culture, ethnicity, historical ties and heritage, language, religion, sense of identity or kinship, the will to constitute a people; these are all *factual*, not *legal*, elements, which usually overlap each other."[325]

Objektive Merkmale ergeben sich aus einer gemeinsamen Sprache, Religion, Kultur und Ethnizität, während sich subjektive Aspekte auf das Bewusstsein, dieser Identität anzugehören, beziehen.[326] Die von der UNESCO Expertengruppe ausgearbeiteten objektiven Kriterien lassen sich dabei folgendermaßen zusammenfassen:

a) eine gemeinsame historische Tradition, b) eine rassische oder ethnische Identität, c) kulturelle Homogenität, d) eine gemeinsame Sprache, e) eine gemeinsame Religion und Ideologie, f) eine territoriale Verknüpfung und g) ein gemeinsames Wirtschaftsleben.

Die Gruppe muss eine gewisse Größe aufweisen, durch die sie sich von einer bloßen Vereinigung von Individuen innerhalb eines Staates abgrenzt. Ein subjektives Element ergibt sich aus der Überzeugung der Gruppe, ein individuelles Volk zu sein, das sich von anderen Völkern deutlich abgrenzt.[327] Gruppierungen

---

321 Vgl. D. Raič, S. 258.

322 Ibid., S. 260.

323 Vgl. ibid., S. 262 und H. Hannum, Rethinking Self-Determination, in: Virginia Journal of International Law, Vol. 34, 1993, S. 35 f.

324 Vgl. M. Sterio, S. 16.

325 Separate Opinion of Judge Cancado Trindade, S. 68, Abs. 228.

326 Vgl. A. K. Coleman, Resolving Claims to Self-Determination, S. 38–39.

327 UNESCO, International Meeting of Experts on Further Study of the Concept of the Rights of Peoples. Final Report and Recommendations, Paris, 22. Feb. 1990, SHS-89/

innerhalb eines Staates, die das Kriterium der kollektiven Individualität aufweisen und denen ein territorial eindeutig abgrenzbares Gebiet zugeordnet werden kann, können somit als Träger des Rechts auf Selbstbestimmung angesehen werden.

2.7.3 Minderheiten

> "In the period since 1945, protracted efforts have been made to define minorities. It has largely failed; no commonly agreed upon definition has yet emerged. The relevant texts of the international legal standard mentioned above do not provide a general definition [...]."[328]

Auch für den Begriff „Minderheiten" gibt es bis dato keine allgemein anerkannte Legaldefinition. Die umfangreiche Bandbreite an verschiedenen Gruppierungen auf der gesamten Welt erschwert die Bestimmung konkreter Merkmale, die eine Minderheit kennzeichnen. Viele Staaten sind in dieser Frage sehr zurückhaltend, da sie fürchten, dass die Anerkennung von Minderheiten zum Erstarken sezessionistischer Bestrebungen führen könnte. Der Mangel an einer allgemein anerkannten Definition[329] führt allerdings nicht vollständig ins Leere.[330] Es wurden unterschiedliche Definitionen ausgearbeitet, die in der Literatur zu den Minderheitenrechten immer breitere Anerkennung finden.

Francesco Capotori lieferte in seiner Studie für die UN „Unterkommission zur Verhütung von Diskriminierung und dem Schutz von Minderheiten" folgende Definition:

> "A group numerically smaller to the rest of the population of the State, in a non-dominant position, whose members, being nationals of the State, possess ethnic, religious or linguistic characteristics differing from those of the rest of the population and so, if only implicitly, a sense of solidarity, directed towards preserving their culture, traditions, religion or language."[331]

CONF.602/7, Abs. 22. http://unesdoc.unesco.org/images/ 0008/000851/085152eo.pdf; Vgl. auch: D. Raič, S. 262 und P. Thornberry, The Democratic or Internal Aspect of Self-Determination with Some Remarks on Federalism, S. 124.

328 Vgl. A. Eide, In Search of Constructive Alternatives to Secession, in: C. Tomuschat (Hrsg.), Modern Law of Self-Determination, Dordrecht 1993, S. 157.

329 Vgl. A. Eide, In Search of Constructive Alternative to Secession, S. 157.

330 Vgl. A. Meijknecht, Towards International Personality: The Position of Minorities and Indigenous Peoples in International Law, Antwerpen/Groningen/Oxford 2001, S. 69 ff.

331 F. Capotori, Study of the Rights of Persons Belonging to Ethnic, Religious and Linguistic Minorities of 1979, UN Sales No. E.91.XIV.2., zitiert in: A. Eide, In Search of Constructive Alternatives to Secession, S. 157.

Ganz ähnlich die Definition des ehemaligen kanadischen Höchstrichters Jules Deschênes, die dieser ebenfalls für die UN „Unterkommission zur Verhinderung von Diskriminierung und für Minderheitenschutz" erarbeitet hat:

> "[A] group of citizens of a state, constituting a numerical minority and in a non-dominant position in that state, endowed with ethnic, religious or linguistic characteristics which differ from those of the majority of the population, having a sense of solidarity with one another, motivated, if only implicitly, by a collective will to survive, and whose aim it is to achieve equality with the majority in fact and in law."[332]

Schließlich definiert Asbjørn Eide „Minderheit" wie folgt:

> "A minority is any group of persons resident within a sovereign State which constitutes less than half the population of the national society and whose members share common characteristics of an ethnic, religious or linguistic nature that distinguish them from the rest of the population."[333]

Aus den stark übereinstimmenden Definitionen von Capotori und Deschênes lassen sich objektive und subjektive Subsumtionskriterien ableiten, die für eine Minderheit als solche kennzeichnend sind. Ein herkömmlicher Anknüpfungspunkt für die Erhebung einer Minderheit ist zunächst ein numerischer, es wird also auf eine zahlenmäßige Größe abgestellt, die erfordert, dass die betreffende Gruppe weniger als die Hälfte der Bevölkerung des Staates ausmacht. Ein weiteres erforderliches Kriterium, das in zwei der oben genannten Definition erwähnt wird, ist das der Unterlegenheit. Es wird von einer „nicht-dominanten" Position innerhalb des Staates gesprochen.[334] Der Grundgedanke, der dahinter steckt, ist, dass zahlenmäßig unterlegene Gruppierungen, die im Staat eine dominierende Position einnehmen, nicht in gleicher Weise schutzbedürftig sind.

Ein weiteres objektives Kriterium ist das der notwendigen Andersartigkeit der betreffenden Bevölkerungsgruppe. Dabei wird insbesondere auf ethnische, religiöse und sprachliche Eigenschaften verwiesen. Die Merkmale, die Ausfluss dieser Andersartigkeit sein können, überlagern sich in der Praxis oft. Aus den Definitionen von Capotori und Deschênes ergibt sich noch ein weiteres objektives Kriterium, das sich auf die Nationalität beziehungsweise die Staatsangehörigkeit bezieht. Dabei werden Staatenlose, Nomaden, Flüchtlinge und Immigranten von diesen Definitionen ausgeschlossen.

---

332 UN Doc. E/CN.4/Sub.2/1985/31 (1985), Abs. 181; zitiert in: A. Eide, S. 158.

333 UN Doc. E/CN.4/Sub.2/1993/34 (1993), Abs. 29.

334 Vgl. J. Castellino, International Law and Self-Determination, Den Haag 2002, S. 58.

Neben objektiven Anhaltspunkten müssen außerdem subjektive Merkmale erfüllt sein. Dabei hängt die Existenz einer Minderheitengruppe stark von diesen subjektiven Anknüpfungspunkten ab. Subjekte Aspekte ergeben sich in Zusammenhang mit einem speziellen Bewusstsein für die Andersartigkeit. Ohne dieses subjektive Gefühl der Zugehörigkeit, dem Bewusstsein als Gruppe zu bestehen, und einem stark ausgeprägten Abgrenzungswillen, hinsichtlich des Rests der Bevölkerung, kann eine Minderheit weder identifiziert noch geschützt werden.[335]

Der Begriff der „Völker" ist im Völkerrecht klar von den in Art. 27 gewährleisteten Minderheitenrechten zu trennen.[336] Das daraus ableitende Recht der Minderheiten auf Achtung ihrer eigenen Sprache, Kultur, Religion und Ethnizität durch den Mutterstaat ist nicht mit einem Recht auf Selbstbestimmung gleichzusetzen. Wie der Menschenrechtsausschuss in seinem allgemeinen Kommentar Nr. 23 in Bezug auf Art. 27 des Paktes über bürgerliche und politische Rechte betonte, zieht der Pakt zwischen den in Art. 27 sichergestellten Rechten und einem Recht auf Selbstbestimmung eine klare Abgrenzung.[337] Nur Minderheitengruppen, die sich auch unter den Begriff des „Volkes" subsumieren lassen, können Träger eines solchen Rechts auf Selbstbestimmung sein.[338]

Auch am Beispiel der Definition von „Minderheit" im Gegensatz zum „Volk" als Träger der Selbstbestimmung zeigt sich das starke territoriale, anti-sezessionistische Element. Minderheiten wird kein eigenes Recht auf Selbstbestimmung zugestanden. Demgemäß sind die Wallonen in Belgien, obwohl sie mit ca. 40% eine große Bevölkerungsgruppe darstellen, eine Minderheit und kein Volk mit einem Recht auf Selbstbestimmung.[339] Richterin Prof. Rosalyn Higgins weist in diesem Zusammenhang auf das Prinzip der territorialen Integrität hin:

> "The emphasis in all the relevant instruments, and the state practice (by which I mean statements, declarations, positions taken) on the importance of territorial integrity, means that 'peoples' is to be understood in the sense of *all* the peoples of a given territory. Of course, all members of distinct minority groups are part of the peoples of the territory. In that sense they too, as individuals, are the holders of the right of

---

335 Vgl. A. Mejknecht, Towards International Personality: The Position of Minorities and Indigenous Peoples in International Law, S. 77–90.

336 Vgl. C. Gusy, Selbstbestimmung im Wandel, S. 394; F. Raday, Self-Determination and Minority Rights, in: Fordam International Law Journal, Vol. 26, Issue 3 (2002), S. 453–499, S. 458.

337 CCPR/C/21/Rev.1/Add.5 (1194) zitiert in: J. Dugard, The Secession of States and Their Recognition in the Wake of Kosovo, S. 111.

338 Vgl. M. Sterio, S. 16 ff.

339 J. Dugard, S. 109.

self-determination. But minorities *as such* do not have a right of self-determination. That means in effect, that they have no right to secession, to independence, or to join with comparable groups in other States."[340]

Ganz ähnlich argumentiert auch Lea Brilmayer:

"My thesis is that every separatist movement is built upon a claim to territory, usually based on an historical grievance, and that without a normatively sound claim to territory, self-determination arguments do not form a plausible basis for secession. [...] [T]he minority cannot justifiably claim the remedy of secession unless it can convincingly assert a claim to territory. What distinguishes separatist from other minority claims is the fact that the group wishes to establish a new State on a particular piece of land."[341]

Eine besondere Form von Minderheit, mit einem ganz speziellen, territorialen Bezug sind die indigenen Völker. Auch hier zeigt sich, trotz der Definitionsversuche etwa in der „Erklärung der Vereinten Nationen über die Rechte indigener Völker", die begriffliche Verwirrung oder wie es Kingsbury ausdrückt, der „konzeptuelle Sumpf" *(conceptual morass)*[342] des Prinzips der Selbstbestimmung.

2.7.4 Das indigene Volk als selbstidentifizierte Minderheit im Land der Vorfahren

"As peoples, we reaffirm our rights to self-determination and to own, control and manage our ancestral lands and territories, waters and other resources. Our lands and territories are at the core of our existence – we are the land and the land is us; we have a distinct spiritual and material relationship with our lands and territories and they are inextricably linked to our survival and to the preservation and further development of our knowledge systems and cultures, conservation and sustainable use of biodiversity and ecosystem management."[343]

"[I]ndigenous peoples [...] have an intimate connection to the land; the rationale for talking about who they are is tied to the land. They have clear symbols in their language

340 R. Higgins, Problems and Process. International Law and How We Use it, Oxford 1994, S. 124. Zitiert in Dugard, S. 108 f.

341 L. Brilmayer, Secession and Self-Determination, 192 f.

342 B. Kingsbury, Reconciling Five Competing Conceptual Structures of Indigenous Peoples' Claims in International and Comparative Law, in: Journal of International Law and Politics, Vol. 34, S. 217.

343 The Kimberly Declaration, International Indigenous Peoples Summit on Sustainable Development Khoi-San Territory Kimberley, South Africa, S. 20–23 August 2002, http://www.ipcb.org/resolutions/htmls/kim_dec.html.

> that connect them to places on their land [...] in Nepal, we have groups that only can achieve their spiritual place on the planet by going to a certain location".[344]

> "We carry in our hearts the true country | And that cannot be stolen | We follow in the steps of our ancestry | And that cannot be broken | [...] Forty thousand years can make a difference | To the state of things"[345]

> „The time has come | A fact's a fact | It belongs to them | Let's give it back"[346]

Die 1982 gegründete Arbeitsgruppe über indigene Bevölkerungen *(Working Group on Indigenous Populations, WGIP)*, ein Gremium der Unterkommission zur Förderung und zum Schutz der Menschenrechte, war das erste Organ der Vereinten Nationen überhaupt, das sich speziell und ausschließlich mit den Menschenrechten indigener Völker befasste.[347] 1985 begann die Arbeitsgruppe mit der Erarbeitung einer UN-Erklärung der Rechte der indigenen Völker. Es ist vielleicht kein Zufall, dass auch Mitte der 1980er Jahre in der Popmusik nicht

344 Stella Tamang (Mitglied der Minderheit der indigenen Lama-Gemeinschaft), zitiert in: Cultural Survival and the Indigenous Peoples' Caucus. "Our Land, Our Identity, Our Freedom" *Cultural Survival Voices* Volume 5, Issue 2 (March 2007).

345 Midnight Oil, The Dead Heart, (1986).

346 Midnight Oil, Beds Are Burning, (1986).

347 Zum Selbstbestimmungsrecht indigener Völker vgl. H. Heintze, Indigene Völker und das Selbstbestimmungsrecht, in: P. Hilpold (Hrsg.), Das Selbstbestimmungsrecht der Völker, S. 159- 174; T. Koivurova, The Right to Self-determination of the Saami: the ideal faces the reality, in: P. Hilpold (Hrsg.), Das Selbstbestimmungsrecht der Völker, S. 175–200; H. Heintze, Indigene Völker und das Selbstbestimmungsrecht, in: J. Fisch (Hrsg.), Die Verteilung der Welt, S. 225–252; J. Castellino und J. Gilbert, Self-Determination, Indigenous Peoples and Minorities, in: Macquarie Law Journal (2003) Vol. 3, S. 155–178; P. Thornberry, The Democratic or Internal Aspect of Self-Determination with some Remarks on Federalism, S. 128 ff; M. Fitzmaurice, The question of indigenous peoples' rights: a time for reappraisal?, in: D. French (Hrsg.), Statehood and Self-Determination, S. 349–376; G. Alfredsson, The Right of Self-Determination and Indigenous Peoples, in: C. Tomuschat, Modern Law of Self-Determination, S. 41–54.; P. Thornberry, Indigenous peoples and human rights, Manchester 2002; S. Wiessner, The Cultural Rights of Indigenous Peoples: Achievements and Continuing Challenges, in: The European Journal of International Law, Vol. 22, No. 1, S. 121–140; B. Kingsbury, Reconciling Five Competing Conceptual Structures of Indigenous Peoples' Claims in International and Comparative Law, in: Journal of International Law and Politics, Vol. 34, S. 189–250; A. Meijknecht, Towards International Personality: The Position of Minorities and Indigenous Peoples in International Law, Antwerpen/Groningen/Oxford 2001.

nur das Thema „Welthunger" in den Fokus kam[348], sondern durch die australische Band *Midnight Oil* auch das vielfach vergessene, verdrängte oder gezielt verschwiegene Thema der indigenen Völker. Mit ihrem Protestsong „Beds Are Burning" schaffte die Band nicht nur den Sprung in die weltweiten Charts, sondern auch Aufmerksamkeit für die Anliegen indigener Völker, am Beispiel der Pintupi. Dieser in den 1950er und 1960er Jahren zwangsumgesiedelte Stamm der Aborigines begann im Rahmen der Outstation bzw. Homeland Bewegung in das ursprüngliche Stammesgebiet zurückzusiedeln. Ein wichtiger rechtlicher Meilenstein war dabei der *Aboriginal Land Rights Act* im Jahr 1976.[349] Auf internationaler Ebene war sicherlich die *Erklärung der Vereinten Nationen über die Rechte der indigenen Völker* ein wichtiger Meilenstein in der Institutionalisierung der Rechte dieser speziellen Minderheiten, die am 13. September 2007 von der Generalversammlung als Resolution A/61/295 verabschiedet wurde.

In Bezug auf die indigenen Völker ist das Selbstbestimmungsrecht noch weit mehrdeutiger und vielschichtiger.[350] Die vielen offenen Fragen ergeben sich vor allem aus dem Umstand, dass das Völkerrecht in Bezug auf die Träger der Selbstbestimmung keine allgemeine anerkannte Definition dieser Subjekte liefert und es auch keine international anerkannte Definition des Begriffs der „indigenen Völker" gibt.[351]

Die in der Literatur meistverwendeten Definitionen der „indigenen Völker" beziehen sich auf deren historischen Hintergrund. Indigene Völker werden als quasi-koloniale Subjekte ihres eigenen Gebietes angesehen, das von fremden Siedlern besetzt wurde.[352] Dabei ist besonders auf die in der Literatur meistzitierte Definition des UN-Spezialberichterstatters Martínez Cobo zu verweisen:

> "Indigenous communities, peoples and nations are those which, having a historical continuity with pre-invasion and pre-colonial societies that developed on their territories,

---

348 Bob Geldofs globale Jukebox „Live Aid" am 13. Juli 1985 wurde aus Anlass der akuten Hungersnot in Äthipoien veranstaltet. Insgesamt sollen ca. 150 Millionen Pfund gespendet worden sein.

349 Aboriginal Land Rights (Northern Territory) Act 1976, https://www.legislation.gov.au/Details/C2013C00556.

350 M. Fitzmaurice, The question of indigenous peoples' rights: a time for reappraisal?, in: D. French (Hrsg.), Statehood and Self-Determination, Cambridge 2013, S. 350 ff.

351 Vgl. J. Castellino und J. Gilbert, Self-Determination, Indigenous Peoples and Minorities, in: Macquarie Law Journal (2003) Vol. 3, S. 168.

352 Vgl. J. Castellino, International Law and Self-Determination: Peoples, Indigenous Peoples, and Minorities, in: C. Walter/ A. von Ungern-Sternberg/ K. Abhushov (Hrsg.), Self-Determination and Secession in International Law, Oxford 2014, S. 33.

consider themselves distinct from other sectors of the societies now prevailing on those territories, or parts of them. They form at present non-dominant sectors of society and are determined to preserve, develop and transmit to future generations their ancestral territories, and their ethnic identity, as the basis of their continued existence as peoples, in accordance with their own cultural patterns, social institutions and legal system."[353]

Aus dieser Definition lassen sich objektive und subjektive Kriterien ableiten, die für indigene Völker als Träger der Selbstbestimmung kennzeichnend sind. Auch der Ausschuss der „International Law Association" legte subjektive und objektive Kriterien fest, so etwa: Selbstidentifikation, historische Kontinuität, eine spezielle Beziehung zum Stammland, Andersartigkeit, keine Überlegenheit und Fortbestehen.[354]

Objektive Kriterien beziehen sich beispielsweise auf die Ethnizität, eine gemeinsame Kultur, einen gemeinsamen geschichtlichen Hintergrund und eine gemeinsame Sprache.[355] Ein weiteres objektives Kriterium, das indigene Völker vor allem von anderen Gruppierungen unterscheidet, ist ihre spezielle Beziehung zum Land und zur Natur. Hinzu kommen noch subjektive Anknüpfungspunkte, die sich aus dem Gefühl der Zugehörigkeit der Individuen zum betreffenden Volk ergeben.

Aus diesen allgemein anerkannten Kriterien lässt sich keine generelle Definition des Trägers des Selbstbestimmungsrechts indigener Völker ableiten.[356] Nach Jahren, die von kontroversen Debatten rund um dieses Thema geprägt waren, brachte die Verabschiedung der *Erklärung der Vereinten Nationen über die Rechte indigener Völker* mehr Klarheit in Bezug auf diese Rechte und stärkte sie auch. FitzMaurice spricht im Zusammenhang mit dieser Deklaration von einem „bahnbrechenden Instrument in der Herauskristallisierung der Rechte indigener Völker:[357]

"The adoption of UNDRIP by the UN General Assembly in 2007 represented a major accomplishment. It epitomized the change of attitude of the international legal community

353 J.R. Martínez Cobo, *Study on the Problem of Discrimination against Indigenous Populations,* UN Doc E/CN.4/Sub.2/1986/Add.4.

354 International Law Association, The Hague Conference (2010), Rights of Indigenous Peoples, Interim Report, S. 7 f.

355 Vgl. H. Heintze, Indigene Völker und das Selbstbestimmungsrecht: Selbstbestimmungsforderung als Sackgasse?, in: J. Fisch (Hrsg.), Die Verteilung der Welt, S. 229.

356 Vgl. ibid.

357 Vgl. M. Fitzmaurice, The question of indigenous peoples' rights: a time for reappraisal?, S. 349.

vis-à-vis indigenous peoples, eventually recognizing their dignity as *different* social and cultural groups [...]."[358]

Der Entwurf der Deklaration war ein langer und komplizierter Prozess, zumal es zwölf Jahre dauerte, bis dieser schlussendlich angenommen wurde.[359] Der Aufnahme des Rechts auf Selbstbestimmung der indigenen Völker in die Deklaration standen viele Staaten sehr ablehnend gegenüber, dabei war Art. 3 das Haupthindernis der Annahme des Entwurfs der Deklaration, da gerade dieser den indigenen Völkern ein umfassendes Recht auf Selbstbestimmung zuerkennen sollte.[360] Art. 3 der Deklaration basiert auf dem gleichlautenden Art. 1 der beiden Menschenrechtspakte der Vereinten Nationen, wobei „alle Völker" durch die Formulierung „indigene Völker" ersetzt wird:

> "Indigenous peoples have the right to self-determination. By virtue of that right they freely determine their political status and freely pursue their economic, social and cultural development."[361]

Die endgültige Fassung der Erklärung der Vereinten Nationen über die Rechte indigener Völker wurde mit 143 positiven Stimmen in der Generalversammlung am 13. September 2007 verabschiedet. Australien, Kanada, Neuseeland und die USA stimmten gegen die Deklaration, elf Staaten enthielten sich einer Stimmabgabe (Aserbaidschan, Bangladesch, Bhutan, Burundi, Kolumbien, Georgien, Kenia, Nigeria, Russland, Samoa und die Ukraine).[362] In den Erklärungen zu ihrer positiven Stimmabgabe bezogen sich viele Staaten auf Art. 46 der Deklaration, um damit die Bedeutung der territorialen Integrität und die politische Einheit souveräner Staaten hervorzuheben.[363] Der Wortlaut des Art. 46 der Deklaration deutet vor allem darauf hin, dass den indigenen Völkern kein weitreichenderes Selbstbestimmungsrecht zukommen soll, das ein Recht auf Sezession beinhaltet.[364] Argentinien wies darauf hin, dass es der Deklaration

---

358 International Law Association, The Hague Conference (2010), Rights of Indigenous Peoples, Interim Report, S. 3.

359 Vgl. H. Heintze, S. 225.

360 J. Castellino und J. Gilbert, Self-Determination, Indigenous Peoples and Minorities, S. 169.

361 UN Doc. A/RES/61/295 vom 13. September 2007.

362 Vgl. International Law Association, The Hague Conference (2010), Rights of Indigenous Peoples, Interim Report, S. 5.

363 Vgl. Vgl. H. Heintze, S. 226.

364 International Law Association, The Hague Conference (2010), Rights of Indigenous Peoples, Interim Report, S. 10: „The inclusion of Article 46 para. 1 in the text of UNDRIP confirms that the Declaration does not create for indigenous peoples a right

nur zugestimmt hat, weil Art. 46 „Bezüge des Rechts der Selbstbestimmung zu den Prinzipien der territorialen Integrität, nationalen Einheit und organisierten Struktur eines jeden Staates herstelle."[365] Dabei sei noch auf die Position Australiens zu verweisen, die sich bei der Ablehnung der Deklaration auf folgende Gründe bezog:

> "The Australian Government had long expressed its dissatisfaction with the references to self-determination in the Declaration. Self-determination applied to situations of decolonization and the break-up of States into smaller states with clearly defined population groups […]. The Government supported and encouraged the full engagement of indigenous peoples in the democratic decision-making process, but did not support a concept that could be construed as encouraging action that would impair, even in part, the territorial and political integrity of a State with a system of democratic representative Government."[366]

Dennoch entschied sich die Australische Regierung zwei Jahre später für eine Unterzeichnung der Deklaration der Vereinten Nationen, stellte dabei aber fest:

> "[T]hrough the Article on self-determination, the Declaration recognises the entitlement of indigenous peoples to have control over their destiny and to be treated respectfully. Article 46 makes it clear that the Declaration cannot be used to impair Australia's territorial integrity or political unity. We want indigenous peoples to participate fully in Australia's democracy. Australia's indigenous peoples must be able to realize their full potential in Australian and international affairs. […] We also respect the desire, both past and present, of indigenous peoples to maintain and strengthen their distinctive spiritual relationship with land and waters."[367]

Das Selbstbestimmungsrecht war Kern des Entwurfsprozesses der Deklaration von den Anfangsphasen bis hin zur endgültigen Verabschiedung 2007. Das Zögern der Staaten, ein solches Recht anzuerkennen, ergab sich aus der Angst, dass dies womöglich ihre territoriale Integrität gefährden könnte. Daher stimmten mit Australien, Kanada, den USA und Neuseeland vier Staaten mit großen indigenen Bevölkerungsgruppen gegen die Erklärung. Die indigenen Völker, die für ihre Anerkennung als „Volk" mit einem Recht auf Selbstbestimmung plädierten,

---

unilaterally to establish their own State, *i.e.* a right of secession as a form of exercising the broader right of self-determination […]".

365 International Law Association, The Hague Conference (2010), Rights of Indigenous Peoples, Interim Report, S. 5.

366 http://www.un.org/press/en/2007/ga10612.doc.htm.

367 Zitiert in: International Law Association, The Hague Conference (2010), Rights of Indigenous Peoples, Interim Report, S. 10.

verdeutlichten in der Entwurfsphase allerdings, dass Sezession für die meisten Gruppierungen gar kein Thema ist.[368]

Das in Art. 3 der Deklaration eingeräumte Recht auf Selbstbestimmung wird durch die Bestimmung des Art. 4 der Deklaration wieder eingeschränkt, indem Art. 4 klar zum Ausdruck bringt, wie die Ausübung des Rechts auf Selbstbestimmung durch die indigenen Völker erfolgen soll.

> „Bei der Ausübung ihres Rechts auf Selbstbestimmung haben indigene Völker das Recht auf Autonomie oder Selbstverwaltung in Fragen, die ihre inneren und lokalen Angelegenheiten betreffen, sowie das Recht, über die Mittel zur Finanzierung ihrer autonomen Aufgaben zu verfügen."[369]

Dadurch wird klar, dass der Inhalt des Selbstbestimmungsrechts der indigenen Völker klar auf die inneren Aspekte dieses Rechts verweist. Art. 4 begrenzt das in Art. 3 umfassend eingeräumte Selbstbestimmungsrecht auf ein inneres Selbstbestimmungsrecht, ein Recht auf Autonomie und Selbstverwaltung in Fragen, die innere und lokale Angelegenheiten betreffen.[370] Dass sich das Recht auf Selbstbestimmung der indigenen Völker auf rein interne Aspekte bezieht, verdeutlicht auch die oben erwähnte Auffassung, dass indigenen Völkern kein Recht auf Sezession zukommen soll. Dabei wird immer wieder erwähnt, dass es sich beim Selbstbestimmungsrecht der indigenen Völker um eine neue Form der Selbstbestimmung handle. So betonte Großbritannien bei seiner Stimmabgabe, dass es sich beim Selbstbestimmungsrecht der indigenen Völker um ein vom ursprünglichen Selbstbestimmungsrecht des Völkerrechts unterscheidbares Selbstbestimmungsrecht handle, das nur innerhalb der Staatsgrenzen angewendet werden könne.[371]

Das innere Selbstbestimmungsrecht bezieht sich dabei auf das Recht an Entscheidungsprozessen teilzunehmen, die sich auf Angelegenheiten beziehen, die ihre Rechte berühren, sowie auf das Recht auf Autonomie. Artikel 18 bringt Folgendes vor:

> „Indigene Völker haben das Recht, an Entscheidungsprozessen in Angelegenheiten, die ihre Rechte berühren können, durch von ihnen selbst gemäß ihren eigenen Verfahren

368 Ibid, S. 10.

369 A/RES/61/295 v. 13. September 2007, Erklärung der Vereinten Nationen über die Rechte indigener Völker, Art. 4.

370 Vgl. H. Heintze, S. 241.

371 Ibid., S. 242.

gewählte Vertreter mitzuwirken und ihre eigenen indigenen Entscheidungsinstitutionen zu bewahren und weiterzuentwickeln."[372]

Sowohl indigenen Völkern als auch anderen ethnischen Minderheiten wird also in der Rhetorik der internationalen Institutionen[373] nur ein Recht auf interne Selbstbestimmung zugestanden, weil das umfassende Recht auf Selbstbestimmung nur der Gesamtbevölkerung eines Staates zukommt. Es ist allerdings fraglich, ob sich diese Position auch in der Staatenpraxis und der gerichtlichen Praxis widerspiegelt[374], im Fall Kosovo, wie noch ausführlich zu zeigen sein wird, jedenfalls nicht.

2.7.5 Das Recht auf Selbstbestimmung – „verdient, nicht angeboren"[375]

Frédéric Mégret betont, dass Selbstbestimmung kein angeborenes Recht ist, sondern ein erworbenes Recht. Die traditionelle Sicht der Selbstbestimmung im Völkerrecht würde das Prinzip zwar anerkennen, allerdings aufgrund einer Romantisierung des Begriffs „Völker" sehr unbestimmt bleiben:

> "Part of the problem is that thinking about self-determination has long been too wedded to the romantic notion that there are 'peoples' that exist in a certain more or less unproblematic state, and on to which can be granted the right to self-determination."

Diese Auffassung, so Mégret, basiert auf einer priomordial-essentialistischen Auffassung von Nation.[376] Aber wie lässt sich eine Nation objektiv definieren?

> "[A]ll attempts to single out a particular set of objective features – be it a common history, collective destiny, language, religion, territory, climate, race, ethnicity – as necessary and sufficient for the definition of a nation have ended in failure."[377]

Ausgehend von David Millers Definitionsversuch, dass eine Nation existiert, wenn ihre Mitglieder glauben, dass sie existiert[378], betont Mégret die Notwendigkeit, subjektive Elemente in die Definition eines Volkes einfließen zu lassen,

---

372 A/RES/61/295 v. 13. September 2007, Art. 18.

373 Vgl. J. Dugard, S. 113.

374 Ibid.

375 Vgl. F. Mégret, The Right to Self-Determination: Earned, Not Inherent, in: F. R. Tesón, The Theory of Self-Determination, S. 45–69.

376 Ibid., S. 55.

377 Y. Tamir, Liberal Nationalism, Princeton 1995, S. 65, Zitiert in: Ibid.

378 D. Miller, In Defence of Nationality, in: Journal of Applied Philosophy 10, No. 1 (1993), S. 19. Zitiert in ibid., S. 57.

auch im Sinne von Renans täglichem Plebiszit *(plébiscite de tous les jours*[379]*)* und Andersons "imagined communities"[380]. Um mit Ernest Gellner zu sprechen, Nationen sind Produkte des Nationalismus:[381]

> "The subjective belief is not that a group *is* a people in some objective, incontrovertible sense, but that a group aspires to be a people *through self-determination*. Self-determination, therefore, does not as much flow from the existence of a people as it is its founding act. [...] Self-determination can no longer be seen as merely the privilege of some essentialized peoples existing, for example, in ethnic sense of the term but is better seen a part of the complex production of identity."[382]

Im Gegensatz zu den von ihm kritisierten a priori Theorien, die davon ausgehen, was ein Volk *ist*, geht Mégret davon aus, was ein Volk *tut*, um Selbstbestimmung zu erlangen, in einem Prozess, einem politisches Ringen.[383] Dabei geht es um die Bedingungen, unter welchen das Selbstbestimmungsrecht zuerkannt werden soll. Allein die Tatsache, dass z.B. ein Volk Selbstbestimmung mit Waffengewalt erkämpft hat, rechtfertigt es noch nicht. Macht geht nicht vor Recht, *iniuria ius non oritur.* Für Mégret befindet sich das Völkerrecht in dieser Frage immer noch in einer moralischen Sackgasse.[384]

Nicht nur der Anspruch auf Selbstbestimmung muss moralisch begründet werden, sondern das nach Selbstbestimmung strebende Volk muss sich diesen Anspruch durch ein moralisches Verhalten im Prozess selbst verdienen: Selbstbestimmung ist nicht angeboren, sondern verdient:

> "Perhaps no idea has done more harm to international order and justice than the idea that self-determination is a right inherent in hypothetical peoples than dispenses them from political and democratic struggles and allows them to engage in a fight at any cost."[385]

---

379 E. Renan, Qu'est-ce qu'un Nation?, in Ders., Qu'est-ce qu'un Nation? et autres écrits politiques, Paris 1996, S. 243.

380 B. Anderson, Imagined Communities: Reflections on the Origin and Spread of Nationalism, London 2006.

381 Vgl. E. Gellner, Nations and Nationalism, New York 2006.

382 F. Mégret, S. 56 f.

383 Ibid., S. 59: "Peoplehood is essentially a political product, a process of identity formation that is anything but evident. Peoples are more alone and need to be more self-reliant in pursuing their right to self-determination than individuals in benefiting from their rights."

384 Ibid.

385 Ibid., S. 68.

Durch den Versuch, diese Gefahr durch eine Domestizierung des Prinzips der Selbstbestimmung zu mindern, läuft dieses selbst Gefahr, seine utopische Kraft zu verlieren.[386] Ziel, so Mégret, müsste es sein, die moralische Kraft und das radikale Element des Prinzips zu bewahren und wirksame Sicherungen einzubauen.[387] Mégrets Ansatz, dass sich ein „Volk" das Recht auf Selbstbestimmung zu verdienen hat, lenkt den Fokus auf den Prozess selbst. Selbstbestimmung ist keine selbsterfüllende Prophezeiung einer Gruppierung, die einen entsprechenden Anspruch erhebt, sondern die „Krönung" der Bemühungen:

> "[T]he idea that rights are conditional on one having proved by one's actions that one is their legitimate subject [...] seems to be the only rational answer to the riddle of self-determining peoples, one that highlights the dignitas of *being recognized as self-determining as the culmination of a process and the crowning achievement of efforts.*"[388] (Herv. A.F.)

Nach grundsätzlichen Ausführungen zum Thema Sezession werde ich im nächsten Kapitel der Frage nachgehen, inwieweit sich das kosovarische Volk ein Recht auf externe Selbstbestimmung verdient hat, und inwieweit die Unabhängigkeit des Kosovo als Krönung der Bemühungen legitimierbar ist:

> "[O]bwohl die historischen Mythen, auf welchen nach Sezession strebende Gruppen ihren Eigenstaatlichkeitsanspruch zu begründen streben, regelmäßig einer objektiven historischen Überprüfung nicht standhalten, kann der Glaube daran neue Realitäten schaffen. Die historische ‚Wahrheit' eines Mythos ist letztlich nebensächlich. Es geht nicht darum, ob eine Gruppe ihren Anspruch, eine eigenständige Nation darzustellen, historisch-objektiv nachweisen kann, sondern ob sie selbst daran glaubt und hinreichende Identifikationsmerkmale aufgebaut hat, die es ihr erlauben, in der Gegenwart diese Behauptung einer eigenständigen Identität zu rechtfertigen. Wenn sich dann die beschriebenen besonderen Umstände zutragen, die die Durchsetzung eines Sezessionsanspruchs faktisch ermöglichen, so kann aus der Utopie Wirklichkeit werden."[389]

---

386 Ibid.

387 Ibid., 69.

388 Ibid.

389 P. Hilpold, Das Selbstbestimmungsrecht der Völker und seine praktische Anwendung – unter besonderer Berücksichtigung Südtirols, Rechtsgutachten im Auftrag der Süd-Tiroler Freiheit, 2013. http://www.suedtiroler-freiheit.com/ wp/wp-content/uploads/2013/05/Studie_Selbstbestimmung_Teil_1.pdf.

3. Sezession – von der konkreten Utopie zum faktischen Phänomen?[390]

"Future historians may call our era 'the age of secession'. It may become 'the age of wars of secession'. Even for those who view the modern nation-state as a necessary evil at best, the prospect that the state system may be shattered provokes deep anxieties."[391]

"[P]erhaps no other question of political philosophy, or international law, pregnant with such unutterable calamities, has ever been so partially and superficially examined as the right of secession."[392]

3.1 Sezession im post-kolonialen Kontext

"[A]t present state-breaking is a prominent feature of the international landscape and is likely to continue to be so for some time. [W]orking out a principled view on secession requires coming to grips with the right of self-determination, the recognition of which is surely one of the most important and perilous developments in international law in the last half-century."[393]

Die vergangenen Jahrzehnte waren von der Entstehung einer Vielzahl neuer Staaten geprägt, die sich bei ihrer Etablierung zumeist auf das Recht der Selbstbestimmung berufen haben. Eine Frage, die immer wieder kontroverse Debatten der Rechtslehre prägte und doch stets im Ungewissen verharrt, ist die Frage, inwieweit sich im Völkerrecht ein Recht auf Sezession finden lässt und welche Bedeutung diesem zukommt.

Das externe Selbstbestimmungsrecht hat sich zunächst auf den kolonialen Kontext beschränkt und beinhaltet das Recht kolonialer Völker auf Entlassung

390 Vgl. P. Hilpold, Die Sezession – zum Versuch der Verrechtlichung eines faktischen Phänomens, in: P. Hilpold (Hrsg.), Das Selbstbestimmungsrecht der Völker, S. 11; Vgl. auch ders.: Von der Utopie zur Realität – das Selbstbestimmungsrecht der Völker im Europa der Gegenwart, in: 68 Juristen-Zeitung 22/2013, S. 1061–1070.

391 A. Buchanan, Self-Determination, Secession and the Rule of Law. In: R. McKim/ J.McMahan, The Morality of Nationalism, New York, 1997, S. 301.

392 A. T. Bledsoe, Is Davis a Traitor; Or was Secession a Constitutional Right Prior the War of 1861, (New York: Innis & Company, 1886, S. 1), zitiert in: A. Buchanan, Self-Determination and the Right to Secede, in: Journal of International Affairs, Vol. 45, No. 2, Rethinking Nationalism and Sovereignty (Winter 1992), S. 347.

393 A. Buchanan, Justice, Legitimacy, and Self-Determination: Moral Foundations for International Law, S. 1–2.

aus kolonialer Abhängigkeit in die Unabhängigkeit. Die Resolutionen 1514 und 1541 der Generalversammlung der Vereinten Nationen prägten die Phase der Entkolonialisierung, zumal die kolonialen Völker aus diesen Resolutionen erstmals einen Rechtsanspruch auf Unabhängigkeit ableiten konnten.[394] Es ist fraglich, ob im kolonialen Kontext überhaupt von Sezession die Rede sein kann. Higgins ist der Ansicht, dass es sich bei der Sezession um ein Konzept handle, dass nicht in Zusammenhang mit der Entkolonialisierung zu stellen sei:

> "Secession implies leaving something behind. Decolonization implied that nothing should be left behind. There was no suggestion that the old colonial rulers should stay in State X, with 'the peoples' seceding, but rather that the colonial rulers should go. Secession was not an issue in this context."[395]

Koskenniemi vertritt die gegenteilige Ansicht und sieht den Prozess der Entkolonialisierung als Beispiel für Sezession: "Secession was compliance, and opposing rupture of the old colonial State was unlawful".[396] Allerdings zeigt sich externe Selbstbestimmung – begrenzt auf den kolonialen Kontext – als domestizierte Variante eines äußerst dynamischen und radikalen Prinzips.

> "UN law sought to domesticate self-determination by limiting the category of "abnormality' to colonial situations and by treating self-determination claims as claims for the advancement of the human rights of the individual members of various national groups. None of this has seriously threatened State-centered international political structures."[397]

Die künstliche Beschränkung auf den Kontext der Dekolonisation, der Versuch, die externe Selbstbestimmung in klare Schranken zu weisen, ist Teil der Geschichte der Sezession, die sich aber weltweit auf zahlreichen, anderen Schauplätzen manifestierte und bis heute manifestiert. Der „widerspenstigen Zähmung" blieb ein Versuch[398] – (Präzedenz-) Fälle, wie Kosovo oder Krim, und unübersichtliche Krisenherde, wie Syrien und die damit verbundenen humanitären Katastrophen, zeigen uns deutlich, dass – vielleicht am Ende des Zeitalters

---

394 Ibid, S. 16.

395 R. Higgins, Self-Determination and Secession, in: J. Dahlitz (Hrsg.), Secession and International Law: Conflict Avoidance: Regional Appraisals, New York, 2003, S. 35.

396 M. Koskenniemi, National Self-Determination Today: Problems of Legal Theory and Practice, in: 43 International and Comparative Law Quarterly (1994), S. 241.

397 Ibid., S. 257.

398 Buchheit weist darauf hin, dass die scheinbar entschärfte Variante der Sezession, reduziert auf den Bereich der Dekolonisation, zu einem noch vageren Konzept der Selbstbestimmung beigetragen hat, und damit dem „Recht der Völker auf Selbstbestimmung" noch mehr Zündstoff geliefert hat. L. C. Buchheit, S. 7.

der Sezession – keine völkerrechtliche Lösung in Sicht ist und Großmächte und lokale sezessionistische Entrepreneurs trotz aller völkerrechtlichen Rhetorik völlig losgelöst von einem rechtlichen Rahmen agieren, meist weit entfernt von Begriffen wie „humanitärer Intervention“ oder „*R2P*“ – unverantwortlich und in den Auswirkungen leider häufig inhuman.

Sezession im post-kolonialen Kontext bedeutet wie im Fall Kosovo die Abspaltung eines Teilgebietes eines Gesamtstaates, oder wie im Fall der Krim Sezession und unmittelbar anschließende Annexion:

> “The issue of secession arises whenever a significant proportion of the population of a given territory, being part of a State, expresses the wish by word or by deed to become a sovereign State in itself or to join with and become part of another sovereign State.”[399]

Dabei lässt sich außerhalb des kolonialen Kontextes aus dem Prinzip der Selbstbestimmung kein Recht der Teilgebiete innerhalb eines unabhängigen Staates auf Sezession ableiten.[400] Eine restriktive Auffassung des Konzeptes der Sezession steht in Zusammenhang mit der bedeutenden Rolle der Prinzipien der Staatensouveränität[401] und der territorialen Integrität.

Hilpold bringt vor, dass die Staaten, die nach wie vor die Hauptakteure des Völkerrechts sind, einem Recht auf Sezession zweifelsohne nur ablehnend gegenüber stehen können. Die Staatengemeinschaft sei kein „Selbstmörderclub“ und mit der Anerkennung eines Rechts auf Sezession außerhalb des kolonialen Bereiches würden diese ihre eigene Existenz schwerwiegend gefährden. Auch das völkerrechtliche Gewaltverbot scheint gefährdet, da sich aus dem Recht der Sezession wohl auch ein Recht auf Intervention ableiten lässt.[402]

Auch Kohen betont, dass es kaum verwunderlich ist, dass Staaten gegen ein Konzept wie das der Sezession „allergisch“ sind.[403] Ein Recht auf Sezession kann

---

399 Vgl. J. Dahlitz, Introduction, in: J. Dahlitz (Hrsg.), Secession and International Law: Conflict Avoidance: Regional Appraisals, New York 2003, S. 6; Eine weitere Definition findet sich in A. Pavkovic und P. Radan, Creating New States: Theory and Practice of Secession, Hampshire 2007, S. 5: “Secession […] is a process of withdrawal of a territory and its population from an existing state and the creation of a new state on that territory.”

400 Vgl. J. Crawford, State Practice and International Law in Relation to Secession, S. 113.

401 Vgl. D. Murswiek, The Issue of a Right of Secession – Reconsidered, in: C. Tomuschat (Hrsg.), S. 25.

402 Vgl. P. Hilpold, S. 19; Vgl. auch P. Thornberry, S. 118.

403 Vgl. M. Kohen, Introduction, in: M. Kohen, Secession, S. 3: “Not surprisingly, existing States have shown themselves to be ‚allergic‘ to the concept of secession at all times.”

aus dem Völkerrecht nicht abgeleitet werden.[404] Es ergibt sich aus diesem allerdings auch kein Verbot.[405] Sezession wird vielmehr als rein faktische Angelegenheit angesehen.

> "The position is that secession is neither legal nor illegal in international law, but a legally neutral act the consequences of which are regulated internationally."[406]

Die daraus resultierenden Konsequenzen können allerdings sehr wohl vom Völkerrecht bewertet werden. Dabei ergibt sich vor allem die Frage der Anerkennung einer Einheit, die durch einen solchen „faktischen" Vorgang entstanden ist.[407] Im Verfahren zum Kosovo-Gutachten brachte Kosovo in der schriftlichen Stellungnahme vom 17. April 2009 vor, dass Sezession vom Völkerrecht schlicht und einfach nicht geregelt wird: "[...] it remains the case that the attempt at secession, including any issuance of a declaration of independence, is simply not regulated by international law."[408]

Viele Autoren verneinen ein Recht auf Sezession nicht vollumfänglich, sondern akzeptieren ein solches in Ausnahmefällen.[409] Dabei beziehen sie sich auf das in der Lehre auf immer breitere Anerkennung stoßende Konzept der *Remedial Secession.* Ein Recht auf Sezession wird gemäß dieser Doktrin als äußerstes Mittel für jene Fälle anerkannt, in denen eine ethnische Gruppierung schwere Diskriminierungen erfahren muss und ein Verbleiben im Staat keine zumutbare Möglichkeit mehr darstellt.[410]

Auf dieses im Völkerrecht umstrittene Konzept eines Notwehrrechts auf Sezession werde ich in weiterer Folge noch genauer eingehen. Vorweg kann festgehalten werden, dass sich im Völkerrecht ein Recht auf Sezession bis dato nicht etablieren konnte und auch das Konzept einer *Remedial Secession* im Ungewissen verbleibt. Angesichts der ablehnenden Haltung der Staaten wird sich ein solches auch in naher Zukunft nicht entwickeln können, zumal die Staaten die Urheber des Völkerrechts sind.

---

404 Vgl. P. Hilpold, Sezession und humanitäre Intervention – völkerrechtliche Instrumente zur Bewältigung innerstaatlicher Konflikte?, S. 552.

405 Vgl. S. Oeter, Sezession, territoriale Integrität und die Rolle des Sicherheitsrates, in: P. Hilpold (Hrsg.), Das Gutachten des IGH vom 22. Juli 2010, S. 87.

406 Vgl. J. Crawford, The Creation of States, S. 390.

407 S. Oeter, S. 87.

408 Written Statement of the Republic of Kosovo, 17. April 2009, S. 145, Abs. 8.17. http://www.icj-cij.org/docket/files/141/15678.pdf.

409 Vgl. D. Murswiek, The Issue of a Right of Secession – Reconsidered, S. 25.

410 Ibid.

Tancredi definiert Sezession als komplexe Abfolge von Ansprüchen, Verhandlungen und Machtkämpfen, die zur Schaffung eines Staates führen können, wobei dies aber nicht zwingend der Fall sein muss. Er verweist auf internationale Erfordernisse, die den Prozess der Sezession leiten sollten. Dabei wird das zunächst rein faktische Phänomen der Schaffung eines neuen Staates durch Sezession unter normative Verfahrensregelungen gestellt.[411] Eine Möglichkeit einer solchen normativen Regelung ist die Doktrin der *Remedial Secession,* die eine sehr restriktive Anwendung der externen Selbstbestimmung darstellt und dennoch aufgrund des Konflikts mit den Prinzipien der territorialen Integrität und der Souveränität vor allem in der Staatengemeinschaft höchst umstritten ist.

3.2 *Remedial Secession* – Sezession als Notwehrrecht – ein Damoklesschwert über der territorialen Integrität und Souveränität der Staaten?

> "In the end, one is left with the thought that remedial secession has really little to do with a positive doctrine of self-determination. It merely affirms a basic right of revolution by oppressed peoples; and this has long been thought to be one of those 'inalienable' rights which the international community could neither bestow nor revoke. Perhaps most disturbing is that the doctrine of self-determination, which many assumed had at least some positive import for some 'selves' somewhere is thus reduced by the world community to a *Damoclean Sword* menacing those States which failed to conform to certain minimum standards of representative democracy or protection of human rights."[412] (Herv. A.F.)

Ein allgemeines Recht auf einseitige Sezession, im Sinne des Rechts eines Teilgebietes eines Staats auf Abtrennung, hat sich, wie schon erwähnt, außerhalb des kolonialen Kontextes nicht durchsetzen können und wird in der Literatur überwiegend verneint. Befürworter eines Rechts auf Sezession beziehen sich allerdings immer häufiger auf das Konzept der *Remedial Secession*, einem Notwehrrecht auf Sezession.[413]

---

411 Vgl. A. Tancredi, A normative „due process" in the creation of States through secession, in: M. Kohen, S. 171–207.

412 L. C. Buchheit, S. 223.

413 Vgl. P. Hilpold, Die Sezession – zum Versuch der Verrechtlichung eines faktischen Phänomens, S. 25; A. Tancredi, A normative „due process" in the creation of States, S. 176; L.C. Buchheit, Secession; J. Vidmar, Remedial Secession in International Law: Theory and (Lack) of Practice, in: St. Antony's International Review 6, No. 1 (2010), S. 37–56; D. Raič, S. 323–328; A. Buchanan, Justice, Legitimacy and

Der Gedanke, der hinter diesem Konzept steckt, nämlich dass Völkern, die schwere Unterdrückungen durch ihren Staat erfahren, ein Recht auf Lossagung von diesem Staat zustehen sollte, ist nichts Neues. Schon Grotius bezog sich auf einen solchen Ansatz und betonte, dass in Ausnahmefällen ein Recht auf Abspaltung anerkannt werden sollte, wenn dies zur Selbsterhaltung eines bestimmten Teilgebietes notwendig ist. Grotius vertrat dabei eine sehr restriktive Auffassung der Selbsterhaltung und beschränkte diese auf eine „extrême nécessité".[414]

Auch Vattel entwickelte ein Konzept einer abhelfenden Notlösung zur Sicherstellung des Schutzes und Bestandes einer Bevölkerung.[415] Zurückblickend auf die Entwicklungen des Prinzips der Selbstbestimmung findet man einen solchen Ansatz auch in der amerikanischen Unabhängigkeitserklärung von 1776.[416] Es wird argumentiert, dass es sich bei der amerikanischen Unabhängigkeitserklärung um einen Akt der Sezession als Notwehrrecht handelte, gleichbedeutend mit dem Konzept der Sezession als Notwehrrecht im heutigen Sinn.[417] Eine Separation zur Abhilfe gegen die Übergriffe der britischen Krone bildete das Kernstück dieser Unabhängigkeitserklärung:

> "[W]henever any Form of Government becomes destructive of these ends, it is the Right of the People to alter or to abolish it, and to institute new Government, laying its foundation on such principles and organizing its powers in such form, as to them shall seem most likely to affect their Safety and Happiness [...] when a long train of abuses and usurpations, pursuing invariably the same Object evinces a design to reduce them under absolute Despotism, it is their right, it is their duty, to thrown off such Government, and to provide new Guards of their future security [...]".[418]

Oeter verweist im Zusammenhang mit dem Konzept der Sezession als Notwehrrecht auf die Robert Redslobs Vorlesung an der Haager Akademie 1931.[419] Durch die Entwicklungen in die Richtung einer „Humanisierung"[420] des Völkerrechts,

---

Self-Determination; R. Emerson, The Logic of Secession, The Yale Law Journal, Vol. 89, No. 4 (1980), S. 802–824.

414 Vgl. Grotius, Le droit de la guerre et de la paix, Amsterdam 1724, S. 181 ff., zitiert in: E. Rodríguez-Santiago, S. 205.

415 Vgl. E. Rodríguez-Santiago, S. 205 und J. Dugard, The Secession of States, S. 141.

416 Vgl. E. Rodríguez-Santiago, S. 206.

417 Ibid.

418 American Declaration of Independence, http://www.ushistory.org/declaration/document/.

419 Vgl. S. Oeter, Selbstbestimmung im Wandel, S. 758.

420 Vgl. P. Hilpold, Die Sezession – zum Versuch der Verrechtlichung eines faktischen Phänomens, S. 25.

das vermehrt Beschränkungen des Prinzips der Staatensouveränität zugunsten humanitärer Interessen würdigt, haben sich im Völkerrecht Mechanismen etabliert, die den Schutz der Staatsangehörigen vor Übergriffen der Regierung des Staates, der den aus seiner Souveränität ableitenden Pflichten nicht nachkommt, sicherstellen sollen.[421] Ein Staat, der den Schutz seiner Bürger nicht mehr sicherstellen kann und will und der absichtlich gegen seine Bürger vorgeht, wird von der internationalen Gemeinschaft geächtet. Ein solcher Staat hat den Schutz verwirkt, den er durch das Völkerrecht genießt.[422]

Die Staatengemeinschaft ist aufgerufen, in Situationen, in denen die Regierung eines Staates mit andauernden und massiven Menschenrechtsverletzungen gegen seine Bevölkerung vorgeht, durch abhelfende Handlungen den Schutz der unterdrückten Menschen sicherzustellen. Dabei stellt sich die Frage, ob solche abhelfende Handlungen der Staatengemeinschaft vorbehalten sein sollen oder allenfalls die Möglichkeit besteht, dass die von Unterdrückung betroffene Bevölkerung unabhängig davon selbst Handlungen zur Abhilfe vornehmen kann. Dabei rückt die Debatte der Zulässigkeit der humanitären Intervention in einen nahen Zusammenhang zur Frage des Rechts auf Sezession.[423]

> "It appears that the grounds with the potential to justify the assertion of a right of secession are exactly the same as those which members of the international community may invoke in their quest to assist an oppressed minority against a tyrannical government. There can be no doubt that a response by the members of the victim group themselves will have a far higher degree of legitimacy than a strategy planned and carried out by some powerful third nations who can always be suspected of pursuing selfish interests."[424]

Es hat sich somit eine neue Auffassung der Souveränität etabliert, die vor allem durch die Entwicklungen bei den Menschenrechten, im humanitären Völkerrecht und internationalen Strafrecht bestätigt wurde.[425] Diese Entwicklungen haben verdeutlicht, dass jedenfalls die Möglichkeit gegeben ist, das Prinzip der Staatensouveränität einzuschränken. Cassese betont: "[S]ince the possibility of impairment of territorial integrity is not totally excluded, it is logically admitted."[426]

421 Vgl. J. Dugard, The Secession of States, S. 152.
422 Vgl. C. Tomuschat, Self-Determination and Secession, S. 39.
423 Ibid., S. 41–42.
424 Vgl. ibid., S. 42.
425 Vgl. J. Dugard, Secession of States, S. 152.
426 Vgl. A. Cassese, Self-Determination of Peoples, S. 119.

Auf eine solche Ansicht stützt sich auch das Instrument der Schutzverantwortung der Staaten (*„responsibility to protect“ –„R2P“*[427]), das den Zweck verfolgt, die einzelnen Staaten und die Staatengemeinschaft in die Pflicht zu nehmen, um den Schutz der Individuen vor schweren Menschenrechtsverletzungen, Genozid und Verbrechen gegen die Menschlichkeit sicherzustellen.[428]

Auch Sezession als Notwehrrecht lässt sich in den Rahmen dieses neuen Verständnisses der Souveränität eingliedern. Das Konzept der *Remedial Secession* geht davon aus, dass wenn ein Staat einer bestimmten Bevölkerungsgruppe sein Recht auf innere Selbstbestimmung verweigert und mit schwerwiegenden und systematischen Menschenrechtsverletzungen gegen diese vorgeht, sich dieser nicht mehr auf seine territoriale Integrität und Souveränität berufen kann und sich daraus ableitend das Recht der unterdrückten Bevölkerung ergibt, als letzten Ausweg sich vom Unterdrückerstaat abzuspalten.[429] Dabei schlägt das Recht auf innere Selbstbestimmung in ein äußeres Recht auf Selbstbestimmung um.[430]

Die Hauptelemente, auf die sich die Befürworter dieses Konzepts beziehen, wurden von Buchanan sehr gut ins Treffen geführt. Er unterscheidet dabei verschiedene Theorien in Bezug auf ein Recht auf Sezession, *Primary Right Theories* und *Remedial Right Only Theories.* Dabei stellt er die *Remedial Right Only Theory* in einen Zusammenhang zum Recht auf Revolution und verweist dabei auf John Locke. Dieser ging davon aus, dass Völker das Recht haben, ihre Regierung zu stürzen, wenn ihre grundlegenden Rechte verletzt werden und es keine andere Möglichkeit gibt, auf eine friedliche Lösung zu kommen.

Allerdings unterscheidet sich das Recht auf Revolution von der *Remedial Right Only Theory* dahingehend, dass sich das Recht auf Abspaltung auf eine bestimmte Gruppierung bezieht, die ein Territorium innerhalb des jeweiligen Staates besetzt. Es soll nicht die Regierung des Unterdrückerstaates gestürzt werden, sondern die Regierung verliert schlicht und einfach die Kontrolle über dieses abspaltende Teilgebiet.[431] Vom Ansatz her ähneln sich die Konzepte allerdings, da beide

---

427 A/RES/60/1, 2005 World Summit Outcome, 24. Oktober 2005.

428 Vgl. P. Hilpold, Die Sezession im Völkerrecht – Erfordert das Kovoso-Gutachten des IGH eine Neubewertung dieses Instituts?, in: P. Hilpold, S. 66.

429 Vgl. J. Vidmar, Remedial Secession in International Law: Theory and (Lack of) Practice, S. 38; S. Oeter, The Role of Recognition and Non-Recognition with Regrad to Secession, in: C. Walter/ A. Von Ungern-Sternberg/ K. Abushov, Self-Determination and Secession in International Law, Oxford 2014, S. 57.

430 Vgl. S. Oeter, Selbstbestimmungsrecht im Wandel, S. 759, P. Hilpold, Der Osttimor-Fall, S. 80; J. Dugard und D. Raič, The role of recognition in the law and practice, in: M. Kohen, Secession, S. 105.

431 Vgl. A. Buchanan, Theories of Secession, S. 35.

unterdrückten Personengruppen das Recht einräumen, sich gegen schwerwiegende Ungerechtigkeiten zur Wehr zu setzen.[432] Seine eigene Version einer *Remedial Right Only Theory* leitet Buchanan aus folgenden Gegebenheiten ab:

> "If the state persists in certain serious injustices toward a group, and the group's forming its own independent political unit is a remedy of last resort for these injustices, then the group ought to be acknowledged by the international community to have the claim-right to repudiate the authority of the state and to attempt to establish its own independent political unit."[433]

In der Doktrin der Sezession als Notwehrrecht wird das Konzept, wie schon erwähnt, sehr restriktiv ausgelegt, als sehr eingeschränktes Recht auf Sezession, das nur unter bestimmten Voraussetzungen zur Anwendung kommt.[434]

Sezession stellt demgemäß nur den letzten Ausweg *(last resort)* dar. Es wird vorausgesetzt, dass alle anderen Anstrengungen in der Ausübung eines Rechts auf innere Selbstbestimmung ins Leere geführt haben und keine Möglichkeit mehr besteht, den Konflikt durch innerstaatliche, friedliche Lösungsansätze zu bereinigen.[435]

In der Lehre haben sich verschiedene Bedingungen herauskristallisiert, die bei einer Berufung auf die Doktrin der Sezession als Notwehrrecht erfüllt werden müssen. Tomuschat geht davon aus, dass sich aus dem bloßen Nichtvorhandensein einer repräsentativen Regierung nicht per se ein Recht auf Sezession ableiten lässt und verweist auf weitere besondere Umstände, beispielsweise schwerwiegende und massive Menschenrechtsverletzungen, die getragen sind von schweren Diskriminierungen und Unterdrückungen durch diesen Staat.[436]

> "[E]xceptional circumstances are capable of sustaining a claim for secession – circumstances which may roughly be summarized as a grave and massive violation of the human rights of a specific group in a discriminatory fashion. This is the situation which Lee Buchheit has called 'remedial secession' [...]".[437]

In gleicher Weise argumentiert Cassese, nämlich dass aus der Verweigerung von Partizipationsrechten nicht automatisch auf ein Recht auf Sezession geschlossen werden kann. Zusätzlich müssen grobe Verstöße gegen grundlegende

---

432 Ibid, S. 36.

433 Vgl. A. Buchanan, Justice, Legitimacy and Self-Determination, S. 335.

434 Vgl. J. Vidmar, Remedial Secession in International Law: Theory and (Lack of) Practice, S. 40.

435 Vgl. J. Dugard, Secession of States, S. 147.

436 Vgl. C. Tomuschat, Self-Determination and Secession, in: M. Kohen, S. 35.

437 Ibid.

Menschenrechte vorliegen und zudem dürfen keine alternativen Lösungsansätze vorhanden sein, die geeignet wären, die Konflikte innerhalb des Staates zu bereinigen.[438] Auch Doehring bejaht ein Recht auf Sezession, wenn eine ethnische Gruppierung schwere Diskriminierungen aufgrund ihrer Charaktereigenschaften erfährt und dies mit gravierenden Verletzungen ihrer fundamentalen Menschenrechte einhergeht.[439]

Nachhaltig geprägt wurde das Konzept der Sezession als Notwehrrecht von Lee C. Buchheit in seinem Schlüsselwerk *Secession: The Legitimacy of Self-Determination* aus dem Jahre 1978. Buchheit bringt darin vor, dass ein Recht auf Sezession stets nur einen letzten Ausweg darstellen kann:

> "Remedial secession envisions a scheme by which, corresponding to the various degrees of oppression inflicted upon a particular group by its governing State, international law recognizes a continuum of remedies ranging from the protection of individual rights, to minority rights, and ending with secession as the *ultimate remedy.*"[440]

Bis diese Schwelle erreicht ist, sollten somit andere Abhilfemaßnahmen herangezogen werden, beispielsweise die Einräumung von Minderheitenrechten und die Einhaltung der Menschenrechte.

Tancredi weist darauf hin, dass sich das Recht auf eine Sezession als Notwehrrecht aus zwei rechtswidrigen Akten ergibt. *Erstens*, der Verletzung des Prinzips der inneren Selbstbestimmung der betreffenden Gruppierung und *zweitens*, der Ausübung schwerer Menschenrechtsverletzungen zum Nachteil dieser Bevölkerungsgruppe. Dugard verweist schlussendlich auf folgende, in der Literatur begründete Voraussetzungen: Es muss eine Gruppierung vorliegen, die sich als „Volk" mit einem Recht auf Selbstbestimmung qualifizieren lässt, eine eigenständige Identität aufweist und ein bestimmtes Gebiet innerhalb des betreffenden Staates, in dem es die Mehrheit bildet, besetzt. Dieser Volksgruppe muss die Zuerkennung des Rechts auf innere Selbstbestimmung verweigert worden sein, das heißt es wird ihr keine Partizipation am Entscheidungsfindungsprozess zugestanden. Mit der Verweigerung der Partizipationsrechte müssen außerdem schwere Menschenrechtsverletzungen einhergehen und es müssen

---

438 Vgl. A. Cassese, Self-Determination of Peoples, S. 119 f.: "In addition, there must be gross breaches of fundamental human rights, and, what is more, the exclusion of any likelihood for a possible peaceful solution within the existing State structure."

439 Vgl. K. Doehring, Das Selbstbestimmungsrecht der Völker, in: B. Simma (Hrsg.), Charta der Vereinten Nationen, Kommentar, in: P. Hilpold, Der Osttimor-Fall, S. 81; D. Murswiek, The Issue of a Right of Secession – Reconsidered, S. 26.

440 Vgl. L. C. Buchheit, S. 222.

alle möglichen Versuche zur Ausübung der inneren Selbstbestimmung und zur Wahrung der Menschenrechte unternommen worden sein.[441]

> "An act of unilateral secession that does not fulfil these conditions is an abuse of right and unlawful as a violation of the law of self-determination."[442]

Während diese Thesen in der Theorie logisch erscheinen, ergeben sich Schwierigkeiten bei einer praktischen Umsetzung. Dabei ergeben sich Fragen in Bezug auf den Träger eines „remedialen" Sezessionsrechts, den konkreten Zeitpunkt zur Ausübung und die Erfordernisse der Schwere der Menschenrechtsverletzungen und Diskriminierungen.[443]

Zur Untermauerung ihrer Thesen beziehen sich die Befürworter des Konzepts der Sezession als Notwehrrecht auf die *Friendly Relations-Declaration* von 1970 und die in dieser erwähnten sogenannten „Schutzklausel"[444]. Diese wird im Prinzip V Abs. 7 der Deklaration erwähnt und lautet folgendermaßen:

> "Nothing in the foregoing paragraphs shall be construed as authorizing or encouraging any action which would dismember or impair, totally or in part, the territorial integrity or political unity of sovereign and independent States conducting themselves in compliance with the principle of equal rights and self-determination of peoples as described above and thus possessed of a government representing the whole people belonging to the territory without distinction as to race, creed or colour."[445]

---

441 Vgl. J. Dugard, Secession of States, S. 147; J. Dugard und D. Raič, The role of recognition in the law and practice of secession, in: M. Kohen, S. 109.

442 Vgl. J. Dugard/ D. Raič, S. 109: "Within the framework of the qualified secession doctrine, there is general agreement on the constitutive parameters for a right of unilateral secession which may be summarized as follows:
a) there must be a people which, though forming a numerical minority in relation to the rest of the population of the parent State, forms a majority within an identifiable part of the territory of that State;
b) the people in question must has suffered grievous wrongs at the hand of the parent State from which it wishes to secede (*carence de souveraineté*), consisting of either
   i. a serious violation or denial of the right of internal self-determination of the people concerned (through, for instance, a pattern of discrimination), and/or
   ii. serious and widespread violations of the fundamental human rights of the members of that people; and
c) there must be no (further) realistic and effective remedies for the peaceful settlement of the conflict."

443 Vgl. K. Del Mar, The Myth of Remedial Secession, S. 95 ff.

444 Vgl. P. Hilpold, Der Osttimor-Fall, S. 81.

445 A/RES/2625 (XXV) vom 24. Oktober 1970.

Grundsätzlich lässt sich aus dieser Deklaration explizit kein Recht auf Sezession ableiten, da diese hauptsächlich mit dem Ziel des Schutzes der territorialen Integrität der Staaten verabschiedet wurde.[446] Dies ergibt sich schon aus den *travaux préparatoires*, in denen die überwiegende Mehrheit vor allem Einwendungen gegen die Idee vorbrachte, dass die Völker ein Recht auf Sezession haben könnten.[447] Die Einhaltung des Prinzips der territorialen Integrität und politischen Einheit eines Staates sollte oberste Priorität haben. Kritiker der *Remedial Secession* haben vor allem Bedenken dahingehend geäußert, dass sich die Befürworter des Konzepts der Sezession als Notwehrrecht gerade auf eine Erklärung als Rechtsgrundlage beziehen, deren ursprüngliche Intention genau die Gegenteilige war, nämlich sicherzustellen, dass die territoriale Integrität der Staaten geschützt wird.

> "It is therefore problematic to contend that the saving clause is the legal basis of a right of remedial secession, because such an argument is grounded on an overly expansive reading of a clause that is clearly restrictive in meaning."[448]

Shaw hat sicher Recht, wenn er betont, dass eine Abkehr von einem zentralen Grundsatz des Völkerrechts nicht durch einen mehrdeutigen Nebensatz eingeleitet werden kann:

> "Such a major change in legal principle cannot be introduced by way of an ambiguous subordinate clause, especially when the principle of territorial integrity has always been accepted and proclaimed as a core principle of international law, and is indeed placed before the qualifying clause in the provision in question […]. First, the inevitable and unavoidable starting point remains that of the primacy of the principle of territorial integrity. This continues to be a determining principle of overwhelming importance in international law."[449]

Die Deklaration nimmt nicht explizit auf eine Sezession als Notwehrrecht Bezug und weder die Träger eines solchen Rechts noch die Voraussetzungen, die ein Recht auf Sezession erlauben sollten, können daraus schlüssig abgeleitet werden. Dies eröffnet den Weg zur missbräuchlichen Anwendung und kann eine

---

446 Vgl. A. Cassese, Self-Determination of Peoples, S. 118: "[I]n the 'saving clause' under discussion, the reference to the requirement of not disrupting the territorial integrity of States was placed at the beginning […]".

447 Ibid, S. 112.

448 Vgl. K. Del Mar, The Myth of Remedial Secession, in: D. French (Hrsg.), Statehood and Self-Determination, Cambridge 2013, S. 95.

449 Vgl. M. N. Shaw, People, Territorialism and Boundaries, in: European Journal of International Law 8, No. 3, (1997), S. 483.

Gefährdung für den internationalen Frieden und die internationale Sicherheit darstellen.[450] Wenn sich aus der Deklaration überhaupt eine Recht auf Sezession ableiten lassen sollte, dann muss dieses sehr restriktiv ausgelegt werden.[451]

Schon der verschachtelte Wortlaut des Textes kann dabei zu verschiedenen Auslegungen führen. Autoren, die die *Friendly Relations-Declaration* als Rechtsgrundlage befürworten, beziehen sich dabei auf eine negative Interpretation *(a contrario)* der betreffenden Passage und leiten daraus ab, dass eine Regierung, die ihre Bevölkerung nicht ohne Unterscheidung von Rasse, Glaube und Farbe repräsentiert, ihr Recht auf territoriale Integrität verwirkt und dies in weiterer Folge zum Recht der unterdrückten Bevölkerung auf Abspaltung führt.[452] Gruppierungen haben somit nur dann Anspruch auf eine Sezession, wenn die erforderte Repräsentativität nicht gegeben ist.[453] Wenn eine Diskriminierung nicht bewiesen werden kann und die Möglichkeit besteht, dass die Zentralregierung die Diskriminierungen in absehbarer Zukunft wieder beenden wird, außerdem noch andere Abhilfemaßnahmen zur Beendigung der innerstaatlichen Konfliktsituation vorhanden sind, dann kann das Recht auf Sezession nicht in Anspruch genommen werden.[454]

Eine vorliegende Repräsentativität im Sinne des Grundsatzes der Gleichberechtigung und der Selbstbestimmung der Völker soll Handlungen, die die territoriale Integrität und politische Einheit eines Staates beeinträchtigen, gerade nicht erlauben. Raič betont, dass ein Volk nur unter „certain exceptional circumstances" einen Anspruch auf Loslösung haben könne, wenn dies zum Schutz seiner kollektiven Identität und fundamentaler Menschenrechte der Mitglieder erforderlich sei: "If such circumstances do not exist, the principle of territorial integrity is to prevail, which means that the right of self-determination must be exercised *within* the external boundaries of the parent State."[455]

---

450 Vgl. H. Krüger, Nagorno-Karabakh, in: C. Walter/ A. von Ungern-Sternberg/ K. Abushov (Hrsg.), Self-Determination and Secession in International Law, Oxford 2014, S. 221.

451 Vgl. A. Cassese, S. 112; P. Hilpold, Der Osttimor-Fall, S. 83.

452 Vgl. A. Tancredi, S. 176.

453 Vgl. A Cassese, S. 112: "[I]f in a sovereign State the government is 'representative' of the whole population, in that it grants equal access to the political decision-making process and political institutions to any group and in particular does not deny access to government to groups on the grounds of race, creed or colour, then the government respects the principle of self determination."

454 Vgl. D. Murswiek, The Issue of a Right of Secession – Reconsidered, S. 26.

455 Vgl. D. Raič, S. 323 f.

Aus dem Wortlaut des Prinzips V Abs. 7 der Deklaration ein allgemeines Recht ethnischer Gruppierungen auf Sezession abzuleiten, würde den Rahmen sprengen.[456] Durch die Wortwahl „ohne Unterscheidung von Rasse, Glaube und Farbe“ beschränkt sich die Deklaration auf den kolonialen Bereich.[457] Dabei stellt sich die Frage, weshalb sich die Deklaration gerade auf Religion und Rasse beschränkt und eine Abgrenzung hinsichtlich sprachlicher und nationaler Gruppierungen vorgenommen wird. Dies ergibt sich vor allem aus dem politischen Hintergrund der damaligen Zeit. Das Hauptanliegen der Vereinten Nationen lag im Zusammenhang mit der damaligen Entkolonialisierungspolitik in der Bekämpfung der Rassendiskriminierung durch die rassistischen Regimes in Südafrika und Rhodesien.[458] Eine generelle Einräumung des Rechts auf Selbstbestimmung wurde als Gefahr für die territoriale Integrität angesehen:

> "In the opinion of most States, according a right of self-determination to ethnic, linguistic or cultural groups would be the kiss of death as far as territorial integrity was concerned."[459]

Obwohl eine Berechtigung auf Sezession aus der Deklaration implizit abgeleitet werden kann, kann eine solche nur unter der Einhaltung eng ausgelegter Kriterien genehmigt werden.[460] Cassese schließt daraus, dass unter folgenden Voraussetzungen eine Sezession erlaubt sein kann:

> "When the central authorities of a sovereign State persistently refuse to grant participatory rights to a religious or racial group, grossly and systematically trample upon their fundamental rights, and deny the possibility of reaching a peaceful settlement within the framework of the State structure."[461]

Auch in die Wiener Menschenrechtserklärung von 1993 *(Vienna Declaration and Programme of Action)* wurde eine Wendung aufgenommen, die stark am

---

456 Vgl. P. Hilpold, The Osttimor-Fall, S. 82.

457 Vgl. P. Hilpold, Die Sezession – zum Versuch der Verrechtlichung eines faktischen Phänomens, S. 28. Cassese bringt vor, dass sich die Begriffe „Rasse“ und „Farbe“ auf das einheitliche Konzept der Rasse beziehen. In Bezug auf den Begriff des „Glaubens“ wird von einer engen Auslegung auszugehen sein und dieser wird sich nur auf den religiösen Glauben beziehen. A. Cassese, S. 112 f.

458 Vgl. J. Dugard, The Secession of States, S. 144 ff.: "Religious discrimination was seen as offensive but unlikely to disturb the territorial integrity." P. Hilpold, Der Osttimor-Fall, S. 82.

459 Vgl. A. Cassese, S. 114.

460 Vgl. Ibid., S. 119 u. D. Raič, Statehood and the Law of Self-Determination, S. 323: „[I]t is necessarily a qualified right.“

461 Vgl. A. Cassese, S. 119.

Wortlaut des Prinzips V Abs. 7 der *Friendly Relation Declaration* anknüpft, allerdings folgende bedeutende Erweiterung beinhaltet:

> "In accordance with the Declaration on Principles of International Law concerning Friendly Relations and Cooperation Among States in accordance with the Charter of the United Nations, this shall not be construed as authorizing or encouraging any action which would dismember or impair, totally or in part, the territorial integrity or political unity of sovereign and independent States conducting themselves in compliance with the principle of equal rights and self-determination of peoples and thus possessed of a Government representing the whole people belonging to the territory without *distinction of any kind*." (Herv. A.F.)[462]

Nur eine Regierung, die ihre Bevölkerung „ohne Unterscheidung irgendeiner Art" repräsentiert, kann sich auf ihre territoriale Integrität berufen. Somit wurde die Passage der *Friendly Relations Declaration*, die sich auf Diskriminierungen hinsichtlich „Rasse, Glaube und Farbe" beschränkt hatte, auf jegliche Diskriminierung ausgeweitet.[463]

Wenn sich aus dieser Formulierung ein Recht auf Sezession ableiten lassen sollte, dann lässt diese Wendung ebenfalls nur eine Interpretation *a contrario* zu. Wenn eine Regierung ihre Bevölkerung „ohne Unterscheidung irgendeiner Art" repräsentiert, dann kann ein Anspruch auf Loslösung von vorherein ausgeschlossen werden.[464] Auch in dieser Passage ergibt sich nicht explizit ein positives Recht auf Sezession. Welche Konsequenzen sich aus dem Nichtvorhandensein einer umfassenden Repräsentativität einer Regierung gegenüber der gesamten Bevölkerung ergeben können, wird offen gelassen.[465] Daraus ergibt sich die Schwierigkeit, aus der in diesem Dokument vage formulierten Wendung eine überzeugende Rechtsgrundlage für die Anwendbarkeit des Konzepts der Sezession als Notwehrrecht abzuleiten:[466]

> „Es handelt sich um halbe Verheißungen, die vielleicht in politische Forderungen ummünzbar sind, die aber niemandem zur wirklichen Gefahr werden, zumindest nicht auf absehbare Zeit."[467]

---

462 UN Doc. A/Conf. 157/24 vom 24. Juni 1993.

463 Vgl. A. Tancredi, S. 178 u. J. Dugard, The Secession of States, S. 145.

464 Vgl. P. Hilpold, Die Sezession – zum Versuch der Verrechtlichung eines faktischen Phänomens, S. 28.

465 Ibid, S. 29: „Hier wird offenkundig mit Doppeldeutigkeiten gespielt, mit Wendungen, die niemals einvernehmlich definiert worden sind, die aber gerade aufgrund ihrer Mehrdeutigkeit jedem etwas bieten."

466 Vgl. ibid., S. 32.

467 Ibid., S. 29.

3.2.1 Gerichtliche Entscheidungen und UN-Dokumente: Klarheit und Rechtsverbindlichkeit?

Reference re Secession of Quebec

Befürworter der Doktrin der Sezession als Notwehrrecht beziehen sich zur Begründung dieses Konzepts auch auf gerichtliche Entscheidungen.[468] Dabei wird unter anderem auf die Entscheidung des kanadischen Höchstgerichts in „*Reference re Secession of Quebec*"[469] von 1998 verwiesen.[470]

1995 wurde ein Referendum zur Frage der vollständigen Unabhängigkeit der Provinz Quebec von Kanada abgehalten, in dem sich 49,8 Prozent der Bevölkerung von Quebec für eine Loslösung von Kanada aussprachen.[471] Darauf anschließend beschloss das kanadische Parlament eine Anfrage an das kanadische Höchstgericht zu stellen. Dieses sollte ein Urteil zur Frage erstellen, ob eine Sezession Quebecs von Kanada völkerrechtlich oder unter kanadischem Recht rechtmäßig sein konnte.[472] Die Frage, die dem Gericht in Bezug auf die Rechtmäßigkeit der Sezession Quebecs von Kanada gestellt wurde, lautete folgendermaßen:

> "Does international law give the National Assembly, legislature or Government the right to effect the secession of Quebec from Canada unilaterally? In this regard, is there a right to self-determination under international law that would give the National Assembly, legislature or Government of Quebec the right to effect the secession of Quebec unilaterally?"[473]

Bei der Abhandlung dieser *Question 2* brachte das kanadische Höchstgericht zunächst vor, dass das Völkerrecht weder ein Recht auf einseitige Sezession enthalte, noch ein solches explizit verbiete. Allerdings könne sich die Verweigerung der Anerkennung eines solchen Rechts implizit aus den besonderen Umständen ergeben, die erfüllt sein müssen, dass ein Recht auf Sezession unter dem Völkerrecht erlaubt sein könne:

---

468 Vgl. D. Raič, S. 328.

469 Reference re Secession of Quebec, [1998] 2 S.C.R. S. 217.

470 Vgl. A. Tancredi, S. 180.

471 Vgl. D. Trup, Québec Right to Secessionist Self-Determination: The Colliding Path of Canada's *Clarity Act* and Québec's *Fundamental Rights Act*, in: J. Dahlitz, S. 167 ff.

472 Vgl. M. Sterio, S. 30 ff.

473 Vgl. P. Dumberry, Lessons learned from the *Quebec Secession Reference* before the Supreme Court of Canada, in: M. Kohen, Secession, S. 423.

"International law contains neither a right of unilateral secession nor the explicit denial of such a right, although such a denial is, to some extent, implicit in the exceptional circumstances required for secession to be permitted under the right of a people to self-determination, e.g., the right of secession that arises in the exceptional situation of an oppressed or colonial people, discussed below."[474]

In weiterer Folge brachte das Gericht vor, dass angesichts der breiten Anerkennung des Rechts der Völker auf Selbstbestimmung in den internationalen Konventionen sich ein solches auch außerhalb dieser Konventionen als allgemein anerkanntes Prinzip des Völkerrechts etabliert habe: „[...] the principle has acquired a status beyond 'convention' and is considered a general principle of international law."[475] Das Gericht betonte außerdem die grundlegende Bedeutung des Prinzips der territorialen Integrität souveräner Staaten und ging davon aus, dass Selbstbestimmung üblicherweise im innerstaatlichen Bereich dieses souveränen Staates ausgeübt werde. Wenn dies nicht möglich sei, dann könne unter bestimmten Umständen ein Recht auf Sezession entstehen:

"As will be seen, international law expects that the right to self-determination will be exercised by peoples within the framework of existing states and consistently with the maintenance of the territorial integrity of those states."[476]

Das Gericht unterschied zwischen einem inneren und einem äußeren Selbstbestimmungsrecht.[477] Aus dem Völkerrecht lasse sich ableiten, dass Selbstbestimmung der Völker üblicherweise in Form der inneren Selbstbestimmung ausgeübt werde, nämlich: "a people's pursuit of its political, economic, social and cultural development within the framework of an existing state."[478] Ein Recht auf äußere Selbstbestimmung, das üblicherweise mit einem Recht auf einseitige Sezession gleichgesetzt werde, entstehe nur in extremen Ausnahmefällen und auch dann nur unter der Einhaltung sorgfältig definierter Umstände: "A right to external self-determination arises in only the most extreme of cases [...]". In seinem Urteil erwähnte das Gericht auch die „Schutzklauseln" der *Friendly Relations Declaration* und der Wiener Menschenrechtserklärung von 1993[479] und bezog sich in einem darauffolgenden Absatz auf die *a contrario* Interpretation dieser Wendung:

474 *Reference re Secession of Quebec*, (1998) 2 S.C.R. 217, Abs. 112.
475 Ibid., Abs. 113.
476 Ibid., Abs. 122.
477 Vgl. M. Sterio, S. 31.
478 *Reference re Secession of Quebec*, Abs. 126.
479 Ibid., Abs. 128.

> "A State whose government represents the whole of the people or peoples resident within its territory, on a basis of quality and without discrimination, and respects the principles of self-determination in its own internal arrangements, is entitled to the protection under international law of its territorial integrity."[480]

Ein Recht auf äußere Selbstbestimmung steht nach Ansicht des kanadischen Höchstgerichts kolonialen Völkern zu, die ein solches üblicherweise durch die Loslösung von der Kolonialmacht ausüben würden.[481] Das Höchstgericht erwähnt aber auch ein Recht auf äußere Selbstbestimmung außerhalb des kolonialen Kontexts:

> "The other clear case where a right to external self-determination accrues is where a people is subject to alien subjugation, domination or exploitation."[482]

Neben diesen zwei Situationen könne aus dem Selbstbestimmungsrecht allerdings ein Recht auf eine einseitige Sezession unter folgenden Voraussetzungen abgeleitet werden:

> "[W]hen a people is blocked from the meaningful exercise of its right to self-determination internally, it is entitled, as a last resort, to exercise it by secession."[483]

Dabei nahm das Gericht implizit auf das Konzept der Sezession als Notwehrrecht Bezug und betonte, dass sich aus einer Interpretation *a contrario* der „Schutzklausel" der Wiener Menschenrechtserklärung ergebe, dass das Nichtvorhandensein einer Regierung, die ihre Bevölkerung ohne „Unterscheidung irgendeiner Art" repräsentiert, zu einem Recht auf Sezession führen könne.[484] Allerdings verbleibe es im Ungewissen, ob es sich um einen bereits etablierten völkerrechtlichen Rechtsgrundsatz handle:

> "[I]t remains unclear whether this third proposition actually reflects an established international law standard [...]".[485]

Damit wurde das Konzept der *Remedial Secession* wiederum nur erwähnt und weitere Fragen, die sich in Bezug auf ein solches ergeben, offen gelassen.[486] Obwohl das kanadische Höchstgericht auf die Doktrin der *Remedial Secession* nicht

---

480 Ibid., Abs. 130.
481 Ibid., Abs. 132.
482 Ibid., Abs. 133.
483 Ibid., Abs. 134.
484 Ibid., Abs. 134.
485 Ibid., Abs. 135.
486 Vgl. P. Hilpold, Sezession – zum Versuch der Verrechtlichung eines faktischen Phänomens, S. 34.

weiter eingeht, weil dies im Rahmen der Abhandlungen nicht erforderlich sei, kann davon ausgegangen werden, dass es die Existenz eines solchen Rechts auf Sezession wohl eher anerkannte, allerdings nur in äußersten Ausnahmefällen.

Der Gerichtshof ging schlussendlich davon aus, dass Quebec kein Recht auf Sezession habe, weil die Bevölkerung von Quebec nicht in irgendeiner Art und Weise an der Ausübung der inneren Selbstbestimmung gehindert wurde:

> "Quebecers occupy prominent positions within the government of Canada. Residents of the province freely make political choices and pursue economic, social and cultural development within Quebec, across Canada, and throughout the world."[487]

Kanada beachte das Prinzip der Gleichberechtigung und der Selbstbestimmung der Völker und besitze somit eine Regierung, die die gesamte Bevölkerung ohne eine „Unterscheidung irgendwelcher Art" repräsentiert.[488] Repräsentativität, wie sich aus der „Schutzklausel" der Wiener Menschenrechtserklärung ergibt, schließt ein Recht auf Sezession, wie bereits oben erwähnt, von vornherein aus.[489]

Abschließend kann gesagt werden, dass das Urteil des kanadischen Höchstgerichts in Bezug auf ein „remediales" Sezessionsrecht ein *obiter dictum* bleibt[490] und diesem keine bindende Wirkung zukommt. Auch wenn davon auszugehen ist, dass das Gericht die Existenz des Konzepts der Sezession als Notwehrrecht nicht explizit verneinte[491], sollte man dennoch vorsichtig sein, daraus voreilige, weitreichende Schlüsse zu ziehen.

Der Aland-Insel-Fall

In Bezug auf das Konzept der Sezession als Notwehrrecht sei auch noch einmal kurz der Aland-Fall erwähnt.[492] In meinen Ausführungen zu den geschichtlichen Entwicklungen des Selbstbestimmungsrechts bin ich auf diesen Fall schon ausführlicher eingegangen. Die Befürworter der Doktrin der Sezession als Notwehrrecht beziehen sich zur Begründung ihrer Thesen häufig auf diesen

---

487 *Reference re Secession of Quebec*, Abs. 136.

488 Ibid.

489 Vgl. P. Hilpold, Die Sezession – zum Versuch der Verrechtlichung eines faktischen Phänomens, S. 29.

490 Vgl. J. Vidmar, Remedial Secession in International Law: Theory and (Lack of) Practice, S. 39.

491 Vgl. D. Raič, S. 332.

492 Vgl. M. Sterio, S. 19 f., 27 ff; P. Hilpold, Selbstbestimmung und Autonomie S. 25; D. Raič, S. 328 f.

Streitfall.[493] Die Berichterstatterkommission, die vom Völkerbundrat mit der Ausarbeitung eines Gutachtens beauftragt wurde, verneinte zunächst die Existenz eines allgemeinen Rechts auf Sezession und betonte dabei, dass dies nicht mit dem Prinzip der territorialen Integrität souveräner Staaten vereinbar wäre und die Ordnung und Stabilität innerhalb der Staaten zerstören könne:

> "Is it possible to admit as an absolute rule that a minority of the population of a State, which is definitely constituted and perfectly capable of fulfilling its duties as such, has the right of separating itself from her in order to be incorporated in another State or to declare its independence? The answer can only be negative. To concede to minorities, either of language or religion, or to fractions of a population the right to withdrawing from the community to which they belong, because of their wish or their good pleasure, *would be to destroy order and stability within States and to inaugurate anarchy in international life*; it would be to uphold a theory incompatible with the very idea of the State as a territorial and political unity." (Herv. A. F.)[494]

Die Berichterstatterkommission brachte allerdings weiter vor, dass in Ausnahmefällen, wenn der betreffende Staat nicht fähig oder willens sei, den Schutz der Bevölkerung vor Diskriminierungen und den Schutz ihres Überlebens durch hinreichende Rechtsgarantien zu gewährleisten, eine Loslösung in Frage kommen könne[495]:

> "[T]he separation of a minority from the State of which it forms a part and its incorporation in another State can only be considered as an *altogether exceptional solution, a last resort when the State lacks either the will or the power to enact and apply just and effective guarantees*." (Herv. A. F.)[496]

Die Berichterstatterkommission verneinte grundsätzlich ein Recht von Minderheiten oder nationalen Gruppierungen auf Loslösung von einem souveränen Staat, dies überwiegend zum Schutz der Ordnung, der Stabilität und der territorialen Integrität der souveränen Staaten. Allerdings nahm sie auf das Konzept der Sezession als Notwehrrecht Bezug, indem sie die Möglichkeit einer Abspaltung als „*altogether exceptional solution*" anerkannte. Die Schwierigkeiten, daraus eine Begründung für eine Sezession als Notwehrrecht abzuleiten, ergeben sich vor allem aus der Tatsache, dass die Kommission keine weiteren Ausführungen lieferte

493 Vgl. P. Hilpold, Sezession – zum Versuch der Verrechtlichung eines faktischen Phänomens, S. 26.

494 Report of the International Committee of Rapporteurs, LN Council Doc. B7/21/68/106 (1921), https://www.ilsa.org/jessup/jessup10/basicmats/aaland2.pdf.

495 Vgl. A. Tancredi, S. 178.

496 Report of the International Committee of Rapporteurs, LN Council Doc. B7/21/68/106 (1921).

und somit fraglich ist, inwieweit sich aus den Formulierungen eine Rechtsgrundlage für ein solches Konzept ableiten lässt[497]:

> „Die Berichterstatterkommission führt nicht näher aus, ob sie nun von der Existenz eines diesbezüglichen Rechts ausgeht, hier nur auf ein naturrechtliches Prinzip verweist oder darin überhaupt nur in pragmatischen politischen Überlegungen beruhende Leitlinien sieht.“[498]

Katangese Peoples' Congress v. Zaire

Im Fall Kantanga[499] (DRC) wurde die Afrikanische Kommission für Menschenrechte gebeten, den Völkerkongress Katanga als eine Befreiungsbewegung mit einem Recht auf Loslösung von Zaire anzuerkennen. Die Afrikanische Kommission für Menschenrechte brachte zunächst vor, dass das Recht auf Selbstbestimmung auf den vorliegenden Fall zur Anwendung komme und betonte, dass dieses auf verschiedenste Art und Weise ausgeübt werden könne:

> "The Commission believes that self-determination may be exercised in any of the following ways independence, self-government, local government, federalism, confederalism, unitarism or any other form of relations that accords with the wishes of the people but fully cognisant of other recognised principles such as sovereignty and territorial integrity."[500]

Die Kommission brachte außerdem weiter vor:

> "In the absence of concrete evidence of violations of human rights to the point that the territorial integrity of Zaire should be called to question and in the absence of evidence that the people of Katanga are denied the right to participate in government as guaranteed by Article 13.1 of the African Charter, the Commission holds the view that Katanga is obliged to exercise a variant of self-determination that is compatible with the sovereignty and territorial integrity of Zaire."[501]

Bei einer Interpretation *a contrario* könnte daraus abgeleitet werden, dass beim Vorliegen schwerwiegender Menschenrechtsverletzungen und der Verweigerung der Partizipation am politischen Entscheidungsfindungsprozess, sich ein Recht auf Selbstbestimmung ergibt, das die territoriale Integrität von Zaire in

---

497 Vgl. P. Hilpold, Die Sezession – zum Versuch der Verrechtlichung eines faktischen Phänomens, S. 27.

498 Ibid.

499 Vgl. D. Raič, S. 330 f., J. Dugard, The Secession of States, S. 148; J. Dugard/D. Raič, The role of recognition in the law and practice of secession, S. 107.

500 *75/92 : Congrès du peuple katangais / DRC.*

501 Ibid.

Frage stellen kann. Allerdings verneinte die Menschenrechtskommission auf den konkreten Fall bezogen diese Voraussetzungen und leitete daraus ab, dass der Staat Katanga das Selbstbestimmungsrecht in der Form der inneren Selbstbestimmung auszuüben habe:

> "For the above reasons, the Commission Declares that the case holds no evidence of violations of any rights under the African Charter. The request for independence for Katanga therefore has no merit under the African Charter on Human and Peoples' Rights."[502]

Ein Recht auf Sezession wurde von der Kommission nicht explizit erwähnt und ein solches kann sich jedenfalls nur aus einer Negativinterpretation der oben genannten Passage ergeben. Inwieweit sich ein solches Recht bei Vorliegen der genannten Voraussetzungen ergeben könnte, wurde auch in diesem Fall offen gelassen.[503]

Loizidou v. Turkey

Im Fall *Loizidou v. Turkey*[504] aus dem Jahre 1997 argumentierten die beiden Richter Wildhaber und Ryssdal wie folgt:

> "In recent years a consensus has seemed to emerge that peoples may also exercise a right to self-determination if their human rights are consistently and flagrantly violated or if they are without representation at all or a massively underrepresented in an undemocratic and discriminatory way. If this description is correct, then the right to self-determination is a tool which may be used to reestablish international standards of human rights and democracy."[505]

In Fällen schwerer Menschenrechtsverletzungen und der Verweigerung jeglicher Partizipation innerhalb des politischen Entscheidungsfindungsprozesses sollte unterdrückten Völkern als letzter Ausweg ein Recht auf Sezession zukommen. Allerdings nahmen die Richter auch in diesem Fall wiederum nicht explizit auf eine Sezession als Notwehrrecht Bezug.

---

502 Ibid.

503 Vgl. P. Hilpold, Selbstbestimmung und Autonomie, S. 39.

504 *European Court of Human Rights: Loizidou v. Turkey, Application no. 15318/89*, Judgement, Strasbourg, 18. December 1996 (Concurring Opinion of Judge Wildhaber, joined by Judge Ryssdal).

505 Ibid.

Allgemeine Empfehlung Nr. XXI über das Recht auf Selbstbestimmung des Ausschusses für die Beseitigung von Diskriminierung vom 8. März 1996 und Bericht von Asbjørn Eide[506]

Neben den oben erwähnten Gerichtsentscheidungen nehmen auch noch weitere Gremien der Vereinten Nationen auf das Konzept der Sezession als Notwehrrecht Bezug. Dabei soll abschließend auf die Allgemeine Empfehlung Nr. XXI über das Recht auf Selbstbestimmung vom 8. März 1996 und den Bericht von Asbjørn Eide über *Possible Ways and Means of Facilitating the Peaceful and Constructive Solution of Problems Involving Minorities* verwiesen werden. In Absatz 84 von Eides Bericht betont dieser Folgendes:

> "Only if the representative of the group [living compactly in an administrative unit of the State or dispersed within the territory of a sovereign State] can prove, beyond reasonable doubt, that there is no prospect within the forseeable future that the Government will become representative of the whole people, can it be entitled to demand and to receive support for a quest for independence. If it can be shown that the majority is pursuing a policy of genocide against a group, this must be seen as a very strong support for the claim of independence. The mere fact of there being ethnic violence between the majority and minority does not prove that there is an intent to destroy the group as such, in whole or in part. Even if there was, it would still have to be shown that the majority side was more responsible than the minority for the acts of violence taking place. Unfortunately, when violence has reached such levels, there is at present no machinery at the international level to which the aggrieved party can turn for an impartial finding."[507]

Der Wortlaut erinnert an die Ergebnisse einer negativen Interpretation der „Schutzklausel" der Wiener Menschenrechtserklärung von 1993. Nur wenn eine Gruppierung beweisen kann, dass die betreffende Regierung nicht die gesamte Bevölkerung ohne „Unterscheidung irgendwelcher Art" repräsentiert, verwirkt dieser Staat sein Recht auf territoriale Integrität. Eide bringt vor, dass ein Anspruch einer Gruppierung auf Unabhängigkeit nur dann entstehen kann, wenn bewiesen werden kann, dass die betreffende Regierung nicht in absehbarer Zeit die Bevölkerung als Ganzes repräsentieren wird. Dabei hebt er hervor, dass Völkermord ein starker Indikator für ein Recht auf Unabhängigkeit sei.[508]

---

506 Vgl. dazu P. Hilpold, Das Selbstbestimmungsrecht der Völker, S. 31 f., und A. Tancredi, S. 179.

507 UN Doc. E/CN.4/Sub.2/1993/34 v. 10.8.1993, *A. Eide, Protection of Minorities: Possible Ways and Means of Facilitating the Peaceful and Constructive Solution of Problems Involving Minorities*, Abs. 84, http://www.refworld.org/pdfid/ 3b00f4344.pdf.

508 Ibid., Abs. 84.

Hilpold bringt vor, dass sich aus dem Gesamtzusammenhang dieses Berichts kein allgemeines Recht auf Sezession ableiten lässt. Wie schon der Wortlaut des Titels des Berichts verdeutliche, habe Eide darin hauptsächlich das Ziel verfolgt, das harmonische Zusammenleben unterschiedlicher Gruppierungen zu fördern.[509]

In der Allgemeine Erklärung NR. XXI des Ausschusses für die Beseitigung von Diskriminierung vom 8. März 1996 findet sich folgende Argumentation, die direkt Bezug auf die *Friendly Relations Delaration* nimmt:

> "The Committee emphasizes that, in accordance with the Declaration of the General Assembly on Friendly Relations, none of Committee's actions shall be construed as authorizing or encouraging any action which would dismember or impair, totally or in part, the territorial integrity or political unity of sovereign and independent states conducting themselves in compliance with the principle of equal rights and self-determination of peoples and possessing a government representing the whole people belonging to the territory without distinction as to race, creed or colour. In view of the Committee international law has not recognized a general right of peoples to unilaterally declare secession from a state. *In this respect, the Committee follows the views expressed in the Agenda for Peace (paras. 17 et seq.), namely that a fragmentation of States may be detrimental to the protection of human rights as well as to the preservation of peace and security.* This does not, however, exclude the possibility of arrangements reached by free agreements of all parties concerned."[510] (Herv. A.F.)

Der Ausschuss für die Beseitigung der Diskriminierung bringt vor, dass sich ein Recht auf eine einseitige Abspaltung von einem Staat bis dato im Völkerrecht noch nicht etabliert hat. Ein Recht auf Sezession wird in diesem Fall somit explizit verneint, da die Fragmentierung bereits bestehender souveräner Staaten eine Gefahr für die Wahrung der internationalen Sicherheit und des Friedens darstellt.[511] Durch die explizite Verneinung eines allgemein anerkannten Rechts auf Sezession unterscheidet sich diese Passage auch von der Wendung der *Friendly Relations Declaration*, in der die Befürworter einer Sezession als Notwehrrecht zumeist eine Rechtsgrundlage suchen.[512]

---

509 Vgl. P. Hilpold, Die Sezession – zum Versuch der Verrechtlichung eines faktischen Phänomens, S. 32.

510 Committee on the Elimination of Racial Discrimination, General Recommendation 21, The right to self-determination (Forty-eigth session, 1996) UN Doc. A/51/18, Annex VIII.

511 Ibid.

512 Vgl. P. Hilpold, Die Sezession – zum Versuch der Verrechtlichung eines faktischen Phänomens, S. 33.

3.3 Sezession und territoriale Integrität: der Kampf zweier Titanen

> "The study of secession is therefore a study of the clash of two jurisprudential Titans, self-determination and territorial integrity."[513]

> "You have the principle of territorial integrity. You also have the principle of self-determination. There are times when those principles are in tension with one another, and the principle of territorial integrity is qualified by the principle of self-determination."[514]

> "The boundaries that exist at any moment in time are likely to be arbitrary, poorly drawn, the product of ancient wars. The mapmakers are likely to have been ignorant, drunken or corrupt. Nevertheless, these lines establish a habitable world. Within that world, men and women (let us assume) are safe from attack; once the lines are crossed, safety is gone [...] it is only common sense, then, to attach great importance to boundaries. Rights in the world have value only if they have dimension."[515]

> "Where independence is the goal, acceptance of one's group claim to self-determination necessarily implies denial of another group's competing claim of territorial integrity."[516]

Im Gegensatz zur inneren Selbstbestimmung steht das äußere Selbstbestimmungsrecht im Sinne einer Loslösung vom Mutterstaat in einem starken Spannungsverhältnis mit dem völkerrechtlichen Prinzip der territorialen Integrität.[517] Das Selbstbestimmungsrecht und das Prinzip der territorialen Integrität sind fundamentale Bestimmungen der gegenwärtigen Völkerrechtsordnung. Das Prinzip der territorialen Integrität leitet sich aus der Staatensouveränität ab und steht dabei in engem Zusammenhang mit weiteren Prinzipien des Völkerrechts, beispielsweise dem Gewaltverbot, dem Interventionsverbot, der Pflicht der Achtung der Menschenrechte und, wie oben bereits erwähnt, mit dem Selbstbestimmungsrecht.[518] Territoriale Integrität und Selbstbestimmungsrecht

---

513 Vgl. J. Dugard, The Secession of States and Their Recognition in the Wake of Kosovo, S. 90.

514 Sir John Sawers, ständiger Vertreter der Regierung des Vereinigten Königreichs bei den Vereinten Nationen am Rande einer Debatte des UN Sicherheitsrats, zitiert in: J. Ker-Lindsay, Kosovo, sovereignty and the subversion of UN authority, in: A. Hehir (Hrsg.), Kosovo, Intervention and Statebuilding, London 2010, S. 183.

515 M. Walzer, Just and Unjust Wars – A Moral Argument With Historical Illustrations, London 1977, S. 57 f.

516 Vgl. H. Hannum, Rethinking Self-Determination, S. 41.

517 Vgl. D. Murswiek, The Issue of a Right of Secession – Reconsidered, S. 22, 35; A. Cassese, Self-Determination of Peoples, S. 333.

518 Vgl. W. E. Butler, Territorial Integrity and Secession, S. 112.

können einander dabei jedenfalls als gleichrangige Normen gegenübergestellt werden.[519]

Der Schutz der territorialen Integrität eines Staates stellt die fortlaufende Existenz eines Staates innerhalb der gegenwärtigen Grenzen sicher und schützt diesen vor territorialen Veränderungen durch dritte Staaten.[520] Zweck des Prinzips der territorialen Integrität ist somit der Schutz des Territoriums eines souveränen Staates vor jeglichen Einschränkungen. Das Spannungsverhältnis zwischen der territorialen Integrität und dem äußeren Selbstbestimmungsrecht ergibt sich vor allem daraus, dass diese zwei Normen völlig gegensätzliche Rechtsfolgen haben.[521] Während das Prinzip der territorialen Integrität den Schutz des Status quo intendiert, beabsichtigt eine Sezession genau Gegenteiliges, die Dismembration eines Staates und somit territoriale Veränderungen.[522]

Da die Staaten die Hauptakteure des Völkerrechts sind, wird das Prinzip der territorialen Integrität auch oft über das Selbstbestimmungsrecht gestellt. Dies vor allem weil die Staaten am Schutz des eigenen Bestandes interessiert sind und das Prinzip der territorialen Integrität diesen zu schützen vermag. Im gegenwärtigen Völkerrecht stehen die Stabilität der Staaten und der Schutz ihrer Souveränität immer noch an erster Stelle.[523]

Ein Recht auf Sezession gefährdet die territoriale Integrität der Staaten und somit auch die Sicherheit und Stabilität der Staatengemeinschaft.[524] In seinem Bericht *Agenda for Peace* von 1992 brachte der damalige UN-Generalsekretär Boutros Boutros-Ghali vor, dass die Zeit einer absoluten und ausschließlichen Souveränität der Staaten zu einem Ende gelangt sei. Diese Theorie habe nie wirklich der Realität entsprochen. Er betonte allerdings, dass wenn jede ethnische, religiöse und sprachliche Gruppierung einen Anspruch auf Eigenstaatlichkeit stelle, dies zu unlimitierten Fragmentierungen führen würde, und dies die Aufrechterhaltung des Friedens, der Sicherheit und des wirtschaftlichen Wohlergehens erschweren würde:

---

519 Vgl. J. Dugard, Secession of States, S. 89.

520 Vgl. C. Marxen, Territorial Integrity in International Law – Its Concept and Implications for Crimea, in: ZaöRV 75 (2015), S 9 f.; D. Murswiek, The Issue of a Right of Secession – Reconsidered, S. 23.

521 Vgl. H. Heintze, Selbstbestimmungsrecht der Völker als Herausforderung des souveränitätsorientierten Völkerrechts, S. 52.

522 Vgl. M. Kohen, Introduction, S. 6.

523 Ibid., S. 6; Vgl. D. Murswiek, The Issue of a Right of Secession, S. 25.

524 Vgl. S. Oeter, The Role of Recognition and Non-Recognition with Regard to Secession, S. 50.

“[T]he time of absolute and exclusive sovereignty, however, has passed; its theory was never matched by reality. It is the task of leaders of States today to understand this and to find a balance between the needs of good internal governance and the requirements of an ever more interdependent world [...] Yet if every ethnic, religious or linguistic group claimed statehood, there would be no limit to fragmentation, and peace, security and economic well-being for all would become ever more difficult to achieve.”[525]

Das Spannungsverhältnis, das sich zwischen einer äußeren Selbstbestimmung und dem Prinzip der territorialen Integrität der Staaten ergibt, ist also hauptursächlich dafür, dass die Staaten bis dato einem etwaigen Recht auf Sezession sehr ablehnend gegenüberstehen[526]. Das Prinzip der territorialen Integrität ist eines der fundamentalsten Prinzipien, auf dem die gegenwärtige Völkerrechtsordnung aufbaut.[527] Schon in Art. 10 der Satzung des Völkerbundes wurde vorgebracht, dass die Mitgliedsstaaten die territoriale Integrität und die politische Unabhängigkeit der Mitglieder des Völkerbundes vor äußeren Aggressionen schützen und bewahren sollen: „Die Bundesmitglieder verpflichten sich, die Unversehrtheit des Gebiets und die bestehende politische Unabhängigkeit aller Bundesmitglieder zu achten und gegen jeden äußeren Angriff zu wahren.“[528]

Der Artikel 2/4 der UN-Charta ähnelt diesem Wortlaut und lautet folgendermaßen:

„Mitglieder unterlassen in ihren internationalen Beziehungen jede gegen die territoriale Unversehrtheit oder die politische Unabhängigkeit eines Staates gerichtete oder sonst mit den Zielen der Vereinten Nationen unvereinbare Androhung oder Anwendung von Gewalt.“[529]

Auch weiteren Dokumenten wurde das Prinzip der territorialen Integrität zugrunde gelegt, so beispielsweise der Charta der Organisation Amerikanischer Staaten (OAS), der Charta der Organisation für Afrikanische Einheit von 1963, sowie der Schlussakte von Helsinki von 1975.[530]

---

525 A/47/277, An Agenda for Peace, Preventive diplomacy, peace-making and peace-keeping, Report of the Secretary-General pursuant of the statement adopted by the Summit Meeting of the Security Council on 31 January 1992.

526 Vgl. W. E. Butler, Territorial Integrity and Secession: The Dialectics of International Order, S. 112: “[I]ndeed, it is by reason of territorial integrity that the ‘international community does not recognize the right of secession’”.

527 Vgl. M. Kohen, Introduction, in: M. Kohen (Hrsg.), Secession, S. 6.

528 Art. 10 Völkerbundsatzung. http://www.documentarchiv.de/wr/vv01.html.

529 Art. 2/4 UN-Charta.

530 Vgl. W. E. Butler, Territorial Integrity and Secession: The Dialectics of International Orders, S. 111; J. Dugard, The Secession of States, S. 126.

Das Prinzip der territorialen Integrität bezieht sich auf die internationalen Beziehungen zwischen den Staaten, es wird klar auf den zwischenstaatlichen Kontext abgestellt.[531] Eine Frage, die sich dabei ergibt, ist, inwieweit dieses Prinzip auch auf sezessionistische Bewegungen Anwendung finden kann, die grundsätzlich als nichtstaatliche Akteure angesehen werden.[532] Es wird vorgebracht, dass die territoriale Integrität zunächst nicht als Argument gegen sezessionistische Bewegungen verwendet werden könne, zumal diese keine Subjekte des Völkerrechts seien und das Prinzip somit im innerstaatlichen Kontext keine Anwendung finden kann:

> "[I]t would be erroneous to say that secession violates the principle of the territorial integrity of the State, since this principle applies only in international relations, i.e. against other States that are required to respect that integrity and not encroach on the territory of their neighbours; it does not apply within the States."[533]

Im Kosovo-Gutachten ging der Internationale Gerichtshof auf die Frage ein, inwieweit die Unabhängigkeitserklärung des Kosovo gegen das Prinzip der territorialen Integrität Serbiens verstoße und kam zu dem Schluss, dass das Prinzip der territorialen Integrität einen bedeutenden Teil der internationalen Rechtsordnung darstelle und zahlreichen, internationalen Dokumenten[534] zugrunde liege. Darauf folgend betonte das Gericht, dass das Prinzip der territorialen Integrität sich auf die Beziehungen zwischen den Staaten beschränke: „Thus, the scope of the principle of territorial integrity is confined to the sphere of relations between States."[535]

Da Unabhängigkeitserklärungen in einem engen Zusammenhang zu Sezessionsbestrebungen stehen, kann davon ausgegangen werden, dass das Gericht die Auffassung vertrat, dass das Prinzip der territorialen Integrität auf

---

531 Vgl. C. Marxsen, Territorial Integrity in International Law – Its Concept and Implications for Crimea, in: ZaöRV 75 (2015), S. 13.

532 Vgl. J. Dugard, The Secession of States, S. 133.

533 Vgl. G. Abi-Saab, Conclusion, in: M. Kohen (Hrsg.), Secession, S. 474.

534 Der Internationale Gerichtshof bezog sich auf Art.2(4) UN-Charta, Prinzip I der Friendly-Relations-Deklaration und Prinzip IV der Schlussakte von Helsinki, ICJ Reports 2010, S. 403, Abs. 80: "The Court recalls that the principle of territorial integrity is an important part of the international legal order and is enshrined in the Charter of the United Nations, in particular in Article 2, paragraph 4 […] In General Assembly resolution 2625 (XXV) […] the Final Act of the Helsinki Conference on Security and Cooperation ein Europe of 1 August 1975 […]".

535 *International Court of Justice, Accordance with International Law of Unilateral Declaration of Independence in Respect to Kosovo*, Advisory Opinion, ICJ Reports 2010, S. 403, Abs. 80.

sezessionistische Gruppierungen ebenfalls keine Anwendung finde. Darauf deutet auch die Formulierung „is confined to the sphere of relations between States" hin, durch die das Gericht explizit auf den zwischenstaatlichen Bereich verwies.

Allerdings ergeben sich aus der Staatenpraxis auch Fälle, in denen das Konzept der territorialen Integrität auch auf nichtstaatliche Akteure ausgeweitet wurde. Dies entspricht auch dem Trend, nicht-staatliche Akteure ebenfalls als Subjekte des Völkerrechts anzusehen.[536] Eine Ausweitung auf den innerstaatlichen Bereich lässt sich nach Peters schon aus dem Schutzzweck des Prinzips der territorialen Integrität ableiten. Die territoriale Integrität souveräner Staaten sei im gegenwärtigen Zeitalter von Abspaltungsbewegungen sezessionistischer Gruppierungen ebenso gefährdet wie von Interventionen durch dritte Staaten.[537] Auch aus dem Wortlaut des Art. 46 der Erklärung der Vereinten Nationen über die Rechte der indigenen Völker ergibt sich, dass das Prinzip der territorialen Integrität nicht auf zwischenstaatliche Beziehungen beschränkt wird:

> "Nothing in this Declaration may be interpreted as implying for *any State, people, group or person* any right to engage in any activity or to perform any act contrary to the Charter of the United Nations or construed as authorizing or encouraging any action which would dismember or impair, totally or in part, the territorial integrity or political unity of sovereign and independent States."[538] (Herv. A. F.)

In einer Reihe von Resolutionen betonte der Sicherheitsrat die Pflicht zur Achtung der territorialen Integrität der betreffenden Staaten durch sezessionistische Bewegungen in Bosnien-Herzegowina, Kroatien und Somalia.[539] Im Verfahren zum Kosovo-Rechtsgutachten vertraten zahlreichen Staaten nicht die Auffassung des Internationalen Gerichtshofes, der vorbrachte, dass das Prinzip der

---

536 Vgl. A. Peters, Das Kosovo-Gutachten und Globaler Konstitutionalismus, in: P. Hilpold (Hrsg.), Das Kosovo-Gutachten des IGH vom 22. Juli 2010, S. 232: „Der Regelungsbereich des heutigen Völkerrechts ist weder in räumlicher Hinsicht auf grenzüberschreitende Probleme, noch in personeller Hinsicht auf Staaten beschränkt. Im Gegenteil, es werden Angelegenheiten völkerrechtlich reguliert, die sich vollständig innerhalb eines Staates abspielen können (beispielsweise mit dem internationalen Menschenrechtsschutz). Adressaten völkerrechtlicher Pflichten können zahlreiche, auch nichtstaatliche Akteure neben den Staaten sein, von bewaffneten Rebellengruppen bis zu Einzelpersonen." Vgl. auch C. Marxsen, Territorial Integrity in International Law, S. 13 f.: "Such an extension of the concept goes along with an overall tendency in international law to transcend the Westphalian state focus and to include non-state actors as subjects and addresses of international law."

537 Ibid.

538 RES 61/295, United Nations Declaration on the Rights of Indigenous Peoples, Art. 46.

539 Vgl. J. Dugard, The Secession of States, S. 138.

territorialen Integrität nur auf den zwischenstaatlichen Bereich anzuwenden sei und brachten indes vor, dass das Prinzip der territorialen Integrität auch auf nichtstaatliche Akteure Anwendung finden kann.[540] Serbien vertrat die Auffassung, dass das Prinzip der territorialen Integrität, neben dem Interventionsverbot und dem Gewaltverbot, eine grundlegende Norm des internationalen Friedens und der Sicherheit sei:

> "Together with the consequential principles of domestic jurisdiction, non-intervention and the prohibition of the use of force, the foundational norm of the territorial integrity of States is crucial with regard to the evolution of the principles associated with the maintenance of international peace and security."[541]

Serbien betonte weiter, dass das Prinzip der territorialen Integrität jedenfalls auch auf nichtstaatliche Akteure Anwendung findet und diese verpflichtet sind, dieses zu achten:

> "[T]he norm of respect for territorial integrity of States imports an additional requirement and this is to sustain the territorial wholeness or definition or delineation of particular States. It is a duty placed on all States and relevant non-state actors to recognise that the very territorial structure and configuration of a State must be respected."[542]

Argentinien brachte in der schriftlichen Stellungnahme vom 17. April 2009 ebenfalls vor, dass Resolutionen des Sicherheitsrates darauf hinweisen, dass das Prinzip der territorialen Integrität auch auf nichtstaatliche Akteure anzuwenden sei:

> "In contemporary international law, respect for the principle of territorial integrity is an obligation that applies not only to States and international organisations, but also to other international actors, particularly those involved in internal conflicts threatening international peace and security. Evidence of this is the particular case under the consideration of the Court, in which the Security Council referred to the respect of the sovereignty and territorial integrity of the Federal Republic of Yugoslavia (now Serbia)."[543]

Allerdings bleibt es nach wie vor umstritten, ob sich das Prinzip der territorialen Integrität auf nichtstaatliche Akteure erweitern lässt.[544]

Trotz des Spannungsverhältnisses, durch das die Beziehung zwischen dem Selbstbestimmungsrecht und der territorialen Integrität geprägt ist, ist dennoch nicht davon auszugehen, dass das eine Prinzip das andere völlig ausschließt.

---

540 Vgl. A. Peters, Das Kosovo-Gutachten und Globaler Konstitutionalismus, S. 232.

541 Written Statement of the Government of the Republic of Serbia, 17. April 2009, S. 149–150, Abs. 418.

542 Ibid, S. 152, Abs. 423.

543 Written Statement of the Argentine Republic, 17. April 2009, S. 30, Abs. 75.

544 Vgl. C. Marxsen, Territorial Integrity in International Law, S. 15.

Vielmehr sind beide Prinzipien in einen sinnvollen Zusammenhang zu stellen.[545] Dies bedeutet, dass weder dem einen, noch dem anderen Prinzip ein absoluter Charakter zukommt. Auch Staatensouveränität und die daraus ableitende territoriale Integrität der Staaten kann durch verschiedene Aspekte eingeschränkt werden.[546]

Durch die Humanisierung des Völkerrechts[547] zeigt sich ein Trend zu einem neuen Verständnis der Staatensouveränität, das Beschränkungen im Zusammenhang mit menschenrechtlichen Schutzvorkehrungen und Mechanismen des humanitären Völkerrechts zulässt. Wie bereits oben erwähnt, betonte der Generalsekretär der Vereinten Nationen schon 1992, dass die Zeit einer absoluten und ausschließlichen Souveränität der Staaten vorbei sei.

Allerdings kommt auch dem Selbstbestimmungsrecht kein absoluter Charakter zu und auch dieses kann Einschränkungen unterliegen. Die gegenwärtige Völkerrechtsordnung geht grundsätzlich immer noch davon aus, dass dem Prinzip der Staatensouveränität und der territorialen Integrität Vorrang zu geben ist. Murswiek bringt vor, dass wenn zwei Normen miteinander in Konflikt stehen, keine der beiden so ausgelegt werden sollte, dass die andere dadurch völlig ihre Wirkung verliert: „An obvious principle is that when two legal norms conflict, neither one should be interpreted in a way that the other one loses its actual effect."[548] Es soll also eine Lösung gefunden werden, die keines der Prinzipien völlig vernachlässigt, eine Suche nach der Quadratur des Kreises.

> "This task does not seem to be any easier than squaring the circle, but juridical circles are not quite as round as the geometrical ones. Therefore, in my opinion a solution is possible."[549]

Ein möglicher Lösungsansatz ist die Doktrin der Sezession als Notwehrrecht, auf die ich oben schon ausführlich eingegangen bin. Demgegenüber geht das souveränitätsorientierte Völkerrecht[550] grundsätzlich davon aus, dass ein Selbst-

---

545 Vgl. S. Oeter, Sezession, territoriale Integrität und die Rolle des Sicherheitsrates, S. 88: Oeter weist darauf hin, dass die Prinzipien des Selbstbestimmungsrechts und der territorialen Integrität der Staaten somit „im Sinne einer Art ‚praktischen Konkordanz' einander gegenüberzustellen seien, ohne dass das eine Prinzip dem anderen komplett weichen muss."

546 Vgl. D. Murswiek, The Issue of a Right of Secession, S. 35.

547 Vgl. P. Hilpold, Die Sezession – zum Versuch der Verrechtlichung eines faktischen Phänomens, S. 25 und T. Meron, The Humanization of International Law, Leiden/Boston 2006.

548 Vgl. D. Murswiek, S. 35.

549 Ibid., S. 36.

550 Vgl. H. Heintze, S. 52.

bestimmungsrecht zunächst immer im internen Bereich eines Staates, also durch innere Selbstbestimmung, gewährleistet werden soll, da ein solches Recht auf innere Selbstbestimmung nicht mit dem Prinzip der territorialen Integrität in Konflikt gerät.[551] Dies betonten auch die Niederlande in ihrer schriftlichen Stellungnahme im Kosovo-Verfahren vom 17. April 2009, indem sie Folgendes vorbrachten:

> "It is submitted that – outside the context of non-self-governing territories, foreign occupation and consensual agreement – a people must, *in principle*, seek to exercise the right to political self-determination with respect for the principle of territorial integrity and thus exercise it within existing international boundaries."[552]

Wenn eine Regierung allerdings ein Recht auf innere Selbstbestimmung nicht sicherstellt und dies mit schwerwiegenden Menschenrechtsverletzungen einhergeht, dann lässt sich daraus ein Recht auf äußere Selbstbestimmung, also ein Notwehrrecht auf Sezession ableiten und der betreffende Staat verwirkt dadurch sein Recht auf Souveränität bzw. territoriale Integrität. Das Prinzip der territorialen Integrität erfährt somit, in einem engen Anwendungsbereich, Einschränkungen durch das äußere Selbstbestimmungsrecht.

Es steht also außer Frage, dass das (äußere) Selbstbestimmungsrecht und das Prinzip der territorialen Integrität konkurrierende Prinzipien sind, die gegensätzliche Zwecke verfolgen. Allerdings ist, wie schon erwähnt, keines der beiden Prinzipien als ein absolutes Prinzip anzusehen, dem das andere a priori weichen muss. Die große Herausforderung ist es, in der Staatenpraxis, also in konkreten Fällen, zwischen diesen beiden Prinzipien eine „Balance" zu finden:

> "Self-determination of peoples and territorial integrity of states must be balanced against each other in a sensible way."[553]

---

551 Ibid., S. 57; J. Dugard und D. Raič, The role of recognition in the law and practice of secession, S. 105: "[T]he right of internal self-determination converts into a right of external self-determination. Until that point, however, the exercise of the right of self-determination is limited by the right of territorial integrity of States."

552 *International Court of Justice, Accordance with International Law of the Unilateral Declaration of Independence by the Provisional Institutions of Self-Government of Kosovo*, Written Statement of the Kingdom of the Netherlands, 17. April 2009, S. 8, Abs. 3.6.

553 S. Oeter, The *Kosovo* Case – An Unfortunate Precedent, S. 57; Vgl. auch, dies., Does Kosovo Lies in the *Lotus*-Land of Freedom?, S. 102: "[T]erritorial integrity and self-determination are conflicting legal principles. The conflict must be solved by balancing. In the balance-image, the balance seems to be titled towards territorial integrity. Because territorial boundaries are more or less the product of injustices and fortune,

Unabhängig davon, ob es in einem konkreten Fall einer Sezession gelungen ist, die beiden Prinzipien in einer guten Balance zu halten, stellt sich für die Staatengemeinschaft die Frage der Anerkennung. Hier werden, wie anhand des Falls Kosovo zu zeigen sein wird, ganz unterschiedliche Argumente in die Waagschale geworfen.

3.4 Anerkennung im Völkerrecht

> "The problem of recognition of states and governments has neither in theory nor in practice been solved satisfactorily. Hardly any other question is more controversial, or leads in the practice of states to such paradoxical situations."[554]

> "Recognition is a method of accepting certain factual situations and endowing them with legal significance, but this relationship is a complicated one."[555]

> "In the case of 'recognition', theory has not only failed to enhance the subject but has created a *tertium quid* which stands, like a bank of fog on a still day, between the observer and the contours of the ground which calls for investigation."[556]

3.4.1 *Konstitutive* und *deklaratorische* Theorien der Anerkennung und die Suche nach einem *Tertium Quid*

Da eine erfolgreiche (einseitige) Sezession zumeist von der Anerkennung der Staaten abhängig ist, soll in diesem Zusammenhang auf die Frage des Konzepts der Anerkennung eingegangen werden. Die Staaten, deren Entstehen ein Produkt des Entkolonialisierungsprozesses war, wurden meist ohne jegliche Bedenken anerkannt und in die Vereinten Nationen aufgenommen. Die Frage der Völkerrechtspersönlichkeit und Existenz dieser Staaten stellte sich erst gar nicht[557], weil durch die Aufnahme in die Vereinten Nationen die Existenz dieser neuen Staaten nicht anzuzweifeln war, zumal nur Staaten in diese Organisation aufgenommen

---

and because a rational and fair determination of new boundaries seems in normative and practical terms impossible, there is a presumption that the maintenance of the territorial status quo best serves peace and human security."

554 Vgl. H. Kelsen, Recognition in International Law – Theoretical Observations, in: L. Gross (Hrsg.), International Law in the twentieth Century, USA 1969, S. 589.

555 Vgl. M. N. Shaw, International Law, Fifth Edition, Cambridge 2003, S. 185.

556 Vgl. I. Brownlie, Recognition in Theory and Practice, in: British Yearbook of International Law 53/1 (1982), S. 197, zitiert in: J. Crawford, The Creation of States in International Law, Second Edition, New York 2006, S. 26.

557 Vgl. J. Vidmar, Explaining the Legal Effects of Recognition, S. 364.

werden können[558]. Die meisten Staaten standen und stehen den Bestrebungen nach Eigenstaatlichkeit außerhalb des kolonialen Kontexts zumeist ablehnend gegenüber[559] und außerkoloniale Sezessionsbewegungen stärkten auch die kontroverse Debatte um die Funktion und die Natur der Anerkennung.[560]

Gegenstand dieser Debatten sind die Gegensätze der sich im Völkerrecht etablierten Theorien zur Frage der Anerkennung, der *konstitutiven* und der *deklaratorischen* Theorie[561]: "[...] the problem of recognition of States has been identified with the controversy between the rival doctrines of the declaratory and the constitutive character of recognition."[562]

Die Kontroversen um die Frage der Anerkennung ergeben sich nach Dugard aus folgenden Umständen: *Erstens*, durch die überwiegend vertretene Ansicht, dass es sich bei der Anerkennung um einen rein politischen Akt handle, der somit nicht vom Völkerrecht geregelt werde. *Zweitens*, durch die Debatte zwischen einer konstitutiven und einer deklaratorischen Theorie der Anerkennung und *drittens* dadurch, dass die Autoren davon absehen, dass es sich bei der Anerkennung nicht mehr um einen völlig einseitigen Prozess handle, sondern die einseitige Anerkennung teilweise von einer kollektiven Anerkennung abgelöst werde, beispielsweise die Aufnahme in die Vereinten Nationen, die somit Teil des Anerkennungsprozesses werde.[563]

Weder die eine noch die andere Theorie liefert dabei befriedigende Lösungsansätze und auch in der Praxis zeigt sich immer wieder, dass Anerkennungen zumeist von (macht-)politischen Erwägungen der anerkennenden Staaten getragen werden. Beispielsweise wurde Palästina trotz des Fehlens eines Staatsgebietes, das eine effektive Herrschaftsgewalt besitzt, anerkannt. Dies steht ganz klar im Widerspruch zur deklaratorischen Theorie, die das Vorhandensein einer effektiven Staatsgewalt als erforderliches Kriterium ansieht.[564]

---

558 C. Tomuschat, Die Anerkennung von Neustaaten – die vorzeitige Anerkennung, in: P. Hilpold (Hrsg.), Das Kosovo-Gutachten des IGH vom 22. Juli 2010, S. 31.

559 Vgl. S. Oeter, Recognition and Non-Recognition with Regard to Secession, S. 50.

560 Vgl. P. Hilpold, Die Anerkennung der Neustaaten auf dem Balkan.

561 Vgl. J. Vidmar, Explaining the Legal Effects of Recognition, International Comparative Law Quarterly, Vol. 61, Issue 2 (2012), S. 361.

562 Vgl. H. Lauterpacht, Recognition in International Law, Cambridge 1947, S. 1.

563 Vgl. J. Dugard, Secession of States, S. 45.

564 Vgl. P. Hilpold, Die Anerkennung der Neustaaten auf dem Balkan, S. 394.

Die konstitutive Theorie geht davon aus, dass ein Staat nur durch die Anerkennung der Altstaaten entstehen kann.[565] Die Anerkennung bildet somit eine *conditio sine qua non* für die Staatsbildung.[566] Oppenheim verfolgt den Ansatz, dass ein Staat nur durch Anerkennung zum Staat, also zum Völkerrechtssubjekt wird und bringt dabei Folgendes vor:

> "As the basis of the Law of Nations is the common consent of the civilised States, statehood alone does not imply membership to the Family of Nations. Those States which are members are either original member because the Law of Nations grew up gradually between them through custom and treaties, or they are members which have been recognised by the body of members which have been recognised by the body of members already in existence when they were born. *A State is, and becomes, an International Person through recognition only and exclusively*."[567] (Herv. A. F.)

Probleme der Anwendung der konstitutiven Theorie ergeben sich schon daraus, dass es durchaus vorkommen kann, dass ein Staat von manchen Staaten anerkannt wird, während andere eine Anerkennung verweigern. Daraus ergibt sich die Frage, inwieweit dieser Staat gegenüber den nichtanerkennenden Staaten Rechte und Pflichten eingeräumt bekommt. Aus dieser Theorie könnte somit stets darauf geschlossen werden, dass ein nichtanerkannter Staat weder Rechte noch Pflichten hat und als herrenloser Staat der Okkupation ausgesetzt werden kann.[568]

Allerdings verweist Dugard darauf hin, dass dies in der Praxis wohl kaum der Fall ist. Israel ist bis heute von den meisten arabischen Staaten nicht anerkannt worden, trotzdem werden gegenseitige Verpflichtungen von beiden Seiten akzeptiert.[569] Wenn man dem Ansatz der konstitutiven Theorie also vollumfänglich folgt, würde die Nichtanerkennung eines Staates bedeuten, dass dieser gegenüber den nichtanerkennenden Staaten keine Völkerrechtspersönlichkeit aufweist

---

565 Ibid, S. 396; J. Vidmar, Explaining Legal Effects of Recognition, S. 361; C. Ryngaert und S. Sobrie, Recognition of States: International Law or Realpolitik? The Practice of Recognition in the Wake of Kosovo, South Ossetia and Abkhazia, S. 469; J. Dugard/ D. Raič, The Role of Recognition in the Law and Practice of Secession, S. 97.

566 Vgl. J. Dugard/ D. Raič, S. 97.

567 Vgl. L. Oppenheim, International Law: A Treatise, Vol. I. – Peace, Seventh Edition, H. Lauterpacht (Hrsg.), S. 121.

568 Vgl. P. Hilpold, Die Anerkennung der Neustaaten, S. 397.

569 Vgl. J. Dugard, Secession of States, S. 50; C. Ryngaert und S. Sobrie, Recognition of State, S. 471.

und somit gleichzeitig ein Staat und ein „Nicht-Staat" wäre.[570] Diese Problematik verdeutlicht auch der Fall Kosovo. Dieser stellt nur für die Staaten, die ihn anerkannt haben, einen Staat dar, für die nichtanerkennenden Staaten einen „Nicht-Staat".[571]

Daraus ergibt sich, dass Staaten nur in einem relativen Sinne bestehen können, wie Kelsen betont: "A state exists only in its relations to other states. There is no such thing as absolute existence".[572] In diesem Relativismus sieht Crawford die Problematik der Anwendung einer rein konstitutiven Theorie.[573] Crawford bringt außerdem vor, dass es höchst problematisch ist, die Anerkennung als definitive Voraussetzung für die Entstehung eines Staates anzusehen, da dieser Ansatz illegale Anerkennungen völlig außer Acht lässt. Dies könnte dazu führen, dass die Anerkennung eine alternative Form der Intervention begründen könnte: „otherwise recognition would constitute an alternative form of intervention, potentially always available and apparently unchallengeable."[574] Crawford verneint die Anwendung einer rein konstitutiven Theorie und bringt Folgendes vor:

> "The question is whether the denial of recognition to an entity otherwise qualifying a State entitles the non-recognizing State to act as if it was not a State – to ignore its nationality, to intervene in its affairs, generally to deny the exercise of State rights under international law. The answer must be no, and the categorical constitutive position, which implies a different answer, is unacceptable."[575]

Die konstitutive Theorie baut auf dem Konzept des rechtlichen Positivismus als einem „consensual *jus gentium voluntarium*"[576] auf, das in der Zustimmung die Grundlage des Völkerrechts sieht. Eine weitere Problematik, die sich aus der Anwendung einer rein konstitutiven Theorie ergibt, ist die Tatsache, dass es unverhältnismäßig und unfair erscheint, den bereits existierenden Staaten die Macht einzuräumen, nach ihrem Ermessen darüber entscheiden zu können, welcher Staat in die Staatengemeinschaft aufgenommen werden sollte und welcher

570 Vgl. J. Dugard und D. Raič, The Role of Recognition in the Law and Practice of Secession, S. 97; J. Vidmar, Explaining the Legal Effects of Recognition, S. 361: „[...] this would mean that such an entity at the same time has an does not have an international personality."

571 Vgl. J. Dugard, The Secession of States, S. 49.

572 Vgl. H. Kelsen, zitiert in: J. Crawford, S. 21.

573 Ibid.

574 Ibid.

575 Ibid., S. 27.

576 Vgl. C. Ryngaert und S. Sobrie, Recognition of States: International Law or Realpolitik? S. 469.

nicht.[577] Dabei kann die Anerkennung, wie schon erwähnt, auch zum machtpolitischen Mittel insbesondere der Großmächte werden.[578]

Aus der konstitutiven Theorie lässt sich weder ableiten, von wie vielen Staaten ein Staat anerkannt werden muss, dass er als neuer Staat in die Staatengemeinschaft aufgenommen werden kann, noch lassen sich aus ihr Kriterien der Staatlichkeit ableiten, auf die sich eine solche Anerkennung beziehen sollte.[579] Welches Dilemma sich daraus ergibt, verdeutlicht der Fall Kosovo: Kann Kosovo als Staat angesehen werden, weil er von 112 Staaten der Staatengemeinschaft anerkannt worden ist? Oder umgekehrt: Kann er nicht als Staat angesehen werden, weil er *nur* von 112 Staaten anerkannt worden ist?[580]

Dieser Frage werde ich mich in weiterer Folge noch widmen. Die deklaratorische Theorie, die in der Literatur mittlerweile eine dominierende Position einnimmt[581], geht davon aus, dass eine Anerkennung für die Etablierung eines Staates gerade nicht zwingende Voraussetzung ist. Ein Staat ist demgemäß etwas rein Faktisches, und die Anerkennung bestätigt somit nur die Existenz dieser faktischen Tatsache:

> "For example, one of the most common arguments of the declaratory theory (the theory that statehood is a legal status independent of recognition) is that where a State actually exists, the legality of its creation or existence must be an abstract issue: the law must take account of the new situation, despite its illegality [...]. The criterion must be effectiveness, not legitimacy."[582]

---

577 *International Law Association*, Sofia Conference (2012), Recognition/ Non-Recognition in International Law.

578 Vgl. W. T. Worster, Law, Politics and the Conception of the State in State Recognition Theory, in: Boston Univ. International Law Journal, Vol. 27, S. 120.

579 Vgl. C. Ryngaert und S. Sobrie, Recognition of States: International Law or Realpolitik? The Practice of Recognition in the Wake of Kosovo, South Ossetia, and Abkhazia, in: Leiden Journal of Law, 24 (2011), S. 469.

580 Vgl. J. Vidmar, Explaining the Legal Effects of Recognition, in: International Comperative Law Quarterly, Vol. 61, Issue 21 (2012), S. 380; J. Dugard, The Secession of States, S. 65.

581 Vgl. W. T. Worster, S. 119, S. Oeter, Recognition and Non-Recognition with Regard to Secession, in: C. Walter/ A. von Ungern-Sternberg/ K. Abushov (Hrsg.), Self-Determination and Secession in International Law, Oxford 2014, S. 48; A. Pellet, *Kosovo-* The Questions Not Asked: Self-Determination, Secession and Recognition, in: M. Milanovic und M. Wood (Hrsg.), The Law and Politics of the Kosovo Advisory Opinion, Oxford 2015, S. 277; M. Sterio, S. 48, J. Vidmar, Explaining the Legal Effects of Recognition, S. 361.

582 Vgl. J. Crawford, The Creation of States, S. 4.

Die Entstehung eines Staates hängt alleine von der Erfüllung bestimmter Staatselemente ab. Dabei wird auf Art. 1 der *Montevideo-Konvention* Bezug genommen, in dem sich folgende Definition des Staates finden lässt:

> "A State as a person of international law should possess the following qualifications: a) a permanent population; b) a defined territory; c) a government; and d) capacity to enter into relations with other States."[583]

Im Artikel 3 der *Montevideo-Konvention* wird die Auffassung, dass die Existenz eines Staates nicht von der Anerkennung anderer Staaten abhängig sei, noch verdeutlicht:

> "The political existence of the state is independent of recognition by the other states. Even before recognition the state has the right to defend its integrity and independence, to provide for its conservation and prosperity, and consequently to organize itself as it sees fit, to legislate upon its interests, administer its services, and to define the jurisdiction and competence of its courts."[584]

Auch die Badinter *Kommission (Arbitration Commission of the European Communities Conference on Yugoslavia)* befürwortete die deklaratorische Form der Anerkennung und ging davon aus, dass die Existenz eines Staates eine rein faktische Angelegenheit sei:[585] "[...] the existence or disappearance of the state is a question of fact; [...] the effects of recognition by other states are purely declaratory."[586]

Kelsen unterscheidet zwischen einem politischen und einem rechtlichen Akt der Anerkennung. Nach Kelsen bezieht sich der politische Akt der Anerkennung, der sich unter die deklaratorische Theorie subsumieren lässt, auf die Bereitschaft des anerkennenden Staates, politische und diplomatische Beziehungen mit dem anerkannten Staat einzugehen. Im Gegensatz zu Lauterpacht, der von einer Verpflichtung zur Anerkennung ausgeht, wenn die vorausgesetzten Staatselemente vorhanden sind[587], betont Kelsen, dass ein Staat im Völkerrecht nicht dazu

---

583 *Montevideo Convention of the Rights and Duties of States* (1933) Art. 1.

584 Ibid., Art. 3.

585 Vgl. W. T. Worster, Theory, S. 125; J. Dugard, Secession of States, S. 51.

586 Vgl. A. Pellet, The Opinions of the Badinter Arbitration Committee: A Second Breath for the Self-Determination of Peoples, in: 3 EJIL (1992), Appendix of the Arbitration Committee, S. 182.

587 Vgl. H. Lauterpacht, Recognition of States in International Law, in: The Yale Law Journal (1944), S. 385: "To recognize a community as a State is to declare that it fulfils the conditions of statehood as required by international law. If this conditions are present, existing States are under the duty to grant recognition."

verpflichtet sei, solche Beziehungen aufzunehmen und der politische Akt der Anerkennung somit eine Ermessensentscheidung des anerkennenden Staates sei:

> "However, these questions are unimportant from a legal point of view, since the declaration of willingness to enter into political and other relations with a state or government does not constitute any concrete legal obligation."[588]

Auch der deklaratorische Ansatz lässt Schwachstellen erkennen. So sind die objektiven Kriterien eher vage formuliert und im Endeffekt liegt es oft im Ermessen der jeweiligen Staaten, zu entscheiden, ob diese erfüllt sind oder nicht. Die in der Theorie objektiv festgelegten Kriterien unterliegen somit oft einem abschließenden subjektiven Werteurteil und werden durch politische Erwägungen beeinflusst.[589]

In der Praxis wurden immer wieder Staaten anerkannt, die nicht alle Kriterien erfüllten. So wurde beispielsweise Bosnien-Herzegowina 1992 von der Europäischen Gemeinschaft anerkannt[590] und in die Vereinten Nationen aufgenommen, obwohl sich das Land zu dieser Zeit noch in einem Bürgerkrieg befand und keine effektive Regierung vorhanden war. Die Anerkennung sollte für Stabilität und Frieden in der Region sorgen.[591] Diese Anerkennung wurde von der Gegenseite allerdings als völkerrechtswidrige, frühzeitige Anerkennung, die gegen das Interventionsverbot verstößt, angesehen.[592] Umgekehrt lassen sich in der Völkerrechtspraxis auch Fälle erkennen, in denen eine Anerkennung trotz des Vorhandenseins der erforderlichen Staatselemente verweigert wurde.[593]

Die Kriterien der *Montevideo-Konvention* wurden durch das Erfordernis weiterer Bedingungen ergänzt.[594] Ein Staat muss, um ein gleichberechtigtes Mitglied der Staatengemeinschaft werden zu können, einen hinreichenden Menschenrechtsschutz sicherstellen, ein gewisses Maß an Rechtsstaatlichkeit und Demokratie erfüllen oder beispielsweise geeigneten Minderheitenschutz gewährleisten. Diese Erfordernisse ergeben sich aus den Richtlinien der *Declaration on the*

588 H. Kelsen, Recognition in International Law, S. 589.

589 Vgl. J. Almqvist, The politics of recognition: The question about the final status of Kosovo, in: D. French (Hrsg.), Statehood and Self-Determination, Cambridge 2013, S. 171.

590 Vgl. D. Türk, Recognition of States: A Comment, in: 4 EJIL (1993), S. 69.

591 Vgl. J. Dugard, S. 53.

592 Vgl. P. Hilpold, Anerkennung der Neustaaten auf dem Balkan, S. 394.

593 Ibid.

594 Vgl. P. Hilpold, Sezession- zum Versuch der Verrechtlichung eines faktischen Phänomens, S. 21.

Guidelines on the Recognition of New States in Eastern Europe and in the Sovjet Union, die am 16. Dezember 1991 verabschiedet wurde.[595]

Ein weiterer kritischer Aspekt der deklaratorischen Theorie ist die Tatsache, dass sie nicht die Umstände berücksichtigt, unter denen ein neuer Staat entstanden ist bzw. unter denen er zu den erforderlichen Kriterien gekommen ist und somit außer Acht lässt, dass Staaten auch durch schwere Verletzungen des Völkerrechts entstehen können.[596] Obwohl die deklaratorische Theorie für die Entstehung eines neuen Staates grundsätzlich keine Anerkennung durch die Staatengemeinschaft verlangt, so scheint es unmöglich, den vierten Punkt des Artikels 1 der *Montevideo-Konvention* zu erfüllen, wenn ein Staat von keinem Staat der Staatengemeinschaft anerkannt wird.[597]

Die Tatsache, dass ein Staat sich ohne jegliche Anerkennung etablieren kann, umschreibt Dugard als „errant nonsense“[598]. Eine Anerkennung stellt aus praktischer Sicht eine grundlegende Voraussetzung für den Eintritt in internationale Beziehungen mit der Staatengemeinschaft dar. Durch die Anerkennung bestätigen die anerkennenden Staaten die Existenz des neuen Staates und somit seine Rechte und Pflichten, die sich aus seiner daraus entstehenden Völkerrechtspersönlichkeit ergeben. Dies bedeutet, dass die Anerkennung, wenn man der deklaratorischen Theorie folgt, zwar nicht grundlegende Voraussetzung für die Etablierung eines neuen Staates ist, allerdings die Zahl der anerkennenden Staaten ein starkes Indiz für die erlangte Eigenstaatlichkeit darstellt.[599] Ein Staat, der von keinem Staat anerkannt wird, wird wohl kaum eine Völkerrechtspersönlichkeit vorweisen können, da eine solche vor allem Beziehungen mit der internationalen Staatengemeinschaft erfordert: "Most 'declaratorists' are compelled to acknowledge the need for at least some recognition on the part of existing States as a precondition of statehood."[600]

Die Ablehnung einer rein konstitutiven Theorie bedeutet zugleich nicht, dass eine Anerkennung keine rechtlichen und politischen Konsequenzen haben

595 Declaration on the „Guidelines on the Recognition of New States in Eastern Europe and in the Soviet Union“(16 December 1991). Vgl. dazu D. Türk, Recognition of States: A Comment, in: 4 EJIL (1993), S. 68 f.

596 Vgl. C. Ryngaert und S. Sobrie, Recognition of States, S. 470.

597 Vgl. M. Sterio, S. 48: "[A]n entity claiming to be a state cannot conduct international relations with other states, unless those other states are willing to enter into such relations with that entity."

598 Vgl. J. Dugard, Secession of States, S. 56.

599 Vgl. J. Almqvist, The politics of recognition, S. 170.

600 Vgl. J. Dugard und D. Raič, S. 99.

kann. Die Anerkennung ist vielmehr ein Instrument der Staatenpraxis, das ermöglicht, Ungewissheiten hinsichtlich Status und Völkerrechtspersönlichkeit zu beseitigen und auf diese Weise faktisch geschaffene Situationen zu regularisieren bzw. normalisieren.[601] Allerdings, wie sich im Fall Kosovo zeigen wird, kann die beträchtliche Zahl von Staaten, die eine sezedierende Einheit als unabhängigen Staat anerkannt haben, vielmehr auch zu Unklarheiten bezüglich des rechtlichen Status des anerkannten Staates führen, wenn die Anerkennung in der Staatengemeinschaft nicht durchgängig ist und der betreffende Staat noch nicht in die Vereinten Nationen aufgenommen wurde:

> "However, where recognition is not universal [...] recognition that is widespread yet not universal creates ambiguity with regard to the entity's legal status."[602]

3.4.2 (Einseitige) Sezession und Anerkennung

Die Anerkennung sezedierender Einheiten ist in Bezug auf einseitige Sezessionen von grundlegender Bedeutung. Erfolgreiche Sezessionen erfordern die Anerkennung der Staaten, eine Bezugnahme auf rein deklaratorische Auswirkungen der Anerkennung im Zusammenhang mit einseitigen Sezessionen ist somit wenig hilfreich.[603]

In Situationen, in denen ein Staat sich einseitig vom Mutterstaat loslöst, also in Fällen einseitiger Sezession, kann die Anerkennung auch konstitutive Elemente beinhalten:[604]

> "By acknowledging that recognition could be seen as a grant of legal authority that removes the claim to territorial integrity and enables the emergence of a state as a new legal fact, this theory also acknowledges that recognition may have constitutive effects."[605]

Wenn also der Status einer durch Sezession vom Mutterstaat getrennten Entität strittig bzw. unklar ist, dann kann die Anerkennung berichtigende Auswirkungen haben und einen entscheidenden Beleg für die Existenz der Völkerrechtspersönlichkeit der Entität bereitstellen. Dies bedeutet keinesfalls, dass in diesen Fällen

---

601 Vgl. J. Crawford, The Creation of States, S. 27: "Recognition is an institution of State practice that can resolve uncertainties as to status and allow for new situations to be regularized."

602 Vgl. J. Vidmar, Territorial Integrity and the Law of Statehood, in: George Washington International Law Review, Vol. 44 (2013), S. 144.

603 Vgl. J. Dugrad, Secession of States, S. 63.

604 Vgl. J. Vidmar, Explaining the Legal Effects of Recognition, S. 361.

605 Vgl. J. Vidmar, Territorial Integrity, S. 140.

Anerkennung einen Staat schaffen kann, allerdings kann diese eine bedeutende Vorbedingung für eine Eigenstaatlichkeit darstellen.[606]

Durch die Anerkennung zeigen die anerkennenden Staaten, dass sie gewillt sind, mit dem Staat, der Anspruch auf Eigenstaatlichkeit stellt, in internationale Beziehungen zu treten. Damit kann durchaus zum Ausdruck gebracht werden, dass die anerkennenden Staaten den Anspruch auf Sezession indirekt akzeptieren und hinnehmen. Sezessionen sind im Völkerrecht weder verboten noch erlaubt. Das Völkerrecht verhält sich Sezessionen gegenüber überwiegend neutral. Das „Phänomen" der Sezession wird im Völkerrecht schlicht und einfach nicht geregelt.[607] Das kanadische Höchstgericht brachte in seinem Urteil zum Fall Quebec vor, dass unter bestimmten Voraussetzungen einseitige Sezessionsbestrebungen erfolgreich sein können:

> "Although there is no right, under the Constitution or at international law, to unilateral secession, that is secession without negotiation on the basis just discussed, this does not rule out the possibility of an unconstitutional declaration of independence of secession leading to a *de facto* secession. *The ultimate success of such a secession would be dependent on recognition by the international community, which is likely to consider the legality and legitimacy of secession having regard to, amongst other facts, the conduct of Quebec and Canada, in determining whether to grant or to withhold recognition.* Such recognition, even if granted, would not, however, provide any retroactive justification for the act of secession, either under the Constitution of Canada or at international law."[608] (Herv. A. F.)

Der Wortlaut dieser Passage verdeutlicht, dass das kanadische Höchstgericht sich nicht auf die deklaratorische Wirkung einer Anerkennung beschränkte, sondern davon ausging, dass eine solche allenfalls auch konstitutive Elemente beinhalten kann und der *ultimate success* einer Sezession von der Anerkennung durch die Staatengemeinschaft abhängig sein kann.[609] Dies bedeutet allerdings nicht, dass die Anerkennung eine *conditio sine qua non* für die Entstehung des Staates darstellt und wie das kanadische Höchstgericht selbst betonte, eine solche Anerkennung keine rückwirkende Rechtfertigung des Aktes der Sezession liefert.

---

606 Vgl. J. Dugard/ D. Raič, S. 99.

607 Vgl. G. Abi-Saab, Conclusion, in: M. Kohen (Hrsg.), Secession: International Law Perspectives, S. 474.

608 *Reference re Secession of Quebec*, [1998] 2 S.C.R. 217, Abs. 155; Vgl. auch, J. Vidmar, International Legal Responses to Kosovo's Declaration of Independence, in: Vanderbilt Journal of International Law, 42 (2009), S. 818.

609 Vgl. J. Vidmar, Explaining the Legal Effects of Recognition, S. 376.

In der Praxis zeigt sich allerdings, dass der Status einer Entität, die sich gegen den Willen des Ursprungsstaates von diesem mit dem Ziel der Etablierung eines eigenen Staates abspaltet, stets im Unklaren verbleibt, solange der Mutterstaat dieser Loslösung nicht zustimmt. Damit ein Staat eindeutig durch Anerkennungen entstehen kann, muss die Anerkennung der Staatengemeinschaft nahezu durchgängig sein.[610]

Auch Kosovo kann nicht als Beispiel für eine erfolgreiche Entstehung eines Staates durch Anerkennung angesehen werden, zumal bis dato nicht die gesamte Staatengemeinschaft Kosovo als unabhängigen Staat anerkannt hat und dies auch in der nächsten Zeit nicht geschehen wird – Serbien hält immer noch an seinem Recht auf territoriale Integrität fest, welche durch die Sezession von Kosovo schwerwiegend beeinträchtigt worden sei.[611] Der Fall Kosovo ist in dieser Hinsicht nicht eine Ausnahme, sondern die Regel, denn seit 1945 wurde kein Staat, der durch eine einseitige Sezession entstanden ist, gegen den Willen des Mutterstaates in die Vereinten Nationen aufgenommen.[612]

„Selfistans": Anerkennung und die Herrschaft der Großmächte

> "Why not just stand still and draw a cricle round your feet and name that Selfistan?"[613]

Was für eine Rolle spielen die Großmächte bei der Frage von Anerkennung oder Nichtanerkennung? Milena Sterio geht dieser Frage nach und entwickelt die These, dass sich viele Sezessionen vor allem durch die Unterstützung durch Großmächte erklären lassen.[614] Damit aus einer Unabhängigkeitsbewegung ein „Selfistan" entstehen kann, müssen laut Sterio vier Kriterien erfüllt werden: "oppression, relatively weak central government, international involvement, and great powers' support", also schwerwiegende Menschenrechtsverletzungen durch den Ursprungsstaat, schwache Zentralregierung, Involvierung der internationalen Staatengemeinschaft z.B. durch Administration im fraglichen Territorium und die Unterstützung der Großmächte.[615] Dieses vierte Kriterium ist für Sterio das entscheidende:

---

610 Ibid, S. 386.

611 S. Oeter, The Role of Recognition, S. 45.

612 Vgl. J. Crawford, The Creation of States in International Law, S. 390.

613 S. Rushdie, Shalimar The Clown, London 2005, S. 102. Milena Sterio entlehnt den Ausdruck „Selfistan" von Rushdie. Vgl. M. Sterio, S. 1.

614 M. Sterio, insbes. Kapitel 4.

615 M. Sterio, S. XIV u. 60 ff.

> "It is the theory of this book that self-determination outcomes have been dictated over the past decades by the support, or lack thereof, of the great powers, and that the fourth criterion of the great powers' rule is the most important one."[616]

Gemäß dieser „Theorie der Herrschaft der Großmächte"[617] hat eine pseudo-legale Theorie die traditionellen legalen Kriterien der Selbstbestimmung weitgehend ersetzt. Politik hat Recht ausgelöscht.[618]

Leider hat auch der Internationale Gerichtshof bis heute keinen normativen Rahmen für außerkoloniale Selbstbestimmung geschaffen, ja nicht einmal einen grundlegenden Beitrag zu einer möglichen Klärung geleistet.[619] Im Weiteren werde ich anhand des (Präzedenz-)Falls Kosovo und der Ukraine- bzw. Krimkrise aufzeigen, wie sehr machtpolitische Erwägungen der Großmächte völkerrechtliche Prinzipien und Rechtsnormen in den Hintergrund drängen oder völlig ignorieren. Allerdings wird das Vorgehen der Großmächte vom mehr oder weniger durchsichtigen Versuch begleitet, dieses mit einer pseudolegalen Rhetorik zu legitimieren.[620]

Entscheidend ist also gerade auch in der Frage der Anerkennung, ob die Großmächte Unabhängigkeitsbestrebungen anerkennen und insofern auch legitimieren wollen. Die Möglichkeiten für die Großmächte, in einer Sezessionsfrage Einfluss zu nehmen, für oder gegen die Loslösung, sind vielfältig: durch die Kontrolle der medialen Berichterstattung, durch logistische und/ oder militärische Unterstützung der Zentralregierung und durch ihre Macht im Sicherheitsrat. Völker, die sich von Großmächten oder deren Verbündeten loslösen wollen, haben wenig oder keine Chancen auf Erfolg, weil Staaten wie Russland oder China ihre territoriale Integrität verteidigen können und daher kaum mit Herausforderungen in der Art des Kosovo-Falls konfrontiert werden.[621]

---

616 Ibid., XIV.

617 Ibid., S. 22.

618 Ibid.: "The great powers' rule has replaced normative international law in the field of self-determination, *politics have effaced law*." (Herv. A.F.).

619 Ibid.

620 Vgl. C. J. Borgen, The Language of Law and the Practice of politics: Great Powers and the Rhetoric of Self-Determination in the Cases of Kosovo and South Ossetia, in: Chicago Journal of International Law, Vol. 10 No. 1, Art. 3, S. 31: "Thus, by taking up the rhetorical language of international law, great powers hope not only to legitimize their actions, but actually change the rules of the game and, ultimately change law itself."

621 Vgl. S. Chaulia, A World of Selfistans?, in: Global Policy Forum, Mar 13 2008, http://fpif.org/a_world_of_selfistans: "[P]olitically stable and militarily strong states have almost no chance of being deprived of their territories through Kosovo-style

In der Frage der Unterstützung von Sezessionsbestrebungen und der möglichen Anerkennung nach einer Unabhängigkeitserklärung, ja selbst in der Frage möglicher humanitärer Interventionen in einem Sezessionskonflikt, spielen geopolitische Interessen der Großmächte eine wichtige Rolle. Der Fall Kosovo ist dafür sicher ein gutes Beispiel. Schon rein aus strategischen Überlegungen war für den Westen ein unabhängiger neuer Staat Kosovo bedeutender als die territoriale Integrität Serbiens:

> "The great powers conduct affairs on the international scene by focussing on their own strategic interests first, and by choosing to support a group or not in light of those same interests. The right to external self-determination can be easily placed in this dynamic. The great powers embrace the principle, but choose to support it in real situations only when their own interests are served by such exercise of external self-determination by a specific people."[622]

So stellt der Fall Kosovo, der von den Vereinigten Staaten als *sui generis*[623] bezeichnet wurde, ein Paradebeispiel für die Herrschaft der Großmächte dar, die ihre geopolitischen Interessen über völkerrechtliche Bestimmungen stellen, besonders auch in der Frage der Anerkennung oder Nichtanerkennung eines neuen Staatengebildes.[624]

---

humanitarian interventions. One need go no further than Russia's Chechnya region for illustration. Human rights activists and agitators are aghast at the failure of the United States and the European Union to condemn the suppression of the Chechen bid for statehood by the Boris Yeltsin and Vladimir Putin governments. Why did the Western powers turn a blind eye on Chechnya when its self-determination war was advancing? It was because NATO could not take on Russia on its own turf the way it could pulverize Serbia in 1999. Large and powerful countries with stable polities such as Russia, China, and India can defend their territorial integrity and are unlikely to become candidates for Kosovo-type challenges."

622 Vgl. M. Sterio, S. 67.

623 Für US-Außenministerin Condoleeza Rice war der Fall Kosovo mit der ungewöhnlichen Kombination von Faktoren wie dem Zerfall Jugoslawiens, der ethnischen Säuberungen und Verbrechen gegen die Zivilbevölkerung des Kosovo und die ausgedehnte Periode der UN-Verwaltung ein Sonderfall und kein Präzedenzfall für irgendeine andere Situation in der Welt; Vgl. die Stellungnahme der Außenministerin zur Anerkennung des Kosovo durch die USA vom 18. Februar 2008. https://2001-2009.state.gov/secretary/rm/2008/02/100973.htm.

624 Vgl M. Sterio, S. 125.

3.4.3 (Kollektive) Nichtanerkennung und vorzeitige Anerkennung

> "A State confronted either with an attempt by another State to bring about a new title, treaty or situation by means of an illegal act or with an actually consummated act of that nature, may expressly declare that it will not in the future validate *by an act of recognition the fruits of the illegal conduct.*"[625] (Herv. A. F.)

Grundsätzlich besteht keine Pflicht zur Anerkennung[626], allerdings kann sich unter bestimmten Voraussetzungen eine Pflicht zur Nichtanerkennung ergeben. Die Pflicht zur Nichtanerkennung weist im Völkerrecht keine klaren Konturen auf und zur Begründung einer solchen Pflicht wird man sich überwiegend auf Resolutionen des Sicherheitsrates berufen müssen.[627]

Wenn sezessionistische Bewegungen zwingende Normen des Völkerrechts gravierend und schwerwiegend verletzen, kann sich eine Pflicht der Staaten ergeben, den daraus resultierenden Staat nicht anzuerkennen und damit zu verhindern, dass aus einem schwerwiegenden Rechtsverstoß in weiterer Folge ein Staat entstehen kann. So forderten Kanada, Deutschland, Costa Rica, Litauen, Polen und die Ukraine in einem Resolutionsentwurf der UN-Generalversammlung die Staatengemeinschaft auf, den neuen Status der Krim nicht anzuerkennen:

> "*The General Assembly* [...] 6. *Calls upon* all States, international organizations and specialized agencies not to recognize any alteration of the status of the Autonomous Republic of Crimea and the city of Sevastopol on the basis of the above-mentioned referendum and to refrain from any action or dealing that might be interpreted as recognizing any such altered status."[628]

Hillgruber betont, dass die Nichtanerkennung verdeutlicht, dass die Staaten dem Akt der Anerkennung eine wesentliche Bedeutung hinsichtlich der Zuerkennung des Status des neuen Staates beimessen.[629] Dabei geht Hillgruber auf die Defizite der deklaratorischen Theorie der Anerkennung ein:

---

625 Vgl. L. Oppenheim, International Law, A Treatise, Vol. I Peace, Seventh Edition, H. Lauterpacht (Hrsg.), S. 138.

626 Vgl. D. Raič, Statehood and the Law of Self-Determination, S. 89.

627 Vgl. P. Hilpold, Der Osttimor-Fall, S. 75.

628 Die nicht verbindliche Resolution A/RES/68/262 der UN-Generalversammlung wurde am 27. März 2014 als offenes Ergebnis der Abstimmung der 68. Tagung der UN-Generalversammlung verabschiedet. Die Resolution wurde von 100 Staaten unterstützt, 11 Länder, darunter Russland, Syrien und Nordkorea haben dagegen gestimmt. http://mfa.gov.ua/mediafiles/files/misc/A-68-L.39.pdf.

629 C. Hillgruber, The Admission of New States to the International Community, in: European Journal of International Law 9 (1998), 491–509, S. 494: "Nevertheless there

> "If it were to acquire this legal status before and independently of recognition by the existing states, solely on the basis of the three so-called traditional criteria of statehood (state population, state territory, effective government) […] this legal consequence under international law would occur automatically and could no longer prevented by withholding recognition of the entity as a state. It would not be possible to bring about the 'negative' legal consequence intended by non-recognition, i.e. denial of the legal status of a state under international law. Legal personality under international law, which non-recognition was intended to prevent, would already have been acquired, and non-recognition would then in a sense be futile and would merely by an expression of political censure of the way in which the state came into existence […]".[630]

Das Konzept der Nichtanerkennung hat seinen historischen Ursprung in der Nichtanerkennung des Marionettenstaates Mandschukuo im Jahre 1932.[631] Die Vereinigten Staaten verkündeten damals, dass sie Mandschukuo nicht als Staat anerkennen werden, zumal dieser in Verletzung des Paktes von Paris von 1928 entstanden war:

> "Mr. Stimson United States Secretary of State, informed both Japan and China on January 7, 1932, that the United States 'cannot admit the legality of any situation *de facto* nor does it intend to recognise any treaty or agreement entered into between these Governments or agents thereof which may impair the treaty rights of the United States […] and that it does not intend to recognise any situation, treaty or agreement which may be brought about by means contrary to the covenants and obligations of the Treaty of Paris of August 27, 1928 […]".[632]

Aus diesen Ereignissen ging auch die Stimson-Doktrin hervor, aus der sich eine Pflicht zur Nichtanerkennung von gewaltsamen Gebietserwerben ergab.[633] Im März 1932 nahm die Bundesversammlung des Völkerbundes eine Resolution an,

---

is no better illustration of the legal conviction held by the states that recognition of a new State under international law is significant as an act conferring a status than the practice of non-recognition."

630 Ibid.

631 Vgl. C. Ryngaert und S. Sobrie, Recognition of States: International Law or Realpolitik? The Practice of Recognition in the Wake of Kosovo, South Ossetia, and Abkhazia, S. 473; S. Talmon, The Duty not to 'Recognize as Lawful' a Situation Created by the Illegal Use of Force or Other Serious Breaches of a Jus Cogens Obligation: An Obligation without Real Substance?, S. 101.

632 Vgl. L. Oppenheim, International Law, A Treatise, Vol I. Peace, S. 138.

633 Vgl. S. Talmon, Kollektive Nichtanerkennung illegaler Staaten: Grundlagen und Rechtsfolgen einer international koordinierten Sanktion, dargestellt am Beispiel der Türkischen Republik Nord-Zypern, Tübingen 2006, S. 85 ff; P. Hilpold, Der Osttimor-Fall, S. 75.

in der sie an ihre Mitglieder appellierte, keine Situation anzuerkennen, die in Verletzung der Satzung des Völkerbundes oder des Paktes von Paris entstanden war.[634]

Die Doktrin der Nichtanerkennung geht davon aus, dass Verletzungen zwingender Rechtsnormen rechtswidrig und somit mit Nichtigkeit behaftet sind.[635] Eine Pflicht zur Nichtanerkennung kann aus den Artikeln der Völkerrechtskommission *(International Law Commission)* über die Verantwortlichkeit von Staaten für völkerrechtswidriges Handeln *(ILC Articles on State Responsibility)* abgeleitet werden.[636] Art. 41/2 lautet folgendermaßen:

> "No State shall recognize as lawful a situation created by a serious breach within the meaning of article 40, nor render aid or assistance in maintaining that situation."[637]

Die Vereinten Nationen forderten die Staaten immer wieder auf, sezessionistische Entitäten, die ihre Sezession durch rechtswidrige Gewaltanwendungen durchgesetzt haben, nicht anzuerkennen.[638] In der am 18. November 1983 verabschiedeten Resolution 541 (1983) forderte der Sicherheitsrat die Mitgliedstaaten auf, die Türkische Republik Nord-Zypern nicht anzuerkennen und die Souveränität, Unabhängigkeit und territoriale Integrität der Republik Zypern zu wahren[639]:

> "*The Security Council,*
> Having heard the statement of the Foreign Minister of the Government of the Republic of Cyprus, […]
> 6. *Calls upon* all States to respect the sovereignty, independence, territorial integrity and non-alignment of the Republic of Cyprus;
> 7. *Calls upon* all States not to recognize any Cypriot State other than the Republic of Cyprus;[640]

Im Gutachten zum Fall Kosovo bezog sich der Internationale Gerichtshof auf die Resolutionen des Sicherheitsrates und brachte vor:

634 Vgl. L. Oppenheim, International Law, A Treatise, S. 138: "'it is incumbent upon the Members of the League of Nations not to recognise any situation, contrary to the Covenant of the League of Nations or to the Pact of Paris.'"

635 Vgl. J. Dugard, The Secession of States, S. 82.

636 Vgl. S. Talmon, The Duty to 'Recognize as Lawful' a Situation Created by the Illegal Use of Force or Other Serious Breaches of a Jus Cogens Obligation: An Obligation without Real Substance?, S. 99.

637 *Responsibility of States for Internationally Wrongful Acts*, Art. 41/2.

638 Vgl. J. Dugard, The Secession of States, S. 83.

639 Vgl. S. Talmon, Kollektive Nichtanerkennung illegaler Staaten, S. 49.

640 Resolution des Sicherheitsrates 541 v. 18. November 1983.

> "Several participants have invoked resolutions of the Security Council condemning particular declarations of independence: see, *inter alia*, Security Council resolutions 216 (1965) and 217 (1965), concerning Southern Rhodesia; Security Council resolution 541 (1983), concerning northern Cyprus; and Security Council resolution 787 (1992), concerning the Republika Srpska.
>
> The Court notes, however, that in all of those instances the Security Council was making a determination as regards the concrete situation existing at the time that those declarations of independence were made; the illegality attached to the declarations of independence thus stemmed not from the unilateral character of these declarations as such, but from the fact that they were, or would have been, connected with the unlawful use of force or other egregious violations of norms of general international law, in particular those of a peremptory character *(jus cogens)*."[641]

Inwieweit sich im Fall Kosovo eine Pflicht zur Nichtanerkennung ergeben könnte, hängt davon ab, ob durch die einseitige Unabhängigkeitserklärung zwingende Völkerrechtsnormen verletzt wurden. Dabei stellt sich die Frage, inwieweit sich eine solche Verletzung auch aus der NATO-Intervention 1999 ergeben könnte. Die NATO-Intervention wird überwiegend als völkerrechtswidrig angesehen, da sie in Verletzung der UN-Charta erfolgte und nicht vom Sicherheitsrat autorisiert war. Fraglich ist, inwieweit wirklich ein Bogen zwischen der NATO-Intervention und der am 17. Februar 2008 abgegebenen Unabhängigkeitserkärung gespannt werden kann.[642]

Im Fall Kosovo kann keineswegs von kollektiver Nichtanerkennung die Rede sein, zumal bis dato 112 Staaten Kosovo als unabhängigen Staat anerkannt haben und der Sicherheitsrat im Fall Kosovo die Staatengemeinschaft auch in keiner Resolution zur Nichtanerkennung eines unabhängigen Kosovo aufgerufen hat.[643] Für Oeter stellt eine Anerkennung einer sezedierenden Einheit, die sich gegen den Willen ihres Mutterstaates abgespalten hat, stets eine unrechtmäßige vorzeitige Anerkennung dar.[644] Solange kein Rechtfertigungsgrund für eine vorzeitige

641 *International Court of Justice, Accordance with International Law of the Unilateral Declaration of Independence in Respect of Kosovo*, Advisory Opinion of 22. July 2010, S. 437, Abs. 81.

642 Vgl. A. Orakhelashvili, Statehood, Recognition and the United Nations Systems, S. 30–31; Vgl. auch J. Vidmar, International Legal Respones to Kosovo's Declaration of Independence, S. 831. Vidmar bringt vor, dass die Etablierung des Staates Kosovo nicht mit der NATO-Intervention in Verbindung zu stellen sei.

643 Vgl. ibid.

644 Vgl. S. Oeter, Sezession, territoriale Integrität und die Rolle des Sicherheitsrates, S. 91–97.

Anerkennung vorliegt, wird darin eine völkerrechtswidrige Intervention gesehen. Dies unterstreicht Oppenheim deutlich:

> "The question is precisely at what exact time recognition as a new State may be given as distinguished from the recognition as a belligrent Power. For *an untimely and percipitate recognition as a new State is more than a violation of the dignity of the mother-State. It is an unlawful act*, and it is frequently maintained that such untimely recognition amounts to intervention."[645] (Herv. A.F.)

Eine Anerkennung wird dann als unrechtmäßig einzustufen sein, wenn die sich vom Ursprungsstaat sezedierte Einheit die erforderlichen Kriterien der Staatlichkeit in keinster Weise erfüllt bzw. erfüllen kann.[646] Die Beurteilung, inwieweit ein Staat die erforderlichen Kriterien der Staatlichkeit erfüllt, ist bis zu einem gewissen Grad vom Ermessen der betreffenden Staaten abhängig, die dabei zumeist politische Erwägungen in ihre Entscheidung einfließen lassen. Allerdings werden dieser Ermessensentscheidung Schranken gesetzt, zumal die *Montevideo-Konvention* klare völkerrechtliche Kriterien festsetzt: eine ständige Bevölkerung, ein definiertes Staatsgebiet, eine Regierung und die Fähigkeit, mit anderen Staaten in Beziehung zu treten.[647]

Die Entscheidung eines Staates, ob er eine Einheit, die durch einseitige Sezession entstanden ist, anerkennt oder nicht, hängt zumeist von der Legalität bzw. Legitimität des sezessionistischen Anspruches ab[648]:

> "[R]ecognition may be more forthcoming where the secession has occurred as a consequence of violations of human rights."[649]

Angesichts der Lage im Kosovo, die zum Zeitpunkt der Unabhängigkeitserklärung 2008 vorherrschte, mit einer eindeutigen Befriedung der Situation für die albanische Bevölkerung, kann man sich zur Rechtfertigung einer vorzeitigen Anerkennung des unabhängigen Staates Kosovo wohl kaum auf die Sezession als Notwehrrecht beziehen. Zu diesem Zeitpunkt konnte Sezession nicht mehr als letzter Ausweg zur Beendigung der Unterdrückung angesehen werden:

---

645 Vgl. L. Oppenheim, International Law, A Treatise, Vol. I. Peace, Seventh Edition, H. Lauterpacht (Hrsg.), Great Britain 1948, S. 124.

646 Vgl. C. Tomuschat, Die Anerkennung von Neustaaten, S. 35.

647 *Montevideo Convention on the Rights and Duties of States*, Article 1.

648 Vgl. J. Vidmar, Territorial Integrity, S. 139.

649 Vgl. M. N. Shaw, Peoples, Territorialism and Boundaries, in: 3 EJIL (1997), S. 483, zitiert in: J. Vidmar, Territorial Integrity, S. 139.

"Indeed, oppression had already ended by the effective situation put in place in 1999 [...] Accepting these arguments as remedial would, however, significantly stretch the otherwise narrowly defined remedial secession doctrine."[650]

Ein weiteres Hindernis einer rechtmäßigen vorzeitigen Anerkennung ergibt sich nach Oeter zudem aus der Fortführung der Resolution 1244, welche die Aufrechterhaltung der territorialen Integrität Serbiens betont. Solange Kosovo faktisch unter internationaler Aufsicht steht und die territoriale Integrität Serbiens unangetastet bleibt, fehlt es an dem erforderlichen Kriterium der Eigenstaatlichkeit, die, folgt man der deklaratorischen Theorie, eine Voraussetzung für eine rechtmäßige (vorzeitige) Anerkennung darstellt.[651]

3.4.4 Kosovo und die Anerkennung: Konstitutiv oder deklaratorisch?

Seit der Unabhängigkeitserklärung vom 17. Februar 2008 haben 112 Staaten die Republik Kosovo als unabhängigen Staat anerkannt, darunter 23 der 28 EU-Mitgliedsstaaten, sowie drei der ständigen Mitglieder des Sicherheitsrates, Frankreich, Großbritannien und die Vereinigten Staaten, mit Ausnahme von Russland und China. Dabei stellt sich die Frage, inwieweit diesen Anerkennungen – mittlerweile hat mehr als die Hälfte der Mitgliedschaft der Vereinten Nationen Kosovo als unabhängigen Staat anerkannt – rechtliche Wirkungen hinsichtlich der Etablierung der Eigenstaatlichkeit des Kosovo zukommen, mit anderen Worten: Ist Kosovo ein souveräner und unabhängiger Staat?

Wenn die in der Lehre überwiegend vertretene Theorie der deklaratorischen Wirkung der Anerkennung auf den Fall Kosovo übertragen wird, stellt sich die Frage, warum Kosovo dann ein Staat sein soll, wenn er 1991 nach seiner ersten erfolglosen Unabhängigkeitserklärung – damals wurde er nur von Albanien anerkannt – nicht als Staat angesehen wurde. Der Anspruch auf die territoriale Integrität Serbiens bestand damals und auch nach der Unabhängigkeitserklärung 2008.[652] Innerhalb der ersten 10 Tage nach Kosovos Unabhängigkeitserklärung hatten diesen bereits 20 Staaten anerkannt, darunter die Vereinigten Staaten, Großbritannien und Frankreich, die Kosovo bereits am Tag nach der Unabhängigkeitserklärung anerkannten, außerdem Costa Rica, Afghanistan, Albanien,

650 Vgl. J. Vidmar, Legal Responses to Kosovo's Declaration of Independence, S. 849.

651 Vgl. S. Oeter, Sezession, territoriale Integrität und die Rolle des Sicherheitsrates, S. 91–97.

652 Vgl. J. Vidmar, Kosovo: Unilateral Secession and Multilateral State-making, in: J. Summers, Kosovo: A Precedent?, S. 176.

die Türkei, Australien, Senegal, Deutschland, Lettland, Dänemark, Estland, Italien, Luxemburg, Peru, Belgien, Polen, die Schweiz und Österreich.[653]

Die naheliegendste Antwort auf die Frage, wieso dem Kosovo nach der Unabhängigkeitserklärung 2008 eine Völkerrechtspersönlichkeit zukommen sollte, ist, dass in diesem Fall „eine informell praktizierte kollektive Anerkennung"[654] das Ziel der kollektiven Schaffung eines neuen Staates verfolgte. Viele Staaten gingen davon aus, dass der Kosovo faktisch ein Staat ist. So betonte der italienische Vertreter im Sicherheitsrat am 18. Februar 2008:

> "Kosovo's independence is today a fact. It is a new reality that we must face and acknowledge. It is time to look ahead. We intend, together with the majority of the European Union member States, to proceed swiftly with the recognition of Kosovo's new status of independence under international supervision. The limits of its sovereignty are clear."[655]

Kanada betonte, dass der Fall Kosovo einzigartig sei und aufgrund der einzigartigen Umstände keinen Präzedenzfall darstelle, daher erkenne Kanada diese internationale Realität an.[656] Aus diesen Erklärungen spricht eine klare deklaratorische Auffassung von Anerkennung. Wäre die Anerkennung aber lediglich eine Bestätigung eines *de facto* Status, dann wäre unmittelbar nach der Unabhängigkeitserklärung nicht eine solche Dringlichkeit der Anerkennung geboten gewesen.[657] Dass die Staaten der Anerkennung wohl nicht nur deklaratorische Wirkung zusprechen wollten, ergibt sich ebenfalls aus ihren Stellungnahmen.

Beispielsweise brachte Präsident Sarkozy in der Anerkennungserklärung Frankreichs vor, dass er sich wünsche, dass das neue Kapitel, das nun zwischen Frankreich und Kosovo beginne, zur Entwicklung intensiver, bilateralen Beziehungen führe.[658] Ebenso der damalige Präsident der Vereinigten Staaten, George W. Bush, der in der Anerkennungserklärung betonte, dass nun diplomatische Beziehungen zwischen den beiden Staaten aufgebaut werden könnten.[659]

---

653 http://www.kosovothanksyou.com.

654 Vgl. J. Vidmar, S. 176.

655 *Security Council, 5839th meeting*, 18 February 2008, S/ PV 5839, S. 10.

656 http://s310226652.online.de/docs/independence/Canada.pdf.

657 Vgl. C. Hillgruber, The Admission of New States to the International Community, in: European Journal of International Law 9 (1998), S. 494: "It is only by recognition that the new state acquires the status of a sovereign state under international law in its relations with the third states recognising it as such."

658 Lettre du président de la République, M. Nicolas Sarkozy, adressée á M. Fatmir Sejdiu, président du Kosovo (Paris, 18 février 2008).

659 U.S. Recognizes Kosovo as Independent State, Secretary Condoleezza Rice, Washington, DC, February 18, 2008.

Ähnlich argumentierte auch Deutschland und brachte in der Anerkennungserklärung vor, dass es nun gewillt sei, diplomatische Beziehungen mit dem soeben entstandenen Staat Kosovo aufzunehmen:

> "The German Cabinet has today approved official recognition of the Republic of Kosovo and the establishment of diplomatic relations with the new state. Formal recognition and the declaration of willingness to enter into diplomatic relations will follow in a letter from the German President to the Kosovo President."[660]

Auch die Schweiz betonte, dass sie sich für eine Anerkennung des Kosovo entschieden hatte und nun gewillt sei, diplomatische Beziehungen aufzunehmen.[661]

Auch die Staaten, die sich gegen die Anerkennung des Kosovo entschieden haben, maßen der Versagung der Anerkennung ebenfalls konstitutive Wirkung bei. So rief Serbien die Mitglieder der Vereinten Nationen auf, die territoriale Integrität und Souveränität Serbiens vollständig zu respektieren und die unilaterale Unabhängigkeitserklärung des Kosovo als illegal abzuweisen – eine zumindest implizite Aufforderung zur kollektiven Nichtanerkennung. Die einseitige Unabhängigkeitserklärung gefährde die Stabilität Serbiens und der Region. Durch ihre Anerkennung hätten die Mitgliedsstaaten der Vereinten Nationen eine Präzedenzfall geschaffen und damit eine unilaterale Sezession legitimiert, die gegen den Willen des betreffenden Ursprungsstaates durchgeführt worden war.[662] Vor dem Sicherheitsrat ersuchte Präsident Tadić den UN-Generalsekretär Ban Ki-moon seinen Sondergesandten für Kosovo, Joachim Rücker, umgehend aufzufordern, die unilaterale Unabhängigkeitserklärung für nichtig zu erklären:

> "We request the Secretary-General, Mr. Ban Ki-moon, to issue, in pursuance of the previous decisions of the Security Council, including resolution 1244 (1999), a clear and unequivocal instruction to his Special Representative for Kosovo, Joachim Rücker, to use his powers within the shortest possible period of time and declare the unilateral and illegal act of the secession of Kosovo from the Republic of Serbia null and void."[663]

---

660 German Cabinet approves recognition of Kosovo, 20.02.2008.

661 Schweiz erkennt die Unabhängigkeit des Kosovo an – Anerkennung von Kosovo und Aufnahme von diplomatischen Beziehungen, 27.02.2008: "Auf Antrag des EDA und nach Konsultation der außenpolitischen Kommissionen von National- und Ständerat hat der Bundesrat heute beschlossen, Kosovo anzuerkennen und diplomatische und konsularische Beziehungen mit diesem Land aufzunehmen."

662 S/2008/260, *Later dated 17 April 2008 from Permanent Representative of Serbia to the United Nations addressed to the President of the Security Council.*

663 *Security Council, 5839th meeting,* 18 February 2008, S/PV.5839.

Auch Russland betonte, dass die unilaterale Unabhängigkeitserklärung Kosovos eine Verletzung des Völkerrechts darstelle und Russland weiterhin nur die Republik Serbien anerkenne und forderte den Sondergesandten im Kosovo ebenfalls auf, die Unabhängigkeitserklärung für nichtig zu erklären.

Wenn die Anerkennung im Fall Kosovo also auch konstitutive Aspekte hat und ein ausschlaggebendes Element für die Erlangung der Eigenstaatlichkeit des Kosovo darstellt, dann stellt sich dennoch die Frage, ob 112 Staaten für die Schaffung eines Staates ausreichend sind.[664] Umgekehrt stellt sich bezüglich der verweigerten Anerkennung vieler Staaten die Frage, wie viele Versagungen der Anerkennung notwendig sind, dass ein solcher Staat nicht entstehen kann.[665] Die Problematik, die sich dabei bei der Anwendung der konstitutiven Theorie ergibt ist, wie bereits oben erwähnt, dass Kosovo somit ein Staat und ein Nicht-Staat sein kann, dem die Völkerrechtspersönlichkeit nur gegenüber den anerkennenden Staaten zukommt.

Es scheint klar zu sein, dass sich Kosovo noch nicht vollständig als Staat konsolidiert hat, weil nicht alle Kriterien der Staatlichkeit erfüllt sind und kein vollständig souveräner, sondern nur ein unter Protektorat stehender Staat geschaffen wurde.[666] Dies ergibt sich auch aus den Anerkennungserklärungen einiger Staaten, die diese rechtliche Situation bestätigen.[667] Vidmar folgert daraus, dass die "informell praktizierte kollektive Anerkennung"[668] nicht einen souveränen Staat schaffen wollte, sondern einen nach wie vor unter internationaler Aufsicht stehenden Staat anerkennen wollte. Es sei insbesondere fraglich, inwieweit einem solchen Staat eine Völkerrechtspersönlichkeit zugestanden werden könne. Diese Schlussfolgerung sei allerdings riskant, da sich die anerkennenden Staaten in ihren Erklärungen auf Kosovo als einen souveränen und unabhängigen Staat und nicht auf eine Einheit mit einer Völkerrechtspersönlichkeit sui generis bezogen hätten. Inwieweit der Versuch der Schaffung eines Staates durch Anerkennung erfolgreich war, sei deswegen kaum zu beantworten.[669]

Nachdem Kosovo unter eine Übergangsverwaltung der Vereinten Nationen gestellt wurde, bestand kein Zweifel, dass Kosovo *kein* Staat ist. Trotz der beträchtlichen Anzahl der Anerkennungen seit der Unabhängigkeitserklärung

---

664 Vgl. J. Vidmar, S. 177.
665 Ibid.
666 Ibid.
667 Ibid.
668 Ibid.
669 Ibid.

bleibt der Status des Kosovo ungewiss und könnte wohl nur durch eine Aufnahme in die Vereinten Nationen geklärt werden:

> "Widespread recognition of unilateral secession may create ambiguity rather than clarify the legal status of an entity. The ambiguity could be ended by subsequent admission of the secessionist entity to membership of the UN."[670]

Die Hoffnung, dass die Unklarheit des Status des Kosovo durch eine Aufnahme in die Vereinten Nationen beseitigt wird, ist wohl gering, denn seit 1945 wurde, wie bereits erwähnt, kein einziger Staat, der durch unilaterale Sezession entstanden ist, gegen den Willen des Ursprungsstaates in die Vereinten Nationen aufgenommen[671] und Serbien wird einer solchen Aufnahme wohl auch in Zukunft nicht zustimmen.

Ganz in diesem Sinne vertrat schon Oppenheim die Ansicht, dass eine Anerkennung des Mutterstaates entscheidend für die endgültige Etablierung der Unabhängigkeit sei:

> "Recognition by the mother-State is conclusive proof of the fact that the new State has finally established its independence."[672]

Die Entwicklungen der letzten Jahre zeigen allerdings, dass sich auf Kosovos hartem und langem Weg zur Eigenstaatlichkeit und endgültigen Unabhängigkeit von Serbien – mit dem wichtigen Ziel einer Aufnahme in die Vereinten Nationen – mittlerweile einige Fortschritte abzeichnen.

2009 wurde Kosovo in die Weltbankgruppe und in den Internationalen Währungsfonds aufgenommen, im Dezember 2012 folgte die Aufnahme in die Europäische Bank für Wiederaufbau und Entwicklung und 2013 die Aufnahme in die Entwicklungsbank des Europarates. Im Dezember 2014 wurde Kosovo vom Internationalen Olympischen Komitee *(IOK)* als Mitglied aufgenommen. Bei den Olympischen Spielen 2016 in Rio de Janeiro konnten kosovarische Sportler erstmals um Medaillen mitkämpfen. Dabei stellt die auch international viel beachtete Goldmedaille der Kosovarin Majlinda Kelmendi im Frauen-Judo einen zumindest symbolischen Meilenstein im Ringen um Eigenstaatlichkeit und Unabhängigkeit des Landes von Serbien dar.

---

670 J. Vidmar, Territorial Integrity and Statehood, S. 143.

671 Bangladesch bewarb sich 1972 um die Aufnahme, wurde allerdings erst zwei Jahre später, nach der Anerkennung durch Pakistan, aufgenommen. Vgl. J. Crawford, The Creation of States, S. 390 und J. Dugard/ D. Raić, S. 120 ff.

672 Vgl. L. Oppenheim, A Treatise, Vol. I Peace, Seventh Edition, H. Lauterpacht (Hrsg.), S. 125.

Michael Martens betrachtet in seinem lesenswerten Beitrag in der *FAZ* vom 9. August 2016 „die serbische Kehrseite der kosovarischen Medaille“ und spricht von „einer goldenen Provokation für Serbien“. Die Frage, die sich in diesem Zusammenhang stelle, sei, wie Serbien mit diesem Gold umgehe. Angesichts der klaren Position Serbiens in der Kosovo-Frage werde die serbische Seite dieses Gold wohl eher als „serbisches Gold“, „völkerrechtswidriges Gold“ oder „de-facto-Gold“ ansehen:

> “[L]aut serbischer Auslegung ist Frau Kelmendi Staatsbürgerin Serbiens. Was bedeutet das für ihr Gold? Ist es serbisches Gold? Völkerrechtswidriges Gold? Selbstproklamiertes Gold? Sogenanntes Gold? De-facto-Gold? Provinzielles Gold?”[673]

Diese olympische Episode zeigt, dass der Fall Kosovo auch acht Jahre nach der einseitigen Unabhängigkeitserklärung und sechs Jahre nach dem Rechtsgutachten des Internationalen Gerichtshofs ungelöst ist. Bei der Olympiade kann man aus Protest vom Podest steigen[674], im Fußball[675] vielleicht einfach nicht antreten, sollte es einmal zu einem – aus der Sicht Belgrads – „innerserbischen“ Derby kommen. Auf dem „Spielfeld“ der internationalen Politik und Diplomatie werden sich die Beziehungen wohl normalisieren müssen. Ein erster wichtiger Schritt im Kosovo-Serbien-Dialog ist sicher die „Erste Vereinbarung über Maßnahmen zur dauerhaften Normalisierung der Beziehungen“ (*First Agreement On Principles Governing the Normalization of Relations*), die am 19. April 2013 abgeschlossen wurde.[676]

Im folgenden Kapitel 4 werde ich nun genauer auf die Geschichte des Falls Kosovo eingehen und in der Folge wichtige, völkerrechtliche Aspekte des Falls beleuchten, vor allem auch im Hinblick auf die Frage, inwieweit dieser Fall trotz aller *sui generis*-Rhetorik einen Präzedenzfall darstellt, der in der Ukrainekrise von Russland gerne zur völkerrechtlichen Legitimierung der Annexion der Krim

---

673 FAZ, 09.08.2016, Michael Martens, Erster Olympiasieg für Kosovo – eine goldene Provokation für Serbien: „Wenn Kosovo Serbien ist, kann dann Gold Kosovo sein? Anders gefragt: Kann man das Kosovo nicht anerkennen, sein Gold aber schon? Respektive vice versa?“.

674 Der serbische Sportminister Vanja Udovičić hatte die serbischen Olympioniken angewiesen, einer Siegerehrung fernzubleiben, sollten auch Kosovaren unter den Medaillengewinnern sein; Vgl. ibid.

675 Im Mai 2016 wurde der Kosovo in die UEFA und die FIFA aufgenommen. Das erste offizielle Länderspiel konnte die Blau-Weißen *(Kaltër e Bardhët)* am 3. Juni 2016 gegen die Färöer, einen Angstgegner der Österreicher, mit 2:0 gewinnen.

676 *Security Council, Report of the Secretary General on the United Nations Interrim Administration Mission in Kosovo*, 30. April 2013, S/2013/254, Absatz 4.

herangezogen wurde. Es ist zu befürchten, dass die Kosovo-Rhetorik auch in anderen Konflikten durchaus zur Anwendung kommt. Umso bedauerlicher, dass der Internationale Gerichtshof mit seinem Rechtsgutachten keinen wesentlichen Beitrag zur Klärung des umstrittenen Falls leisten konnte oder wollte und nach Ansicht vieler Kritiker eine durchaus einmalige Chance nicht genutzt hat.

4. Der Fall Kosovo und das Rechtsgutachten des Internationalen Gerichtshofs

4.1 Entwicklung vor der Unabhängigkeitserklärung

Der Kosovo ist ein kleines Gebiet von 10.887 m^2 mit einer Bevölkerung von aktuell ca. 1,8 Millionen, das durchschnittlich jüngste europäische Staatsvolk. Knapp 90% der Bevölkerung sind Albaner, Serben bilden mit ca. sieben Prozent die größte Minderheit. Vor der NATO-Intervention im Jahre 1999 war der serbische Bevölkerunganteil über doppelt so groß. Wirtschaftlich ist der Kosovo die mit Abstand ärmste Region Ex-Jugoslawiens, mit einem Pro-Kopf-Einkommen von 4000 USD und einem BIP von 5,5 Mrd. Euro. Nach offiziellen Angaben liegt die Arbeitslosigkeit bei über 35%, bei Jugendlichen sogar noch deutlich höher. Hauptmotor der Wirtschaft sind weiterhin fließende Transferleistungen aus der Diaspora.[677] Nach Angaben der Vereinten Nationen leben etwa 17% der Bevölkerung in extremer Armut (Ausgaben von weniger als 0,94 Euro pro Tag) und 45 Prozent in absoluter Armut (weniger als 1,42 Euro pro Tag).[678]

Nach dem Zerfall des Osmanischen Reichs 1912 wurde Kosovo Serbien zugeschlagen, ab 1918 war es Teil von Jugoslawien. Die Serben betrachten den Kosovo als Wiege ihrer Nation und die Schlacht auf dem Amselfeld im Jahre 1389 – unweit Priština am Flusslauf des Lab im heutigen Kosovo – ist für sie ein „identitätsstiftendes Element“[679] der nationalen Geschichte.

Während des Zweiten Weltkriegs gehörte der Kosovo zu Albanien, damals ein italienischer Vasallenstaat.[680] Nach Ende des Zweiten Weltkriegs, am 3. September 1945, wurde die Autonome Region Kosovo-Metohija zusammen mit der Autonomen Region Vojvodina Teil der Republik Serbien. Serbien war die einzige der sechs Republiken des neu gestalteten Bundesstaates Jugoslawiens, die zwei autonome Regionen enthielt.[681] Mit Ausnahme von Bosnien-Herzegowina

---

677 http://www.auswaertigesamt.de/DE/Aussenpolitik/Laender/Laenderinfos/Kosovo/Wirtschaft_node.html.

678 D. Reljić: Kosovo braucht einen Beschäftigungspakt mit der EU. In: Zeit Online, 15. Februar 2015.

679 P. Hilpold, Das Kosovo-Gutachten, S. 3.

680 Albanien wurde 1939 durch das faschistische Italien annektiert; Vgl. W. Petritsch/ K. Kaser/ R. Pichler: Kosovo – Kosova. Mythen – Daten – Fakten. Klagenfurt, 1999, 128 f.

681 Ibid., S. 135.

sind alle Republiken einer jugoslawischen Nation zuzuordnen: Serben, Kroaten, Slowenen, Montenegriner und Mazedonier.

Die Albaner im Kosovo und die Ungarn in der Vojvodina waren keine eigene Nation, sondern nur eine Nationalität und hatten daher kein Recht auf Selbstbestimmung oder eine eigene Republik. Allerdings erhielten die beiden autonomen Regionen in der Verfassung von 1963 den Status autonomer Provinzen, und 1974 durch die neue Verfassung einen fast gleichwertigen Status wie die anderen sechs Teilrepubliken.[682] So verfügte Kosovo über einen eigenen Gerichtshof, eine eigene Regierung, hatte das Recht Pässe auszustellen und die jugoslawische Staatsbürgerschaft zu verleihen. Kosovo hatte außerdem ein Vetorecht gegenüber der Gesetzgebung Serbiens und war neben den Republiken in den bundesstaatlichen Gesetzgebungsorganen vertreten.[683] Allerdings war die Gleichstellung mit den Republiken nur eine faktische[684], formal sollte Kosovo nicht den Status einer Republik erhalten. Dies vor allem, weil man sezessionistische Bestrebungen verhindern wollte und Kosovo daher nicht in den Genuss des den Republiken innerhalb der jugoslawischen Verfassung eingeräumten Sezessionsrechts kommen sollte.[685]

Die Unterscheidungen *Republik – Autonome Region* und *Nation – Nationalität* waren ein Produkt der jugoslawischen Innenpolitik, hatten aber beim Zusammenbruch der Sozialistischen Föderativen Republik Jugoslawiens (SFRJ) dramatische völkerrechtliche Konsequenzen.[686] Mit dem Tod Titos im Mai 1980 wurde die politische Führung des Landes einem Kollektiv übertragen, das sich aus den acht Vertretern der Provinzen und Autonomen Provinzen zusammensetzte, die rotativ die Regierungsgeschäfte führten (von Mai 1986 – Mai 1987 war der Kosovare Sinan Hasani Präsident). Durch dieses multinationale System, das

682 Vgl. ibid., S. 139 f.

683 Vgl. J. Summers, Kosovo: From Yugoslav Province to Disputed Independence, in: J. Summers (Hrsg.), Kosovo: A Precedent? The Declaration of Independence, the Advisory Opinion and Implications for Statehood, Self-Determination and Minority Rights, Leiden/Bosten 2011, S. 6.

684 Vgl. P. Hilpold, Das Kosovo-Problem, S. 780: „Der verfassungsrechtliche Status des Kosovo war somit ein unscharfer, die Gleichstellung mit den Republiken nur eine faktische".

685 Vgl. P. Hilpold, The International Court of Justice's Advisory Opinion on Kosovo: Perspectives of a Delicate Question, in: Austrian Review of International and European Law 14 (2009), S. 263.

686 J. Summers, Kosovo. In: Ch. Walter et al., Self-Determination and Secession in International Law, S. 237; Vgl. P. Hilpold, Das Kosovo-Problem, S. 780.

das Land zusammenhalten sollte, wurde die Macht der Republiken und Autonomen Regionen institutionalisiert.[687]

Der Verlust der effektiven Kontrolle über die autonomen Provinzen Vojvodina und Kosovo wurde auf serbischer Seite stark beklagt.[688] Im März 1981 kam es zu Protesten der Studenten der Universität in Priština[689], zunächst nur aufgrund der Missstände an der Universität.[690] Die Widerstände weiteten sich allerdings auch auf andere Städte aus und beinhalteten die Forderung eines Republikstatus für Kosovo.[691]

Die Proteste führten zu einem gewaltsamen Eingreifen der Behörden und die Aufstände wurden niedergeschlagen. Dabei gab es zahlreiche Tote und viele Verhaftungen. Die blutigen Unruhen trugen wesentlich zur Polarisierung des Verhältnisses zwischen den albanischen und serbischen Volksgruppen im Kosovo bei.[692] Durch die chauvinistische Atmosphäre, die insbesondere durch die Medien aufgeheizt wurde, war der Boden für den Machtaufstieg Slobodan Miloševićs aufbereitet.[693] Das 1986 veröffentlichte *Memorandum der Serbischen Akademie der Wissenschaften und Künste zur Lage der serbischen Nation in Jugoslawien* sprach von einem „physischen, politischen, rechtlichen und kulturellen Genozid der serbische Bevölkerung im Kosovo".[694] Milošević selbst „entdeckte" das Kosovo-Problem im April 1987, anlässlich seines Besuchs in Kosovo Polje, wo er an einer Veranstaltung serbischer Nationalisten teilnahm. Als es außerhalb des Veranstaltungsgebäudes zu Kampfhandlungen zwischen serbischen Demonstranten und lokalen Polizeieinheiten kam, trat er vor das Gebäude und sprach zur aufgebrachten Menge vor den laufenden Kameras des staatlichen Fernsehens die berühmten Worte, die „mit Recht als Startschuss für den Karriereaufstieg Miloševićs angesehen werden":[695]

---

687 J. Summers, S. 237.

688 Ibid.

689 Vgl. J. A. Mertus, Kosovo: how myths and truths started a war, Berkeley/Los Angeles/London 1999, S. 17 ff.

690 Vgl. J. Summers, Kosovo: From Yugoslav Province to Disputed Independence, in: J. Summers (Hrsg.), Kosovo: A Precedent?, S. 9.

691 Vgl. M. Weller, Contested Statehood, S. 29.

692 W. Petritsch et. al., S. 157.

693 Ibid.

694 Zitiert ibid., S. 165.

695 Ibid., S. 174.

"Niemand soll es wagen, Euch zu schlagen. Ihr solltet hier bleiben. Dies ist Euer Land. Dies sind Eure Wiesen und Eure Gärten, Eure Erinnerungen. Ihr werdet Euer Land nicht aufgeben, nur weil es hart ist, hierzubleiben, weil Euch Ungerechtigkeit und Erniedrigung bedrücken. Es war nie Charakterzug der Serben und Montenegriner, vor Hindernissen zurückzustecken, zu demobilisieren in Zeiten des Kampfes."[696]

Mit tatkräftiger Unterstützung der Medien gewann Milošević an Popularität[697] und wurde zur nationalen Symbolfigur. Bereits Ende 1987 löste er den an der Parteispitze der Kommunisten Serbiens stehenden Ivan Stabolic ab. Von da an kam es zu verstärkten Diskriminierungen der albanischen Volksgruppe im Kosovo mit schweren Menschenrechtsverletzungen.

Miloševićs Politik war getragen von den Bestrebungen nach einem einheitlichen serbischen sozialistisch verfassten Bundesstaat Jugoslawien.[698] Im serbischen Parlament wurde eine Verfassungsänderung geplant, die die Vorrechte des Kosovo völlig beschneiden sollte. Die Proteste der albanischen Volksgruppe gegen die Einschränkung der Autonomie wurden gewaltsam niedergeschlagen und der Ausnahmezustand über die Provinz Kosovo verhängt. Die Lage spitzte sich noch weiter zu, als im Februar 1989 auf Betreiben Miloševićs die Autonomie der Provinz Kosovo durch die neue Verfassung Serbiens faktisch beseitigt wurde.

Am 28. Juni 1989 wurde die 600 Jahrfeier der Schlacht auf dem Amselfeld begannen. Die Feierlichkeiten, an denen über eine Million Menschen teilnahmen, wurden zu einer Machtdemonstration des serbischen Nationalismus. Für die albanische Bevölkerung war die chauvinistische, rein serbische Feier eine Provokation.[699] Milošević warnte vor bevorstehenden Schlachten, wohl eine offene Drohung gegenüber Slowenien und Kroatien, die nach Unabhängigkeit strebten:

"Nun, sechs Jahrhunderte später, sind wir abermals in Schlachten verwickelt und stehen vor Schlachten. Dies sind keine bewaffneten Kämpfe, obwohl auch solche noch nicht ausgeschlossen werden können. Dennoch, unabhängig davon, welche Art von Kämpfen diese sein mögen, sie können nicht ohne Entschlossenheit, Tapferkeit und Opfer gewonnen werden [...]".[700]

Während Milošević also nach einem serbisch dominierten, sozialistisch verfassten Jugoslawien strebte, gingen Slowenien und Kroatien, die sich für eine losere

---

696 Zitiert ibid.

697 Vgl. J. Summers, S. 9.

698 Vgl. P. Hilpold, Das Kosovo-Gutachten vom 22. Juli 2010: Historische, politische und rechtliche Voraussetzungen, S. 4.

699 Vgl. SPIEGEL-Interview mit dem albanischen Schriftsteller und späteren Präsidenten des Kosovo Ibrahim Rugova, in: Der Spiegel Nr. 26/1989, S. 159 ff.

700 F.A.Z. Frankfurter Allgemeine Zeitung vom 28.06.1999, S. 11.

Föderation einsetzten, am 25. Juni 1991 den Weg der Unabhängigkeit. Ein Jahr später folgten Bosnien und Herzegowina und Mazedonien. Am 27. August 1991 wurde von der Europäischen Gemeinschaft zur Klärung der rechtlichen Vorgehensweise im jugoslawischen Zerfallsprozess[701] eine Schiedskommission, die sogenannte Badinter Kommission, eingesetzt.

Die brisante Lage im Kosovo und die Spannungen verschärften sich stetig und am 22. September 1991 folgte eine Unabhängigkeitserklärung der Kosovo-Albaner, die sich auf ein Referendum stützte.[702] Ibrahim Rugova, Präsident des Kosovo, wendete sich an den Vorsitzenden der Friedenskonferenz und ersuchte die Anerkennung Kosovos als unabhängigen Staat, die Anfrage wurde allerdings zurückgewiesen und Kosovo wurde nur von Albanien anerkannt.[703]

Kosovo versuchte seine Unabhängigkeit somit durch die Etablierung einer de facto Republik und durch friedlichen Widerstand voranzutreiben.[704] Es entstand eine Schattengesellschaft unter der Führung des Literaturwissenschaftlers und Parteivorsitzenden der von albanischen Intellektuellen gegründeten Partei *Demokratische Liga des Kosovo (LDK)* Ibrahim Rugova. Ibrahim Rugova verfolgte vor allem die Intention, durch friedlichen Widerstand das Entstehen eines Konfliktes zu vermeiden, der das Ausmaß ethnischer Säuberung annehmen könnte.[705] 1995 wurde das Friedensabkommen von Dayton abgeschlossen, das auch den Krieg in Bosnien und Herzegowina von 1992–1995 beendete, der äußerst verlustreich verlief und 100.000 Menschenleben gefordert hatte.[706]

Die Ergebnisse des Friedensabkommens von Dayton waren für die Kosovo-Albaner frustrierend. Der jahrlange friedliche Widerstand und die Hoffnung auf eine Unterstützung durch die internationale Staatengemeinschaft blieben ohne Erfolg.[707] Gewaltsame Sezessionen schienen erfolgsversprechender zu sein, zumal der Republik Srpska nach ihrer gewaltsamen Sezession Rechte der Selbstregierung und Autonomie eingeräumt wurden, für die sich Kosovo seit Jahren

701 James Gow führt den blutigen Zerfall Jugoslawiens auf das Versagen der internationalen Diplomatie zurück: es sei der Triumph des fehlenden Willens, vgl. J. Gow, Triumph of the Lack of Will: International Diplomacy and the Yugoslav War, London 1987.

702 Vgl. M. Weller, S. 39, J. Summers, S. 10.

703 Vgl. J. Summers, Kosovo, S. 238.

704 Vgl. J. Summers, Kosovo: A Precedent?, S. 14.

705 Ibid, S. 15.

706 Vgl. P. Hilpold, Das Kosovo-Problem, S. 781.

707 Vgl. J. Summers, Kosovo: A Precedent?, S. 15.

eingesetzt hatte.[708] Dies führte letztendlich zum Erstarken der UÇK, die härter gegen die serbische Seite vorzugehen begann. 1998 initiierte die UÇK einen bewaffneten Aufstand in Kosovo und weite Gebiete des Kosovo wurden durch sie besetzt. Durch die Resolution 1160 vom 31. März 1998 verurteilte der Sicherheitsrat die Akteure der UÇK als Terroristen und forderte die Behörden in Belgrad zum Dialog mit der kosovo-albanischen Führung auf. Außerdem wurden Grundsätze zur Lösung des Kosovo-Problems vorgebracht. Dabei betonte der Sicherheitsrat, dass eine politische Lösung jedenfalls zu einem verbesserten Status des Kosovo unter der Einräumung eines erheblich größeren Maßes an Autonomie und Selbstverwaltung führen sollte.[709] Es folgten außerdem Verhandlungsbemühungen der Kontaktgruppe bestehend aus Vertretern der USA, Russland, Frankreich, Deutschland, Italien und Großbritannien.

Am 6. Februar 1999 wurden auf Schloss Rambouillet Gespräche aufgenommen, die zu einem Abkommensentwurf führten. Dieser sah eine Selbstverwaltung des Kosovo unter Einhaltung der territorialen Integrität der Bundesrepublik Jugoslawiens vor. Der Bundesrepublik Jugoslawien sollten weitreichende Kompetenzen in den Bereichen der Außenpolitik, der Verteidigung, der Geldpolitik und der Bundesabgaben verbleiben.[710] In den Kompetenzbereichen der Bundesrepublik Jugoslawiens bzw. der Republik Serbiens sollten dem Kosovo zudem Partizipationsrechte in den betreffenden Institutionen zugestanden werden.[711]

Die jugoslawische Delegation lenkte trotz intensiver Verhandlungen nicht ein und lehnte den Abkommensentwurf vor allem wegen ihrer Bedenken in Bezug auf die Stationierung von NATO-Streitkräften auf dem Territorium Jugoslawiens ab.[712] Auch für die kosovo-albanische Führung war der Abkommensentwurf nicht völlig zufriedenstellend, zumal sie nach Unabhängigkeit strebten und der Entwurf den Verbleib des Kosovo in der jugoslawischen Bundesrepublik vorsah.[713] Der Versuch eines Befriedungsprozesses auf diplomatischem Weg war somit zum Scheitern verurteilt und das Abkommen wurde letztendlich nur von der kosovo-albanischen Führung unterzeichnet.

---

708 Ibid.

709 UN Doc. S/RES/1160 (31 March 1998), Abs. 5: […] and that such a solution must also take into account the rights of the Kosovar Albanians and all who live in Kosovo, and expresses its support for an enhanced status for Kosovo which would include a substantially greater degree of autonomy and meaningful self-administration".

710 Vgl. Abkommensentwurf, Kaptiel 1, Art. 1, Abs. 2 und Abs. 3.

711 Vgl. Abkommensentwurt, Kapitel 1, Art. 1, Abs. 5.

712 Vgl. Abkommensentwurf, Kapitel 7, Art. 1, Abs. 1.

713 Vgl. P. Hilpold, Das Kosovo-Gutachten, S. 9.

Den Menschenrechtsverletzungen durch die Serbisierungspolitik Miloševićs konnte nicht Einhalt geboten werden und die Lage im Kosovo spitzte sich weiter zu. Die Ereignisse des Massakers serbischer Truppen an albanischen Zivilisten im Dorf Račak[714], die damit verbundene Eskalation von Gewalt im Kosovo[715] und das letztendliche Ausbleiben der Unterzeichnung des Abkommensentwurfes von Rambouillet durch Jugoslawien bahnten den Weg zur NATO-Intervention von 1999.[716]

4.1.1 NATO-Intervention im Kosovo

Die Luftangriffe begannen am 24. März 1999 und hielten 78 Tage an. Die serbischen Truppen verließen am 10. Juni 1999 den Kosovo. Den Diskriminierungen und ethnischen Säuberungen durch die serbische Seite konnte somit ein Ende gesetzt werden. Die Frage der völkerrechtlichen Legitimität des Einschreitens der NATO, die dieses als Notwendigkeit zur Verhinderung einer humanitären Katastrophe bezeichnete[717], ist Gegenstand intensiver Debatten im Völkerrecht[718] und manche gehen sogar soweit, dass sie das einseitige Einschreiten der NATO-Staaten im Kosovo als Paradigmenwechsel im gegenständigen Völkerrecht ansehen,

---

714 S/PRST/1999/2: "The Security Council strongly condemns the massacre of Kosovo Albanians in the village of Racakin Southern Kosovo, Federal Republic of Yugoslavia, on 15 January 1999, as reported by the Organization for Security and Cooperation in Europe (OSCE) Kosovo Verification Mission (KVM). It notes with deep concern that the report of the KVM states that the victims were civilians, including women and at least one child. The Council also takes note of the statement by the Head of the KVM that the responsibility for the massacre lay with Federal Republic of Yugoslavia security forces, and that uniformed members of both the Federal Republic of Yugoslavia armed forces and Serbian special police had been involved. The Council emphasizes the need for an urgent and full investigation of the facts and urgently calls upon the Federal Republic of Yugoslavia to work with the International Tribunal for the former Yugoslavia and KVM to ensure that those responsible are brought to justice."

715 S/PRST/1999/5: "The Security Council expresses its deep concern at the escalating violence in Kosovo, Federal Republic of Yugoslavia. It underlines the risk of a further deterioration in the humanitarian situation if steps are not taken by the parties to reduce tensions [...]".

716 Vgl. J. Summers, Kosovo, S. 239.

717 *Press Statement by Dr. Javier Solana, Secretary General of NATO*: „[...] necessary to avert a humanitarian catastrophe."

718 Thürer betont, dass „[k]ardinale Grundregeln des Völkerrechts in Frage und auf die Probe gestellt wurden." D. Thürer, Der Kosovo-Konflikt, S. 3.

das zunehmend Einschränkungen der Souveränität bzw. territorialen Integrität der Staaten zur Verfolgung humanitärer Interessen zulässt.[719]

Die Intervention war nicht durch den Sicherheitsrat autorisiert und es lässt sich auch keine Grundlage in der Charta der Vereinten Nationen finden.[720] Das Völkerrecht sieht Ausnahmen des in Art. 2/4 der UN-Charta geregelten Gewaltverbots vor. Allerdings liegt in Bezug auf den Kosovo-Konflikt kein Fall der kollektiven Selbstverteidigung nach Art. 51 UN-Charta vor, da sich nur ein Staat, der Opfer eines bewaffneten Konfliktes von außen wird, auf ein solches berufen kann.

Eine Grundlage für die Legitimität der NATO-Intervention wird zumeist im Konzept der humanitären Intervention gesucht. Der Ansatz der humanitären Intervention[721] stützt sich dabei auf die Überlegung, dass der Menschenrechtsschutz inzwischen so stark an Bedeutung gewonnen hat, dass das Völkerrecht in Ausnahmefällen zur Verhinderung von schweren Verbrechen gegen die Menschlichkeit auch nicht autorisierte Anwendung von Gewalt zulassen kann.[722] Dem Sicherheitsrat kommt grundsätzlich die Hauptverantwortlichkeit für die

---

719 Vgl. M. Torrelli, Chronique des faits internationaux, in: 103 Revue Générale de Droit International Public (1999), S. 488: „[I]nterference to protect human rights, and then humanitarian interference, seems definitively to have gained the upper hand over state sovereignty", zitiert in: O. Corten, Human Rights and Collective Security: Is There a Emerging Right of Humanitarian Intervention, in: P. Alston/ E. Macdonald, Human Rights, Intervention, and the Use of Force, New York, 2008, S. 108.

720 Vgl. C. Tomuschat, Völkerrechtliche Aspekte des Kosovo-Konflikts, in: Die Friedens-Warte, Vol. 74, No. 12, Jubiläumsheft „100 Jahre Friedens-Warte" (1999), S. 33–37, S. 33.

721 Vgl. A. Cassese, Ex iniuria ius oritur: Are we Moving towards International Legitimation of Forcible Humanitarian Countermeasures in the World Community, in: EJIL 10 (1999), S. 23–30; P. Hilpold, Humanitarian Intervention: Is There a Need for a Legal Reappraisal?, in: EJIL Vol. 12 No. 3 (2001), S. 437–467; L. Henkin, Kosovo and the Law of „Humanitarian Intervention", in: The American Journal of International Law, Vol. 93, No. 4 (Oct. 1999), S. 824–828; D. Thürer, Der Kosovo-Konflikt; K. Ipsen, Der Kosovo-Einsatz – Illegal? Gerechtfertigt? Entschuldbar?, in: Die Friedens-Warte, Vol. 74, No. 12, Jubiläumsheft „100 Jahre Friedens-Warte" (1999), S. 19–23; O. Corten, Human Rights and Collective Security.

722 Vgl. G. Nolte, Kosovo und Konstitutionalisierung: Zur humanitären Intervention der NATO-Staaten, S. 948; D. Thürer, Der Kosovo-Konflikt im Lichte des Völkerrechts, S. 8–9: „In ganz außergewöhnlichen Fällen und unter strikt befolgenden Kautelen [...] dürften aber bei einer Blockierung des Sicherheitsrates wohl auch einzelne Staaten oder Staatengruppen als befugt betrachtet werden, von sich aus bewaffnete Maßnahmen zum Schutze übergeordneter Werte und fundamentaler Interessen der internationalen Gemeinschaft zu ergreifen."

Wahrung des internationalen Friedens zu. Darauf wies UN-Generalsekretär Kofi Annan in seiner Rede vom 24. März 1999 in New York hin, in der er auch betonte, dass es Zeiten gibt, in denen die Anwendung von Gewalt zur Wahrung des Friedens „*legitimate*“ sein könne:

> "I speak to you at a grave moment for the international community. Throughout the last year, I have appealed on many occasions to the Yugoslav authorities and the Kosovo Albanians to seek peace over war, compromise over conflict. I deeply regret that, in spite of all the efforts made by the international community, the Yugoslav authorities have persisted in their rejection of a political settlement, which would have halted the bloodshed in Kosovo and secured an equitable peace for the population there. It is indeed tragic that diplomacy has failed, but there are times when the use of force may be legitimate in the pursuit of peace. In helping maintain international peace and security, Chapter VIII of the United Nations Charter assigns an important role to regional organizations. But as Secretary-General, I have many times pointed out, not just in relation to Kosovo, *that under the Charter the Security Council has primary responsibility for maintaining international peace and security* – and this is explicitly acknowledged in the North Atlantic Treaty. *Therefore, the Council should be involved in any decision to resort to the use of force.*"[723] (Herv. A.F.)

Die NATO-Staaten beriefen sich auf verschiedene Rechtfertigungsgründe ihres einseitigen, nicht durch den Sicherheitsrat autorisierten Einschreitens: die Verweigerung der Unterzeichnung des Abkommensentwurfes von Rambouillet, den unverhältnismäßigen Einsatz von Gewalt im Kosovo und letztendlich das Risiko einer daraus resultierenden humanitären Katastrophe.[724] Dieser Versuch einer Rechtfertigung hatte keine rechtliche Grundlage[725] und beschränkte sich auf die Feststellungen des Sicherheitsrates in seinen Resolutionen zur Situation im Kosovo, der angesichts der Menschenrechtsverletzungen im Kosovo auf die Gefahr einer humanitären Katastrophe hindeutete.[726]

Die Argumentation stützt sich auf drei wesentliche Punkte: *Erstens* habe der Sicherheitsrat die Resolutionen in Zusammenhang mit Kapitel VII der Charta der Vereinten Nationen verabschiedet, *zweitens* habe Jugoslawien in Verletzung dieser Resolutionen gehandelt und *drittens* ergebe sich daraus, dass die NATO-Staaten berechtigt seien zu handeln, um diesen Menschenrechtsverletzungen ein Ende zu setzen.[727]

---

723 SG/SM/6938 24. 03. 1999 http://www.un.org/press/en/1999/sgsm6938.doc.htm.

724 Vgl. O. Corten, Human Rights and Collective Security, S. 109.

725 A. Cassese, Ex iniuria ius oritur: *Are We Moving towards International Legitimation of Forcible Humanitarian Countermeasures in the World Community?*, S. 24.

726 Vgl. G. Nolte, S. 943, vgl. S/RES/1160, S/RES/1199, S/RES/1203.

727 Vgl. O. Corten, Human Rights and Collective Security, S. 111.

Das bedeutet allerdings, dass ein Einschreiten durch nicht-autorisierte Gewalt jedenfalls an die Feststellung einer humanitären Katastrophe durch den Sicherheitsrat gebunden wäre und somit wiederum eine Entscheidung des Sicherheitsrates erforderlich machen würde. In der Resolution 1199 wurden vom Sicherheitsrat keine Zwangsmaßnahmen nach Kapitel VII der UN-Charta angeordnet.[728] Es wird daher überwiegend die Auffassung vertreten, dass die Intervention durch die Luftangriffe der NATO völkerrechtswidrig war und unter Verletzung der UN-Charta und deren grundlegender Prinzipien, des Gewaltverbotes und des Interventionsverbots, erfolgte.[729]

Es ist nicht anzuzweifeln, dass die Intervention den schweren Diskriminierungen, Menschenrechtsverletzungen und ethnischer Säuberungen tatsächlich Einhalt bieten konnte.[730] Dies ging allerdings mit schwerwiegenden Verlusten einher und forderte viele Menschenleben. Die Intervention verletzte das Gewaltverbot, das im Völkerrecht zwingenden Charakter einnimmt.[731] Die völkerrechtliche Legitimität ist somit mehr als fraglich und die Intervention wird wohl überwiegend als rechtswidrig einzustufen sein.

Der NATO-Einsatz zur Verhinderung einer humanitären Katastrophe und zum Schutz der Menschenrechte der diskriminierten kosovo-albanischen Bevölkerungsgruppe führt in eine völkerrechtliche Grauzone, in der eine klare Abgrenzung von Recht und Unrecht nur noch schwer möglich ist.[732] Augenscheinlich

---

728 S/RES/1199 (23 September 1998); In der Resolution wird zudem die Einhaltung der Souveränität und territoriale Integrität Jugoslawiens betont: „Reaffirming also the commitment of all Member States to the sovereignty and territorial integrity of the Federal Republic of Yugoslavia [...]; Affirming that the deterioration of the situation in Kosovo, Federal Republic of Yugoslavia, constitutes a threat to peace and security in the region [...]".

729 Vgl. P. Hilpold, The Kosovo Case and International Law, S. 50.

730 Ibid.

731 Vgl. A. Cassese, Ex iniuria ius oritur: S. 23 f.: "I fully subscribe to the cogent argument put forward by B. Simma that the threat of force, followed by the use of armed violence, by NATO countries against the Federal Republic of Yugoslavia (Serbia and Montenegro) (FRY) is contrary to the United Nations Charter. Those countries acted without any authorization of the Security Council und Chapter VII of the Charter, nor could their action be justified as collective self-defence pursuant to Article 51 of the Charter. Hence, recourse to force has taken place outside, and indeed against, the Charter framework".

732 Vgl. C. Tomuschat, Völkerrechtliche Aspekte des Kosovo-Konflikts, S. 37.

wird dies durch den umstrittenen Legitimationsversuch „illegal but legitimate", der sich unter anderem im Kosovo-Report findet.[733]

In Resolution 1244 vom 10. Juni 1999 verzichtete der Sicherheitsrat darauf, die NATO-Intervention als unzulässig zu verurteilen. Eine endgültige Beurteilung auf völkerrechtlicher Ebene ist durch die Vereinten Nationen nie erfolgt. Wie ich später noch zeigen werde, stellt diese illegale Intervention einen wesentlichen Aspekt des Präzedenzfalls Kosovo dar, der 15 Jahre später, in der Ukrainekrise, von Russland zur Legitimation des eigenen Einschreitens auf der Krim herangezogen wurde.

4.1.2 Resolution 1244 vom 10. Juni 1999

Die NATO-Intervention wurde vom Sicherheitsrat weder als rechtmäßig abgesegnet noch verurteilt, sie bildete allerdings den Grundstein für die weitere Vorgehensweise zur Lösung der prekären Lage im Kosovo.[734] Am 3. Juni 1999 wurde eine Friedensvereinbarung geschlossen und am 10. Juni die Resolution des Sicherheitsrates verabschiedet, mit 14 zu null Stimmen und einer Enthaltung (China).[735]

Die Resolution 1244 vom 10. Juni 1999 bildete die Grundlage für die Errichtung einer internationalen zivilen und Sicherheitspräsenz im Kosovo unter der „Schirmherrschaft" der Vereinten Nationen und Aufrechterhaltung der territorialen Integrität der Bundesrepublik Jugoslawiens (bzw. Serbiens).[736]

Die Souveränität der Republik Serbien über Kosovo blieb somit unangetastet und die Hoheitsgewalt wurde den Vereinten Nationen im Sinne eines „Vormundschaftverhältnisses" übertragen.[737] In seiner Resolution verurteilte der Sicherheitsrat

---

733 The Kosovo Report. Conflict – International Response – Lessons Learned. Oxford, 2000, S. 4: "The Commission concludes that the NATO military intervention was *illegal but legitimate*. It was illegal because it did not receive prior approval from the United Nations Security Council. However, the Commission considers that the intervention was justified because all diplomatic avenues had been exhausted and because the intervention had the effect of liberating the majority population of Kosovo from a long period of oppression under Serbian rule." (Herv. A.F.) Zur Argumentationsstrategie *„illegal but legitimate"* vgl. Kapitel 5.2.

734 Vgl. P. Hilpold, Das Kosovo-Gutachten vom 22. Juli 2010, S. 12.

735 Vgl. J. Summers, Kosovo: A Precedent?, S. 19; J. Summers, Kosovo, S. 240.

736 Resolution 1244(1999) vom 10. Juni 1999: „[...] *in Bekräftigung* des Bekenntnisses aller Mitgliedstaaten zur Souveränität und territorialen Unversehrtheit der Bundesrepublik Jugoslawiens und der anderen Staaten der Region [...]."

737 Vgl. P. Hilpold, Das Kosovo-Gutachten, S. 12.

die Gewaltanwendungen gegen die Bevölkerung des Kosovo und stellte fest, dass die Lage im Kosovo nach wie vor eine „Bedrohung des Weltfriedens und der internationalen Sicherheit" darstelle.[738] Der Sicherheitsrat forderte die Bundesrepublik Jugoslawien auf, den Gewaltanwendungen im Kosovo umgehend ein Ende zu setzen und verlangte den Abzug der militärischen Streitkräfte aus dem Kosovo.

Dem kosovo-albanischen Volk sollte eine „substantielle Autonomie" gewährleistet werden und es sollten demokratische Selbstverwaltungsinstitutionen geschaffen und deren Entwicklung überwacht werden.[739] Diese zivile Präsenz wurde als *United Mission in Kosovo (UNMIK)* eingerichtet und ihr wurden weitreichende Befugnisse übertragen. So war sie verantwortlich für die Schaffung eines politischen Rahmens, der zur Förderung der substantiellen Autonomie und Selbstverwaltung des Kosovo führte.[740]

Außerdem sollte UNMIK grundlegende zivile Verwaltungsaufgaben übertragen werden, wie die Organisation und Überwachung der Institutionen einer demokratischen und autonomen Selbstverwaltung und der Abhaltung von Wahlen.[741] UNMIK sollte den politischen Prozess mit dem Ziel der Bestimmung des finalen Status des Kosovo fördern. Dabei wurde nur Bezug auf das Rambouillet-Abkommen genommen und nicht weiter vorgebracht, wie ein finaler Status ausschauen sollte bzw. wie und wann ein solcher erreicht werden kann.[742]

Die Resolution 1244 vom 10. Juni 1999 war somit die Grundlage einer Übergangsregelung, eines „Provisoriums"[743], das die prekäre Lage im Kosovo befrieden sollte und das Ziel verfolgte, den Flüchtlingen und Vertriebenen eine sichere Rückkehr zu gewährleisten.[744] Dabei sollte die Resolution nur die Basis für eine finale und einvernehmliche Statusregelung für den Kosovo darstellen. Angesichts der stark unterschiedlichen Intentionen, die die beiden involvierten Parteien, Kosovo und Serbien, verfolgten – Serbien hielt stark an seiner Souveränität und territorialen Integrität fest, während Kosovo sich die Unabhängigkeit von Serbien zum Ziel setzte – war eine einvernehmliche Statusregelung unter

---

738 Resolution 1244 (1999) vom 10. Juni 1999: „*feststellend*, daß die Situation in der Region auch weiterhin eine Bedrohung des Weltfriedens und der internationalen Sicherheit darstellt;".

739 Resolution 1244 (1999) vom 10. Juni 1999, Abs. 10.

740 Ibid, Abs. 11(a).

741 Ibid, Abs. 11(b)–(d).

742 Ibid, Abs. 11(e).

743 Vgl. P. Hilpold, Das Kosovo-Gutachten, S. 12.

744 Resolution 1244(1999).

Berücksichtigung der Interessen beider Parteien, auf die die Resolution 1244 des Sicherheitsrates hinwirken sollte, wohl kaum umzusetzen.

Auf Initiative der Kontaktgruppe, bestehend aus Großbritannien, den Vereinigten Staaten, der Russischen Föderation, Frankreich, Deutschland und Italien, wurde unter der Schirmherrschaft des Sondergesandten ein Dokument erarbeitet. Die in diesem enthaltenen „Standards für Kosovo" wurden vom Sicherheitsrat am 12. Dezember 2003 bestätigt.[745] Das Dokument sah acht Standards vor, die im Kosovo vor der endgültigen Determinierung der Statusfrage umgesetzt werden sollten:

> "[D]emocratic institutions; rule of law; freedom of movement; returns and reintegration; economy; property rights; dialogue with Belgrade; and the Kosovo Protection Corps [...]."[746]

Damit wurden Rahmenbedingungen für ein friedliches Zusammenleben einer Gesellschaft verschiedener Ethnien erstellt und diese Standards sollten die Aussicht auf eine erfolgreiche und einvernehmliche Lösung für die finale Statusfrage stärken.[747] Im März 2004 kam es zu massiven Gewaltanwendungen gegenüber der serbischen Bevölkerung und der KFOR und der UNMIK wurde in diesem Zusammenhang schwere Vernachlässigung ihres Schutzmandates während dieser Ausschreitungen vorgeworfen.[748]

---

745 S/PRST/2003/26, 12. Dezember 2003.

746 Ibid.

747 Vgl. P. Hilpold, S. 17.

748 Vgl. P. Hilpold, Das Kosovo-Gutachten, S. 16; *Human Rights Watch, Failure to Protect, Anti-Minority Violence in Kosovo*, March 2014: "The March violence forced out the entire Serb population from dozens of locations-including the capital Pristina and equally affected Roma and Ashkali communities. After two days of rioting, at least 550 homes and twenty-seven Orthodox churches and monasteries were burned, leaving approximately 4,100 Serbs, Roma, Ashkali, and other non-Albanian minorities displaced. Some 2,000 persons still remain displaced months later, living in crowded and unsanitary conditions-including in unheated and unfinished apartments, crowded schools, tent camps on KFOR military bases, and even metal trucking containers. The future of minorities in Kosovo has never looked bleaker. The security organizations in Kosovo-KFOR, UNMIK international police, and the KPS-failed catastrophically in their mandate to protect minority communities during the March 2004 violence. In numerous cases, minorities under attack were left entirely unprotected and at the mercy of the rioters."

4.1.3 Der „Eide-Report"

„You gave us freedom, but not a future."[749]

Unter dem Eindruck der Gewaltexzesse und schweren Übergriffe gegenüber der serbischen Bevölkerung im März 2004, die der Sicherheitsrat stark verurteilte[750], beauftragte UN-Generalsekretär Kofi Annan den norwegischen Diplomaten Kai Eide zur Ausarbeitung eines Berichts zur Überprüfung der gegenwärtigen Lage im Kosovo und zur Abgabe von Empfehlungen bezüglich des weiteren Vorgehens in der Frage des Status des Kosovo.[751] Der Bericht, den dieser im Oktober 2007 vorlegte, markierte den Anfang der auf die „Standards vor Status"-Phase folgenden „Standards und Status"-Phase. Eide kritisierte die „Standards vor Status"-Politik, die angesichts der daraus resultierenden Stagnation im wirtschaftlichen und politischen Bereich im Kosovo zu Frustration und Unzufriedenheit führte, und empfahl die Einleitung des Statusprozesses:

> "[T]he economic situation will continue to worsen and the frustrations and dissatisfaction inside Kosovo will grow. Raising the future status question soon seems — on balance — to be the better option and is probably inevitable."[752]

4.1.4 Der Ahtisaari-Plan

Im November 2005 betrat Martti Ahtisaari, vom Generalsekretär zum UN-Sonderbotschafter zur Bestimmung des künftigen Status des Kosovo ernannt, die Bühne.[753] Zur Unterstützung der Bemühungen Martti Ahtisaaris erarbeitete eine Kontaktgruppe, bestehend aus Deutschland, Frankreich, Italien, der Russischen Föderation, dem Vereinigten Königreich Großbritannien und Nordirland und den Vereinigten Staaten von Amerika, Leitprinzipien für die Bestimmung des zukünftigen Status des Kosovo.

Die Statusregelung sollte zur regionalen Sicherheit und Stabilität in der Region beitragen und eine Rückkehr zur Situation vor dem März 1999 sei deshalb nicht tragbar. Einseitige Lösungsansätze der Statusfrage seien nicht akzeptabel,

---

749 Kosovo-albanischer Student, zitiert in: 'Eide Report', S/2004/932, Annex I, S. 3.

750 S/PRST/2004/5: "The Security Council strongly condemns the large-scale inter-ethnic violence in Kosovo (Serbia and Montenegro) that began yesterday and in which many people have been killed and hundreds injured [...]".

751 *Later dated 17 November 2014 from the Secretary-General addressed to the President of the Security Council*, S/2004/932.

752 S/2004/932, Summary and recommendations.

753 Vgl. H. H. Perritt, The Road to Independence for Kosovo: A Chronicle of the Ahtisaari Plan, New York 2010, S. 111 ff.

zudem dürfe es zu keinen territorialen Veränderungen des derzeitigen Gebietes Kosovos kommen.[754] Damit sollte eine nachhaltige Entwicklung des Kosovo auf wirtschaftlicher und politischer Ebene sichergestellt werden.[755] Zum Schutz der Minderheiten und zur Überwachung und Unterstützung bei der Umsetzung der Standards sollte weiterhin eine internationale Zivil- und Militärpräsenz eingerichtet werden.[756]

Marrti Ahtisaari führte intensive Verhandlungen mit den zwei involvierten Parteien, Serbien und Kosovo. Er und sein Team bemühten sich eine Lösung zu erreichen, die für beide Seiten akzeptabel war. Allerdings stellte sich sehr bald heraus, dass eine einvernehmliche Lösung auf Grund der stark gegensätzlichen Positionen beider Parteien kaum möglich schien. Während Serbien streng an seiner territorialen Integrität bzw. Souveränität festhielt und eine Autonomieregelung für Kosovo innerhalb Serbiens forderte, bestand Priština auf die Unabhängigkeit des Kosovo.

> "Throughout the process and on numerous occasions, both parties have reaffirmed their categorical, diametrically opposed positions: Belgrade demands Kosovo's autonomy within Serbia, while Priština will accept nothing short of independence."[757]

Am 26. März 2007 wurde der endgültige Bericht, den Martti Ahtisaari erarbeitet und dem UN-Generalsekretär präsentiert hatte, dem Sicherheitsrat vorgelegt.[758] Ahtisaari brachte darin vor, dass sich Kosovo acht Jahre nach der Verabschiedung der Sicherheitsratsresolution 1244 (1999) immer noch in einem

---

754 S/2005/709, Annex, Abs. 6: "The settlement of Kosovo's status should strengthen regional security and stability. Thus, it will ensure that Kosovo does not return to the pre-March 1999 situation. Any solution that is unilateral or results from the use of force would be unacceptable. There will be no changes in the current territory of Kosovo, i.e. no partition of Kosovo and no union of Kosovo with any country or part of any country. The territorial integrity and internal stability of regional neighbours will be fully respected."; Vgl. H. H. Perrit, The Road to Independence of Kosovo, S. 119: "The Contact Group position was popularly characterized as expressing 'three no's': no partitioning of Kosovo, no going back to the status before 1999, and no merging with other states".

755 Ibid, Abs. 9.

756 Ibid., Abs. 10.

757 S/2007/168, *Report of the Special Envoy of the Security-General on Kosovo's future status*, Abs. 2.

758 S/2007/168, *Letter dated 26. March 2007 from the Secretary-General addressed to the President of the Security Council.*

„Schwebezustand" befinde und die Ungewissheit über seinen zukünftigen Status ein Hindernis für die weiteren Entwicklung in der Region darstelle:

> "Such uncertainty only leads to further stagnation, polarizing its communities and resulting in social and political unrest [...]".[759]

Unter Berücksichtigung Kosovos jüngster Geschichte, der geschaffenen, gegenwärtigen Realitäten und der Verhandlungen zwischen den zwei Parteien, die keine einvernehmliche Lösung ermöglicht haben, sei die einzige durchführbare Option für die Regelung der Statusfrage Kosovos Unabhängigkeit - anfangs allerdings nur unter internationaler Aufsicht.[760] Dabei betonte Ahtisaari, dass angesichts der historischen Ereignisse – der schwerwiegenden Menschenrechtsverletzungen durch das Miloševićs-Regime, der NATO-Intervention von 1999 und der letztendlich durch die Resolution 1244 (1999) eingerichteten Übergangsverwaltung der Vereinten Nationen – eine Wiedereingliederung in Serbien keine realisierbare Alternative darstelle:

> "For the past eight years, Kosovo and Serbia have been governed in complete separation. The establishment of the United Nations Mission in Kosovo (UNMIK) pursuant to resolution 1244 (1999), and its assumption of all legislative, executive and judicial authority throughout Kosovo, has created a situation in which Serbia has not exercised any governing authority over Kosovo. This is a reality one cannot deny; it is irreversible. A return of Serbian rule over Kosovo would not be acceptable to the overwhelming majority of the people of Kosovo. Belgrade could not regain its authority without provoking violent opposition. Autonomy of Kosovo within the borders of Serbia — however notional such autonomy may be — is simply not tenable."[761]

Auch eine Weiterführung der Übergangsverwaltung durch die Vereinten Nationen stelle keinen tragbaren Lösungsansatz dar. Unter der UNMIK-Verwaltung hätten sich zwar lokale Institutionen der Selbstregierung herausentwickelt, Kosovos wirtschaftliche Entwicklung sei allerdings auf der Strecke geblieben. Eine Stärkung des schwachen Wirtschaftssystems könne nur durch „Klarheit und Stabilität" erreicht werden - somit nur durch Kosovos Unabhängigkeit.[762] Ahtisaari betonte zudem, dass die Unabhängigkeit für die Sicherstellung rechtsstaalicher Garantien und für die Gewährleistung eines effektiven Minderheitenschutzsystems von grundlegender Bedeutung sei:

759 Ibid., Abs. 4.
760 Ibid., Abs. 5.
761 Ibid., Abs. 6.
762 S/2007/168, Abs. 9.

"Only in an independent Kosovo will its democratic institutions be fully responsible and accountable for their actions. This will be crucial to ensure respect for the rule of law and the effective protection of minorities [...] Independence is the best safeguard against this risk. It is also the best chance for a sustainable long-term partnership between Kosovo and Serbia."[763]

In seiner „Conclusio" griff Martti Ahtisaari den *sui generis* Ansatz auf und betonte, dass Kosovo ein einzigartiger Fall sei, der eine einzigartige Lösung erfordere:

"Kosovo is a *unique case that demands a unique solution*. It does not create a precedent for other unresolved conflicts [...] The combination of these factors make Kosovo's circumstances extraordinary."[764] (Herv. A. F.)

4.1.5 Die einseitige Unabhängigkeitserklärung

"Assembly of Kosovo,
[...] *Observing* that Kosovo is a special case arising from Yugoslavia's non-consensual breakup and is not a precedent for any other situation,
Recalling the years of strife and violence in Kosovo, that disturbed the conscience of all civilized people,
Grateful that in 1999 the world intervened, thereby removing Belgrade's governance over Kosovo and placing Kosovo under United Nations interim administration [...]
KOSOVA DECLARATION OF INDEPENDENCE
1. We, the democratically elected leaders of our people, *hereby declare Kosovo to be an independent and sovereign state*. This declaration reflects the *will of our people* and it is in full accordance with the recommendations of UN Special Envoy Martti Ahtisaari and his Comprehensive Proposal for the Kosovo Status Settlement.
2. We declare Kosovo to be a democratic, secular and multiethnic republic, guided by the principles of non-discrimination and equal protection under the law. We shall protect and promote the rights of all communities in Kosovo and create the conditions necessary for their effective participation in political and decision-making processes [...]
3. We accept fully the obligations for Kosovo contained in the Ahtisaari Plan, and welcome the framework it proposes to guide Kosovo in the years ahead. We shall implement in full those obligations including through priority adoption of the legislation included in its Annex XII, particularly those that protect and promote the rights of communities and their members [...]"[765] (Herv. A. F.).

Nach den gescheiterten Verhandlungen zwischen Belgrad und Priština, die von der Troika-Kontaktgruppe, bestehend aus EU, Russland und den USA, im

763 Ibid, Abs. 10.
764 S/2007/168, *Conclusion*.
765 Kosovo Declaration of Independence, 17.02.2008, http://www.assembly-kosova.org/?cid=2,128,1635.

Sommer 2007 geführt wurden, blieb ein weiterer Lösungsversuch auf diplomatischem Weg ohne Erfolg.[766] Dies ebnete den Weg für eine unilaterale Lösung und am 17. Februar 2008 erklärten die Abgeordneten der kosovarischen Versammlung *(Kosovo Assembly)* die Unabhängigkeit des Kosovo.

Die Unabhängigkeitserklärung der Abgeordneten der kosovarischen Versammlung nahm nicht explizit, wie etwa die Unabhängigkeitserklärung des Parlaments der Krim, auf ein Recht auf Selbstbestimmung Bezug, sondern betonte nur, dass die Unabhängigkeitserklärung „den Willen des Volkes" repräsentiere. Erwähnenswert ist, dass sich die Abgeordneten der kosovarischen Versammlung auf die Einzigartigkeit des Kosovo-Falls bezogen und einen möglichen Präzedenzfall explizit ausschlossen, wie zuvor schon Martti Ahtisaari in seiner „Conclusio".

Noch am Sonntag ließen der serbische Präsident Tadić und der Premierminister Koštunica via Fernsehen verlauten, dass Serbien die Unabhängigkeit des Kosovo niemals anerkennen werde. Für Serbien bestehe der falsche Staat Kosovo nicht und er werde auch nie bestehen. Schon am Montag, den 18. Februar, wurde Kosovo durch die Vereinigten Staaten von Amerika, Großbritannien und Frankreich anerkannt. Die EU-Außenminister, die sich in Brüssel trafen, betonten, man werde in Übereinstimmung mit der Staatenpraxis und den rechtlichen Normen über die Beziehungen mit Kosovo entscheiden. Weiter betonten sie, dass die Unabhängigkeit des Kosovo keinen Präzedenzfall darstelle. Albanien und die Türkei erkannten den Kosovo ebenfalls an und die ungarische Außenministerin kündigte an, sie werde dem ungarischen Parlament die Anerkennung des Kosovo empfehlen. Auch die drei baltischen Staaten erklärten, dass sie Kosovo anerkennen würden. Spanien und Zypern gaben negative Stellungnahmen zur Anerkennung des Kosovo ab, China und Russland bezeichneten die Unabhängigkeitserklärung als illegal und als einen Angriff auf die Souveränität Serbiens.

In einer Sitzung des UN-Sicherheitsrates, ebenfalls einen Tag nach der Unabhängigkeitserklärung, brachte Präsident Tadić Serbiens Widerstand gegen die Unabhängigkeitserklärung zum Ausdruck:[767]

> "The Provisional Institutions of Self-Government of the southern Serbian province of Kosovo and Metohija, under interim United Nations administration, unilaterally and

766 S/2007/723, Report of the European Union/ United States/ Russian Federation Troika on Kosovo, 4. December 2007, Abs. 11: "Throughout the negotiations both parties were fully engaged. After 120 days of intensive negotiations, however, the parties were unable to reach an agreement on Kosovo's status. Neither side was willing to yield on the basic question of sovereignty."

767 Vgl. H. H. Perritt, The Road to Independence for Kosovo, S. 217.

illegally declared their independence on Sunday, 17 February. This illegal declaration of independence by the Kosovo Albanians constitutes a flagrant violation of Security Council resolution 1244 (1999), which reaffirms the sovereignty and territorial integrity of the Republic of Serbia, including Kosovo and Metohija. Serbia, let me recall, is a founding State Member of the United Nations.

If a small, peace-loving and democratic country in Europe that is a United Nations Member State can be deprived of its territory illegally and against its will, a historic injustice will have occurred, because a legitimate democracy has never before been punished in that way.

The Serbian State was born in Kosovo, and it represents the central part of our identity. I shall be frank with the Council: this is a situation in which a peace-loving country where a proud and European people lives is having a part of its identity, tradition and history snatched away. This act annuls international law, tramples upon justice and enthrones injustice.

[W]hoever may support Kosovo's independence must realize that this act legalizes the threat of violence as a means of creating new States and promoting one's own political agendas and interests.

If the members of the Security Council allow this illegal act to stand, they will demonstrate that right and justice can be disrespected in the world. They will demonstrate that, unfortunately, this body of the world Organization is losing its authority.

[T]he question before the Council is this: Are we all aware of the precedent that is being set, and are we aware of the catastrophic consequences that it may lead to?

[T]he Republic of Serbia will not accept the violation of its sovereignty and territorial integrity. The Government of Serbia and the National Assembly of the Republic of Serbia have declared the decision of the Pristina authorities null and void. Likewise, we are taking all diplomatic and political measures to prevent the secession of a part of our territory.

[T]]his arbitrary decision represents a precedent which will cause irreparable damage to the international order. The unilateral and illegal declaration of the independence of Kosovo runs afoul of the first principle of the Charter of the United Nations — the sovereign equality of all Member States — in the most direct way."[768]

Während Serbien also betonte, dass Recht mit Füßen getreten und ein gefährlicher Präzedenzfall geschaffen wurde, verwiesen die USA im Sicherheitsrat vor allem auf den *sui generis* Charakter des Falls Kosovo, der in keinster Weise einen Präzedenzfall darstelle:

"I understand the concern of some that Kosovo's independence could be cited as a precedent in other parts of the world. But the reality is that Kosovo is clearly a special case and has been treated as such by the United Nations since 1999. As we have noted repeatedly, the violent and non-consensual break-up of Yugoslavia; Milošević's policies

768 Stellungnahme von Boris Tadić im UN Sicherheitsrat am 18. Februar 2008 (S/PV.5839).

of repression and ethnic cleansing, which led the international community to act; the adoption of Security Council resolution 1244 (1999), under which Serbia has long been prevented from exercising normal governmental authority in Kosovo; and the United Nations-facilitated political process to help determine Kosovo's future status are all factors that make the situation in Kosovo different from other conflicts or situations and one that does not set a precedent for other regions. My country's recognition of Kosovo's independence is based upon the specific circumstances in which Kosovo now finds itself. *We have not, do not and will not accept the Kosovo example as a precedent for any other conflict or dispute.*".[769] (Herv. A.F)

Was für die eine Seite eine legitime und logische Konsequenz aus den speziellen, einzigartigen Umständen darstellt[770], ist für die andere Seite eine klare Verletzung der Souveränität Serbiens und daher völkerrechtlich illegal und nicht legitimierbar.

4.2 Das Rechtsgutachten des IGH[771]

769 Stellungnahme des amerikanischen Botschafters Zalmay Khalilzad im UN Sicherheitsrat am 18. Februar 2008 (S/PV.5839).

770 Vgl. die Stellungnahme der US-Außenministerin Condoleeza Rice zur Anerkennung des Kosovo durch die USA am 18. Februar 2008: "The unusual combination of factors found in the Kosovo situation – including the context of Yugoslavia's breakup, the history of ethnic cleansing and crimes against civilians in Kosovo, and the extended period of UN administration – are not found elsewhere and therefore make Kosovo a special case. Kosovo cannot be seen as a precedent for any other situation in the world today." https://2001-2009.state.gov/ secretary/rm/2008/02/100973.htm.

771 Zum Rechtsgutachten des IGH vgl.: E. Cirkovic, An Analysis of the ICJ Advisory Opinion on Kosovo's Declaration of Independence, in: German Law Journal, Vol. 11, No. 08, S. 896–900; A. Peters, Does Kosovo Lie in the Lotus-Land of Freedom; T. Burri, The Kosovo Opinion and Secession: The Sounds of Silence and Missing Links, in: German Law Journal, Vol. 11, No. 08, S. 881–890; M. G. Kohen/ K. Del Mar, The Kosovo Advisory Opinion and UNSCR 1244 (1999): A Declaration of 'Independence from International Law', in: Leiden Journal of International Law, Vol. 24, Issue 01 (2011), S. 109–126; H. Hannum, The Advisory Opinion on Kosovo: An Opportunity Lost, or a Poisoned Chalice Refused?, in: Leiden Journal of International Law, 24 (2011), S. 155–161; S. Oeter, Sezession, Territoriale Integrität und die Rolle des Sicherheitsrates, in: P. Hilpold (Hrsg.), Das Kosovo-Gutachten, S. 83–109; P. Hilpold, Die Sezession im Völkerrecht – Erfordert das Kosovo-Gutachten des IGH eine Neubewertung dieses Instituts?, in: ders., Das Kosovo-Gutachten, S. 49–82; D. Richemond-Barak, The International Court of Justice on Kosovo: Missed Opportunity or Dispute 'Settlement', in: 23 Hague Yearbook of Int. Law (2010), S. 1–19;

4.2.1 Serbiens Motive den IGH anzurufen[772]

Nach der Unabhängigkeitserklärung des Kosovo am 17. Februar 2008 beschloss Serbien Schritte gegen die einseitige Sezession des Kosovo einzuleiten und eine Anfrage an die Generalversammlung der Vereinten Nationen zu stellen, den Internationalen Gerichtshof um Erstattung eines Rechtsgutachtens zur Frage der Vereinbarkeit der Unabhängigkeitserklärung des Kosovo mit dem Völkerrecht

---

P. Hilpold, The ICJ Advisory Opinion on Kosovo: Perspectives of a Delicate Question, in: 14 Austrian Review of International and European Law (2009), S. 259–310, M. Bothe, Kosovo – So What? The Holding of the International Court of Justice is not the Last Word on Kosovo's Independence, in: German Law Journal, Vol. 11, No. 08, S. 837–840; A. Peters, Das Kosovogutachten und die Kunst des Nichtsagens, in: Jusletter 25 (Oktober 2010), S. 1–4; P. Hilpold, Das Kosovo Gutachten vom 22. Juli 2010: historische, politische und rechtliche Voraussetzungen, in: ders. (Hrsg), Das Kosovo-Gutachten, S. 1–29; R. Muharremi, A Note on the ICJ Advisory Opinion, in: German Law Journal Vol. 11, No. 08, S. 867–880; V. Röben, The ICJ Advisory Opinion on the Unilateral Declaration of Independence in Respect of Kosovo: Rules or principles?, in: Goettingen Journal of Int. Law 2 (2010) 3, S. 1063–1086; C. Walter, The Kosovo Advisory Opinion: What it Says and What it Does not Say, in: C. Walter/A. Von Ungern Sternberg: Self-Determination and Secession in International Law, S. 13–26; A.X.M. Ntovas, The paradox of Kosovo's parallel legal orders in the reasoning of the Court's Advisory Opinion, in: D. French (Hrsg.), Statehood and Self-Determination, S. 139–164; R. Howse and R. Teitel, Delphic Dictum: How Has the ICJ Contributed to the Global Rule of Law by its Ruling on Kosovo, in: German Law Journal, Vol. 11, No. 08, S. 841–846; M. Vashakmadze/ M. Lippold, „Nothing but a road towards secession"? – The International Court of Justice's Advisory Opinion on Accordance with International Law of the Unilateral Declaration of Independence in Respect of Kosovo, in: Goettingen Journal of International Law 2 (2010), S. 619–647, T. Christakis, The ICJ Advisory Opinion on Kosovo: Has International Law Something to Say about Secession?, in: Leiden Journal of Int. Law, 24 (2011), S. 73–86; R. Wilde, Self-Determination, Secession, and Dispute Settlement after the Kosovo Advisory Opinion, in: Leiden Journal of Int. Law, 24 (2011), S. 149–154, D. Jacobs/ Y. Radi, Waiting for Godot: An Analysis of the Advisory Opinion on Kosovo, in: Leiden Journal of Int. Law, 24 (2011), S. 331–353; M. Weller, Modesty Can be a Virtue: Judicial Economy in the ICJ *Kosovo* Advisory Opinion?, in: Leiden Journal of Int. Law, 24 (2011), S. 127–147, J. Vidmar, The Kosovo Advisory Opinion Scrutinized, in: Leiden Journal of Int. Law, 24 (2011), S. 355–383; A. Gattini, "You say you'll change the Constitution"- The ICJ and Non-State Entities in the Kosovo Advisory Opinion, in: P. Hilpold (Hrsg.), Das Kosovo-Gutachten, S. 206–229.

772 In den folgenden Ausführungen stütze ich mich vor allem auf Ker-Lindsay, Explaining Serbia's Decision to Go to the ICJ, in: M. Milanovic/ M. Wood (Hrsg.), The Law and Politics of the Kosovo Advisory Opinion, Oxford 2015, S. 9–20.

zu ersuchen.[773] Damit wollte Serbien weitere Anerkennungen eines unabhängigen Kosovo und auch das Entstehen eines gefährlichen Präzedenzfalles für sezessionistische Bewegungen auf der gesamten Welt verhindern und gegen die einseitige Sezession Kosovos und die Verletzung der territorialen Integrität Serbiens vorgehen.[774]

Der Gang zum Internationalen Gerichtshof diente internen und externen Zielen. Nach Innen war es ein Beweis, dass entschlossene Maßnahmen gegen die Abspaltung des Kosovo ergriffen wurden. International hoffte man, dass zumindest der Anerkennungsprozess verlangsamt werden könnte, weil viele Staaten auf die Entscheidung des Gerichts warten würden.[775]

Nach der grundsätzlichen Entscheidung, den Fall Kosovo vor den Internationalen Gerichtshof zu bringen, musste Serbien die genaue Vorgangsweise festlegen. Direkt gegen den Kosovo konnte und wollte man nicht vorgehen, allein schon deshalb, weil man damit stillschweigend die Eigenstaatlichkeit des Kosovo anerkannt hätte. Es blieben noch zwei weitere Optionen. Entweder die Anerkennung des Kosovo durch einen oder mehrere Staaten in Frage zu stellen (als klare Verletzung des Prinzips der territorialen Integrität und Souveränität) oder um ein Rechtsgutachten zur Legitimität der Unabhängigkeitserklärung selbst zu ersuchen.[776] Serbien entschloss sich schließlich für den zweiten Weg, nicht zuletzt deshalb, weil es problematisch schien, gegen die Staaten vorzugehen, die Kosovo bereits anerkannt hatten, das wären vor allem die Vereinigten Staaten und zahlreiche EU-Mitgliedsstaaten gewesen. Ein solches Vorgehen hätte die Beziehungen zu diesen Staaten stark belastet und wäre somit dem für Serbien

773 Vgl. J. Ker-Lindsay, Explaining Serbia's Decision to Go to the ICJ, in: M. Milanovic/ M. Wood (Hrsg.), The Law and Politics of the Kosovo Advisory Opinion, Oxford 2015, S. 9.

774 Speech by Serbian Foreign Minister Vuk Jeremić at the UN General Assembly, http://www.kosovocompromise.com: "The Republic of Serbia believes that sending this question to the ICJ would prevent the Kosovo crisis from serving as a deeply problematic precedent in any part of the globe where secessionist ambitions are harboured".

775 J. Ker-Lindsay, S. 9; Vgl. auch T. W. Waters, Misplaced Boldness: The Avoidance of Substance in the International Court of Justice's *Kosovo* Opinion, in: 23 Duke Journal of Comparative & International Law (2013), S. 293: "Still, I must admit that in 2008 [...] I was impressed with Serbia's diplomatic skill in getting the question onto the General Assembly's agenda and seemingly freezing a catalytic shift towards recognition. This view was fairly general, and at the time the mere fact of the referral was seen as a tactical victory for Serbia."

776 J. Ker-Lindsay, S. 13.

wichtigen strategischen Doppelziel „Kosovo *und* EU-Mitgliedschaft“ zuwidergelaufen.[777]

Obwohl viele in Serbien durchaus dafür gewesen wären, die Anerkennung des Kosovo durch einzelne Staaten in Frage zu stellen, darunter auch Premierminister Vojislav Koštunica, setzte sich die Meinung des Präsidenten Boris Tadić und seines Außenministers Vuk Jeremić durch: es blieb also nur noch ein Weg offen: die Frage nach der Legalität der Sezession des Kosovo.

Warum in der schlussendlichen Formulierung der Frage auf die Legalität der Unabhängigkeitserklärung fokussiert wurde und nicht auf andere rechtliche Aspekte, z. B. Kosovos Anspruch auf Eigenstaatlichkeit, bleibt ungewiss. Vielleicht war es Teil der Strategie, eine Niederlage vor Gericht möglichst zu vermeiden.[778]

Bleibt die Frage, warum Serbien nicht dem Drängen vieler führender EU-Mitgliedsstaaten nachgegeben hat, den Fall überhaupt fallen zu lassen. Vielleicht, weil dieser Druck zu schnell nachließ, dies wohl deshalb, weil sich die EU nicht dem Vorwurf der Doppelmoral aussetzen wollte: das Vorgehen Serbiens, in einer völkerpolitisch wichtigen Frage den Internationalen Gerichtshof anzurufen, war in klarer Übereinstimmung mit wichtigen Grundprinzipien der EU. Man wollte die Glaubwürdigkeit der EU als führende Stimme auf der weltpolitischen Bühne für die internationale Rechtsordnung und den Respekt vor internationalen Institutionen nicht untergraben.[779]

Voller Zuversicht wartete Serbien auf das Rechtsgutachten des Internationalen Gerichtshofs, das dieser schließlich am 22. Juli 2010 verkündete. Die Erwartungen in Bezug auf das Rechtsgutachten waren weit über Serbien hinaus groß, zumal dem Internationalen Gerichtshof dadurch die Möglichkeit[780] eingeräumt

777 Ibid.

778 Vgl. Ibid., S. 19: “[W]hat is less easy to explain is the decision to ask a question that focused on the legality of the declaration of independence, rather than focus on another legal aspect of the situation, such as Kosovo’s claim to statehood. In part, it could perhaps be explained as part of a policy of potential loss minimization.” Vgl. auch A. Pellet, Kosovo – The Questions Not Asked, S. 269: “Instead of putting before the Court the issue of the lawfulness of Kosovo’s secession, they focused on the *declaration* of independence, probably with the idea that a narrow question would limit the risk of a discussion on the right to secession under international law, the result of which was no doubt risky […].”

779 Vgl. J. Ker-Lindsay, S. 20.

780 Vgl. T. Burri, The Kosovo Opinion and Secession; D. Richemond-Barak, The International Court of Justice on Kosovo; H. Hannum, The Advisory Opinion on Kosovo: An Opportunity Lost, or Poisoned Chalice Refused; M. Weller, The Sounds of Silence: Making Sense of the Supposed Gaps in the *Kosovo* Opinion.

worden war, wichtige Graubereiche des Völkerrechts in Bezug auf ein Selbstbestimmungsrecht außerhalb des kolonialen Bereiches und die Frage nach einem etwaigen Sezessionsrecht im Völkerrecht zu klären. Die Enttäuschung nach der Verkündung des Rechtsgutachtens durch den Internationalen Gerichtshof war wohl noch weit größer.[781]

Das Gutachten ließ viele Fragen[782], die sich im Zusammenhang mit der Unabhängigkeitserklärung des Kosovo ergeben hatten, insbesondere Fragen des Inhaltes und der Tragweite des Selbstbestimmungsrechts[783] außerhalb eines kolonialen Kontextes und somit eines fortlaufenden Charakters des Konzepts der Selbstbestimmung und eines daraus ableitenden etwaigen Rechts auf Sezession, offen und der Internationale Gerichtshof beschränkte sich in seinem Rechtsgutachten auf eine enge Auslegung der Frage.

Durch die Verabschiedung seines äußerst knapp gehaltenen Rechtsgutachtens konnte der Gerichtshof aus seiner Sicht eine klare Antwort, getragen von einer stichhaltigen Mehrheit, liefern.[784] Während des Verfahrens hatte es sich deutlich herauskristallisiert, dass der Gerichtshof in Fragen bezüglich eines etwaigen Rechts auf Selbstbestimmung bzw. eines Rechts auf Sezession stark gespalten war und angesichts der kontroversen Debatten kaum eine klare Mehrheit finden würde.[785]

Der Internationale Gerichtshof konnte auch vermeiden, sich auf eine Seite der Parteien zu stellen und dadurch verhindern, die Spannungsverhältnisse, die die Beziehungen zwischen den beiden Seiten, Serbien und Kosovo, prägten, durch eine parteiische Entscheidung noch zu verstärken. Sowohl eine Bejahung eines Selbstbestimmungsrechts für die Kosovo-Albaner, als auch die Verneinung ihres Rechts auf Selbstbestimmung – eine solche hatte sich die serbische Seite durch ihr Vorgehen erhofft – hätte nicht ohne eine Gefahr daraus resultierender negativer Konsequenzen erfolgen können.[786] Zudem fürchteten die Dissenten innerhalb des Verfahrens vor dem Internationalen Gerichtshof, dass die Bejahung eines Selbstbestimmungsrechts bzw. eines Rechts auf Sezession die Gefahr der

---

781 Vgl. D. Richemond-Barak, S. 2; P. Hilpold, The International Court of Justice's Advisory Opinion on Kosovo, S. 259.

782 Vgl. R. Muharremi, S. 867.

783 Vgl. P. Hilpold, Die Sezession im Völkerrecht – Erfordert das Kosovo-Gutachten des IGH eine Neubewertung dieses Instituts?, S. 49.

784 M. Weller, The Sounds of Silence: Making Sense of the Supposed Gaps in the Kosovo Opinion, S. 189.

785 Vgl. S. Oeter, Sezession, Territoriale Integrität und die Rolle des Sicherheitsrates, S. 83.

786 Vgl. P. Hilpold, S. 49.

Etablierung eines womöglichen Präzedenzfalles durch Übertragung auf ähnliche Sachverhalte sezessionistischer Bestrebungen nach sich ziehen könnte.

Während das Rechtsgutachten des Internationalen Gerichtshofs von der einen Seite wegen der engen Auslegung der Frage und der Unterlassung einer weiteren Behandlung der Aspekte der Selbstbestimmung außerhalb des kolonialen Kontextes und des Rechts auf Sezession kritisiert wurde, konnte der Gerichtshof für manche gerade durch die Engführung der Fragestellung in einer politisch brisanten Ausgangssituation Verantwortung zeigen.[787] So betont Blake, dass der Internationale Gerichtshof durch seine viel kritisierte Engführung und das äußerst knapp gefasste Rechtsgutachten, wenn auch nicht willentlich, Platz für wichtige, politische und moralische Überlegungen und Diskussionen lässt:

> "Rather than addressing what many felt would be the key moral question – did Kosovo have a right, under international law, to be independent? – the Court focused instead on the more narrow question of whether or not making a secessionist *declaration* was itself contrary to international law. This modesty has sometimes been thought to represent institutional cowardice. If I am right, however, it might reflect something more noble: a recognition that the question of the *right* to secede is not the only moral question we ought to ask – and that assimilating all questions to this blunt question of rights is likely to reduce the quality of the moral and political discussions we ought to have. I do not, of course, claim that this was in fact the Court's motive. I do, however, think that the modesty of this decision is worth celebrating, rather than lamenting. By deciding that the Kosovo declaration was not itself illegal, the Court left open the possibility, that the best moral story we tell about Kosovo is one that is nuanced: one in which neither side has a right that the other side abandon their efforts. There are times in which the best thing a court can say, after all, is very little; while we prize clarity and bright-line standards, we do not want that clarity to obscure the moral complexity of our social and legal world."[788]

Egal ob man dem Gerichtshof Bescheidenheit oder Feigheit vorwirft, trotz seines „bemühten Schweigens"[789] bezüglich der oben genannten Aspekte war sein

787 Vgl. M. Milanovic/ M. Wood, Introduction, S. 3: "Note then how the formulation of the question [...] may have in the end produced the best of all political outcomes. The broader nationalist narratives of Serbia and Kosovo have remained unaffected no matter what the Court had said – each side remains convinced of the justness of its cause. But the silences of the Court's opinion allowed the political elites of Serbia and Kosovo to move along the path of normalizing their relations [...]."

788 M. Blake, Civil Disobedience, Dirty Hands and Secession, in: F. R. Tesón, The Theory of Self-Determination, S. 167 ff.

789 Vgl. S. Oeter, Sezession, Territoriale Integrität und die Rolles des Sicherheitsrates, S. 83.

Rechtsgutachten prägend für die Weiterentwicklung der Debatte eines Selbstbestimmungsrechts außerhalb des kolonialen Bereiches.[790] Schon das Verfahren vor dem Internationalen Gerichtshof nutzten viele Staaten, um sich in wichtigen Fragen des Völkerrechts zu positionieren, beispielsweise hinsichtlich der Doktrin der *Remedial Secession*.

4.2.2 Die Formulierung der Fragestellung

Am 8. Oktober wurde die Resolution 63/3 der Generalversammlung der Vereinten Nationen mit 77 zu sechs Stimmen – darunter 74 Enthaltungen – verabschiedet und dem Internationalen Gerichtshof folgende Fragestellung übermittelt:

> "Is the unilateral declaration of independence by the Provisional Institutions of Self-Government of Kosovo in accordance with international law?"[791]

Schon während des Verfahrens stellte sich heraus, dass sich Serbien mit dieser engen Formulierung der Fragestellung, an die sich der Internationale Gerichtshof in Den Haag bei seiner Abhandlung strikt hielt[792], selbst im Weg stand und dem Internationalen Gerichtshof somit eine Hintertür zur Umgehung grundlegender kontroverser Fragen des gegenwärtigen Völkerrechts offen ließ, insbesondere Fragen eines post-kolonialen Selbstbestimmungsrechts, eines etwaigen (Notwehr-)Rechts auf Sezession und Fragen der Anerkennung.

Mehrere Autoren gehen davon aus, dass sich die Entscheidung des Gerichtshofs allein aus der eng gehaltenen Fragestellung ergab und das Rechtsgutachten, hätte Serbien die Frage umfassender, in Anlehnung an die Fragestellung an das kanadische Höchstgericht im Fall Quebec, ausformuliert, womöglich anders ausgefallen wäre.[793] Hannum bringt vor, dass – hätte man Ungereimtheiten innerhalb

790 Vgl. P. Hilpold, Die Sezession im Völkerrecht – Erfordert das Kosovo-Gutachten des IGH eine Neubewertung dieses Instituts?, S. 50.

791 A/RES/63/3, 8. October 2008.

792 Vgl. A. Pellet, *Kosovo* – The Question Not Asked – Self-Determination, Secession, and Recognition, S. 269: "The risk of playing a game is that you may be taken at your own word. This is exactly what happened in this case. The Court strictly kept to the question asked […]".

793 Vgl. M. Weller, Modesty Can be a Virtue, S. 132: "However, through the phrasing of the question, it might nevertheless have been possible to place upon Kosovo the burden of proving a self-determination entitlement. In analogy to the Canadian Supreme Court reference relating to Quebec, one might have also asked whether Kosovo was entitled, by virtue of the right to self-determination, to secede unilaterally."; J. Vidmar, The *Kosovo* Advisory Opinion Scrutinized, S. 357; T. Christakis, The ICJ Advisory Opinion on Kosovo: Has International Law Something to Say

des Rechtsgutachtens im vornhinein verhindern und erreichen wollen, dass der Gerichtshof auch auf grundlegende völkerrechtliche Aspekte eingeht – die Fragestellung der Generalversammlung folgendermaßen ausfallen hätte sollen:

> "Does the recognition by states of the juridical independence of Kosovo violate their obligations under international law not to interfere with the territorial integrity and political independence of Serbia?"[794]

Es lag grundsätzlich an Serbien, die Frage so auszuformulieren, dass die Entscheidung des Gerichtshofes auch das liefern konnte, was sich Serbien mit der Anrufung des Internationalen Gerichtshofs erhofft hatte:

> "Serbia could start the proceedings from a clean sheet. It had full control over the question put to the Court, having been the sole sponsor of the General Assembly resolution requesting it."[795]

Wieso Serbien sich auf eine solch eng gefasste Formulierung der Fragestellung beschränkte, ist für Christakis ein „Rätsel". Die Fragestellung sei für die Interessen, die Serbien verfolgte, nicht gerade förderlich gewesen, ganz im Gegenteil, wohl eher hinderlich.[796] Auch Weller versteht nicht, wieso Serbien sich in der Fragestellung nicht explizit auf weitere Aspekte gestützt hat – Kosovo sei in verschiedenen Punkten sehr wohl angreifbar gewesen.[797] Allain Pellet geht soweit, dass er von einer „dummen Frage" spricht, auf die sprichwörtlich eine dumme Antwort folgt.

> "A silly question calls for a silly answer. This could – and from my point of view should – have been so in the case of the Advisory Opinion concerning the independence of Kosovo."[798]

Man kann Serbien zugestehen, dass es sich bei der Formulierung der Fragestellung ähnlich in einem Dilemma befand, wie dann der mit der Frage betraute

---

about Secession?, S. 77: "[…] Serbia could have asked: 'Did international law give the Provisional Institutions of Self-Government of Kosovo the right to issue a unilateral declaration of independence from Serbia? In this regard, is there a right to self-determination under international law that would give Kosovo the right to unilateral secession from Serbia?'".

794 Vgl. H. Hannum, The Advisory Opinion on Kosovo: An Opportunity Lost, or a Poised Chalice Refused?, S. 158.

795 Vgl. M. Weller, Modesty Can be a Virtue, S. 130.

796 Vgl. T. Christakis, The ICJ Advisory Opinion on Kosovo: Has International Law Something to Say about Secession?, S. 75.

797 Vgl. M. Weller, S. 132.

798 Vgl. A. Pellet, S. 268.

Gerichtshof. Wahrscheinlich hat der strategische Versuch, zwischen Skylla und Charybdis einen sicheren Weg zu finden[799], zu dieser Fragestellung geführt. Eine Frage, die Sezession und Selbstbestimmung in den Mittelpunkt gestellt hätte, wäre nicht nur für Serbien riskant gewesen, sondern wahrscheinlich in der Generalversammlung auch nicht mehrheitsfähig. Zu viele Staaten, insbesondere die Großmächte, hätten mögliche Konsequenzen einer Ausweitung des Prinzips der Selbstbestimmung oder die Weiterentwicklung der Doktrin der Sezession als Notwehrrecht befürchtet.

Das Rechtsgutachten wurde gerade auch aufgrund der engen Auslegung der Fragestellung kritisiert. Allerdings scheint die Vorgehensweise des Gerichtshofs in Anbetracht der formulierten Fragestellung konsequent zu sein: "The jurisdiction of the Court in this matter was shaped by the request, and so was the – narrow – focus of its enquiry."[800] Wie Peters vorbringt, ist eine solche Entscheidung des Gerichtshofes zu erwarten gewesen und auch als korrekt einzustufen. Kritisiert werden sollte der Gerichtshof nur bezüglich der Methodik, die im Rechtsgutachten angewandt wurde.[801] Ausgehend von der *Dissenting Opinion* von Richter Koroma sieht Vidmar die „Erbsünde"[802] des Gerichtshofs darin, dass er die Frage der Urheberschaft der Unabhängigkeitserklärung neu gestellt und somit eine völlig neue Ausgangsposition für das Rechtsgutachten geschaffen hat.[803]

4.2.3 Die Entscheidung des IGH

> "The International Court of Justice's Kosovo Advisory Opinion is a masterpiece of avoidance. The Court has lived to run another day, and one can only admire the judges' skill in arriving at the vacant place between difficult and clashing conclusions of substance. Still, in the wake of the Opinion, questions inevitably arise: Of what use is this document? Has it advanced a project of justice, or of law? The Opinion has done something, though not, perhaps, what it purports to do. To understand it, we must engage this cautious, crimped document in its full context – or rather, we must understand the ways in which the Opinion itself comprehensively avoids any engagement with context. Its

799 Vgl. T. W. Waters, S. 294: "Serbia was making a strategic attempt to steer between risks – between Scylla and a doctrinal swamp […]".

800 Vgl. M. Weller, S. 132.

801 Vgl. A. Peters, Does Kosovo Lie in the *Lotus*-Land of Freedom?, S. 108: "However, the method by which the result was reached is less than satisfactory."

802 Vgl. J. Vidmar, The *Kosovo* Advisory Opinion Scrutinized, S. 359.

803 Richter Koroma kritisiert in seiner Dissenting Opinion den aus seiner Sicht in der Geschichte des IGHs einzigartigen Fall einer völligen Neuformulierung der Fragestellung. Abs. 3.

> caution and its crimped nature are themselves features illuminating the self-image, role, and limited value of the Court."[804]

Meisterstück der Vermeidung[805], Kunst des Nichtsagens[806], verpasste Gelegenheit[807], – die Entscheidung des Internationalen Gerichtshofs wurde von vielen Völkerrechtsexperten scharf kritisiert, wegen ihrer Engführung, der auf die Spitze getriebenen minimalistischen Rechtsprechung[808] und nicht zuletzt im

---

804 T. W. Waters, Misplaced Boldness, S. 267. Für Waters hat der IGH – im Versuch sich selbst zu schützen – sogar in Kauf genommen, über die wesentlichen Fragen nichts zu sagen. Waters nennt dieses bemühte Schweigen "The Court's Unilateral Declaration of Irrelevance". Ibid., S. 328 f.

805 Ibid., Vgl. P. Macklem, Self-Determination in Three Movements, S. 107: "The ICJ's Advisory Opinion […] takes international law's avoidance of self-determination to a new level, by failing to say anything meaningful about the nature of the norm."

806 A. Peters, Das Kosovogutachten und die Kunst des Nichtsagens, S. 1–4.

807 D. Richemond-Barak, Missed Opportunity or Dispute 'Settlement'? S. 1–19. Vgl. auch H. Hannum, The Advisory Opinion on Kosovo: An Opportunity Lost, or a Poisoned Chalice Refused?

808 Vgl. C. Walter, Postscript: Self-Determination, Secession and the Crimean Crisis 2014, in: C. Walter, Self-Determination and Secession in International Law, S. 311: "In pursuing its 'judicial minimalism', the Court not only avoided any general statements on the law of self-determination and on secession as such; it also refrained from any detailed considerations as to possible circumstances under which declarations of independence raise issues of international law, in spite of their exclusion from its scope of application." Milanovic und Wood geht der Minimalismus nicht weit genug, es hätte im Ermessen des Gerichtshofes gelegen, das Ersuchen abzulehnen und die Präzedenzwirkung, wie z.B. im Fall der Krim, zu vermeiden: "Had the Court, for example, chosen to dispense with the case on grounds of discretion and propriety, ist opinion could not have figured in the Russian justifications of the secession and annexation of Crimea as it did. In other words, *the minimalist Court was perhaps not minimalist enough.*" (Herv. A. F.). M. Milanovic/ M.Wood, Introduction, in: M. Milanovic/ M. Wood (Hrsg.), The Law and Politics of the Kosovo Advisory Opinion, S. 6. Im Gegensatz dazu sieht Christian Walter in der minimalistischen Rechtsprechung des IGH den richtigen Zugang zu dieser heiklen Frage. "[T]he judicial minimalism chosen by the Court in its Kosovo Advisory Opinion was the right approach for this thorny issue." C. Walter, The Kosovo Advisory Opinion – What It Says and What It Does Not Say, S. 15; Weller sieht in der ökonomischen Rechtssprechung des Gerichts eine tugendhafte Bescheidenheit. M. Weller, Modesty Can Be a Virtue – Judicial Economy in the ICJ Kosovo Opinion?

Hinblick auf eine Wirkung als Präzedenzfall, den das Gericht freilich tunlichst hatte vermeiden wollen.[809]

Als die Richter des Internationalen Gerichtshofs davon erfuhren, dass ihre Meinung zur Unabhängigkeitserklärung des Kosovo gefragt sei, waren sie wohl keineswegs erfreut, die Risiken und Dilemmata ihrer Entscheidung – wie auch immer sie dann aussehen würde – waren ihnen sicher von Anfang an bewusst:[810]

> "Before turning to the reasons which have prevented me from concurring with the Opinion of the Court, I should first like to consider the propriety of the Court embarking on an exercise that is so hazardous for it, as the principal judicial organ of the United Nations, by responding to the request for an advisory opinion submitted to it by the General Assembly in resolution 63/3 of 8 October 2008."[811]

Allein schon die Spannung zwischen *dispute settlement* in einem konkreten Fall und *law-making* ausgehend von einem solchen, stellt den Internationalen Gerichtshof, gerade in einem so komplexen Fall, vor eine große Herausforderung.[812] Auch oder gerade in einem Rechtsgutachten kommt dem Gericht auch diese Funktion des *judicial law-making* zu, sodass der Beitrag des Gerichtshofs zur Entwicklung des Völkerrechts durch die Erstattung von Rechtsgutachten kaum überschätzt werden kann.[813]

Das Ersuchen eines Rechtsgutachtens durch die UN Generalversammlung brachte den Internationalen Gerichtshof in eine Zwickmühle – oder wie es Rossi

---

809 Rein juristisch gesehen, hat der Gerichtshof, wie Milanovic treffend ausführt, dies wohl erreicht: "Finally, this Advisory Opinion does not set a precedent for any other situation. *It was indeed designed not to set such a precedent.* It is reducible to the trite statement that international law does not prohibit declarations of independence. The whole point of the opinion is that it is not memorable." (Herv. A.F.) M. Milanovic, Panel Remarks at the Annual Meeting of the American Society of International Law, What the Kosovo Advisory Opinion Means for the Rest of the World, ASIL Proceedings 2011 (Oct 19 2011), S. 14, https://ssrn.com/abstract=1946419.

810 Vgl. T. W. Waters, S. 269.

811 Dissenting Opinion of Judge Bennouna, Art. 1, zitiert in: T. W. Waters, Misplaced Boldness, S. 269.

812 Vgl. C. Walter, S. 16: "Whereas the dispute settlement function in contentious proceedings only affects the parties to the dispute, the consequences of law-making on the occasion of a concrete dispute potentially concern the international community as a whole."

813 Vgl. J.A. Frowein/K. Oellers-Frahm, Art. 65, in: A. Zimmermann et al., The Statute of the International Court of Justice – A Commentary, zitiert in: C. Walter, S. 13.

mit einer englischen Phrase bildhaft ausdrückt – auf *Morton's Fork*.[814] Hätte sich der Gerichtshof, wie von fünf Richtern befürwortet, im Sinne seines Ermessens weigern sollen, die Frage zu beantworten?[815] Hätte er sich so aus der Zwickmühle befreien können oder, um mit Rossis Bild zu sprechen, elegant von der Gabel springen? Manche meinen, der Internationale Gerichtshof hätte mit einer solchen Entscheidung wohl nicht nur Serbien vor den Kopf gestoßen, sondern seine Stellung in beiden oben genannten Funktionen, *dispute settlement* und *law-making*, geschwächt.[816] Dem halten andere entgegen, dass der Gerichtshof mit seinem akrobatischen Geschick, allen substantiellen Fragen auszuweichen, seiner Autorität geschadet hat:

> "[F]inding a way to avoid all the clashing substantive claims in this case is an act of impressive acrobatic skill, but it is not the function or purpose of a court, which is to answer hard questions. Either of the choices the Court forewent – to address the substantive issues, or to speak about the reasons for silence – might have done much more to develop in the Court a real and efficacious authority. Either of those choices would also have entailed risks to the Court as well, but such risks come with the territory, as it were: they adhere in the nature of true authority, as they do in all forms of responsibility. Perhaps we ask too much if we expect the ICJ to speak truth to power, but it might at least mention its powerlessness."[817]

---

814 C. R. Rossi, Impaled on Morton's Fork: Kosovo, Crimea, and the *Sui Generis* Circumstance. Emory International Law Review, Vol. 30, No. 3, S. 353–390. „Morton's Fork" bezeichnet im Englischen ein Dilemma, in dem beide Möglichkeiten gleich unerwünscht sind. Das Bild von Mortons Gabel geht zurück auf John Morton (1420–1500), der unter Heinrich dem VII. Erzbischof von Canterbury, Kardinal und Lordkanzler war. Morton soll der Urheber des sophistischen Dilemmas beim Einheben von Steuern gewesen sein: Wer ausschweifend lebt, ist offensichtlich reich, wer sparsam lebt, hat genug Erspartes. https://en.oxforddictionaries.com/definition/morton's_fork.

815 Vgl. T. W. Waters, S. 330 f.: "Rather than taking the case by saying nothing the court could have declined the questions on the grounds that there was no meaningful question here it could engage or because the substantive issues were beyond the powers of the Court to answer, or because the law was not clear, this was, in fact, the view of some of the dissenting judges."

816 Vgl. A. Peters, Does Kosovo Lie in the *Lotus*-Land of Freedom?, S. 108: "However, to decline to render the Opinion would have meant shying away from the judicial function entrusted to the Court by the UN Charter, and would have a blow against current attempts to strengthen the rule of law in international relations."

817 T. W. Waters, S. 332.

Zuständigkeit und Ermessen

Bevor der Gerichtshof zur konkreten Fragestellung überging, hatte er zunächst seine Zuständigkeit zur Erstattung eines Rechtsgutachtens in der betreffenden Frage zu überprüfen. Art. 96/1 UN-Charta sieht vor, dass „die Generalversammlung oder der Sicherheitsrat über jede Rechtsfrage ein Gutachten des Internationalen Gerichtshofs anfordern kann.“[818] Daraus lassen sich jedenfalls zwei Voraussetzungen ableiten: Die Anfrage muss von einem dazu ermächtigten Organ der Vereinten Nationen erfolgen und es muss sich um eine Rechtsfrage handeln. Die Zuständigkeit des Internationalen Gerichtshofs zur Erstattung eines Rechtsgutachtens ergibt sich zudem aus Art. 65/1 des IGH-Statuts, das Folgende bestimmt:

> „Der Gerichtshof *kann* ein Gutachten zu jeder Rechtsfrage auf Antrag jeder Einrichtung abgeben, die durch die Charta der Vereinten Nationen oder im Einklang mit ihren Bestimmungen zur Einholung eines solchen Gutachtens ermächtigt ist.“[819] (Herv. A. F.)

Bezüglich der Zuständigkeit des Gerichtshofs wurde im Verfahren vor allem über den politischen Charakter des betreffenden Konfliktes debattiert. Der Gerichtshof brachte allerdings vor, dass die politischen Aspekte der Fragestellung ihn nicht daran hindern, der Frage rechtlichen Charakter zuzusprechen und seine Zuständigkeit für den betreffenden Fall zu bejahen:

> “Whatever its political aspects, the Court cannot refuse to respond to the legal elements of a question which invites it to discharge an essentially judicial task, namely, in the present case, an assessment of an act by reference to international law. The Court has also made clear that, in determining the jurisdictional issue of whether it is confronted with a legal question, it is not concerned with the political nature of the motives which may have inspired the request or the political implications which its opinion might have [...]”.[820]

Manche Staaten brachten vor, dass die Entscheidung über die Unabhängigkeitserklärung in die verfassungsrechtliche Zuständigkeit des betreffenden Staates falle und der Gerichtshof sich dabei in die Rolle eines Verfassungsgerichts manövrieren würde.[821] Der Gerichtshof entschied schlussendlich einstimmig über

---

818 Art. 96/1 der Charta der Vereinten Nationen.

819 Statut des Internationalen Gerichtshofs vom 26. 6. 1945, Art. 65/1.

820 Kosovo Advisory Opinion, para. 27.

821 Vgl. M. Vashakmadze/ M. Lippold, “Nothing but a road towards secession”? – The International Court of Justice's Advisory Opinion on Accordance with International Law of the Unilateral Declaration of Independence in Respect of Kosovo, in: Goettingen Journal of International Law, 2 (2010), S. 623.

seine Zuständigkeit zur Erstattung eines Rechtsgutachtens.[822] Sodann stellte sich die Frage, inwieweit er von seinem Ermessen, das sich aus dem Wortlaut des Art. 65 des IGH-Statuts ableiten lässt, Gebrauch machen sollte.[823] Die Zweckmäßigkeit seines Ermessens, eine Anfrage abzulehnen ergibt sich, wie der Gerichtshof vorbrachte, aus Folgendem:

> "The discretion whether or not to respond to a request for an advisory opinion exists so as to protect the integrity of the Court's judicial function and its nature as the principal judicial organ of the United Nations."[824]

Dabei betonte der Gerichtshof, dass eine Antwort auf eine Anfrage eines Rechtsgutachtens seine Tätigkeit innerhalb der Vereinten Nationen repräsentiere und dass eine Anfrage auf Erstattung eines Rechtsgutachtens grundsätzlich nicht abzulehnen sei.[825] Aus seiner ständigen Rechtsprechung könne abgeleitet werden, dass wenn er seine Zuständigkeit bereits bejaht habe, eine Ablehnung der Erstattung eines Rechtsgutachtens nur unter Bezugnahme auf „zwingende Gründe" erfolgen könne.[826] Dabei ist erwähnenswert, dass der Internationale Gerichtshof seit seiner Gründung erst ein einziges Mal von diesem Ermessen Gebrauch gemacht hat. Wenn er seine Zuständigkeit bejaht hat, hat er in weiterer Vorgehensweise noch nie ein Ersuchen zur Erstattung eines Rechtsgutachtens abgelehnt.[827]

Der Gerichtshof hätte sich somit, wenn er die Erstattung des Rechtsgutachtens im konkreten Fall abgelehnt hätte, auf „zwingende Gründe" berufen müssen. Dabei bezogen sich Mitwirkende am Verfahren des Internationalen Gerichtshofs vor allem auf die Beweggründe, die zur Annahme der Resolution der Generalversammlung 63/3 zum Ersuchen eines Rechtsgutachtens führten. Die Mitwirkenden brachten dabei vor, dass um das Rechtsgutachten aus Interesse Serbiens ersucht worden sei und nicht zur Förderung der Interessen der Generalversammlung als Organ der Vereinten Nationen. Der Gerichtshof sollte

---

822 *International Court of Justice, 22 July 2010, Accordance with International Law of the Unilateral Declaration of Independence in Respect of Kosovo*, p. 415, para. 29: "The fact that the Court has jurisdiction does not mean, however that it is obliged to exercise it [...]".

823 Vgl. V. Djeric, Question of Jurisdiction and the Discretion to Decline a Request for an Advisory Opinion, in: M. Milanovic/ M. Weller, The Law and Politics of the Kosovo Advisory Opinion, S. 104 ff.

824 Kosovo Advisory Opinion, p. 416, para. 29.

825 Ibid, p. 416, para. 30.

826 Ibid.

827 Vgl. P. Hilpold, The ICJ Advisory Opinion on Kosovo: Different Perspectives of a Delicate Question, S. 279.

deshalb das Ersuchen ablehnen.[828] In diesem Zusammenhang wurde vor allem auf die Stellungnahme des damaligen serbischen Außenministers Vuk Jeremić in der Generalversammlung Bezug genommen:

> "We also believe that the ICJ advisory opinion would provide politically neutral, yet judicially authoritative, guidance to many countries still deliberating how to approach unilateral declarations of independence in line with international law.
> Supporting this draft resolution would also serve to reaffirm a fundamental principle: the right of any Member State of the United Nations to pose a simple, basic question on a matter it considers vitally important to the Court. To vote against it would be in effect a vote to deny the right of any country to seek – now or in the future – judicial recourse through the United Nations system."[829]

Der Gerichtshof hielt dem allerdings Folgendes entgegen:

> "[T]he Court's opinion is given not to States but to the organ which has requested it [...]. Nevertheless, precisely for that reason, the motives of individual States which sponsor, or vote in favour of, a resolution requesting an advisory opinion are not relevant to the Court's exercise of its discretion whether or not respond."[830]

Das Rechtsgutachten richte sich nicht an die Staaten, sondern an das Organ, das den Internationalen Gerichtshof um ein solches angefragt habe, und die Intentionen eines individuellen Staates seien im Zusammenhang mit der Frage, ob der Gerichtshof sein Ermessen ausüben und das Ersuchen ablehnen sollte, nicht relevant. Dabei bezog sich der Gerichtshof auf sein Rechtsgutachten zur Völkerrechtsmäßigkeit der Androhung und des Einsatzes von Atomwaffen von 1996. Ebenso wenig schenkte der Gerichtshof dem Argument, aus der Resolution 63/3 der Generalversammlung ließen sich keine Angaben zum konkreten Zweck des Rechtsgutachtens des Internationalen Gerichtshofs für die Generalversammlung der Vereinten Nationen ableiten und deswegen sei eine Ablehnung der Erstattung des Gutachtens geboten, keine Berücksichtigung:

> "[I]t is for the organ which requests the opinion, and not for the Court, to determine whether it needs the opinion for the proper performance of its functions."[831]

Die Beantwortung der Frage abzulehnen, weil die Erstattung des Gutachtens in der betreffenden Frage, wie von manchen Mitwirkenden des Verfahrens vorgebracht wurde, unerwünschte politische Folgen mit sich bringen könnte, kam

---

828 Kosovo Advisory Opinion, p. 416, para. 32.

829 A/63/ PV. 22, p.1, zitiert in: Kosovo Advisory Opinion, p. 417, para. 32.

830 Ibid., para. 33.

831 Ibid., para. 34.

für den Gerichtshof auch nicht in Frage.[832] Dabei bezog er sich wiederum auf das Rechtsgutachten zur Völkerrechtsmäßigkeit der Androhung und dem Einsatz vom Atomwaffen von 1996 und betonte: "there are no evident criteria by which it can prefer one assessment to another."[833]

Das Ersuchen der Erstattung eines Rechtsgutachtens zur betreffenden Frage wurde durch die Generalversammlung gestellt. Grundsätzlich, wie bereits oben erwähnt, wird der Generalversammlung in Art. 96/1 UN-Charta die Befugnis eingeräumt, eine solche Rechtsfrage an den Internationalen Gerichtshof zu stellen. Ein bedeutender Aspekt, mit dem sich der Gerichtshof weiter auseinandersetzte, war die Frage, inwieweit das Ersuchen der Erstattung eines Rechtsgutachtens – im konkreten Fall zum Kosovo – dem Sicherheitsrat vorbehalten war, zumal dieser sich in der Resolution 1244 in Ausübung seiner in Art. 24 der UN-Charta verankerten „Hauptverantwortung für die Wahrung des Weltfriedens und der internationalen Sicherheit"[834] mit der Situation im Kosovo schon auseinandergesetzt hatte.[835] Dass dem Sicherheitsrat das Ersuchen der Erstattung eines Rechtsgutachtens vorbehalten sein sollte, ergebe sich auch aus der Tatsache, dass der Gerichtshof zur Beantwortung der betreffenden Frage in seinem Rechtsgutachten auch die Resolution 1244 (1999) des Sicherheitsrates zu interpretieren und anzuwenden habe.[836] Dies war auch der Hauptkritikpunkt von Richter Keith, der in seiner separaten Stellungnahme vorbrachte, dass unter Berücksichtigung der vorliegenden Umstände die Anfrage eines Rechtsgutachtens vom Sicherheitsrat hätte kommen müssen und der Gerichtshof somit von seinem Ermessen hätte Gebrauch machen sollen.[837]

Der Gerichtshof ging davon aus, dass die alleinige Tatsache, dass die Anfrage sich auf Aspekte bezieht, die der Sicherheitsrat als eine Gefährdung des Internationalen Friedens und der Sicherheit qualifiziert hat, nicht bedeutet, dass die Generalversammlung bezüglich der betreffenden Frage keine legitimen Interessen hat.[838] Aus Art. 24/1 der UN-Charta ergibt sich, dass dem Sicherheitsrat zur „Wahrung des Weltfriedens und der internationalen Sicherheit" die Hauptverantwortung zukommt. Der Gerichtshof brachte unter Bezugnahme auf sein Rechtsgutachten *Legal Consequences of the Construction of a Wall in the*

832 Ibid, p. 418, para. 35.
833 Ibid, p.418, para. 35.
834 Charta der Vereinten Nationen vom 26. 6. 1945, Art. 24/1.
835 Kosovo Advisory Opinion, p.418, para. 39.
836 Ibid.
837 Vgl. V. Djeric, S. 108 f.; Separate Opinion of Judge Keith, p. 483, para. 6.
838 Kosovo Advisory Opinion, p. 420, para. 40.

Occupied Palestinian Territory vor, dass sich aus Art. 24 zwar eine vorrangige, allerdings keine ausschließliche Kompetenz des Sicherheitsrates zur Wahrung des internationalen Frieden und der internationalen Sicherheit ableiten lässt.[839]

Aus Art. 12/1 der UN-Charta ergibt sich in Bezug auf das Verhältnis zwischen Sicherheitsrat und Generalversammlung zwar ein Vorrang des Sicherheitsrates, allerdings, wie der Gerichtshof vorbrachte, beschränkt sich dieser auf die Abgabe von Empfehlungen, und hindert die Generalversammlung nicht daran, sich mit der Situation zu befassen.[840] Mit neun zu fünf Stimmen entschied der Gerichtshof letztendlich, dem Ersuchen der Generalversammlung Folge zu leisten und ein Rechtsgutachten zur betreffenden Frage zu erstellen.[841]

Die „Question Question“[842]

In Bezug auf die Fragestellung, die die Generalversammlung an den Gerichtshof gerichtet hatte, entschied der Gerichtshof, dass er zwar in früheren Fällen, in denen die Frage nicht ausreichend formuliert worden war, vom Wortlaut der tatsächlichen Fragestellung abgewichen sei, für den betreffenden Fall allerdings davon ausgehe, dass diese ausreichend formuliert wurde: "[T]he question posed by the General Assembly is clearly formulated. The question is narrow and specific."[843]

Der Gerichtshof ging davon aus, dass er darüber zu entscheiden habe, ob die Unabhängigkeitserklärung im Einklang mit dem gegenwärtigen Völkerrecht sei. Die Fragestellung inkludiere nicht die legalen Konsequenzen der Unabhängigkeitserklärung und es werde auch nicht explizit danach gefragt, ob Kosovo tatsächlich Eigenstaatlichkeit erreicht habe. Auch Fragen der Rechtmäßigkeit der Anerkennung durch diejenigen Staaten, die Kosovo bereits als unabhängigen Staat anerkannt hätten, ließen sich aus der Fragestellung nicht ableiten.[844]

Für den Gerichtshof bestand also kein Grund, den Rahmen der betreffenden Frage auszuweiten bzw. diese neu darzulegen:

---

839 Ibid, p.430, para. 40: "Article 24 refers to a primary, but not a necessarily exclusive, competence."

840 Ibid.

841 Fünf der Richter stimmten dagegen, darunter: Richter Tomka, Koroma, Keith, Bennouna, Skotnikov, Kosovo Advisory Opinion, p. 453, para. 123.

842 Vgl. D. Müller, The Question Question, in: The Law and Politics of the Kosovo Advisory Opinion, in: M. Milanovic/ M. Wood, S. 118–133.

843 Kosovo Advisory Opinion, p. 423, para. 49.

844 Ibid., p. 423, para. 51.

> "[A]ccordingly the Court does not consider that it is necessary to address such issues whether or not the declaration has led to the creation of a State or the status of the acts of recognition in order to answer the question put by the General Assembly. The Court accordingly sees no reason to reformulate the scope of the question."[845]

Der Gerichtshof nahm auch eine klare Abgrenzung zur Frage vor, die an das kanadische Höchstgericht im Fall Quebec gestellt worden war: "[T]he question in the present case is markedly different from that posed to the Supreme Court of Canada."[846] Die Frage, die an das kanadische Höchstgericht gestellt worden war, beziehe sich auf ein konkretes „Recht auf Sezession", um zu klären, inwieweit sich aus dem Regelungsgefüge des gegenwärtigen Völkerrechts eine positive Berechtigung auf Sezession ableiten lässt. Im konkreten Fall habe die Generalversammlung nur gefragt, inwieweit die Unabhängigkeitserklärung im Einklang mit dem Völkerrecht sei.

Der Gerichtshof leitete daraus ab, dass er zur Beantwortung der betreffenden Frage nach Normen zu suchen habe, die eine Unabhängigkeitserklärung verbieten:

> "The answer to that question turns on whether or not the applicable international law prohibited the declaration of independence."[847]

Die Aufgabenstellung, die der Gerichtshof aus dem von der Generalversammlung formulierten Ersuchen zur Erstattung eines Rechtsgutachtens ableitete, war somit folgende:

> "It follows, that the task which the Court is called upon to perform is to determine whether or not the declaration of independence was adopted in violation of international law."[848]

Der Gerichtshof ging also davon aus, dass in Bezug auf den betreffenden Fall nicht nach einem positiven Recht einer einseitigen Unabhängigkeitserklärung gefragt worden war, und er im Sinne der Fragestellung nur nach Normen zu suchen habe, die Unabhängigkeitserklärungen im Völkerrecht verbieten. Das Ersuchen der Generalversamlung fragte allerdings auch nicht explizit, inwieweit das Völkerrecht ein Verbot einer Unabhängigkeitserklärung enthält.[849] Dies war allerdings die Basis der Interpretation der gestellten Frage durch den Gerichtshof:

---

845 Ibid., p. 424, para. 51.
846 Ibid., p. 425, para. 55.
847 Ibid., p. 425, para. 56.
848 Ibid.
849 Vgl. D. Müller, The Question Question, S. 129; M. Kohen/ K. Del Mar, The Kosovo Advisory Opinion and UNSCR 1244 (1999): A Declaration of 'Independence from International Law'?, in: Leiden Journal of International Law, 24 (2011) S. 111.

"[I]t follows, that the task which the Court is called upon to perform is to determine whether or not the declaration of independence was adopted in violation of international law. The Court is not required by the question it has been asked to take a position whether international law conferred a positive entitlement on Kosovo unilaterally to declare its independence, *a fortiori*, on whether international law generally confers an entitlement on entities situated within a State unilaterally to break away from it. Indeed, it is entirely possible for a particular act – such as a unilateral declaration of independence – not to be in violation of international law without necessarily constituting the exercise of a right conferred by it. The Court has been asked for an opinion on the first point, not the second."[850]

Der Internationale Gerichtshof ging durch seine Interpretation der Fragestellung von der eigentlichen Frage insoweit ab, als dass er *„in accordance with"* zu *„in violation with"* umdeutete, dies ohne sich auf eine Neufassung der Fragestellung zu berufen, zumal er ja davon ausging, dass die Frage klar und deutlich formuliert worden war und eine Neufassung bzw. Ausweitung nicht erforderlich war. Peters brachte vor, dass der Gerichtshof in diesem Zusammenhang unter Anwendung des Lotus-Prinzips[851] „Übereinstimmung mit dem Völkerrecht" mit dem „nicht Vorhandensein eines Verbotes" gleichstellte. Diese Kritik findet sich schon in der Stellungnahme von Richter Simma:

"I find this approach disquieting in the light of the Court's general conclusion, in paragraph 3 of the operated clause [...], that the declaration of independence 'did not violate international law'. The underlying rationale of the Court's approach reflects an old tired view of international law, which takes the adage, famously expressed in the *'Lotus'* Judgement, according to which restrictions on the independence of States cannot be presumed because of the consensual nature of the international legal order."[852]

Nicht nur die sprachliche Umdeutung der Frage[853], sondern auch die Ausklammerung der in der Frage explizit erwähnten Verfasser der Unabhängigkeitserklärung

850 Kosovo Advisory Opinion, p. 425–426, para. 56.

851 Vgl. A. Peters, Das Kosovogutachten und die Kunst des Nichtsagens, in: Jusletter 25 (Okt. 2010): „Methodisch ging der IGH nach dem Prinzip vor: «Was nicht verboten ist, ist erlaubt». Dieser Ansatz stammt aus dem Völkerrecht des 19. Jahrhunderts. Es wurde in einem Gerichtsurteil des ständigen Internationalen Gerichtshofs des Völkerbundes zum Schiff *SS Lotus* formuliert und wird deshalb Lotusprinzip genannt. Dieser Ansatz, der auf der weitgehend überwundenen strikt rechtspositivistischen Methode basiert, gilt heute als überholt."

852 Declaration of Judge Simma, Abs. 2.

853 Vgl. P. Hilpold, The International Court of Justice's Advisory Opinion on Kosovo: Perspectives of a Delicate Question, in: Austrian Review of International and European Law, S. 278–285.

zeigen, dass die Fragestellung am Ende nicht so deutlich ausformuliert worden war, wie der Gerichtshof dies zunächst angenommen hatte. Die Fragestellung bezog sich klar auf die *„Provisional Institutions of Self-Government“* als Verfasser der Unabhängigkeitserklärung.

Der Gerichtshof brachte allerdings vor, dass mehrere Mitwirkende im Verfahren in Frage gestellt hätten, ob die *„Provisional Institutions of Self-Government“* tatsächlich als Urheberschaft der Unabhängigkeitserklärung einzustufen seien und die Frage nach den Autoren der einseitigen Unabhängigkeitserklärung eine Angelegenheit sei, die die Beantwortung der Frage, inwieweit die einseitige Unabhängigkeitserklärung im Einklang mit dem gegenwärtigen Völkerrecht ist, grundlegend beeinflussen könne. Es sei deshalb nicht mit seiner rechtssprechenden Funktion vereinbar, die Angelegenheit der Autorenschaft so abzuhandeln, wie diese von der Generalversammlung determiniert worden sei:

> "[T]he identity of the authors of the declaration of independence, as is demonstrated below (paragraphs 102 to 109), is a matter which is capable of affecting the answer to the question whether that declaration was in accordance with international law. It would be incompatible with the proper exercise of the judicial function for the Court to treat that matter as having been determined by the General Assembly."[854]

Der Gerichtshof bezog sich auf einen Tagesordnungspunkt der Generalversammlung, der in Zusammenhang mit der Resolution 63/3 nur von einer Unabhängigkeitserklärung sprach, ohne die *„Provisional Institutions of Self-Government“* anzuführen, und leitete daraus Folgendes ab:

> "[T]he common element in the agenda item and the title of the resolution itself is whether the declaration is in accordance with international law. Moreover, there was no discussion of the identity of the authors of the declaration, or of the difference in wording between the title of the resolution and the question which it posed to the Court during the debate of the draft resolution (A/63/PV.22)."[855]

Der Gerichtshof könne somit frei darüber entscheiden, ob die einseitige Unabhängigkeitserklärung von den *„Provisional Institutions of Self-Government“* oder einer anderen Einrichtung verkündet worden war.[856] Wie sich in den weiteren Abhandlungen zeigen wird, war dieser Schritt des Gerichtshofs am Ende

---

854 Kosovo Advisory Opinion, p. 424, para. 52.

855 Ibid., p. 425, para. 53.

856 Ibid., p. 425, para. 54: "[I]n assessing whether or not the declaration of independence is in accordance with international law, the Court must be free to examine the entire record and decide for itself whether that declaration was promulgated by the Provisional Institutions of Self-Government or some other entity."

ausschlaggebend für seine Entscheidung, zumal dies dem Gerichtshof erst ermöglichen sollte, die Autoren der einseitigen Unabhängigkeitserklärung als private Einzelpersonen einzustufen und somit von ihrem offensichtlich gegen Resolution 1244 verstoßenden Verhalten auf manipulative Art und Weise[857] gekonnt wegzusehen.

Kritiker gehen davon aus, dass dies auch der wesentliche Schwachpunkt[858] des Rechtsgutachtens des Internationalen Gerichtshofs ist, der sich in seinen Argumentationen stark in Widersprüchlichkeiten verwickelte. Richter Koroma wirft dem Gericht in seiner *Dissenting Opinion* vor, die Frage so umformuliert zu haben, dass eine völlig neue Fragestellung entstanden sei. Vidmar sieht in dieser Vorgangsweise des Gerichtshofs gar die „Erbsünde“[859] des Rechtsgutachtens:

> "Never before has it reformulated a question to such an extent that a completely new question results, one clearly distinct from the original question posed and which, indeed, goes against the intent of the body asking it. This is what the Court has done in this case by, without explicitly reformulating the question, concluding that the authors of the declaration of independence were distinct from the Provisional Institutions of Self-Government of Kosovo and that the answer to the question should therefore be developed on this presumption. The purpose of the question posed by the General Assembly is to enlighten the Assembly as to how to proceed in the light of the unilateral declaration of independence, and the General Assembly has clearly stated that it views the unilateral declaration of independence as having been made by the Provisional Institutions of Self-Government of Kosovo. The Court does not have the power to reformulate the question — implicitly or explicitly — to such an extent that it answers a question about an entity other than the Provisional Institutions of Self-Government of Kosovo."[860]

---

857 Vgl. S. Oeter, Sezession, Territoriale Integrität und die Rolle des Sicherheitsrates, in: P. Hilpold (Hrsg.), Das Kosovo-Gutachten, S. 99: „Das Ziel des Manövers ist durchschaubar - und im Interesse der Institution auch verstehbar. Hätte die Mehrheit in der Argumentation nicht manipulativ operiert, wäre die Unabhängigkeitserklärung wegen Verstoßes gegen Resolution 1244 *prima facie* rechtswidrig gewesen.“

858 Vgl. ibid., S. 98–99; T. W. Waters, Misplaced Boldness, S. 312–124; J. Vidmar, The *Kosovo* Advisory Opinion Scrutinized, S. 373ff; M. G. Kohen/ K. Del Mar, The Kosovo Advisory Opinion and UNSCR 1244 (1999), S. 114 ff; M. Bothe, Kosovo - So What? The Holding of the International Court of Justice is not the Last Word on Kosovo's Independence, in: German Law Journal, S. 838.

859 J. Vidmar, S. 359: "The 'original sin' [...] was the Court's finding that the unilateral declaration of independence was not issued by the provisional institutions of self-government."

860 Dissenting Opinion des Richters Koroma, Abs. 3.

Für Waters hat der Internationale Gerichtshof durch die Einstufung der Autoren als reine Privatpersonen außerhalb des Rechtsrahmens der Resolution 1244 dem Rechtsgutachten die letzten substantiellen Elemente genommen:

> "As the Court opens this final substantive question, it immediately recalls its own procedural agnosticism about who the authors were. For although it might be a problem if a juridical create of the Security Council declared independence, it might not be if, as the Court helpfully and anticipatorily suggests, 'those who adopted the declaration were acting in a different capacity.'"[861]

Der Gerichtshof wollte vermeiden, den Akt der einseitigen Unabhängigkeitserklärung als *ultra vires* und somit klar als rechtswidrig einstufen zu müssen. Richter Tomka kritisierte die Entscheidung der Mehrheit des Gerichtshofs und betont dabei, dass die Schlussfolgerung nicht mehr als ein *„post hoc intellectual construct"* darstelle.[862]

Die enge Auslegung der Fragestellung und die Beschränkung auf ein womögliches Verbot von Unabhängigkeitserklärungen im Völkerrecht, erlaubten dem Gerichtshof, alle wichtigen Aspekte, die sich aus der Fragestellung implizit ergaben, geschickt zu umgehen.[863] Durch seine Interpretation vermied er Äußerungen zu Fragen der Anerkennung, der Selbstbestimmung und einer womöglich erlangten Eigenstaatlichkeit des Kosovo.[864]

Es kann davon ausgegangen werden, dass dem Gerichtshof durch die Formulierung *„in accordance with"* jedenfalls die Möglichkeit eingeräumt worden war, eine weitläufigere Auslegung vorzunehmen und dass er gerade dies unterlassen hatte, wurde von Richter Bruno Simma kritisiert:

> "[T]he Opinion considers that in order to answer this request, all the Court needs to do is to assess whether there exists, under international law, a prohibitive or permissive rule under international law. Had the General Assembly wished to limit its request in such a manner, it could easily have chosen a clear formulation to that effect. The term 'in accordance with' is broad by definition."[865]

---

861 Vgl. T. W. Waters, Misplaced Boldness, S. 308.

862 Declaration of Vice-President Tomka, p. 456, para. 12: "The conclusion has no sound basis in the facts relating to the adoption of the declaration, and is nothing more than a *post hoc* intellectual construct."

863 Vgl. T. Christakis, The ICJ Advisory Opinion on Kosovo: Has International Law Something to Say about Secession?, in: Leiden Journal of International Law, 23 (2011), S. 74.

864 Vgl. J. Vidmar, The Kosovo Advisory Opinion Scrutinized, S. 357.

865 Declaration of Judge Simma, p. 479, para. 4.

Unabhängigkeitserklärungen und allgemeines Völkerrecht: „The Question whether the Declaration of Independence is in accordance with General International Law"

In seiner abschließenden Conclusio entschied der Internationale Gerichtshof, dass die einseitige Unabhängigkeitserklärung, die von den Vertretern des kosovarischen Volkes abgegeben worden war, keine Norm des allgemeinen Völkerrechts verletzt habe:

> "The Court concluded above that the adoption of the declaration of independence of 17 February 2008 did not violate general international law [...]".[866]

Ausgehend von seiner eng gehaltenen Interpretation der Fragestellung war es für den Internationalen Gerichtshof nicht mehr allzu schwer, vorzubringen, dass sich bis dato im Völkerrecht kein allgemeines Verbot zur Abgabe von Unabhängigkeitserklärungen etabliert hatte und davon ausgehend vorzubringen, dass die einseitige Unabhängigkeitserklärung durch die Vertreter des kosovarischen Volkes keine Norm des allgemeinen Völkerrechts verletzt habe und somit in Einklang mit dem allgemeinen Völkerrecht sei. Der Gerichtshof vermied es, auf die legalen Konsequenzen der Unabhängigkeitserklärung einzugehen und beschränkte sich auf ihren rein deklaratorischen Akt.[867]

Es leuchtet ein, dass eine Unabhängigkeitserklärung als eine rein abstrakte Erklärung abseits eines legalen Kontextes nicht Regelungsgegenstand des Völkerrechts ist und deswegen dieses wohl auch kaum verletzen kann.[868] Der Gerichtshof ging somit davon aus, dass eine Unabhängigkeitserklärung einen rechtlich neutralen Akt darstellt.[869] Kohen und Del Mar bringen zutreffend vor, dass gemäß der Conclusio des Internationalen Gerichtshofs eine einseitige Unabhängigkeitserklärung nicht mehr als „Tinte auf einem Pergament" darstelle: "a sheet of paper, signed by a group of people, and about which international law could not care less."[870] Auf diesen Aspekt ging auch Crawford in Vertretung des

866 Kosovo Advisory Opinion, p. 452, para. 122.

867 Vgl. R. Howse/ R. Teitel, Delphic Dictum: How Has the ICJ Contributed to the Global Rule of Law by its Ruling on Kosovo?, in: German Law Journal, Vol. 11, No. 08, S. 842.

868 Vgl. T. Burri, The Kosovo Opinion and Secession: The Sounds of Silence and Missing Links, in: German Law Journal, S. 885.

869 Vgl. J. Crawford, The Creation of States in International Law, S. 390: "[...] a legally neutral act the consequences of which are regulated internationally."

870 Vgl. M. G. Kohen/ K. Del Mar, The Kosovo Advisory Opinion and UNSCR 1244 (1999): A Declaration of 'Independence from International Law', S. 109.

Vereinigten Königreichs im Verfahren vor dem Internationalen Gerichtshof ein und verdeutlichte dies mit folgendem Beispiel:

> "Mr. President, Members of the Court, I am a devoted but disgruntled South Australian. 'I hereby declare the independence of South Australia.' What happened? Precisely nothing. Have I committed an internationally wrongful act in your presence? Of course not. Have I committed an ineffective act? Very likely. I have no representative capacity and no one will rally to my call."[871]

Dabei führte Crawford weiter aus, dass eine Unabhängigkeitserklärung von Personen innerhalb eines Staates nichts als eine Ansammlung von Wörtern *„writ in water"* sei: "[I]t is the sound of one hand clapping."[872]

Unabhängigkeitserklärungen können somit in zwei Kategorien unterteilt werden: Die erste Kategorie bezieht sich auf Unabhängigkeitserklärungen als rein abstrakte Erklärungen. Weil diese außerhalb eines legalen Kontexts im Völkerrecht stehen, können sie dieses auch nicht verletzen. Die zweite Kategorie bezieht sich auf Unabhängigkeitserklärungen, die sehr wohl Auswirkungen hervorrufen können und sich nicht auf den rein deklaratorischen Akt reduzieren lassen.[873] Eine Unabhängigkeitserklärung einer Gruppierung, die schwerwiegenden Menschenrechtsverletzungen zum Opfer gefallen war, von Fragen der Sezession und Selbstbestimmung strikt zu trennen, entbehrt, wie Burri zutreffend vorbringt, jeglicher Sinnhaftigkeit:

> "Indeed, a declaration of independence in such a situation is the culmination of Secession. It is the very act that symbolized Secession. What else could be relevant for the principle of self-determination, for Secession, and for the territorial integrity of the state, if not the declaration of independence in the given case? It seems that, contrary to the opinion of the ICJ, Secession crystallized in the declaration of independence."[874]

---

871 United Kingdom, Verbatim Record, CR 2009/32, p. 47, para. 5.

872 Ibid, p. 47, para. 6.

873 Vgl. J. Dugard, The Secession of States in the Wake of Kosovo, S. 236; J. Vidmar, Unilateral Declarations of Independence in international law, in: D. French (Hrsg.), Statehood and Self-Determination, S. 65: "It is thus *effectiveness* which leads to the difference between quasi-declarations of independence, which are merely 'ink on paper', and declarations of independence properly so-called, which are capable of having legal effects; only the former, not the latter, fall outside regulation in international law."

874 Vgl. T. Burri, S. 886: Burri spricht in diesem Zusammenhang von einem „missing link" zwischen Selbstbestimmung und Sezession auf der einen, und der Unabhängigkeitserklärung auf der anderen Seite. Eine solch strikte Trennung im betreffenden Fall vorzunehmen beschreibt Burri als „artificial".

Der Gerichtshof hatte in seiner abschließenden Conclusio eine klare Abgrenzung zwischen dem Akt der Unabhängigkeitserklärung und den womöglichen Folgen der daraus resultierenden Sezession vorgenommen. In der Fragestellung wurde zwar auf den Akt der Unabhängigkeitserklärung Bezug genommen, allerdings ist der Mittelpunkt der Fragestellung nicht die Unabhängigkeitserklärung als solche gewesen, sondern die Sezession als eine einseitige Abspaltung eines Teilgebietes eines Staates und die Etablierung eines unabhängigen, souveränen Staates: "So, actually, the opinion is a legal assessment of Secession."[875]

Der Gerichtshof wollte vermeiden, eine Position zu Fragen der Sezession und den rechtlichen Folgen einer solchen und der womöglich daraus resultierenden Etablierung eines Staates einnehmen zu müssen und unterschied deswegen klar zwischen dem bloßen Akt der Erklärung einer Unabhängigkeitserklärung und dem durch die Unabhängigkeitserklärung beabsichtigten Ergebnis der Unabhängigkeit und Eigenstaatlichkeit:[876]

> "It is evident from the above that the ICJ tries to avoid declaring its position on both the legal aspects of Secession and the eventual creation of a new state and, therefore, distinguishes between declaring independence and effecting independence. But, such a distinction appears to be very artificial and not necessarily convincing. The ICJ creates the impression that an entity first declares independence, and then starts taking measures to effecting statehood."[877]

Auch Burri[878] und Weller[879] kritisieren in diesem Zusammenhang die „künstliche" Unterscheidung, die nicht unbedingt überzeugend sei.[880] Der Gerichtshof würde damit den Eindruck vermitteln, dass eine Entität zunächst ihre Unabhängigkeit erkläre und erst dann weitere Schritte in die Wege leite, um die mit der Unabhängigkeitserklärung intendierte Unabhängigkeit in weiterer Folge auch bewirken zu können. Dies würde für den Prozess der Etablierung neuer Staaten wohl kaum zutreffen und auch nicht den Prozess der Staatenbildung des Kosovo widerspiegeln. Kosovos Unabhängigkeitserklärung habe direkt auf die Etablierung eines unabhängigen Staates abgezielt und war nicht nur der Beginn eines Prozesses in Richtung Eigenstaatlichkeit.[881]

---

875 Vgl. A. Peters, Does Kosovo Lie in the *Lotus*-Land of Freedom?, S. 96.

876 Vgl. R. Muharremi, A Note on the ICJ Advisory Opinion on Kosovo, S. 873.

877 Vgl. ibid., S. 873 f.

878 Vgl. T. Burri, S. 886.

879 Vgl. M. Weller, Modesty Can be a Virtue, S. 135: "To separate the two issues would appear artificial."

880 Vgl. R. Muharremi, S. 873.

881 Ibid, S. 873–874.

Der Gerichtshof beschränkte sich in seiner Argumentationsgrundlage auf die Legalität einer rein abstrakten Unabhängigkeitserklärung, die im Völkerrecht als bloße „Tinte auf Pergament“[882] keine Bedeutung hat, und konnte somit vermeiden, auf die eigentlichen Aspekte der durch die Unabhängigkeitserklärung beabsichtigten Sezession weiter einzugehen. Aus der Tatsache, dass das allgemeine Völkerrecht Unabhängigkeitserklärungen nicht verbiete, leitete der Gerichtshof letztendlich ab, dass die Unabhängigkeitserklärung allgemeines Völkerrecht nicht verletzt habe. In seinen Abhandlungen zu dieser Frage ging der Gerichtshof zunächst auf die historische Vorgeschichte der Unabhängigkeitserklärungen ein und brachte vor, dass im 18., 19. und 20. Jahrhundert zahlreiche Unabhängigkeitserklärungen erfolgt seien. Während manche umstritten und vom betreffenden Staat heftig bekämpft worden seien, hätten manche Unabhängigkeitserklärungen zur Etablierung neuer Staaten geführt.[883]

In keinem dieser Fälle, so der Gerichtshof, habe sich allerdings aus der Staatenpraxis ableiten lassen, dass der Akt der Unabhängigkeitserklärung als gegen das Völkerrecht verstoßend angesehen worden sei. Im Gegenteil, aus der Staatenpraxis dieser Zeit habe sich überwiegend die Auffassung ergeben, dass im allgemeinen Völkerrecht kein Verbot von Unabhängigkeitserklärungen existiert.[884]

Mehrere Mitwirkende am Verfahren vor dem Internationalen Gerichtshof beriefen sich auf Resolutionen des Sicherheitsrates, in denen dieser Unabhängigkeitserklärungen verurteilt hatte, insbesondere Resolution 216 (1965) und 217 (1965), betreffend Südrhodesiens, Resolution 541 (1983), betreffend Nordzypern und Resolution 787 (1992), betreffend die Republik Srpska.[885] Der Gerichtshof hielt dem allerdings entgegen, dass diese Unabhängigkeitserklärungen vom Sicherheitsrat allesamt nicht aufgrund ihres unilateralen Charakters verurteilt worden seien, sondern unter Berücksichtigung der Umstände, die zu diesen

---

882 Vgl. M. G. Kohen u. K. Del Mar, The Kosovo Advisory Opinion and UNSCR 1244 (1999): A Declaration of 'Independence from International Law'?, S. 109: "The conclusion reached by a majority of ten to four judges of the International Court of Justice (the Court) in a concise Advisory Opinion (Kosovo AO) rendered on 22 July 2010, 'that the declaration of independence of Kosovo adopted on 17 February 2008 did not violate international law', could simply be read as a pronouncement that the unilateral declaration of independence (UDI) amounts to *nothing more than ink on parchment: a sheet of paper, signed by a group of people, and about which international law could not care less.*" (Herv. A.F., Fußnote ausgelassen).

883 Kosovo Advisory Opinion, p. 436, para. 79.

884 Ibid.: "On the contrary, State practice during this period points clearly to the conclusion that international law contains no prohibition of declarations of independence."

885 Ibid., p. 437, para. 81.

Unabhängigkeitserklärungen geführt hätten. Ihre Gesetzeswidrigkeit hätte sich aus der schwerwiegenden Verletzung von allgemeinen Normen des Völkerrechts mit zwingendem Charakter ergeben:

> "The Court notes, however, that in all of those instances the Security Council was making a determination as regards to the concrete situation existing at the time that those declarations of independence were made; the illegality attached to the declarations of independence thus stemmed not from the unilateral character of these declarations as such, but from the fact that they were, and would have been, connected with the unlawful use of force or other egregious violations of norms of general international law, in particular those of a peremptory character. (*jus cogens*)."[886]

Der Umstand, dass die Unabhängigkeitserklärung des Kosovo vom Sicherheitsrat in keiner Resolution verurteilt worden sei, bestätige, dass sich auch aus der Praxis des Sicherheitsrates kein allgemeines Verbot ableiten ließe.[887] Der Gerichtshof ging also davon aus, dass Unabhängigkeitserklärungen nur dann unrechtmäßig sind, wenn sie in Zusammenhang mit der Verletzung zwingenden Völkerrechts erfolgt sind. Daraus ließe sich also auch ableiten, dass einseitige Unabhängigkeitserklärungen, die gegen zwingendes Völkerrecht verstoßen, verboten sind.

In den oben genannten Fällen befasste sich der Sicherheitsrat mit den Umständen, aus denen die Unabhängigkeitserklärungen hervorgegangen sind und nicht mit den Unabhängigkeitserklärungen an sich. Die Sicherheitsratsresolutionen sollten also sicherstellen, dass die Eigenstaatlichkeit als Konsequenz der Unabhängigkeitserklärungen durch das Instrument der Nicht-Anerkennung verhindert werden konnte.[888] Dugard bringt treffend vor, dass verwunderlich sei, wie der Gerichtshof daraus die Schlussfolgerung ziehen konnte, dass Kosovos Unabhängigkeitserklärung im allgemeinen Völkerrecht nicht verboten sei und nicht gegen dieses verstoße:

> "How the International Court could infer from these resolutions that Kosovo's unilateral declaration of independence was not prohibited in international law, and therefore of no concern of international law, is difficult to understand."[889]

Eine plausible Schlussfolgerung aus den betreffenden Resolutionen wäre gewesen, die Situation, die aus der Unabhängigkeitserklärung des Kosovo resultierte, zu untersuchen, um zu entscheiden, ob diese eine zwingende Norm des

---

886 Ibid.

887 Ibid.

888 Vgl. J. Dugard, The Secession of States and Their Recognition in the Wake of Kosovo, S. 241.

889 Ibid.

Völkerrechts verletzt, beispielsweise das Prinzip der territorialen Integrität, oder ob sie in dieser Situation möglicherweise als zulässige Ausübung des Prinzips der externen Selbstbestimmung, zu rechtfertigen ist:[890]

> "It is at least as, not to say decidedly more, plausible that the SC had condemned those instances of UDI exactly because they had been issued by entities which did not enjoy any right of self-determination."[891]

Territoriale Integrität und nichtstaatliche Akteure

Im Paragraph 80 seines Rechtsgutachtens nahm der Internationale Gerichtshof zum Prinzip der territorialen Integrität Bezug, hielt sich in seinen Ausführungen allerdings eher knapp[892], verwies dabei auf Art. 2 (4) der UN-Charta, die *Friendly Relations Declaration* und die Schlussakte der Helsinki Konferenz von 1975 und brachte vor, dass sich die Reichweite des Prinzips der territorialen Integrität auf zwischenstaatliche Beziehungen beschränke:

> "Several participants in the proceedings before the Court have contended that a prohibition of unilateral declarations of independence is implicit in the principle of territorial integrity [...] Thus, the scope of the principle of territorial integrity is confined to the sphere of relations between States."[893]

Christakis betont, dass der Gerichtshof hier weit behutsamer hätte vorgehen müssen, da seine Argumentation unerwünschte Effekte in der Lösung zukünftiger separatistischer Konflikte haben könnte. Zudem deute die jüngste Praxis sehr wohl darauf hin, dass das Prinzip der territorialen Integrität auch auf Gruppierungen innerhalb des betreffenden Staates anzuwenden sei.[894]

Tatsächlich haben internationale Organisationen wie die Vereinten Nationen, aber auch regionale Organisationen, die Notwendigkeit der Achtung des Prinzips der territorialen Integrität und Souveränität auch auf innerstaatliche Konflikte ausgeweitet, dies beispielsweise in den Sicherheitsratsresolutionen in Bezug auf sezessionistische innerstaatliche Konfliktherde in Bosnien-Herzegowina.[895]

---

890 Vgl. J. Dugard, S. 214.

891 A. Gattini, „You say you'll change the Constitution"- The ICJ and Non-State Entities in the Kosovo Advisory Opinion, S. 212.

892 Vgl. C. Walter, The Kosovo Advisory Opinion: What it Says and What it Does Not Say, S. 19.

893 Kosovo Advisory Opinion, p. 437, para. 80.

894 Vgl. T. Christakis, The ICJ Advisory Opinion on Kosovo: Has International Law Something to Say about Secession?, S. 84.

895 S/RES/836 (1993): "Condemning military attacks, and actions that do not respect the sovereignty, territorial integrity and political independence of the Republic of Bosnia

Angesichts der immer stärker an Bedeutung gewinnenden Rolle nicht-staatlicher Akteure auf der internationalen Ebene bezog sich der Internationale Gerichtshof auf einen sehr konservativen Ansatz.[896] Er hielt stark am traditionellen Konzept des zwischenstaatlichen Charakters des Art. 2(4) der UN Charta fest und unterließ dabei, den in der Lehre vorherrschenden Ansatz, dass das Völkerrecht sich Sezessionen gegenüber neutral verhalte, infrage zu stellen.[897] Ganz im Gegenteil, die Behauptung, dass die Sezession im Völkerrecht nicht geregelt werde, wurde mit der Feststellung verteidigt, dass das mit der Sezession im Spannungsverhältnis stehende Prinzip der territorialen Integrität nur im zwischenstaatlichen Bereich zur Anwendung komme.[898]

Die Gefahr einer solchen Behauptung liegt vor allem darin, dass der Gerichtshof damit Situationen, die grundsätzlich gegen das Prinzip der territorialen Integrität des betreffenden Staates verstoßen, implizit als rechtmäßig absegnet, wenn es sich um nicht-staatliche Akteure handelt. Nicht-staatliche Akteure und separatistische Bewegungen auf der gesamten Welt könnten daraus den Schluss ziehen, dass ihre Handlungen nicht in den Regelungsrahmen des Völkerrechts fallen und dieses sie somit nicht von der Verkündung ihrer Unabhängigkeit abhalten kann.[899]

---

and Herzegovina, which, as a State Member of the United Nations, enjoys the rights provided for in the Charter of the United Nations[…]"; S/RES/847 (1993): "Strongly condemning continuing military attacks within the territory of the Republics of Croatia and of Bosnia and Herzegovina, and reaffirming its commitment to ensure respect for the sovereignty and territorial integrity of the Republic of Croatia and of the other Member States where UNPROFOR is deployed […]"; S/RES/859 (1993).

896 Vgl. M. Vashakmadze/M. Lippold, "Nothing but a road towards secession"? – The Int. Court of Justice's Advisory Opinion on Accordance with Int. Law of the Unilateral Declaration of Independence in Respect of Kosovo, S. 632; A. Peters, Das Kosovo-Gutachten und Globaler Konstitutionalismus, S. 232: „Speziell das Prinzip der territorialen Unversehrtheit wird im neueren völkerrechtlichen Diskurs gegen Sezessionäre und andere nichtstaatliche Gruppierungen angeführt."; O. Corten, Territorial Integrity Narrowly Interpreted: Reasserting the Classical Inter-State Paradigm of International Law, in:Leiden Journal of International Law, 24 (2011), S. 89 f.: "Since the early 2000s, this classical conception is challenged in the name of the necessity to adapt the law to new political realities. According to scholars following this new way of thinking, the increasing threat posed by terrorist or other non-state groups should lead to a new interpretation of the rule prohibiting the use of force, which should be extended beyond interstate relations".

897 Vgl. O. Corten, Territorial Integrity Narrowly Interpreted, S. 88.

898 Vgl. M. Weller, Modesty Can Be a Virtue, S. 136.

899 Vgl. R. Wilde, Self-Determination, Secession, and Dispute Settlement after the Kosovo Advisory Opinion, in: Leiden Journal of International Law, 24 (2011), S. 152: „All

Der Gerichtshof ging auch nicht weiter auf das Spannungsverhältnis zwischen den beiden Prinzipien der Selbstbestimmung und der territorialen Integrität ein und ließ außer Acht, dass unter bestimmten Umständen die Berufung auf das Prinzip der Selbstbestimmung eine Einschränkung der territorialen Integrität womöglich rechtfertigen könnte. Aus der Feststellung, dass das Prinzip der territorialen Integrität nur auf die Beziehungen zwischen den Staaten anzuwenden sei, könne die Schlussfolgerung gezogen werden, dass die Frage, inwieweit einer Gruppierung innerhalb eines Staates das Recht auf Selbstbestimmung zukomme, keinerlei Bedeutung mehr habe:

> "As far as the state's territorial integrity is concerned, then, the right of external self-determination is not relevant, legally, to the acts of groups within it who aspire to independence."[900]

Vidmar bringt vor, dass der Gerichtshof mit seiner Annahme auch in Widerspruch zu seinen vorherigen Äußerungen geraten sei. Er habe zunächst vorgebracht, dass eine Unabhängigkeitserklärung unter bestimmten Voraussetzungen das Völkerrecht verletzen könne. Es leuchte nicht ein, weshalb eine nach Unabhängigkeit strebende Einheit innerhalb eines Staates zwar nicht an das Prinzip der territorialen Integrität gebunden sei, allerdings für schwerwiegende Verletzungen allgemeiner Normen des Völkerrechts mit zwingendem Charakter verantwortlich gemacht werden könne.[901]

Christakis bringt vor, dass wenn Paragraph 80 des Rechtsgutachtens des Internationalen Gerichtshofs dahingehend interpretiert wird, dass die Reichweite des Prinzips der territorialen Integrität sich zwingend in jeglichen Situationen auf den Bereich zwischenstaatlicher Beziehungen beschränkt, dies fatale Folge

---

sub-state groups in the world are now on notice that, according to this view, there would not appear to be a general international law rule barring them from declaring independence."

900 Vgl. R. Wilde, S. 152; Vgl. auch, A. Gattini, "You say you'll change the Constitution" – The ICJ and Non-State Entities in the Kosovo Advisory Opinion, in: P. Hilpold (Hrsg.) Das Kosovo-Gutachten des IGH vom 22. Juli 2010, S. 212: "[I]f the principle of territorial integrity does not matter for non-state entities, then logically it would make no difference whether in proclaiming their independence they were exercising a right (of self-determination) or not."

901 Vgl. J. Vidmar, The Kosovo Advisory Opinion Scrutinized, S. 369 f.: "In light of this reasoning it is conceptually unclear why an independence-seeking entity, as a non-state actor, cannot offend against territorial integrity of states but, at the same time, can be responsible for 'egregious violations of [certain] norms of international law, in particular those of peremptory character'."

haben könnte. Staaten auf der ganzen Welt, die Schauplatz separatistischer Konflikte sind, würden den Garantien durch internationale Instrumente, insbesondere ad hoc Resolutionen internationaler Organisationen, wie z.B. des UN Sicherheitsrates, nicht mehr vertrauen:

> "Indeed, a devil's advocate could argue that if the 1999 'deal' is broken, if, in other terms, the guarantee (the protection of its territorial integrity against Secession) on the basis of which Serbia accepted to withdraw from Kosovo is not valid, then Serbia should be allowed to defend its territorial integrity against separatism, in exactly the same way as any sovereign country in the world has the right to defend its territory against secession."[902]

Wenn der Sicherheitsrat oder andere internationale Organisationen Staaten die Achtung ihrer territorialen Integrität im Austausch für Autonomie oder provisorische internationale Administration garantieren, stellt sich die Frage, inwieweit diese Staaten das dann akzeptieren werden, im Wissen, dass, wie der Gerichtshof annahm, die Reichweite des Prinzips der territorialen Integrität auf separatistische Bewegungen keine Anwendung findet:[903]

> "From this point of view, Kosovo is a 'precedent' and a bad one. What the Court said about 'territorial integrity' could render countries extremely sceptical of international involvement in their separatist conflicts exactly at the point in time that is needed the most."[904]

Resolution 1244 und die Autoren der Unabhängigkeitserklärung

Nachdem der Gerichtshof festgestellt hatte, dass die Unabhängigkeitserklärung allgemeines Völkerrecht nicht verletzt, weil dieses Recht eine solche Erklärung nicht verbietet[905] – ein solches Verbot könne weder aus der Staatenpraxis[906], noch aus der Praxis des Sicherheitsrates[907] abgeleitet werden – ging er der Frage nach, inwieweit sich ein solches Verbot aus der Resolution 1244 (1999) des Sicherheitsrates bzw. dem verfassungsrechtlichen Rahmen dieser Resolution ableiten lässt.

---

902 Vgl. T. Christakis, S. 85.

903 Ibid., S. 85.

904 Ibid., S. 86.

905 Kosovo Advisory Opinion, p. 438, para. 84: "For the reasons already given, the Court considers that general international law contains no applicable prohibition of declarations of independence. Accordingly, it concludes that the declaration of independence of 17 February 2008 did not violate general international law. Having arrived at that conclusion, the Court now turns to the legal relevance of Security Council resolution 1244, adopted on 10 June 1999."

906 Kosovo Advisory Opinion, p. 436, para. 79.

907 Ibid, p. 437, para. 81.

Zur Beurteilung der Vereinbarkeit der einseitigen Unabhängigkeitserklärung mit der Resolution 1244 (1999) des Sicherheitsrats ging der Gerichtshof auf zwei Fragestellungen ein: *Erstens*, die Frage der Autorenschaft und *zweitens*, die Frage, inwieweit sich ein solches Verbot aus der Resolution 1244 ergibt. Dabei brachte der Gerichtshof vor, dass sich aus der Resolution 1244 (1999) kein Verbot ableiten lässt, das den Autoren die Erklärung der Unabhängigkeit versagen konnte.[908] Die einseitige Unabhängigkeitserklärung habe nicht gegen die Resolution 1244 und deren verfassungsrechtlichen Rahmen verstoßen. Dabei ist vorzubringen, dass Resolution 1244 direkt und indirekt Bezug auf die territoriale Integrität Serbiens nahm und die einseitige Erklärung der Unabhängigkeit diese sehr wohl verletzt hatte.[909] Ausschlaggebend für die Entscheidung des Gerichtshofs waren letztendlich die in sich widersprüchlichen Überlegungen, die dieser zur Urheberschaft der Unabhängigkeitserklärung anstellte.

Urheberschaft der Unabhängigkeitserklärung[910]

> "Would Resolution 1244 prohibit a declaration of Kosovo's independence if it were issued by me? It would not, since I am not the duty bearer under the relevant resolution.

---

908 Kosovo Advisory Opinion, p. 451, para. 114: "First, the Court observes that Security Council resolution 1244(1999) was essentially designed to create an interim regime for Kosovo, with a view to channelling the long-term political process to establish its final status. The resolution did not contain any provision dealing with the final status of Kosovo or with the conditions for its achievement"; Ibid, para. 118: "Bearing this in mind, the Court cannot accept the argument that Security Council resolution 1244 (1999) contains a prohibition, binding on the authors of the declaration of independence, against declaring independence; nor can such a prohibition be derived from the language of the resolution understood in its context and considering its object and purpose."

909 S/RES/1244 (1999), Annex 2, Principle 8: "A political process towards the establishment of an interim political framework agreement providing for a substantial self-government for Kosovo, taking full account of the Rambouillet accords and the principles of sovereignty and territorial integrity of the Federal Republic of Yugoslavia and the other countries of the region, and the demilitarization of the KLA."

910 Vgl. M. Weller, Modesty Can Be a Virtue, S. 143ff; J. Vidmar, The *Kosovo* Advisory Opinion Scrutinized, S. 366, 377 ff; M. G. Kohen/ K. Del Mar, The Kosovo Advisory Opinion and UNSCR 1244 (1999): A Declaration of 'Independence from International Law'?, S. 114 ff; A. Peters, Das Kosovo-Gutachten und Globaler Konstitutionalismus, S. 252–254; R. Wilde, Self-Determination, Secession and Dispute Settlement after the Kosovo Advisory Opinion, S. 151; R. Howse/ R. Teitel, Delphic Dictum, How Has the ICJ Contributed to the Global Rule of Law by its Ruling on Kosovo?, S. 843, T. W. Waters, Misplaced Boldness: The Avoidance of Substance in the International

A neither did Resolution 1244 personally prohibit Mr Sejdiu and individual members of the Kosovo parliament from issuing a declaration of independence. But it is arguable that Resolution 1244 did prohibit a declaration of independence by the institutions of self-government, established pursuant to Resolution 1244, which were identified the duty-bearers."[911]

Es stellt sich zunächst die Frage, wem überhaupt die Befugnis zur Abgabe einer einseitigen Unabhängigkeitserklärung zukommt. Das Völkerrecht hindert grundsätzlich keinen daran, eine Unabhängigkeitserklärung abzugeben. Ausschlaggebend ist allerdings, ob eine Unabhängigkeitserklärung von denjenigen abgegeben wird, die auch berechtigt sind, in Vertretung des nach Unabhängigkeit strebenden Volkes zu handeln. Durch die einseitige Erklärung der Unabhängigkeit bekundet eine Entität, dass sie die Legitimität besitzt, die betreffende Bevölkerung zu vertreten.[912]

In der Frage der Autorenschaft brachte der Internationalen Gerichtshof Folgendes vor:

"[…] the authors of the declaration of independence of 17 February 2008 did not act as one of the Provisional Institutions of Self-Government within the Constitutional Framework, but rather as persons who *acted together in their capacity as representatives of the people of Kosovo* outside the framework of the interim administration." (Herv. A. F.).[913]

Der Gerichtshof ging also davon aus, dass es sich bei den Autoren der einseitigen Unabhängigkeitserklärung nicht um eine beliebig zusammengeführte Gruppe handelte, sondern dass diese als Vertreter des kosovarischen Volkes auftraten, allerdings außerhalb des Rahmens der vorläufigen Verwaltungsbehörden.[914] Der Gerichtshof betonte zum einen, dass es sich bei den Urhebern der Unabhängigkeitserklärung um private Einzelpersonen handelte, brachte allerdings weiter vor, dass diese in Vertretung des kosovarischen Volkes handeln konnten. Inwieweit sich diese zwei Darlegungen vereinbaren lassen, ist mehr als fraglich.

Der Gerichtshof ging nicht weiter auf die Frage ein, woher die Befugnis der Urheber der Unabhängigkeitserklärung als Repräsentanten des kosovarischen Volkes aufzutreten stammte. Als Repräsentanten des kosovarischen Volkes

Court of Justice's *Kosovo* Opinion, S. 307–314; S. Oeter, Sezession, Territoriale Integrität und die Rolle des Sicherheitsrates, in: P. Hilpold (Hrsg.), S. 98–100; E. Cirkovic, An Analysis of the ICJ Advisory Opinion on Kosovo's Unilateral Declaration of Independence, S. 903–905.

911 Vgl. J. Vidmar, The *Kosovo* Advisory Opinion Scrutinized, S. 377.

912 Ibid, S. 361.

913 Kosovo Advisory Opinion, p. 447–448, para. 109.

914 Ibid.

konnten die Autoren der Unabhängigkeitserklärung nur deshalb auftreten, weil es sich um Mitglieder der *Provisional Institutions of Self-Government* handelte[915], mit einer Legitimation aus dem Wahlakt dieser Institutionen:

> "The ICJ emphasizes that the authors did not act in the function for which they were elected. What, then, is the basis of their legitimacy? The ICJ's opinion seems to drive them into a shadowy, non-official area. What distinguishes them from any market assembly?"[916]

Der Gerichtshof verwickelte sich in seiner Argumentation offenkundig in Widersprüchlichkeiten. Wenn es sich um private Einzelpersonen handelte, dann wird ihnen wohl kaum die Legitimation zur Vertretung des kosovarischen Volkes zugekommen sein. Umgekehrt, wenn ihnen diese Befugnis zukam, dann scheint es kaum möglich, sie von den vorläufigen Verwaltungsbehörden des Kosovo strikt zu trennen:

> "The Court's argument is thus not persuasive and falls between the two stools on which it tries to sit. If the individuals acted outside the framework of these institutions, they did not have the capacity to act. If they had the capacity to act, they acted within the framework of these institutions."[917]

Der Gerichtshof qualifizierte die Abgabe der Unabhängigkeitserklärung als eine rein private Handlung und die Tatsache, dass diese Handlung sehr wohl als *ultra vires* einzustufen gewesen wäre und gegen Resolution 1244 verstoßen hätte, konnte durch diese Argumentationsmethode aus dem Weg geräumt werden:

> "The Court did not decide the authors were private actors not because that was obviously right or even the better reading, but because it made these problematic questions of substance go away. By setting up the analysis so that it would hinge upon the identity of the author, the Court arrived at the extraordinary – and obvious – conclusion that no international rule, general or specific, prevented this particular group of private persons from writing words that look like a declaration of independence on a piece of papyrus and signing it."[918]

Deutschland brachte in seiner schriftlichen Stellungnahme eine Begründung mittels der Unterscheidung von *pouvoir constituant* und *pouvoir constitué* vor:

---

915 Vgl. S. Oeter, Sezession, Territoriale Integrität und die Rolle des Sicherheitsrates, S. 98 ff.

916 Vgl. M. Bothe, Kosovo – So What?, S. 838.

917 Vgl. J. Vidmar, S. 361.

918 Vgl. T. W. Waters, Misplaced Boldness, S. 314.

"They were acting, in this particular moment, not as *pouvoir constitué* but as *pouvoir constituant*, declaring the will of the people of Kosovo to live in a State of their own."[919]

Zur Abgrenzung zwischen den Verfassern der Unabhängigkeitserklärung und den vorläufigen Verwaltungsbehörden bezog sich der Gerichtshof unter anderem auf folgende Kriterien: den Wortlaut der Unabhängigkeitserklärung[920], das Unterlassen einer Veröffentlichung in der offiziellen *Gazette* und den fehlenden Widerspruch durch den Repräsentanten des UN-Generalsekretärs[921]. Kohen und Del Mar stehen dem kritisch gegenüber und bringen vor, dass es zahlreiche Hinweise dafür gibt, die Unabhängigkeitserklärung sehr wohl den *Provisional Institutions of Self-Government* zuzuschreiben.[922]

Die Frage, welche die Generalversammlung an den Gerichtshof gestellt hatte, bezog sich explizit auf die *Provisional Institutions of Self-Government* und lautete:

"Is the unilateral declaration of independence by the Provisional Institutions of Self-Government of Kosovo in accordance with international law?".[923]

---

919 Written Comments of the Federal Republic of Germany, July 2009, Abs. 4, S. 7. A. Peters weist darauf hin, dass diese verfassungstheoretische Begründung mittels der Unterscheidung *pouvoir constituant* und *pouvoir constitué* auf den Staatsrechtslehrer Carl Schmitt zurückgeht. Der IGH, so Peters, „war gut beraten, die verfassungstheoretische Figur […] nicht aufzugreifen. Diese ist durch *Carl Schmitt* diskreditiert worden." A. Peters, Das Kosovo-Gutachten und globaler Konstitutionalismus, S. 254.

920 Vgl. M. G. Kohen/ K. Del Mar, S. 118–120.

921 Ibid, S. 121 ff; Kosovo Advisory Opinion, p. 447, para. 108: "The reaction of the Special Representative of the Secretary-General to the declaration of independence is also of some significance […]. The silence of the Special Representative of the Secretary-General in the face of the declaration of independence of 17 February 2008 suggests that he did not consider that the declaration was an act of the Provisonal Institutions of Self-Government designed to take effect within the legal order for the supervision of which he was responsible. As the practice shows, he would have been under a duty to take action with regard to acts of the Assembly of Kosovo which he considered to be *ultra vires*."; J. Vidmar, The *Kosovo* Advisory Opinion Scrutinized, S. 380: "The logic of the Court's argument is thus the following: the Special Representative did not annul the declaration because he did not think it was issued by the institutions of self-government. If he had thought it was issued by these institutions, he would have annulled it because the Constitutional Framework precluded the institutions of self-government from declaring independence unilaterally."

922 Vgl. M. G. Kohen/ K. Del Mar, The Kosovo Advisory Opinion and UNSCR 1244 (1999), S. 116.

923 UN Doc. A/RES/63/3 (2008).

Zudem betonte die Generalversammlung in der dritten Präambel zur Resolution 63/3, dass die *Provisional Institutions of Self-Government* Kosovos sich am 17. Februar 2008 für unabhängig erklärt hatten.[924] Der Gerichtshof ist in der Vergangenheit vom Wortlaut einer Fragestellung abgegangen, wenn diese nicht angemessen formuliert war, eine Fragestellung, die die eigentlich relevanten rechtlichen Fragen nicht wiedergab oder unklar oder vage war.[925] Im konkreten Fall hatte der Gerichtshof selbst vorgebracht, dass die Frage ausreichend formuliert worden war und eine Ausweitung des Rahmens der Fragestellung deswegen nicht erforderlich sei:

> "In the present case, the question posed by the General Assembly is clearly formulated. *The question is narrow and specific;* it asks for the Court's opinion on whether or not the declaration of independence is in accordance with international law. It does not ask about the legal consequences of that declaration. In particular, it does not ask whether or not Kosovo has achieved statehood. Nor does it ask about the validity or legal effects of the recognition of Kosovo by those States which have recognized it as an independent State. [...] Accordingly, the Court does not consider that it is necessary to address such issues as whether or not the declaration has led to the creation of a State or the status of the acts of recognition in order to answer the question put by the General Assembly. The Court accordingly sees no reason to reformulate the scope of the question."[926] (Herv. A.F.)

Wenn die Fragestellung für den Gerichtshof also klar formuliert war, dann ist doch kritisch zu hinterfragen, warum er sich selbst die Befugnis einräumte[927], die „eng und genau"[928] formulierte Frage der Generalversammlung so umzudeuten, dass daraus eine komplett neue Frage entstehen konnte[929]:

924 Ibid.: "*Recalling* that on 17 February 2008 the Provisional Institutions of Self-Government of Kosovo declared independence from Serbia [...]".

925 Kosovo Advisory Opinion, p. 423, para. 50.

926 Ibid, p. 424, para. 51.

927 Vgl. M. Weller, Modesty Can Be a Virtue, S. 143.

928 Ibid.: "The question is narrow and specific".

929 Dissenting Opinion von Richter Koroma, Abs. 3: "[...] Never before has it reformulated a question to such an extent that a *completely new question* results, one clearly distinct from the original question posed and which, indeed, goes against the intent of the body asking it. This is what the Court has done in this case by, without explicitly reformulating the question, concluding that the authors of the declaration of independence were distinct from the Provisional Institutions of Self-Government of Kosovo and that the answer to the question should therefore be developed on this presumption [...]" (Herv. A.F.).

> "However, to reformulate a vague or poorly drafted question is one thing. To challenge a clearly formulated qualification of events of the UNGA, contained both in the question the Court was asked to address and in a preambular paragraph in the same resolution, is quite another."[930]

Aus dem Wortlaut der Unabhängigkeitserklärung leitete der Gerichtshof ab, dass die Autoren der Erklärung nicht danach strebten, innerhalb des Rahmens der vorläufigen Verwaltungsbehörden zu handeln. Gerade dies machte den *ultra vires* Charakter der Handlung aus, da die Autoren somit außerhalb des Rahmens handelten, an den sie eigentlich gebunden waren. Der Gerichtshof umging diese Tatsache allerdings und argumentierte, dass die Handlung sich so weit außerhalb des Kompetenzbereiches der vorläufigen Verwaltungsbehörden befand, dass diese dem verfassungsrechtlichen Rahmen dieser Behörden nicht untergeordnet werden konnte.[931]

Diese Schlussfolgerung des Gerichts ist kritisch zu durchleuchten, da dies dazu führen könnte, dass Entitäten, die außerhalb ihres Kompetenzbereiches handeln wollen, sich schlicht und einfach darauf berufen, außerhalb der Funktion der betreffenden Organisation gehandelt zu haben, um zu erreichen, dass ihre Handlung jedenfalls nicht als *ultra vires* einzustufen ist.[932]

Dass sich aus dem „Schweigen" des Sonderbeauftragten des Generalsekretärs *(Special Representative of the Secretary-General)* ableiten lässt, dass die Autoren nicht innerhalb der vorläufigen Verwaltungsbehörden gehandelt hätten, ist ebenfalls mehr als fraglich:

> "The inference drawn by the Court vis-a-vis the silence of the Special Representative of the Secretary-General is extraordinary. The Special Representative's inaction was not a case of what Sherlock Holmes described as the curious incident of the dog not barking in the night [...]".[933]

Im Gegensatz zur seltsamen Schlussfolgerung des Internationalen Gerichtshofs sehen Kohen und Del Mar im Schweigen des Sonderbeauftragten den Ausdruck der neutralen Status-Politik der Vereinten Nationen gegenüber dem Kosovo.[934]

---

930 Vgl. M. G. Kohen/ K. Del Mar, S. 116.
931 Ibid., S. 118.
932 Ibid., S. 121.
933 Ibid.
934 Vgl. M. G. Kohen/ K. Del Mar, S. 122.

Minding Gaps and Fixing Holes – Lücken im Rechtsgutachten und im Völkerrecht

> "[...] the Court has minimized the purport and scope of its Opinion, since it has limited it to the declaration as such, severed from its legal effects. It may therefore be asked: how can this Opinion, wherein it is concluded that a declaration adopted by some one hundred individuals, self-proclaimed representatives of the people, does not violate international law, guide the requesting organ, the General Assembly, in respect of its own action? [...] This remains a complete mystery, even if the Opinion will be exploited for political ends. [...] Such declarations are no more than foam on the tide of time; they cannot allow the past to be forgotten nor a future to be built on fragments of the present."[935]

> „Das Dozieren über eine gezielte Lücke in den Aussagen eines Gerichts jedoch ist ein heikles Unterfangen – und degeneriert allzu leicht in ein Unternehmen des ‚court bashing'."[936]

> "Gaps are factors of uncertainty in international law. They are 'missing' pieces of the 'totality' of norms in a normative order and 'exist' irrespective of our problems in cognising international law."[937]

Hat der Internationale Gerichtshof in seinem Rechtsgutachten gezielt Lücken geschaffen, ist er bewusst lückenhaft geblieben oder ist das Völkerrecht in entscheidenden Fragen, etwa der Frage der Sezession, an sich lückenhaft?[938] Was die

935 Dissenting Opinion von Richter Bennouna, Abs. 65–69.

936 S. Oeter, Sezession, Integrität und die Rolle des Sicherheitsrates, S. 84.

937 J. Kammerhofer, Gaps, the Nuclear Weapons Advisory Opinion and the Structure of International Legal Argument Between Theory and Practice, British Yearbook of International Law, Vol. 80, S. 360.

938 Zur Lückenhaftigkeit des Völkerrechts in der Frage der Sezession vgl. O. Corten, Are there Gaps in the International Law of Secession, In: M. G. Kohen, Secession, S. 231–254. Vgl. auch M. Weller, The Sounds of Silence: Making Sense of the Supposed Gaps in the *Kosovo* Opinion, in: M. Milanovic/ M. Wood, S. 187–218; A. Pellet, *Kosovo* – The Questions Not Asked: Self-Determination, Secession, and Recognition, in: M. Milanovic/ M. Wood, S. 268–279; C. R. Rossi, Impaled on Morton's Fork: Kosovo, Crimea, and the *Sui Generis* Circumstance; T. Christakis, The ICJ Advisory Opinion on Kosovo: Has International Law Something to Say about Secession; H. Quane, Silence in International Law, in: the British Yearbook of International Law, Vol. 84 (2014), S. 240–270; T. Burri, The Kosovo Opinion and Secession: The Sounds of Silence and Missing Links; P. Hilpold, Die Sezession im Völkerrecht – erfordert das Kosovo-Gutachten des IGH eine Neubewertung dieses Instituts? M. Mammadov, 'Traditional Gap' in the ICJ's Advisory Opinion on Kosovo, Caucasian Review of International Law, Vol. 4 (2010), S. 313–324.

einen als Bescheidenheit[939] oder Mut zur Lücke sehen, kritisieren andere als verpasste Chance und Lückenhaftigkeit bis zum völligen Substanzverlust[940].

In der Kritik am Rechtsgutachten ist immer wieder von *Gaps* und *Silence* die Rede, und *Sound of Silence,* der Titel des Klassikers von Simon und Garfunkel wird zum Titel kritischer Abhandlungen.[941] Man könnte freilich auch die erste Liedzeile des Songs zitieren: „*Hello darkness, …*". Denn in der Tat, durch die Engführung der Fragestellung blieb vieles im Dunkeln, vieles ungesagt:

> „It is usual for a court to be criticized for its pronouncements. It is perhaps less usual for a judicial body to be criticized for pronouncements it did not make. The criticism triggered by the ICJ's Advisory Opinion […] has mainly focused on what was left unsaid."[942]

Für Richter Simma wäre beredtes Schweigen[943] vielleicht besser gewesen, seine Hauptkritik setzt aber ebenfalls bei der Engführung des Gerichtshofs an, der eine schon enge Frage noch weiter eingeengt habe:

> "By contrast, by moving away from *'Lotus'*, the Court could have explored whether international law can be deliberately neutral or silent on a certain issue, and whether it allows for the concept of *toleration*, something which breaks from the binary understanding of permission/ prohibition and which allows for a range of non-prohibited options. That an act might be 'tolerated' would not necessarily mean that it is 'legal', but rather that it is 'not illegal'. In this sense, I am concerned that the narrowness of the Court's approach might constitute a weakness, going forward, in its ability to deal with the great shades of nuance that permeate international law […]
> [T]he Court should have considered the question from a slightly broader perspective, and not limited itself merely to an exercise in mechanical jurisprudence. As posed by the General Assembly, the question already confines the Court to a relatively narrow aspect of the wider dispute as regards the final status of Kosovo. For the Court consciously to have chosen further to narrow the scope of the question has brought with it a method of judicial reasoning which has ignored some of the most important questions relating to the final status of Kosovo."[944]

---

939 M. Weller, Modesty Can Be a Virtue: Judicial Economy in the ICJ *Kosovo* Opinion?

940 T. W. Waters, Misplaced Boldness: The Avoidance of Substance in the International Court of Justice's *Kosovo* Opinion.

941 Vgl. M. Weller, The Sounds of Silence; T. Burri, The Kosovo Opinion and Secession: The Sounds of Silence and Missing Links.

942 M. Weller, The Sounds of Silence, S. 186.

943 Vgl. A. Peters, Das Kosovo-Gutachten und globaler Konstitutionalismus, S. 233: „Das Gegenteil der Rechtslücke wäre das sogenannte beredte Schweigen des Rechts, in dem eine bestimmte Rechtsaussage liegt. Richter *Simma* gab in seiner Erklärung zu bedenken, dass das Völkerrecht zur Sezession auch bewusst schweigen könnte […]."

944 Declaration of Judge Simma, Abs. 9 u. 10. Vgl. auch Separate Opinion of Judge, Abs. 2: "Thus, the restriction of the scope of the question […] voids much of its substance."

Die Erklärung von Judge Simma ist insofern auch wichtig, als sie zwei Aspekte der „Lückenhaftigkeit" anspricht: zum einen das, was der Gerichtshof in seiner Engführung im Sinne einer verpassten Chance ausgelassen hat[945], zum anderen – und das ist sicher der bedeutendere Aspekt, die Frage der Lückenhaftigkeit des Völkerrechts in wichtigen Fragen wie der Sezession:

> "The neutrality of international law on a certain point simply suggests that there are areas where international law has not yet come to regulate, or indeed, will never come to regulate."[946]

Wenden wir uns zunächst noch einmal dem ersten Aspekt zu, den Lücken im Rechtsgutachten selbst. Für Weller gibt es dabei drei wichtige Aspekte, *„three types of silence"*.[947] *Erstens*, wichtige Grundannahmen des Gerichtshofs, die zwar erwähnt, aber nicht ausführlicher analysiert und begründet wurden, wie zum Beispiel die These, dass das Prinzip der territorialen Integrität nur in den zwischenstaatlichen Beziehungen Anwendung findet. *Zweitens*, Themen, die vom Gericht zwar genannt, aber nicht behandelt werden, wie zum Beispiel Sezession als Notwehrrecht[948]. *Drittens*, wichtige Fragestellungen, die vom Gericht gänzlich ignoriert wurden, zum Beispiel die Frage, ob die jeweilige Zentralregierung einer Sezession zustimmen muss und die Frage, ob und wie sich ein Recht auf Unabhängigkeit auf der Grundlage des Selbstbestimmungsrechts legitimieren lässt.[949]

Auf die Lücke im Zusammenhang mit der Frage der Sezession als Notwehrrecht werde ich im Folgenden noch ausführlicher eingehen. Wenden wir uns aber

945 Für M. Mammadov bleibt der IGH damit im Bereich der „traditionellen Lücke" seiner rechtsgutachterlichen Praxis. Vgl. M. Mammadov, „Traditional Gap" in the ICJ's Advisory Opinion on Kosovo, in: Caucasian Review of International Affairs, Vol. 4/4 (2010), S. 315: "[T]he court did not express its standpoint on these matters and thus continued to retain the 'traditional gap' in its advisory jurisprudential practice concerning the clarification of the precise content of the right to external self-determination, i.e. the right to secession in the post-colonial context."

946 Declaration of Judge Simma. Abs. 9.

947 Vgl. M. Weller, The Sounds of Silence, S. 188

948 Vgl. C. Rossi, Impaled on Morton's Fork, S. 374: "Scholars roundly derided the opinion for its circumvention of the real issue: remedial secession."

949 M. Weller, The Sounds of Silence, S. 215. Trotz der von ihm aufgezeigten Lücken und dem Schweigen des Gerichtshofs in wichtigen Fragen, sieht Weller das Rechtsgutachten des IGH und dessen Auswirkungen grundsätzlich positiv. Es habe zur Normalisierung der Lage beigetragen und auch genug Raum für die Weiterentwicklung des Prinzips der Selbstbestimmung und auch der Sezession gelassen: "[T]he Kosovo Advisory Opinion has been strangely successful in terms of the outcome."

noch dem zweiten Aspekt der Lückenhaftigkeit zu, den „Gaps“ im Völkerrecht. Die vielkritisierten Lücken im Rechtsgutachten des Internationalen Gerichtshofs liegen vielleicht gerade hier begründet.

Wenn man mit Koskenniemi das Völkerrecht als Grammatik[950] sieht, dann hat diese in wichtigen Fragen wie der Selbstbestimmung im postkolonialen Kontext und der Sezession als Notwehrrecht Lücken, die durch den faktischen, effektiven Gebrauch der „Sprache“ gefüllt werden. Die Grammatik bleibt in wichtigen Fragen, wie dem Verhältnis der Prinzipien der territorialen Integrität und der Selbstbestimmung lückenhaft und widersprüchlich, mit dem Ergebnis, dass im internationalen „Sprachgebrauch“, insbesondere in der politischen Rhetorik, gerne vom Einzelfall die Rede ist und auch fallbezogen entschieden wird. Um bei dem Bild zu bleiben: die Grammatik hat in dieser Hinsicht unzählige „Fälle“ – diese werden vor allem politisch gerne zu außerordentlichen Einzelfällen hochstilisiert, um ungelösten Widersprüchlichkeiten und Spannungsfeldern auszuweichen und Präzedenzfälle zu vermeiden: es kommt zum „Overworking of *Sui Generis* Circumstance“[951]:

> “The true overworking of the *sui generis* claim comes from international law's restless tendency to claim uniqueness in the face of paradigm failure. […] The *sui generis* defense is becoming a problematic palliative for excepting application of *ex injuria*. It masks fundamental tensions about international law's embrace of *ex injuria's* proscription against validating wrongdoers.”[952]

Das überstrapazierte *sui generis*-Argument ist ein komfortabler Lückenfüller für widersprüchliche rechtliche Situationen[953] und das mit gefährlichen Auswirkungen. Ausgehend von Alvin Gouldners These, dass Systeme einen starken Drang haben, innere Dissonanzen, Widersprüche und Anomalien zu neutralisieren[954], sieht Rossi im *sui generis*-Ansatz ein Instrument der Neutralisierung, „a theoretical fix, which took the patchwork form of the unique exception“.[955] Der Fall

---

950 Vgl. M. Koskenniemi, From Apology to Utopia, insb. Kapitel 2: “The descriptive project: towards a grammar of international law”, S. 563–614.

951 Vgl. C. Rossi, Ex Injuria Jus Non Oritur, S. 166 f.

952 Ibid.

953 Ibid.: “Not as obvious, but also damaging to international law, is the potential overworking of the idea of a *sui generis* circumstance, making it an increasingly convenient gap-filler for anomalous legal situations that strain the relationship between legitimacy and legality.”

954 Vgl. C. R. Rossi, Impaled on Morton's Fork, S. 364 ff.

955 Ibid., S. 366.

Kosovo und die Entwicklungen bis zum heutigen Tag zeigen, dass das „theoretical fix“ *sui generis,* dieser scheinbar praktische „gap-filler“, unerwünschte Nebenwirkungen hat: Präzedenzfälle werden dadurch nicht verhindert, ja eher geschaffen:

> “International law should take more seriously the prospect that the *sui generis* circumstance is actually more common than unique; that over-worked attempts to defy its meaning and conform its application to short-term interests may mark it as a troublesome signpost, not only as a dangerous precedent for ‘unique’ circumstances to come, but of the internal contradictions of the Charter system that cannot be wished away by an exceptional appellation.”[956]

Das Kosovo-Gutachten und die Doktrin der „Remedial Secession“

> “I had omitted the real end […]. This was omitted on my new theory that you could omit anything if you knew that you omitted and the omitted part would strengthen the story and make people feel something more than they understood.”[957]

In seiner Engführung hat der Gerichtshof, wie oben gezeigt, wesentliche Fragen ausgelassen, auf die sich viele eine Antwort erhofft hatten. Die Rezeptionsgeschichte des Gutachtens bis zum heutigen Tag zeigt, dass man auch mit dem Auslassen zentraler Fragen Geschichte(n) schreiben kann. So wurde die „Geschichte“ der *Remedial Secession* durch das Schweigen des Gerichts durchaus gestärkt, freilich auch deshalb, weil die Verlockung groß war und ist, die Lücken durch eigene Inhalte zu füllen. Schon während des Verfahrens nutzten viele die öffentliche Bühne, um ihre eigene „Geschichte“ kundzutun.

Was findet sich im Rechtsgutachten substanziell zum Thema Sezession als Notwehrrecht? Der Gerichtshof erwähnte das Konzept der Sezession als Notwehrrecht, unterließ allerdings weitere Ausführungen im Zusammenhang mit dieser Doktrin – zumal er es nicht für notwendig erachtete, sich mit der Frage der Sezession als Notwehrrecht weiter auseinanderzusetzen. Das Konzept der Sezession als Notwehrrecht beziehe sich auf ein Recht auf Abspaltung von einem Staat und dies liege außerhalb des Rahmens der durch die Generalversammlung gestellten Frage:

> “[T]he Court considers that it is not necessary to resolve these questions in the present case. The General Assembly has requested the Court’s opinion only on whether or not the declaration of independence is in accordance with international law. Debates regarding the extent of the right of self-determination and the existence of any right of

956 Ibid., 390.
957 E. Hemingway, A Movable Feast, Harmondsworth, 1964 S. 75.

'remedial secession', however, concern the right to separate from a State. As the Court has already noted (see paragraphs 49 to 56 above), and as almost all participants agreed, that issue is beyond the scope of the question posed by the General Assembly."[958]

Während des Verfahrens stellte sich heraus, dass die Staaten in Bezug auf die Sezession als Notwehrrecht stark gespalten waren und die Debatte rund um ein solches Notwehrrecht von „grundlegend unterschiedlichen Auffassungen" geprägt war.[959]

Angesichts dieser Auffassungsunterschiede, auf die sich der Gerichtshof bezog, kann jedenfalls davon ausgegangen werden, dass dieser in Zusammenhang mit der Sezession als Notwehrrecht nicht von der Entwicklung hin zu einer völkergewohnheitsrechtlichen Norm ausging und diesem Konzept wohl eher ablehnend gegenüberstand.[960]

Obwohl es der Gerichtshof also vermied, eine klare Position zum Konzept der *Remedial Secession* einzunehmen, wurde dieses wesentlich durch das Verfahren vor dem Internationalen Gerichtshof geprägt – das Verfahren bot ein Forum für umfängliche Debatten zu dieser Thematik und mehrere Staaten und auch Richter des Gerichtshofs befürworteten Sezession als Notwehrrecht in ihren Stellungnahmen. Mehrere Staaten, aber auch einige Richter, erachteten das Konzept der Sezession als Notwehrrecht für den Fall Kosovo als bedeutsam. Die mitwirkenden Staaten im Verfahren, die das Konzept der Sezession als

958 Kosovo Advisory Opinion, p. 438, para. 82.

959 Ibid.: "[T]he Court has already noted (see paragraph 79 above) that one of the major developments of international law during the second half of the twentieth century has been the evolution of the right of self-determination. Whether, outside the context of non-self-governing territories and peoples subject to alien subjugation, domination and exploitation, the international law of self-determination confers upon part of the population of an existing State a right to separate from that State is, however, a subject on which radically different views were expressed by those taking part in the proceedings and expressing a position on the question. Similar differences existed regarding whether international law provides for a right of 'remedial secession' and, if so, in what circumstances."

960 Vgl. P. Hilpold, Die Sezession im Völkerrecht – Erfordert das Kosovo-Gutachten eine Neubewertung dieses Instituts?, S. 74; S. Yee, Notes on the International Court of Justice (Part 4) The Kosovo Opinion, in: Chinese Journal of International Law (2010) 9 (4), S. 777–780; M. Weller, The Sounds of Silence: Making Sense of the Supposed Gaps in the *Kosovo* Opinion, S. 200; A. Gattini, "You say you'll change the Constitution" – The ICJ and Non-State Entities in the Kosovo Advisory Opinion, in: P. Hilpold (Hrsg), Das Kosovo-Gutachten, S. 213: "[T]he non-existence of any customary international norm on the issues evoked by the Court."

Notwehrrecht befürworteten, waren unter anderem Deutschland[961], Albanien[962], Estland[963], Finnland[964], Irland[965], die Niederlande[966], Polen[967] und die Schweiz[968] – auch Russland[969] befürwortete ein solches, betonte allerdings, dass dieses im Fall Kosovo keinesfalls zur Anwendung kommen könne. Explizit abgelehnt wurde *Remedial Secession* unter anderem von Serbien[970], China[971], der Republik Zypern[972], Aserbaidschan[973], Iran[974], der Slowakei[975], Spanien[976] und Argentinien[977].

---

961 Written Statement of the Federal Republic of Germany, April 2009, S. 33–36.

962 Written Statement of the Government of the Republic of Albania, April 2009, S. 42–43.

963 Written Statement of the Republic of Estonia, April 2009, S. 6–11, insbes. Abs. 2.1.1, Abs. 2.1.3.

964 Written Statement of Finland, April 2009, S. 7, Abs. 12: "Kosovo could not expect to enjoy meaningful internal self-determination as part of the FRY: In view of the continuing suppression by the authorities of the FRY of the right of self-determination, and in the absence of any guarantees that such suppression would cease, the only realistic solution was to realize the right by independent statehood."

965 Written Statement of the Gov. of Ireland, 17 April 2009, S. 9–12, Abs. 29–34.

966 Written Statement of the Kingdom of the Netherlands, 17 April 2009, S. 7–13.

967 Written Statement of the Republic of Poland, April 2009, S. 25–26.

968 Written Statement by the Swiss Confederation, May 2009, S. 17–18.

969 Written Statement by the Russian Federation, 16 April 2009, S. 31–32, Abs. 88, S. 37, Abs. 101.

970 Written S. of the Gov. of the Republic of Serbia, 15 April 2009, S. 214–240.

971 Verbatim Record, 7 December 2009, CR 2009/ 29, S. 35, Abs. 23: "Some States have referred to the foregoing as 'a safeguard clause' and interpreted it, by *a contrario* reading of the text, as embodying a right to the so-called 'remedial self-determination' or 'remedial secession'. China does not think such understanding and interpretation are correct and does not believe there is such a right under international law."

972 Written S. by the Republic of Cyprus, 17 April 2009, S. 36–39, insbes. Abs. 149.

973 Written Statement of the Republic of Azerbajan, 17 April 2009, S. 5, Abs. 23–25.

974 Written Statement of The Islamic Republic of Iran, 17 April 2009, S. 6.

975 Written Statement by the Slovak Republic, Abs. 28: "There is no authority for a rule of law which allows 'punishment' of States, especially by something as a loss of territory, for breaches of the law."

976 Written Statement of the Kingdom of Spain, July 2009, Abs. 8: "Moreover, Spain wishes to express its opinion regarding secession as a form of sanction or remedy, which has no proper basis in contemporary international law. This understanding of secession faces serious problems in the case of Kosovo […]".

977 Written Statement the Argentine Republic, 17 April 2009, S. 34, Abs. 85: "The so-called theory of 'remedial secession' is nothing more than an argument made in doctrine, and which not has received any legal consecration […]".

Erwähnenswert sind in diesem Zusammenhang auch die Stellungnahmen der Richter Simma, Yusuf und Trindade, die sich allesamt in ihren Darlegungen auf dieses Konzept bezogen haben. Richter Simma betont, dass der Gerichtshof das Thema der *Remedial Secession* sehr wohl aufgreifen hätte können, da die Frage der Selbstbestimmung bzw. der Sezession als Notwehrrecht für die Lösung des Kosovo-Falles von grundlegender Bedeutung sei. Der Gerichtshof hätte eine weitaus breitere Beantwortung der Fragestellung liefern können und sich nicht allein auf verbietende Normen des Völkerrechts beschränken sollen.[978]

Richter Yusuf bringt im Zusammenhang mit der Frage der Selbstbestimmung zunächst vor, dass das Völkerrecht Fragmentierungen bereits existierender Staaten grundsätzlich missbillige und danach strebe, die existierenden Grenzen dieser Staaten vor äußerer Gewalt und Intervention zu schützen.[979] Grundsätzlich werde das Recht auf Selbstbestimmung innerhalb der Grenzen bestehender Staaten ausgeübt, als ein Recht der gesamten Bevölkerung des betreffenden Staates über ihr politisches, wirtschaftliches, gesellschaftliches Schicksal selbst zu bestimmen und eine repräsentative Regierung zu wählen.[980] In Bezug auf ein externes Selbstbestimmungsrecht habe sich bis dato im Völkerrecht noch kein positives Recht etabliert, aus dem ethnische und rassische Gruppierungen innerhalb eines Staates einen Anspruch auf Eigenstaatlichkeit ableiten können. Aus dem alleinigen Wunsch nach Eigenstaatlichkeit einer ethnischen oder rassischen Gruppierung ließe sich noch nicht ein Recht auf Sezession ableiten, auch wenn dies der Wunsch der gesamten Gruppierung sei:

> "The availability of such a general right in international law would reduce to naught the territorial sovereignty and integrity of States and would lead to interminable conflicts and chaos in international relations."[981]

Unter besonderen Umständen, wenn ein Staat Gruppierungen nicht nur ihr Recht auf innere Selbstbestimmung verweigere, sondern diese auch Diskriminierung, Verfolgung und schwerwiegenden Menschenrechtsverletzungen aussetze,

978 Erklärung von Richter Simma, Abs. 7: "This would have included a deeper analysis of whether the principle of self-determination or any other rule (perhaps expressly mentioning remedial secession) permit or even warrant independence (via secession) of certain peoples/territories."

979 Separate Opinion des Richters Yusuf, Abs. 7.

980 Ibid., Abs. 9: "These rights are to be exercised within the State in which the population or the ethnic group live, and thus constitute internal rights of self-determination."

981 Ibid., Abs. 10.

würde das Selbstbestimmungsrecht einen Anspruch auf Eigenstaatlichkeit unterstützen.[982] Dabei bezieht sich Yusuf insbesondere auf die „Schutzklausel" der *Friendly Relations Declaration* und eine *a contrario* Interpretation derselben.[983]

Yusuf leitet daraus ab, dass die territoriale Integrität und nationale Einheit eines souveränen und unabhängigen Staates weder geschwächt noch beeinträchtigt werden dürfen, solange dieser dem Prinzip der Gleichberechtigung und der Selbstbestimmung entspricht:

> "It [this provision] therefore primarily protects, and gives priority to, the territorial preservation of States and seeks to avoid their fragmentation or disintegration due to separatist forces. However, the saving clause in its latter part implies that if a State fails to comport itself in accordance with the principle of equal rights and self-determination of peoples, an exceptional situation may arise whereby the ethnically or racially distinct group denied internal self-determination may claim a right of external self-determination or separation from the State which could effectively put into question the State's territorial unity and sovereignty."[984]

Richter Yusuf geht also davon aus, dass das Völkerrecht der Fragmentierung bereits bestehender, souveräner Staaten ablehnend gegenübersteht und dem Prinzip der Achtung der territorialen Integrität grundsätzlich überragende Bedeutung zukommt. Ein Recht auf Abspaltung sollte deswegen nur eine „*last-resort*"-Option darstellen, die jedenfalls an bestimmte Voraussetzungen geknüpft ist:

> "To determine whether a specific situation constitutes an exceptional case which may legitimize a claim to external self-determination certain criteria have to be considered, such as the existence of discrimination against a people, its persecution due to its racial or ethnic characteristics, and the denial of autonomous political structures and access to government [...]. All possible remedies for the realization of internal self-determination must be exhausted before the issue is removed from the domestic jurisdiction of the State which had hitherto exercised sovereignty over the territory inhabited by the people making the claim [...]."[985]

---

982 Ibid., Abs. 11: "This does not, however, mean that international law turns a blind eye to the right of such groups, particularly in those cases where that State not only denies them the exercise of their internal right of self-determination [...] but also subjects them to discrimination, persecution and egregious violations of human rights or humanitarian law. Under such exception circumstances, the right of peoples to self-determination may support a claim to separate statehood [...]"

983 Ibid.

984 Ibid, Abs. 12.

985 Ibid, Abs. 16.

Die besonderen Umstände, die den Fall Kosovo über die Jahre geprägt haben – Jugoslawiens Zerfall, der sehr blutig und gewaltsam verlief, die ethnischen Säuberungen und Verbrechen gegen die Menschlichkeit unter dem Milošević-Regime und die Errichtung einer vorläufigen Verwaltung durch die Vereinten Nationen – lieferten ausreichend Material, um zu beurteilen, inwieweit die betreffende Situation im Kosovo außergewöhnliche Umstände widerspiegelte, Umstände, die es ermöglichen, das Recht auf innere Selbstbestimmung in ein Recht auf Eigenstaatlichkeit umzuwandeln[986]. Der Gerichtshof, so Yusuf, hätte die Möglichkeit gehabt, den Rahmen und den normativen Gehalt des externen Selbstbestimmungsrechts zu klären und das Selbstbestimmungsrecht im post-kolonialen Kontext zu schärfen – diese einmalige Chance wurde allerdings verpasst:

> "[T]he need for an assessment of whether the special situation of this territory, in view of its history and of the recent events that led to the United Nations interim administration and to its declaration of independence, could possibly entitle its people to a claim for separate statehood without the consent of its parent State. The Court had a unique opportunity to assess, in a specific and concrete situation, the legal conditions to be met for such a right of self-determination to materialize and give legitimacy to a claim of separation. *It has unfortunately failed to seize this opportunity, which would have allowed it to clarify the scope and normative content of the right to external self-determination, in its post-colonial conception*, and thus to contribute, *inter alia*, to the prevention of unjustified claims to independence which may lead to instability and conflict in various parts of the world."[987] (Herv. A. F.)

Richter Trindade erwähnt *Remedial Secession* nicht explizit, scheint aber ein solches Notwehrrecht zu befürworten, und zwar in extremen Situationen, in denen ein Staat durch Gräueltaten gegen Teile seiner Bevölkerung den eigentlichen Zweck eines Staates pervertiert:

> "No State can invoke territorial integrity in order to commit atrocities (such as the practices of torture, and ethnic cleansing, and massive forced displacement of the population), nor perpetrate them on the assumption of State sovereignty, nor commit atrocities and then rely on a claim of territorial integrity notwithstanding the sentiments and ineluctable resentments of the 'people' or 'population' victimized. What has happened in Kosovo is that the victimized 'people' or 'population' has sought independence, in reaction against systematic and long-lasting terror and oppression, perpetrated in flagrant breach of the fundamental principle of equality and non-discrimination (cf. infra).

986 Ibid, Abs. 13.
987 Ibid., Abs. 17.

The basic lesson is clear: no State can use territory to destroy the population. Such atrocities amount to an absurd reversal of the ends of the State, which was created and exists for human beings, and not vice-versa."[988]

Im Zusammenhang mit den Stellungnahmen der einzelnen, am Verfahren mitwirkenden Staaten scheint verwunderlich, dass Russland – grundsätzlich ein sehr „souveränitätsbewusster"[989] Staat – das Konzept der Sezession als Notwehrrecht beschränkt auf „*truly extreme circumstances*" an sich befürwortet hat. In einem weiteren Schritt verneinte Russland allerdings die Anwendung dieses Konzepts auf den konkreten Fall Kosovo, da die speziellen Voraussetzungen, die eine Anwendung dieses Konzepts erfordern, nicht gegeben waren:

"[I]t is also true that the clause may be construed as authorizing secession under certain conditions. However, those conditions should be limited to *truly extreme circumstances*, such as an outright armed attack by the parent State, *threatening the very existence of the people in question*. Otherwise, all efforts should be taken in order to settle the tension between the parent State and the ethnic community concerned within the framework of the existing State."[990] (Herv. A.F.)

"To sum up, the situation does not even begin to come close to the 'extreme circumstances' under which the right to secession may be invoked."[991]

Das Konzept der Sezession als Notwehrrecht bleibt nach wie vor unbestimmt. Durch seine Weigerung, zu dieser Doktrin Stellung zu nehmen, verpasste der Internationalen Gerichtshof eine einmalige Chance, dieses stets im Ungewissen verharrende, vage Konzept einer Klärung zuzuführen:

"[I]t seems highly unlikely that such an opportunity will return again soon, if ever it will at all [...] it would have been preferable to lay out at least a basic framework for secession, regardless of how open or restrictive it would have turned out to be."[992]

988 Separate Opinion des Richters Cancado Trindade, Abs. 176.

989 Vgl. P. Hilpold, Die Sezession im Völkerrecht – Erfordert das Kosovo-Gutachten des IGH eine Neubewertung dieses Instituts?, S. 72.

990 Written Statement by the Russian Federation, Abs. 88.

991 Ibid, Abs. 103.

992 Vgl. T. Burri, The Kosovo Opinion and Secession: The Sounds of Silence and Missing Links, S. 887.

Der Gerichtshof hat durch seine Auslassungen, die „gezielten Lücken“[993], die historische Chance zur Klärung des Rechts auf Selbstbestimmung außerhalb des kolonialen Kontexts verpasst – oder wie es Burri treffend mit einer kleinen Geschichte ausdrückt: „der Internationale Gerichtshof hatte ein Rendezvous mit der Geschichte. Ach, er hat das Rendezvous verpasst.“[994]

993 Vgl. S. Oeter, Sezession, Territoriale Integrität und die Rolle des Sicherheitsrates, S. 84.

994 T. Burri, S. 888 f.: "The International Court of Justice had a rendezvous with history. The United Nations General Assembly's request for an advisory opinion on the legality of the declaration of independence of Kosovo gave the Court the unique opportunity to address remedial secession and modern self-determination and thereby tie in the changes the international legal order has undergone in the past decades. Alas, the Court missed the rendezvous."

5. Der Präzedenzfall Kosovo und die Krim

5.1 Die Büchse der Pandora und das zweischneidige Schwert

> "The precedent that would be established should Serbia be partitioned against its will – which is what the imposed independence of Kosovo is in truth – could in turn result in the escalation of many existing conflicts, the re-activation of a number of frozen conflicts, and the instigation of who knows how many new conflicts."[995]

> "We want to stay within the international law framework, and we don't want to create a precedent, and we think that if it comes to unilateral recognition of Kosovo, that will become a precedent [...] and it will be something close to opening Pandora's box."[996]

> "The precedent of Kosovo is a terrible precedent, which will de facto blow apart the whole system of international relations, developed not over decades, but over centuries [...] At the end of the day it is a two-ended stick and the second end will come back and hit them in the face."[997]

> "Despite the declarations and best intentions, just saying something is 'unique' may not be enough. States and commentators may need to ask why one claim of independence is purportedly unique and then consider its downstream political and legal effects. In the end, we need to keep in mind that sometimes the most effective law in politically-charged situations may be the law of unintended consequences."[998]

> "If is a special case, then Crimea is also a special case. It's just equally special."[999]

Schon eine gute Woche vor der einseitigen Unabhängigkeitserklärung des Kosovo wies der serbische Präsident Tadić in seiner Rede auf der 44. Münchner

995 Boris Tadić, The World in Disarray – Shifting Powers, Lack of Strategies. Rede des serbischen Präsidenten, gehalten am 8. Februar 2008 auf der 44. Münchner Sicherheitskonferenz. http://www.contexto.org/pdfs/MUNsecres.pdf

996 Sergei Iwanow, russischer Vizepremier, auf der 44. Münchner Sicherheitskonferenz, 10. Februar 2008.

997 Präsident Wladimir Putin am 23. Februar 2008. The Sydney Morning Herald, 24. Februar 2008. http://www.smh.com.au/news/world/putin-warns-of-brute-force-over-kosovo/2008/02/23/1203467455526.html.

998 C. J. Borgen, Assessing the Legality of Kosovo's Declaration of Independence, E-International Relations, http://www.e-ir.info/2008/03/18/assessing-the-legality-of-kosovo's-declaration-of-independence/.

999 Russ. Außenminister Sergei Iwanow am 14. März 2014 in einer Pressekonferenz in London nach einem Treffen mit dem US Außenminister John Kerry. https://www.youtube.com/watch?v=MicqZRnAkOg.

Sicherheitskonferenz auf die unabsehbaren weltweiten Folgen einer Unabhängigkeitserklärung des Kosovo hin: eine Eskalation vieler aktueller Konflikte, ein Wiederaufflammen zahlreicher zur Zeit eingefrorener Konflikte und das Aufflammen vieler neuer Konfliktherde.[1000]

Auch der russische Vizepräsident Iwanow warnte in München vor einem möglichen Präzedenzfall, der die Büchse der Pandora öffnen würde. Schon ein Jahr zuvor, anlässlich eines Treffens mit NATO-Verteidigungsministern in Sevilla im Februar 2007, hatte Iwanow, damals noch Verteidigungsminister, davor gewarnt, dass das Öffnen der Büchse der Pandora durch einen Präzedenzfall Kosovo eine Kettenreaktion auslösen könnte:

> „Alles hängt davon ab, wie wir an den bekannten Grundsatz der territorialen Integrität herangehen. Werden wir uns dabei von der heutigen politischen Konjunktur leiten lassen oder von einer territorialen Integrität als einem unverbrüchlichen Prinzip ausgehen? [...] Nehmen wir rein theoretisch an, das Kosovo habe die Unabhängigkeit bekommen. Dann werden uns die Völker von anderen nicht anerkannten Territorien sagen: ‚Sind wir etwa schlechter'? [...]"[1001]

Wenige Tage nach der Unabhängigkeitserklärung des Kosovo warnte Präsident Putin den Westen vor den Folgen des soeben geschaffenen Präzedenzfalls. Dieser würde nicht nur das über Jahrhunderte entwickelte System der internationalen Beziehungen zerbrechen, sondern sei ein zweischneidiges Schwert, das auch dem Westen ins Gesicht schlagen werde. Spätestens nach den Entwicklungen auf der Halbinsel Krim seit dem Frühjahr 2014 versteht man diese Worte Putins nicht nur als Warnung oder Drohung, sondern als selbsterfüllende Prophezeiung.

Sechs Jahre nach der Unabhängigkeitserklärung des Kosovo und dessen Anerkennung durch zahlreiche Staaten folgte durch die Ukraine-Krise und die russische Annexion der Krim der angekündigte Schlag ins Gesicht des Westens und nach Auffassung vieler internationaler Beobachter und Völkerrechtsexperten auch ein schwerer Schlag ins Gesicht des Völkerrechts. So setzte sich Moskau klar über das Budapester Memorandum[1002] von 1994 hinweg, in welchem die USA, Großbritannien und Russland die staatliche Souveränität der Ukraine im Gegenzug für die Abgabe des drittgrößten Nuklearwaffenarsenals der Welt zugesichert hatten. „Das damalige und seither durch mehrere völkerrechtliche

---

1000 Boris Tadić, The World in Disarray.

1001 Außenminister Sergej Iwanow am 9. Februar 2007 bei einer Pressekonferenz in Sevilla, anlässlich eines informellen Treffens mit NATO-Außenministern. https://de.sputniknews.com/politik/2007020960464148/.

1002 *Memorandum on Security Assurances in Connection with Ukraine's Accession to the Treaty on the Non-Proliferation of Nuclear Weapons.*

Verträge nochmals anerkannte Staatsgebiet der Ukraine schloss und schließt die Halbinsel Krim ein."[1003]

Durch die Ukraine-Krise und den Fall Krim rückten die Themen Selbstbestimmung und Sezession wieder an die Spitze der internationalen Agenda.[1004] Auch in dieser Krise wurde das Spannungsverhältnis zwischen dem Prinzip der territorialen Integrität und dem der Selbstbestimmung offenkundig[1005] und auch die Tatsache, dass es kein völkerrechtliches Metaprinzip gibt, das *ex ante* zwischen den beiden entscheiden könnte.[1006]

Auch wenn es deutliche Unterschiede zwischen den Fällen Kosovo und Krim gibt, die Sezession der Krim und deren anschließende Annexion durch Russland wurden zumindest in der politischen Diskussion durch den Präzedenzfall Kosovo beeinflusst. So bezog sich die Unabhängigkeitserklärung der Krim durch

---

1003 A. Umland, Wie Putin den Westen austrickste, Zeit Online, 18. April 2014. In seinem Gastkommentar kritisiert Umland die Genfer Erklärung vom 17. April 2014 der EU und der USA scharf. „Durch eine Kombination von diplomatischem Pokerspiel, Medienmanipulation und politischer Chuzpe" habe der russische Präsident Wladimir Putin erreicht, dass die Europäische Union und die Vereinigten Staaten die Souveränität Russlands in schriftlicher Form akzeptierten. Die Genfer Erklärung erkenne de facto an, dass die Krim nicht mehr zur Ukraine gehöre und sie eine „indirekte schriftliche Zustimmung des Westens zur Fortsetzung russischer Völkerrechtsverletzung im postsowjetischen Raum". http://www.zeit.de/politik/ausland/2014-04/krim-annexion-akzeptanz-genfer-erklaerung/komplettansicht.

1004 Vgl. C. Walter, Postscript: Self-Determination, Secession and the Crimean Crisis 2014, in: C. Walter et al., Self-Determination and Secession in International Law, S. 293.

1005 Für Christakis ist die Wahl zwischen Selbstbestimmung und territorialer Integrität eines der ältesten, falschen Dilemmata des Völkerrechts: "The choice between self-determination and territorial integrity is one of the oldest false dilemmas of international law. It sets the problem of secession under two contradictory and mutually exclusive options, neither of which is true as such under positive international law. The story goes as follows: either a specific group within a State constitutes a 'people' and has a right to 'external' self-determination; or the territorial integrity of the parent State must be respected and prohibits secession by such a group. This dilemma is very convenient from a political point of view." T. Christakis, Self-Determination, Territorial Integrity and *Fait Accompli* in the Case of Crimea, in: ZaöRV (2015), 75–100, S. 76.

1006 F. R. Téson, Introduction – The Conundrum of Self-Determination, in: F. R. Téson (Hrsg.), The Theory of Self-Determination, S. 8.

den Obersten Rat der Krim explizit auf das Kosovo-Rechtsgutachten des Internationalen Gerichtshofs[1007]:

> "We, the members of the parliament of the Autonomous Republic of Crimea and the Sevastopol City Council, with regard to the charter of the United Nations and a whole range of other international documents and taking into consideration the confirmation of the status of Kosovo by the United Nations International Court of Justice on July, 22, 2010, which says that unilateral declaration of independence by a part of the country doesn't violate any international norms, make this decision."[1008]

Vor dem Hintergrund der Ereignisse auf der Krim liest sich diese Warnung von Richter Koroma in seiner *Dissenting Opinion* wie eine self-fulfilling prophecy:

> "The Court's Opinion will serve as a guide and instruction manual for secessionist groups the world over, and the stability of international law will be severely undermined."[1009]

Peters geht der Frage nach, weshalb das Kosovo-Gutachten des Internationalen Gerichtshofs, das sich zu Sezession, Eigenstaatlichkeit, Anerkennung, *uti possidetis* und territorialer Integrität in Schweigen hüllte, dennoch zum Präzedenzfall werden konnte.[1010] Der Gerichtshof, so Peters, hat dadurch keine Grenze zwischen erlaubter und unerlaubter Sezession gezogen. Hätte er klare Kriterien für erlaubte Sezessionen aufgezeigt, so hätte dies durchaus sezessionistische Bestrebungen fördern können, die diese Kriterien erfüllen. Aber auch die Weigerung, eine solche Grenze zu ziehen, kann, so Peters, eine ähnliche Wirkung haben:

> "It is a matter of psychology (and hinges on the observer's perspective on the legitimacy and perils of secession) which consequence (unintended or not) the observer (or the

---

1007 Walter weist daraufhin, dass die Bezugnahme auf das Kosovo-Rechtsgutachten problematisch ist: "[T]his reference to the Kosovo Advisory Opinion is deficient because it overlooks the norms of international law which govern the interstate relationship between Russia and Ukraine. [...] the Advisory Opinion refers to limits and conditions, notably the absence of the use of force by third states, which are not met in the case of Ukraine." C. Walter, Postscript: Self-Determination, Secession and the Crimean Crisis 2014, S. 299.

1008 https://www.rt.com/news/crimea-parliament-independence-ukraine-086/

1009 Dissenting Opinion of Judge Koroma, Abs. 4.

1010 Vgl. A. Peters, An Unfortunate Precedent, S. 298. Dagegen sieht Buchheit in der Definition von Standards für die Legitimität von Sezession die Möglichkeit, die Präzedenzwirkung einzuschränken: "The very existence of a scheme for determining secessionist legitimacy would limit the precedential effect [...]". L. C. Buchheit, Secession, S. 235.

judges themselves) deem more likely and pernicious: *boosting secession by drawing a line, or boosting secessions by refraining from drawing a line.*"[1011] (Herv. A. F.)

So wurde das Kosovo-Gutachten zu einem Präzedenzfall, im umgekehrten Sinn:[1012] gerade weil der Gerichtshof nichts Wesentliches und Verbindliches zum Thema Sezession sagte, konnten sich die Krim und Russland 2014 auf das Gutachten berufen, um den Anspruch der Krim auf Selbstbestimmung und Sezession zu legitimieren:

> "So, in effect, while the Court read the question narrowly in order to avoid any precedential effect, it was the legalistic narrowness itself that allowed it to be relied on by Russia as a precedent. In that sense, the Advisory Opinion did have the reverse effect of a 'bad precedent' through its silence."[1013]

5.1.1 Die „Kosovo-Rhetorik"[1014] und ihre Mittel

Das Gutachten selbst wurde zu einem wichtigen Teil der Kosovo-Rhetorik, wie das Beispiel der wohl wichtigsten Rede des russischen Präsidenten Wladimir Putin zum Fall Krim zeigt. Nachdem sich die Bevölkerung der Krim am 16. März im „Referendum über den Status der Krim" mit 95,5% der abgegebenen Stimmen klar für eine Wiedervereinigung der Krim mit Russland ausgesprochen hatte, wandte sich der russische Präsident Wladimir Putin am 18. März in einer langen Rede an die Öffentlichkeit, mit dem Ziel, das russische Vorgehen politisch, historisch und (völker-)rechtlich zu rechtfertigen. Dabei stützte er sich auf das in der Charta der Vereinten Nationen verankerte Selbstbestimmungsrecht der Völker[1015], auf die Sezession der Ukraine von der UDSSR und insbesondere auf den Präzedenzfall Kosovo:[1016]

1011 A. Peters, S. 299.

1012 Vgl. ibid.: "So ironically, the Kosovo Opinion seems to have constituted a 'precedent' *in a reverse sense* [...]".

1013 Ibid., 299 f.

1014 Vgl. A. Peters, Has the Advisory Opinion's Finding that Kosovo's Declaration of Independence was not Contrary to International Law Set an Unfortunate Precedent?, in: M. Milanovic/ M.Wood: The Law and Politics of the Kosovo Advisory Opinion, S. 311.

1015 Zur Kritik am Versuch, die Sezession/Annexion der Krim mit dem Selbstbestimmungsrecht der Völker zu legitimieren vgl. C. Marxsen, The Crimea Crisis – An International Law Perspective. In: Zeitschrift für ausländisches öffentliches Recht und Völkerrecht 74 (2014), S. 367–91.

1016 Vgl. A. Peters, S. 291.

"As it declared independence and decided to hold a referendum, the Supreme Council of Crimea referred to the United Nations Charter, which speaks of the right of nations to self-determination. Incidentally, I would like to remind you that when Ukraine seceded from the USSR it did exactly the same thing, almost word for word. Ukraine used this right, yet the residents of Crimea are denied it. Why is that?
Moreover, the Crimean authorities referred to the well-known Kosovo precedent – a precedent our western colleagues created with their own hands in a very similar situation, when they agreed that the unilateral separation of Kosovo from Serbia, exactly what Crimea is doing now, was legitimate and did not require any permission from the country's central authorities. Pursuant to Article 2, Chapter 1 of the United Nations Charter, the UN International Court agreed with this approach and made the following comment in its ruling of July 22, 2010, and I quote: 'No general prohibition may be inferred from the practice of the Security Council with regard to declarations of independence,' and 'General international law contains no prohibition on declarations of independence.' Crystal clear, as they say.
I do not like to resort to quotes, but in this case, I cannot help it. Here is a quote from another official document: the Written Statement of the United States [of] America of April 17, 2009, submitted to the same UN International Court in connection with the hearings on Kosovo. Again, I quote: 'Declarations of independence may, and often do, violate domestic legislation. However, this does not make them violations of international law.' End of quote. They wrote this, disseminated it all over the world, had everyone agree and now they are outraged. Over what? The actions of Crimean people completely fit in with these instructions, as it were. For some reason, things that Kosovo Albanians (and we have full respect for them) were permitted to do, Russians, Ukrainians and Crimean Tatars in Crimea are not allowed. Again, one wonders why.
We keep hearing from the United States and Western Europe that Kosovo is some special case. What makes it so special in the eyes of our colleagues? It turns out that it is the fact that the conflict in Kosovo resulted in so many human casualties. Is this a legal argument? The ruling of the International Court says nothing about this. This is not even double standards; this is amazing, primitive, blunt cynicism. One should not try so crudely to make everything suit their interests, calling the same thing white today and black tomorrow. According to this logic, we have to make sure every conflict leads to human losses.
I will state clearly – if the Crimean local self-defence units had not taken the situation under control, there could have been casualties as well [...]."[1017]

1017 Rede des russischen Präsidenten Wladimir Putin an die Nation, gehalten am 18. März 2014 im Kreml vor Mitgliedern des Föderationsrates und Abgeordneten der Duma. http://en.kremlin.ru/events/president/news/20603.

Russland unter Wladimir Putin hält bis heute konsequent an der Strategie fest, die Annexion der Krim durch den Präzedenzfall Kosovo zu legitimieren[1018]. Auch wenn viele Völkerrechtsexperten in wissenschaftlichen Arbeiten, Interviews, Zeitungskommentaren etc. auf wesentliche Unterschiede zwischen dem Kosovo und der Krim hingewiesen und die Argumentationsstrategie Putins als rechtlich unhaltbar entlarvt haben[1019], Russland und allen voran sein Präsident werden wohl an der „Kosovo-Rhetorik“[1020] festhalten. Der Westen, der nicht müde wird, den Fall Kosovo als *sui generis* darzustellen, hat Putin das zweischneidige Schwert geliefert, mit dem dieser ihm im Fall der Krim ins Gesicht

1018 Vgl. V. Rotaru/M. Troncotă, Instrumentalising Balkan's recent past. How Russia is (miss-)using Kosovo precedent to legitimize the annexation of Crimea. Bukarest, 2016. In ihrer Analyse der russischen Legitimationsstrategie weisen Rotaru und Troncotă drei wesentliche Aspekte auf: "1. The precedent of Kosovo – 2. Reinterpreting the past – 3. Ethnicization of territory." S. 14. http://web.isanet.org/Web/Conferences/CEEISA-ISA-LBJ2016/Archive/29bef07b-21be-4fb7-952a-2329c913ea55.pdf.

1019 Vgl. C. Weisflog, Warum die Krim nicht Kosovo ist – Völkerrechtler widersprechen Putin, Neue Zürcher Zeitung, 18. 11. 2014. D. W. Drezner, "Putin's excuse for a referendum is wrong: Crimea isn't Kosovo – at all", The Guardian, 17.03/2014. Ch. Marxsen, Territorial Integrity in International Law – Its Concept and Implications for Crimea, ZaöRV (2015), 7–26; P. Hilpold, Die Ukraine-Krise aus völkerrechtlicher Sicht: ein Streitfall zwischen Recht, Geschichte und Politik, in: Schweizer Zeitschrift für internationales und europäisches Recht 25 2/2015, S. 171–182; T. Christakis, Self-Determination, Territorial Integrity and Fait Accompli in the Case of Crimea; L. Wildhaber, Krim, Ostukraine und Völkerrecht, in: Schweizer Zeitschrift für internationales und europäisches Recht 25 2/2015, S. 159–170; R. Allison, Russian 'Deniable' 'Intervention in Ukraine: How and Why Russia Broke the Rules', International Affairs 90 (6): S. 1255–1297; Th. D. Grant, Aggression against Ukraine. Territory, Responsibility, and International Law, New York 2015. S. F. van den Driest, Crimea's Separation from Ukraine: An Analysis of the Right to Self-Determination and (Remedial) Secession in International Law. In: Netherland International Law Review 62 (2015), S. 329–363; A. Tancredi, The Russian annexation of Crimea: questions relating to the use of force. Questions of international law. In: Questions of International Law, Zoom Out I (2014), S. 5–34; E. Jusufaj, The Kosovo Precedent in the Secession and Recognition of Crimea. Iliria International Review 2015/1, S. 267–286.

1020 Vgl. A. Peters, S. 311: "In a technical sense, and independently of the unpersuasiveness of the 'no precedent' talk, there is indeed no Kosovo precedent. But the world now knows [...] a *Kosovo rhetoric*, which could so far not be entirely refuted or counteracted by the 'no precedent' language."

schlägt. Die Ausweitung des Konzepts der Selbstbestimmung im Fall Kosovo hat sich als gefährlich erwiesen:[1021]

> "One can say that there is no right to secession in favor of Crimea. The fact, however, that Russia can invoke prior legal practice that apparently supports its claims – at least within the sketchy and instrumental language of public addresses and press releases – is partly attributable to prior politics of Western states. By further blurring the concept of self-determination Western states bear their share of responsibility for the fact that Russia can make at least a political argument for a right to self-determination of Crimea under international law, even if that argument does not hold a thorough legal analysis. In terms of politics, Russia as a powerful state is not in need of the ultimately striking legal argument – one which allows Russian authorities to make a case, to present arguments for the legality by further expanding the right to self-determination is already good enough for *Putin* to save his face while acting as a regional hegemonial power."[1022]

Es ist wenig überraschend, dass der kosovarische Ministerpräsident Hashim Taçi wenige Tage nach Putins Rede in einem Interview betonte, man dürfe unter keinen Umständen den Fall Kosovo mit dem der Krim vergleichen, Kosovo sei ein einzigartiger Fall. Und die deutsche Kanzlerin Angela Merkel wies schon fünf Tage vor Putins Rede in ihrer Regierungserklärung am 13. März 2014 jeglichen Vergleich zwischen der Krimkrise und dem Kosovo-Konflikt entschieden zurück:

> „Weil in diesen Tagen von dem einen oder anderen der Vergleich mit dem Kosovo-Konflikt gezogen wird [...] erlaube ich mir dazu eine kurze Nebenbemerkung. Nachdem damals die Staatengemeinschaft den sogenannten ethnischen Säuberungskriegen von Milošević auf dem Gebiet des ehemaligen Jugoslawien jahrelang mehr oder weniger ohnmächtig zugesehen hatte, nachdem Sanktionen und Verhandlungen keinerlei

---

1021 Vgl. C. Marxsen, The Crimea Crisis – An International Law Perspective. In: Zeitschrift für ausländisches öffentliches Recht und Völkerrecht 74 (2014), S. 388: "As the current case shows, Western states' strategy to extend the concept of self-determination in regard to Kosovo is dangerous, since the structure of international law provides no protection against further extensions by other states, but by contrast only triggers desires in that regard. It undermines the general strength of the norm that self-determination is principally limited to its internal dimension. [...] The claim for uniqueness is a weak strategy for containment since a comparison between two situations is always possible and the result of a comparison depends on the criteria one choses to acknowledge as relevant – and these can hardly be controlled by political declarations. *When recognizing Kosovo, Western states pushed the limits of the concept of self-determination and it is not surprising that other states do the same when it suits their interests.*" (Herv. A.F.)

1022 Ibid., S. 389.

Wirkung gezeigt hatten, entschloss sich die NATO, ohne UN-Mandat militärisch einzugreifen, auch weil Russland jeden Beschluss des UN-Sicherheitsrates für ein UN-Mandat blockiert hatte. Um es klipp und klar zu sagen: Die Situation damals ist in keiner Weise mit der in der Ukraine heute vergleichbar.

Doch wenn ich mich schon auf diesen aus meiner Sicht beschämenden Vergleich einlasse[1023], dann hat ganz grundsätzlich Folgendes zu gelten: Das Vorgehen Russlands in der Ukraine stellt eindeutig einen Bruch grundlegender völkerrechtlicher Prinzipien dar. Dieser würde nicht dadurch relativiert, wenn es andere Völkerrechtsverletzungen gegeben hätte[1024]. Es bleibt ein Bruch des Völkerrechts mitten in Europa, nach dem wir nicht zur Tagesordnung übergehen dürfen."[1025]

Die „Kosovo-Rhetorik" arbeitet mit scheinbaren Analogien der beiden Fälle und bedient sich dabei mehr oder weniger geschickt aus dem historischen und aktuellen Fundus des (völker-)rechtlichen und politischen Diskurses über Selbstbestimmung, Sezession (als Notwehrrecht), humanitäre Intervention etc. Bei einer genauen Analyse der „Kosovo-Rhetorik"[1026], wie sie Putin in seiner Rede an

---

1023 Kanzlerin Merkel bezieht sich dabei wohl auf ihren Vorgänger Gerhard Schröder, der versucht hatte, das völkerrechtswidrige Vorgehen Russlands auf der Krim mit dem Hinweis zu verteidigen, auch die NATO-Staaten hätten im Kosovo-Krieg das Völkerrecht gebrochen. Vgl. M. C. Schulte von Drach, Welches Völkerrecht darf's denn heute sein? In: Süddeutsche Zeitung, 21. März 2014.
Alt-Kanzler Schmid zeigte in einem Interview mit dem Wochenmagazin „Die Zeit" wie Schröder Verständnis für das Vorgehen Putins, allerdings nicht mit dem „Kosovo-Argument" sondern mit der provokanten These: „Wichtiger als die Berufung auf das Völkerrecht ist die geschichtliche Entwicklung der Krim." M. Naß, „Putins Vorgehen ist verständlich"– Helmut Schmidt über Russlands Recht auf die Krim, die Überreaktion des Westens und den Unsinn von Sanktionen. Die Zeit Nr. 14 vom 27. März 2014. Vgl. dazu P. Hilpold, Die Ukraine-Krise aus völkerrechtlicher Sicht, S. 171: „Eine solche Feststellung muss einen Völkerrechtler aufschrecken lassen, stellt sie doch einen fundamentalen Konsens infrage, der bislang das Verständnis des Völkerrechts prägte. Sie scheint aber [...] weit verbreitet zu sein, sowohl auf politischer als auch auf rechtlicher Ebene."

1024 Ähnlich argumentiert auch Peters: "[...] even if the international community's and the ICJ's (implicit) acceptance of the Kosovo secession were considered to having violated international law, this fact cannot furnish an equal treatment-type argument to do that again. There is no principle of 'precedence in illegality'." A. Peters, S. 311.

1025 Regierungserklärung von Bundeskanzlerin Angela Merkel im Deutschen Bundestag, 13. März 2014. https://www.bundesregierung.de/Content/DE/Regierungserklaerung/2014/2014-03-13-bt-merkel.html.

1026 Für eine ausführliche Analyse der russischen Rhetorik vor und nach der Krimkrise vgl. C. J. Borgen, Law, Rhetoric, Strategy: Russia and Self-Determination Before and After Crimea, in: International Law Studies (2015), S. 216–280.

die Nation gleichsam zugrunde gelegt hat, fragt man sich mit Recht, wie schlecht eine Argumentation sein darf, um in den internationalen Beziehungen immer noch die Funktion der Gesichtswahrung zu erfüllen.[1027] Gleichzeitig stellt sich die Frage – um bei der Gesichtsmetaphorik zu bleiben – wie man auf den von Russland verpassten Schlag ins Gesicht reagiert – nach dem ersten schmerzhaften Aufschrei ist es ruhig geworden.

In ihrer oben zitierten Regierungserklärung hatte Angela Merkel den Bruch des Völkerrechts mitten in Europa angeprangert und betont, man dürfe nicht zur Tagesordnung übergehen. Im Juni 2016 hat die EU die Krim-Sanktionen bis zum Sommer 2017 verlängert, ansonsten ist es um das Thema aber sehr ruhig geworden. Natürlich hat das alles überlagernde Thema der Flüchtlinge und die katastrophale Lage in Syrien dazu beigetragen und einen anderen Konflikt mit Putin ins Zentrum gerückt.[1028] Wenn die deutsche Kanzlerin von den EU-Chefs Ende Oktober 2016 eine harte Haltung gegenüber Putin verlangte, dann nicht im Ukraine-Konflikt und der Krimfrage, sondern im Syrien-Konflikt.[1029]

5.2 „*Illegal but legitimate*" und *sui generis* – das zweischneidige Schwert des Präzedenzfalls

> "What happened there [at the Rambouillet Conference] is not very well known to the general public. The proceedings were unusual, to say the least. [...] The Cambridge international lawyer, Marc Weller, has provided an extremely interesting account of this [...]. He concluded with the words: 'The connection of the legal justification of humanitarian action with the aim of achieving FRY/Serb acceptance of the Rambouillet package in its entirety, if it is maintained, would represent *an innovative, but justifiable extension of international law.*' The requirements of this maybe desirable extension of international law – averting humanitarian catastrophe – may be in need of assent from the international

1027 Vgl. A. Peters, S. 313: "But – and this is the question for international lawyers – how bad may an argument get to still serve that face-saving function in international relations?"

1028 Mehr als die Krim hat wohl der Kosovo insbesondere die deutsche Politik, Behörden und Zivilgesellschaft beschäftigt, denn allein 2015 haben über 30.000 Menschen aus dem Kosovo in Deutschland einen Asylantrag gestellt. Damit lag das kleine Land bei den Herkunftsländern nach Syrien und Albanien an dritter Stelle. (Quelle: Bundesamt für Migration und Flüchtlinge).

1029 FAZ, 20. Oktober 2016: „Merkel fordert von EU-Chefs harte Haltung gegenüber Putin." http://www.faz.net/-gpf-8mkqw.

community, as it is not enough to have the limited membership of the North Atlantic Treaty Organisation decide what catastrophes shall be averted."[1030] (Herv. A. F.)

"[T]he precedential value of an action under international law cannot be established at the time of the action, but rather is determined by how the action is interpreted and used in the future."[1031]

"To think of Kosovo as law is to move it from the realm of the exceptional to that of routine. It becomes a 'case' of a 'doctrine' – the law of humanitarian intervention. [...] Kosovo has invited international lawyers to throw away dry professionalism and imagine themselves as moral agents in a *mission civilicatrice*. A particularly shallow and dangerous moralisation that forecloses political energies needed for transformation elsewhere."[1032]

Der Präzedenzfall Kosovo, aus dem die oben erwähnte Kosovo-Rhetorik ihre „Inspiration" nimmt, hat zwei wesentliche Aspekte: die Lücke zwischen der Legalität und der Legitimität der NATO Luftschläge, von Völkerrechtsexperten ganz unterschiedlich eingeschätzt und beurteilt, und das Argument *sui generis*, also der schon öfters erwähnte Versuch, den Fall Kosovo als einzigartig darzustellen und gerade dadurch völkerrechtlich problematische Handlungen zu legitimieren. Wieviel *„innovative extension"* das Völkerrecht verträgt, bis es gebrochen wird, auch darüber sind sich die Experten und noch viel weniger die Politik einig.

Für Bruno Simma trennt die NATO Aktion im Kosovo nur eine dünne, rote Linie von der völkerrechtlichen Legalität.[1033] In seinem Kommentar zu einem Beitrag Simmas widerspricht Antonio Cassese entschieden:

"In short, for Simma the illegality perpetrated by NATO countries is not so grave; and, at any rate, it must not set a precedent and should remain exceptional. I respectfully disagree. The breach of the United Nations Charter occurring in this instance cannot be termed minor. The action of NATO countries radically departs from the Charter system

---

1030 Lord Kennet am 6. Mai 1999 in einer Rede im House of Lords des britischen Parlaments. Kennet bezieht sich auf M. Weller, The Rambouillet Conference on Kosovo, in: International Affairs 75/2 (1999), S. 251. http://www.publications.parliament.uk/pa/ld199899/ldhansrd/vo990506/text/90506-08.htm.

1031 J. Goldsmith, The Kosovo Precedent for Syria Isn't Much of a Precedent, in: Lawfare, 24. August 2013. https://www.lawfareblog.com/kosovo-precedent-syria-isnt-much-precedent.

1032 M. Koskenniemi, 'The Lady Doth Protest Too Much', S. 162.

1033 Vgl. B. Simma, NATO, the UN and the Use of Force: Legal Aspects, in: European Journal of International Law 10 (1999), S. 22: "In the present author's view, only a thin red line separates NATO's action on Kosovo from international legality."

for collective security, which hinges on a rule (collective enforcement action authorized by the Security Council) and an exception (self-defence)."[1034]

Auch Simma warnt vor einem möglichen Boomerangeffekt, glaubt aber, dass sich im Falle Kosovos die Gefahr eines solchen Effekts dadurch reduzieren lässt, dass man auf die einzigartigen Umstände verweist:

"[A] potential boomerang effect of such breaches can never be excluded, but this danger can at least be reduced, by indicating the concrete circumstances that led to a decision *ad hoc* being destined to remain singular. [...] To resort to illegality as an explicit *ultima ratio* for reason as convincing as those put forward in the Kosovo case is one thing, to turn such an exception into a general policy is quite another. If we agree that the NATO treaty does have a hard legal core which even the most dynamic and innovative (re-) interpretation cannot erode, it is NATO's subordination to the principles of the United Nations Charter."[1035]

Franck versucht einseitige humanitäre Interventionen wie den NATO-Einsatz im Kosovo dadurch zu „legitimieren", dass er den Begriff der „Mildernden Umstände" aus dem nationalen Recht ins Völkerrecht importiert:[1036]

"But what about costs to the system of deploying unauthorized means, even in pursuit of good ends? Undoubtedly, the UN Charter has taken a hit, but perhaps not a very major one. Even an illegal action, if instrumental in bringing about results widely desired by a community, will not seriously undermine a resilient legal system, one with the elasticity to make allowances for mitigating circumstances. It is important, however, to distinguish between mitigation and justification."[1037]

Martti Koskenniemi erklärt die Versuche, den Rechtsbruch mit einem Spagat zwischen Legalität und Legitimität zu schließen, mit dem von ihm konstatierten Trend zur Ethik im Völkerrecht.[1038] Auch wenn Koskenniemi selbst die

---

1034 A. Cassese, Ex iniuria ius oritur: Are We Moving towards International Legitimation of Forcible Humanitarian Countermeasures in the World Community?" in: European Journal of International Law 10 (1999), S. 2.

1035 B. Simma, S. 22.

1036 Vgl. A. Roberts, Legality Versus Legitimacy: Can Uses of Force be Illegal but Justified?, in: P. Alston/E. MacDonald (Hrsg.), Human Rights, Intervention, and the Use of Force, New York 2008, S. 183.

1037 T. Franck, Lessons of Kosovo, in: The American Journal of International Law, Vol. 93/4 (1999), S. 859.

1038 M. Koskenniemi, 'The Lady Doth Protest Too Much' – Kosovo, and the Turn to Ethics in International Law, in: The Modern Law Review, 65/2 (2002), S. 159–175. Zum Verhältnis von Moral und Recht im Fall Kosovo vgl. R. Schmücker, Illegal, aber legitim? Zum Verhältnis von Moral und internationalem Recht, in: K. Schüttauf/G.

NATO-Intervention als „illegal, aber moralisch notwendig" beurteilt, so warnt er doch vor den gefährlichen Folgen eines oberflächlichen Moralisierens, welches das Völkerrecht in ein unkritisches Instrument in den Händen der Mächtigen verwandeln kann:

> "The urge to achieve this, the article argues, arose from a general turn to ethics in the profession that has been evident since the end of the Cold War. This has often involved a shallow and dangerous moralisation which, if generalised transforms international law into an uncritical instrument for the foreign policy choices of those whom power and privilege has put into decision-making positions."[1039]

Der Bericht der *International Commission on Kosovo* (Kosovo Report) kommt zum Schluss, die Militärintervention der NATO sei „illegal, aber legitim", illegal weil vom Sicherheitsrat nicht autorisiert, aber gerechtfertigt, weil die Intervention nach dem Scheitern aller diplomatischen Bemühungen die Unterdrückung der Bevölkerung durch Serbien ein Ende setzte.[1040] Auch die Kommission spricht explizit von einer Lücke („gap") zwischen Legalität und Legitimität, und warnt vor „ungesunden" Folgen, sollte diese bestehen bleiben und schlägt vor, die Lücke zukünftig in einer überzeugenden Weise durch eine Doktrin der humanitären Intervention zu schließen:

> "[T]he Commission feels that it would be most beneficial to work diligently to close the gap between legality and legitimacy in a convincing manner for the future. The Commission is of the opinion that the best way to do this is to conceive of an emergent doctrine of humanitarian intervention that consists of a process of three phases:
> - a recommended framework of principles useful in a setting where humanitarian intervention is proposed as an international response and where it actually occurs;
> - the formal adoption of such a framework by the General Assembly of the United Nations in the form of a Declaration on the Right and Responsibility of Humanitarian Intervention, accompanied by UNSC interpretations of the UN Charter that reconciles such practice with the balance between respect for sovereign rights, implementation of human rights, and prevention of humanitarian catastrophe;
> - the amendment of the Charter to incorporate these changes in the role and responsibility of the United Nations and other collective actors in international society to implement the Declaration on the Right and Responsibility of Humanitarian Intervention."[1041]

Brudermüller (Hrsg.), Globalisierung – Probleme einer neuen Weltordnung, Würzburg 2007, S. 75–94.

1039 M. Koskenniemi, S. 159.

1040 The Kosovo Report. Conflict – International Response – Lessons Learned. Oxford, 2000, S. 4.

1041 Kosovo Report, S. 187.

Direkt nach diesem Vorschlag eines Lückenschlusses im Völkerrecht weist der Kosovo-Report auf das Hauptproblem im Zusammenhang mit der Verhinderung humanitärer Katastrophen hin: Interventionen angesichts schwerwiegender Menschenrechtsverletzungen oder Völkermords finden nur dann statt, wenn es im Interesse der potentiell intervenierenden Staaten ist, und die internationale Stabilität und den Weltfrieden nicht gefährdet werden.[1042]

Die bisherigen Ausführungen zur NATO-Intervention im Kosovo zeigen die Argumentationslinien der Kosovo-Rhetorik auf, wie sie z.B. Putin und das offizielle Russland im Hinblick auf den Fall Krim vom ersten Tag an verwendet haben und bis heute verwenden: die „innovative" Ausdehnung des Völkerrechts, die Betonung der einzigartigen Umstände und die Berufung auf humanitäre Intervention, im Fall der Krim eher Schutzverantwortung *(R2P)* zur Verhinderung von Menschenrechtsverletzungen, d.h. von Übergriffen gegen die russischsprachige Bevölkerung.

Schon 2008 hatte die russische Regierung die militärische Intervention in Georgien im Sinne des Konzepts der Schutzverantwortung begründet:

> "According to our Constitution there is also responsibility to protect – the term which is very widely used in the UN when people see some trouble in Africa or in any remote part of other regions. But this is not Africa to us, this is next door. This is the area, where Russian citizens live. So the Constitution of the Russian Federation, the laws of the Russian Federation make it absolutely unavoidable to us to exercise responsibility to protect."[1043]

Wie bei der NATO-Intervention im Kosovo hat Russland in Georgien ohne Zustimmung des Sicherheitsrates interveniert. Dieses Vorgehen wurde vom Westen scharf kritisiert. Fünf Jahre später war es Russland, das die vom Sicherheitsrat nicht autorisierte Intervention der USA in Syrien kritisierte und vor den Folgen warnte: Eskalation im Krisengebiet und Schwächung der Vereinten Nationen und ihrer Institutionen:

> "No one wants the United Nations to suffer the fate of the League of Nations, which collapsed because it lacked real leverage. This is possible if influential countries bypass the United Nations and take military action without Security Council authorization. The potential strike by the United States against Syria, despite strong opposition from many countries and major political and religious leaders, including the pope, will result in more innocent victims and escalation, potentially spreading the conflict far beyond Syria's borders. […] We need to use the United Nations Security Council and believe

1042 Ibid.

1043 Außenminister Sergej Lawrow am 9. August 2008 in einem BBC-Interview. www.un.int/russia/new/MainRoot/docs/off_news/090808/newen2.htm.

that preserving law and order in today's complex and turbulent world is one of the few ways to keep international relations from sliding into chaos. *The law is still the law, and we must follow it whether we like it or not.* Under current international law, force is permitted only in self-defense or by the decision of the Security Council. Anything else is unacceptable under the United Nations Charter and would constitute an act of aggression."[1044] (Herv. A. F.)

Im Fall der Krim hat der Westen ganz ähnlich argumentiert wie Russland im Hinblick auf Syrien oder den Kosovo. Beide Seiten versuchen „zwei Pferde gleichzeitig zu reiten“[1045], indem sie je nach Interessenslage einmal mit dem Prinzip der Selbstbestimmung und dann wieder mit dem der territorialen Integrität argumentieren. Kohen zeigt die Doppelmoral am Beispiel der westlichen Haltung in der Krimkrise:

"Are the accusers being consistent? They are the ones who encouraged the secession of Kosovo by any means, who supported the secession of South Sudan, who used force without Security Council authorization and conducted a policy that led to the *de facto* fragmentation of Iraq, Afghanistan, and Libya. [...] When the Kosovo parliament declared independence, those same governments affirmed that the violation of the Serbian Constitution was irrelevant and that international law did not prohibit unilateral declarations of independence. [...].Vladimir Putin's government is paying them with the same coin. [...] Contradiction in international policy and disregard for international law when it suits the interests of one side or another come at a price. Western capitals have been left helpless against Russia. Not militarily or economically. They have been morally helpless. By dint of ignoring the basic rules governing international relations and invoking spurious legal arguments or claiming that the actions in question 'did not constitute precedents', by dint of promoting the break-up of states, imposing a culture of force in international relations, those who claim to represent democratic values on the international stage have ended up weakening the framework of international law and the system of collective security."[1046]

Zur Rechtfertigung des Einschreitens auf der Krim berief sich Russland vor allem auch auf das in der UN-Charta verankerte Selbstbestimmungsrecht der Völker, von dem die russischsprachige Bevölkerung der Krim Gebrauch gemacht haben soll. Wie bereits oben erwähnt, verwendete auch Putin in seiner Rede diese

---

1044 „A Plea for Caution From Russia.“ Op-Ed-Artikel von President Putin in den New York Times vom 12. September 2013. http://www.nytimes.com /2013/09/12/opinion/putin-plea-for-caution-from-russia-on-syria.html?hp&_r=1&.

1045 Vgl. T. Christakis, Self-Determination, Territorial Integrity and *Fait Accompli* in the Case of Crimea, S. 75.

1046 M. Kohen, L'Ukraine et le respect du droit international, Le Temps, 13.3.2014. Zitiert ibid., Übersetzung T. Christakis.

Argumentationslinie und untermauerte diese vor allem durch den „altbekannten Kosovo-Präzedenzfall".[1047] Auch das Parlament der Krim nimmt in seiner Unabhängigkeitserklärung vom 11. März 2014 explizit Bezug auf das Rechtsgutachten des Internationalen Gerichtshofs im Fall Kosovo.[1048] Dem soll zunächst entgegengehalten werden, dass sich im Völkerrecht außerhalb des kolonialen Kontexts bis dato noch kein Recht auf einseitige Sezession etabliert hat und sich ein solches auch aus der Staatenpraxis nicht ableiten lässt.[1049]

5.2.1 Kosovo und die Krim: *Remedial Secession* in beiden Fällen nicht anwendbar

Schon im Fall Kosovo betonte der Internationale Gerichtshof, dass es in der Staatengemeinschaft hinsichtlich der Frage, ob es im Völkerrecht ein positives Recht auf Sezession als Notwehr gibt, sehr gegensätzliche Auffassungen existieren. Wie bereits dargestellt, erachtete es der Internationale Gerichtshof selbst nicht als notwendig, die Frage abzuhandeln, ob im Fall des Kosovo die von den Befürwortern genannten Umstände für ein solches Notwehrrecht gegeben waren.

In Zusammenhang mit der Frage, inwieweit der Fall Kosovo einen Präzedenzfall darstellt, wird immer wieder auf die Doktrin der *Remedial Secession* eingegangen. Vielfach wird betont, dass – wenn überhaupt – entsprechende Umstände nur 1999 vorlagen[1050], aber es damals zu keiner Sezession aus Notwehr kam, sondern vielmehr zu einer Intervention der NATO und in der Folge zu einem Rückzug der serbischen Truppen und einem Ende der schwerwiegenden Menschenrechtsverletzungen und der Unterdrückung. Wenn man argumentiert,

---

1047 "Moreover, the Crimean authorities referred to the well-known Kosovo precedent – a precedent our western colleagues created with their own hands in a very similar situation […]".Wladimir Putin, Rede an die Nation, gehalten am 18. März 2014 im Kreml vor Mitgliedern des Föderationsrates und Abgeordneten der Duma. http://en.kremlin.ru/events/president/news/20603.

1048 "We, the members of the parliament of the Autonomous Republic of Crimea and the Sevastopol City Council, with regard to the Charter of the United Nations and a whole range of other international documents and *taking into consideration the confirmation of the status of Kosovo by the United Nations International Court of Justice on July, 22, 2010, which says that unilateral declaration of independence by a part of the country doesn't violate any international norms*, make this decision jointly […]" (Herv. A.F.) http://www.voltairenet.org/ article182723.html.

1049 Vgl. C. Marxsen, The Crimea Crisis: An International Law Perspective in: ZaöRV 74 (2014), S. 385.

1050 S. Oeter, The *Kosovo* Case – An Unfortunate Precedent, S. 63.

dass der damalige Anspruch auf *Remedial Secession* erst zeitverzögert eingelöst wurde, dann kann Sezession nicht mehr einen letzten Ausweg darstellen.[1051]

Im Verfahren vor dem Internationalen Gerichtshof im Fall Kosovo betonte Russland, dass wenn überhaupt Umstände für Sezession als Notwehrrecht vorgelegen seien, das im Frühjahr 1999 gewesen sei. Aber selbst damals hätte die Staatengemeinschaft die territoriale Integrität Serbiens bekräftigt. Für Russland ist es klar, dass die Faktenlage 2008 die Berufung auf *Remedial Secession* nicht zulässt:

> "For Kosovo to be able to rely on 'remedial secession' in 2008, it has to demonstrate that the situation had aggravated as compared to 1999. It is obvious that this was not the case. By 2008, there was clearly no threat to the population of Kosovo coming from the Serbian authorities, and there were clearly full chances for a negotiated solution for a truly self-governing Kosovo within the State of Serbia". Therefore, the notion of 'remedial secession' is obviously inapplicable in the case at hand."[1052]

Bemerkenswert ist weniger die Schlussfolgerung Russlands, dass im Fall des Kosovo *Remedial Secession* nicht zur Anwendung kommt, sondern die Tatsache, dass Russland, das dem Konzept der Sezession schon aufgrund seines ausgeprägten Souveränitätsbewusstseins immer sehr ablehnend gegenüberstand[1053], das

---

1051 Vgl. J. Vidmar, International Legal Responses to Kosovo's Declaration of Independence, in: Vanderbilt Journal of International Law, 42 (2009), S. 817: "[I]t is difficult to perceive Kosovo's secession in 2008 as a last resort for preventing oppression. At the same time, however, one cannot deny that human rights violations and oppression led to the effective situation established in 1999. Thus, there is a tenable argument that the entitlement of Kosovo Albanians to remedial secession was born in the years of oppression but was exercised with a delay. However, even with this interpretation the crucial element of remedial secession—the last resort—seems to be missing."

1052 Kosovo Advisory proceeding, Verbatim Record, CR 2009/30, S. 44, Abs. 20–22 (Gevorgian).

1053 Vgl. T. Christakis, Self-Determination, Territrial Integrity and *Fait Accompli* in the Case of Crimea, in: ZaöRV 75 (2015), S. 86–87: "It is interesting to highlight that, until relatively recently, Russia was a strong opponent of any effort to interpret the principle of self-determination as including any 'external dimension' outside the colonial context [...] After the recognition of Kosovo by Western States in 2008, however, Russia's official position in relation to secession and international law seemed to change. In August 2008 Russia put forward, for the first time to our knowledge, the theory of 'remedial secession' in order to justify its decision to recognize Abkhazia and South Ossetia. The same argument of 'remedial secession' was used in the April 2009 written statement submitted by Russia at the International Court of Justice (ICJ) in relation to the 'Kosovo' advisory opinion proceedings."

Konzept der Sezession als Notwehrrecht überhaupt explizit erwähnt und unter Einhaltung restriktiver Bedingungen auch befürwortet. Damit vollzieht Russland in seiner Haltung zur Sezession einen veritablen „*U-turn*"[1054]:

> "[I]t is also true that the clause ['safeguard clause'] may be construed as authorizing secession under certain conditions. However, those conditions should be limited to truly extreme circumstances, such as an outright armed attack by the parent State, threatening the very existence of the people in question [...]".[1055]

Nachdem das Rechtsgutachten zum Kosovo-Fall veröffentlicht worden war, nahm Russland diesem gegenüber zunächst eine sehr ablehnende Haltung ein[1056], änderte allerdings rasch seine Strategie und verwendete den in seinen Augen durch das Rechtsgutachten des Internationalen Gerichtshofs geschaffenen Kosovo-Präzedenzfall für die eigenen Interessen.[1057] Schon zuvor hatte sich Russland zur Rechtfertigung der Anerkennung der sezedierenden Gliedstaaten Südossetien und Abchasien auf die Doktrin der Sezession als Notwehrrecht berufen.[1058]

Russland hat sich zur Legitimation seiner Vorgehensweise auf der Krim nicht explizit auf das Konzept der Sezession als Notwehrrecht berufen, allerdings immer wieder implizit darauf angespielt. So zeichnete Russland in einer Sitzung des UN Sicherheitsrats ein dramatisches Bild der Lage in der östlichen und südlichen Ukraine und der autonomen Republik Krim: Grundrechte würden mit Füßen getreten, gewaltsame Drohungen gegenüber Sicherheit, Leben und legitimen Interessen der russischen und russischsprachigen Bevölkerung. Es gehe darum, die russischen Bürger und Landsleute und das wichtigste Menschenrecht, das Recht auf Leben, zu verteidigen.[1059]

1054 Vgl. P. Hilpold, Ukraine, Crimea and New International Law: Balancing International Law with Arguments Drawn from History, in: 14 Chinese Journal of International Law (2015), S. 265.

1055 Written Statement by the Russian Federation, Abs. 88.

1056 Vgl. P. Hilpold, Die Ukraine-Krise aus völkerrechtlicher Sicht: ein Streitfall zwischen Recht, Geschichte und Politik, in: Swiss Review of International and European Law 2/2015, S. 171–178, S. 179.

1057 Vgl. C. J. Borgen, Law. Rhetoric, Strategy: Russia and Self-Determination Before and After Crimea, in: 91 International Law Studies (2015), S. 279: "In the wake of Kosovo's declaration of independence, Russia shifted from emphasizing sovereignty and territorial integrity in relation to self-determination, to a rhetoric based on the will of the people in secessionist enclaves."

1058 Ibid., S. 179.

1059 S/PV.7125, 3.3.2014, 3 (Churkin).

Dass das Konzept der Sezession als Notwehrrecht, abgesehen von seinem unbestimmten Charakter, im Fall der Krim schon aus faktischen Gründen nicht zur Anwendung kommen konnte, ergibt sich schon aus den restriktiven Bedingungen, die Russland selbst im Kosovo-Verfahren in Bezug auf die Anwendung einer Sezession als Notwehrrecht vorgebracht hatte.[1060] Es gibt keinerlei Nachweise, dass die ukrainische Regierung in irgendeiner Art und Weise mit schwerwiegenden Menschenrechtsverletzungen gegen die russischsprachige Bevölkerung vorgegangen ist[1061], ebenso wenig wird von einem Angriff von Seiten der ukrainischen Regierung die Rede sein können, der die Existenz der russischsprachigen Bevölkerung grundlegend gefährdet hätte. Zudem wurde der russischsprachigen Bevölkerung ihr Recht auf innere Selbstbestimmung nicht verweigert, zumal ihr der Status einer autonomen Republik innerhalb der Ukraine zugesprochen wurde und ebenfalls nichts darauf hindeutete, dass diese Autonomie auf irgendeine Art und Weise durch die ukrainische Regierung beschnitten worden wäre.[1062]

Zur Rechtfertigung der Sezession der Krim und der Eingliederung in den russischen Staatsverband bietet die Doktrin der Sezession als Notwehrrecht somit keine rechtliche Basis:

> "In suggesting that 'a draft law to revise the language policy' in Ukraine (an admittedly unfortunate law, but one that was never adopted or enforced) constitutes the kind of 'massive violation of human rights' necessary to trigger the right of self-determination or even the Responsibility to Protect, Putin's legal argument transforms self-determination form an unusual and extraordinary remedy for severely oppressed peoples to a potentially regular occurrence that could be applicable to almost any minority around the world."[1063]

Mit anderen Worten: Sollte durch den Fall Kosovo die Büchse der Pandora noch nicht vollständig geöffnet worden sein, spätestens durch den Fall Krim ist sie weit offen.

1060 Vgl. C. Walter, Postscript: Self-Determination, Secession and the Crimean Crisis 2014, in: C. Walter/ A. von Ungern-Sternberg/ K. Abhushov (Hrsg.), Self-Determination and Secession in International Law, S. 306.

1061 Vgl. T. Christakis, Self-Determination, Territorial Integrity and *Fait Accompli* in the Case of Crimea, S. 90.

1062 Vgl. C. Walter, Postscript: Self-Determination, Secession and the Crimean Crisis 2014, S. 307.

1063 W. W. Burke-White, Crimea and the International Legal Order, in: Faculty Scholarship, Paper 1360, S. 7.

Nachwort

> "For better or for worse, self-determination will not disappear as an issue that has the potential to create serious conflict in the future."[1064]

> "Law reform involves not only the creation of new law but also, and at least as importantly, the abolition of out-moded law. Public international law, having almost no true processes of legislation, is normally unable to bring this about. So instead it is normal to resort to a sort of creative interpretation, or merely adding a layer of new law on top of the still existing old law, and thus frequently achieving only further elaboration and doubt; and calling the result 'progressive development'. [...] there is almost no machinery for the reform of public international law; and there seems little prospect of such processes being achievable in the foreseeable future. Nevertheless, there is no reason why the reform of public international law should not be thought about and talked about. There is certainly no hope of international law reform so long as international lawyers omit for the most part even to refer to the need for it in their writings."[1065]

> "This book – it is plain – is based on an oxymoron: the notion of building a realistic utopia. However, when we speak of utopia, we are consciously taking an approach that is miles away from the traditional conception of utopia. [...] we know that the international society will never be free from violence, poverty, and injustice. We do not dream of a peaceful international society based on comity, friendship, and cooperation. We simply intend to suggest in utopian terms new avenues for improving the major deficiencies of the current society of states."[1066]

In meiner Einleitung zu dieser Arbeit war von Utopie die Rede, ausgehend von Martti Koskenniemis Gegensatzpaar *Apology – Utopia*. Der Blick zurück in die Geschichte des Prinzips der Selbstbestimmung und auf die beiden konkreten Sezessionsfälle Kosovo und Krim hat viel Apologetisches gezeigt: Versuche, den Präzedenzcharakter völkerrechtswidriger Handlungen zu vermeiden oder zumindest zu leugnen, oder illegales Tun mittels Bezugnahme auf Präzedenzfälle zu legitimieren. Die Frage, wie sich das Prinzip der Selbstbestimmung, das Selbstbestimmungsrecht und das Völkerrecht im Allgemeinen weiterentwickeln könnten, blieb im Blick auf die faktischen Phänomene weitgehend ausgeblendet.

1064 Vgl. H. Hannum, The Right of Self-Determination in the Twenty-First Century, in: Washington and Lee Law Review, Vol. 55, Issue 3, S. 780.

1065 R. Jennings, International Law Reform and Progressive Development, in: Liber Amicorum, Professor Ignaz Seidl-Hohenveldern in honour of his 80th birthday, D. Hafner et. Al. (Hrsg.), The Hague, 1998, S. 325.

1066 A. Cassese, Introduction, in: A. Cassese (Hrsg.), Realizing Utopia: The Future of International Law, Oxford, 2012, S. xxi.

Abschließend möchte ich noch kurz der Frage nachgehen, wie die „konkrete Utopie" eines zukunftsweisenden Völkerrechts aussehen könnte. Dabei wird es zu wenig sein, dass in zukünftigen Fällen auf die Strategie der *„innovative but justifiable extension of international law"* gesetzt wird.[1067] In seinem Versuch, Lehren aus dem Fall Kosovo zu ziehen, hat Noam Chomsky zwei grundsätzliche Wege aufgezeigt, die zur Wahl stehen:

> "[...] in the real world, there are two options:
> 1) Some kind of framework of world order, perhaps the U.N. Charter, the International Court of Justice, and other existing institutions, or perhaps something better if it can be devised and broadly accepted.
> 2) The powerful do as they wish, expecting to receive the accolades that are the prerogative of power."[1068]

Kurz vor seinem Tod ist Antonio Cassese gemeinsam mit zahlreichen Kolleginnen und Kollegen der Frage nachgegangen, wie sich die Utopie eines zukunftsweisenden Völkerrechts konkretisieren und realisieren ließe.[1069] In seiner Einleitung zu dem von ihm herausgegebenen Buch *Realizing Utopia: The Future of International Law* unterscheidet Cassese ausgehend von einem Aufsatz Aldous Huxleys zwei Kategorien von Völkerrechtsexperten: *Techniker*, die wie alle Kritiker des Details dazu neigen, den zentralen Rahmen der Struktur zu akzeptieren, deren Details sie zu verbessern versuchen.[1070] Die andere Kategorie sind die *Utopisten*, die sich so sehr mit der Frage beschäftigen, was sein sollte, dass sie dem, was ist, keine ernsthafte Aufmerksamkeit schenken können:

> "Outward reality disgusts them; the contemporary dream is the universe in which they live. The subject of their meditations is not man, but a monster of rationality and virtue [...] It is as though astronomers wrote books about what would happen if there were no such thing as gravitation and if the earth, in consequence, moved in a straight line and not in an ellipse."[1071]

Dem Gegensatzpaar *Technicians – Utopians* stellt Huxley eine weitere Kategorie von Gelehrten gegenüber, gleichsam eine gelungene Synthese: *the Judicious*

1067 Vgl. M. Weller, The Rambouillet Conference on Kosovo, in: International Affairs 75/2 (1999), S. 251.

1068 N. Chomsky, The New Military Humanism – Lessons from Kosovo, London, 1999, S. 154.

1069 Vgl. A. Cassese, Realizing Utopia.

1070 Vgl. A. Huxley, Proper Studies, London 1929, S. IX–XI. Zitiert in: Cassese, Realizing Utopia, S. xvii. Huxley bezog die Unterscheidung *Technician – Utopian* nicht auf Völkerrechtler sondern auf Soziologen.

1071 Ibid.

Reformers, die vernünftigen Reformer. Genau diese Kategorie, so Cassese, ist für eine zukünftige Entwicklung des Völkerrechts notwendig:

> "The approach we take [...] aims to avoid the extremes of both blind acquiescence to present conditions and the illusion of being able to revolutionize the fundamentals. Our approach reflects the attitude of the 'judicious reformer' [...]".[1072]

Cassese hat eine prominente Runde von Kolleginnen und Kollegen eingeladen, einen Beitrag zu seinem „utopischen" Projekt zu leisten. Die Themen der achtundvierzig Aufsätze zeigen die Bandbreite der Herausforderungen und Handlungsfelder für vernünftige Reformer wie z.B. Projekte der Weltgemeinschaft, Staatensouveränität, die Reform der Vereinten Nationen, die zukünftige Rolle des Sicherheitsrats, die Rolle nichtstaatlicher Akteure, das Verhältnis zwischen Legalität und Effektivität, die Menschenrechte als Grundlage einer Weltgemeinschaft, die Zukunft des Prinzips der Gleichberechtigung und des Selbstbestimmungsrechts. Cassese selbst beschäftigt sich in einem seiner Beiträge mit der Zukunft des Internationalen Gerichtshofs, der unbedingt reformiert werden müsse: "It is high time to restyle the respected old lady."[1073]

Schon in seiner Einleitung weist Cassese ausgehend von Jennings darauf hin, dass es keinen etablierten Mechanismus für einen Reformprozess des Völkerrechts gibt und in absehbarer Zeit auch nicht geben wird[1074] und in seinen Schlussbemerkungen geht er auf mögliche mittelfristige Entwicklungen ein, die alles andere als optimistisch klingen: die Staaten werden in den nächsten zwei bis drei Jahrzehnten weiter die Hauptakteure im internationalen Geschehen sein, "the masters of the world society":[1075]

> "Although states no longer hold a 'decision monopoly' in international dealings, they continue to run the show. They remain 'the makers of manners', to borrow a well-known expression by Shakespeare. This is also due to the fact that states do not exercise powers derived from the international legal order, contrary to what Hans Kelsen maintained. As rightly pointed out by Dionisio Anzilotti back in 1928, states derive their authority from

---

1072 A. Cassese, Realizing Utopia, S. xvii.

1073 A. Cassese, The International Court of Justice: It Is High Time to Restyle the Respected Old Lady, in: A. Cassese, Realizing Utopia, S. 239–249. Vgl. dazu die Kritik von Iain Scobbie, 'All right, Mr. DeMille, I'm ready for my close-up': Some Critical Reflections on Professor Cassese's 'The International Court of Justice: It is High Time to Restyle the Respected Old Lady', in: The European Journal of International Law, Vol. 23, No. 4 (2012), S. 1071–1088.

1074 A. Cassese, Realizing Utopia, S. xviii.

1075 Ibid., S. 646.

themselves. This is made possible by their being both the founders of world society and the creators of the legal rules which govern it."[1076]

Insbesondere große einflussreiche Staaten nehmen zunehmend konservative Positionen ein, als würden sie zu einer Art Westfälischem Staatensystem zurückkehren wollen:

> "It is worth observing that some major powers are now increasingly taking conservative positions which give the impression that they would like a return of sorts to the Westphalian model, or at least to some of the main tenets of that system: insistence on the fundamental role of sovereignty, on states' right to non-interference, on maximum restraint on any collective enforcement of law. [...] A side effect of this neoWestphalianism is that dictatorships such as those in Zimbabwe, North Korea, and Myanmar, are left substantially untouched by the world society and practically immune from any pressure exercised by it. The attitude shown in 2011 by the UN towards Syria is telling: faced with a state that blatantly massacred its own nationals over several months, the UN Security Council was only able on 3 August 2011 to issue a 'Presidential statement' where among other things it stated that 'Those responsible for the violence should be held accountable' (emphasis added) and merely 'called upon' Syria 'to cooperate fully' which the High Commissioner for Human Rights, without even requiring Syria to allow a commission of investigation of the UN Human Rights Council to enter the country."[1077]

Was eine mögliche Restrukturierung der Generalversammlung der Vereinten Nationen und eine Neudefinition der Rolle des Sicherheitsrats anbelangt, so ist Cassese pessimistisch, oder eben realistisch. Eine Reform, wie z.B. im Jahr 2000 vom tschechischen Präsidenten Václav Havel vorgeschlagen[1078], hat für Cassese kaum Chancen auf Verwirklichung.

Die Weltgesellschaft, so Cassese, wird auch zukünftig von den Interessen der Staaten regiert. Mit einem Bild von Alf Ross[1079] vergleicht er die Weltgesellschaft mit einer dichtbewaldeten Region mit vielen verstreuten Holzhäusern, ein Gebiet mit steter (Wald-)Brandgefahr. Die Bewohner des Waldes haben den nützlichsten und logischen Schritt nicht getan: eine Feuerwehr zu gründen, die von der ganzen Bevölkerung finanziert wird, gut ausgerüstet und stets in der Lage, zu jedem Brandherd zu gelangen und, ohne vorher um Erlaubnis fragen zu müssen, das entsprechende Anwesen betreten zu dürfen. Stattdessen, bedingt durch ungelöste Interessenskonflikte, haben die Bewohner schlussendlich nur

1076 Ibid., S. 646 f.

1077 Ibid.

1078 Vgl. UN Doc. A/PV/8, at. 1.

1079 A. Ross, Constitution of the United Nations – Analysis of Structure and Function, New York 1950, S. 108 f., 137 ff.

drei Schritte vollzogen: Erstens haben sie beschlossen, dass jeder auf einen Brand auf seine Art reagiert und mit seiner eigenen Ausrüstung. Das führt dazu, dass arme Bauern viel häufiger Opfer der Flammen werden als reiche Landbesitzer, die sich eine optimale Ausrüstung leisten und die Flammen erfolgreich bekämpfen können.

Der zweite Schritt erfolgte, nachdem viele Brände ganze Teile der Region zerstört hatten: es wurde ein Gremium ins Leben gerufen, das theoretisch die Bevölkerung repräsentieren sollte, faktisch aber von wenigen reichen und mächtigen Landbesitzern dominiert wird, die in den meisten Fragen letztendlich entscheiden können. Dieses Gremium kann nur entscheiden, ob ein Feuer ausgebrochen ist, und wenn alle Mitglieder zustimmen, kann es einem oder mehreren Bewohnern erlauben, mit der eigenen Ausrüstung zum Brandherd zu gehen. Der dritte Schritt sind lindernde Maßnahmen: die Schaffung kommunaler Institutionen, um den Brandopfern zu helfen, um gemeinsame Werte zu definieren und die Gemeinschaft zu ermahnen, das Gemeinwohl zu achten. Diese Institutionen setzen sich aber nur aus einer ausgewählten Zahl von Mitgliedern zusammen und haben keine autonome Macht. Sie können nur moralische Autorität ausüben und aufgrund der finanziellen Einschränkungen im besten Fall als Wohlfahrtsorganisation handeln, um das Leid der Bedürftigen zu lindern.[1080]

Die Parabel beschreibt die heutige Situation im *Global Village* sehr gut: Weit entfernt von einer globalen Solidargemeinschaft, verfolgen die Staaten in erster Linie ihre nationalen und hegemonialen Interessen:

> "[S]*olidarity proper,* namely strongly shared concerns, moral bonds, feelings, sympathies, actions, resulting in collective action, still does not exist."[1081]

Werte wie Frieden, Selbstbestimmung und Rechtstaatlichkeit existieren auf einer normativen Ebene, auf der Ebene, was getan werden sollte. Die internationalen Organisationen, die diese Werte vertreten und realisieren können, gleichen aufgrund ihrer sehr eingeschränkten Macht und Handlungsfähigkeit eher den Wohlfahrtsorganisationen des oben gezeichneten Bildes. Wir sind eine Weltgesellschaft und keine Weltgemeinschaft, weit entfernt von Mamianis großer universaler Stadt der Menschheit *(la gran città universale del genere umano).*[1082] Es gibt, um bei der Parabel der Waldbewohner zu bleiben, weder Feuerwehr noch geeignete Löschausrüstung, im Gegenteil: oft wird bewusst und gezielt Öl ins Feuer gegossen, „*putting out the fire with gasoline*" ist an der Tagesordnung

1080 A. Cassese, Realizing Utopia, S. 649.
1081 Ibid.
1082 Vgl. T. Mamiani, D'un Nuovo Diritto Europeo, Turin, 1860, S. 10. Zitiert ibid. S. 652.

und man darf gespannt sein, welchen Weg die Vereinigten Staaten unter Präsident Trump in den nächsten Jahren gehen werden – seine Wahlkampfrhetorik und die ersten Wochen seiner Präsidentschaft lassen nicht darauf schließen, dass er als ein engagierter „Feuerwehrmann" im Teamwork mit der internationalen Staatengemeinschaft weltpolitische Brände löschen will.

Um die Entwicklung hin zur Achtung der Menschenrechte, zur Stärkung des Rechts auf Selbstbestimmung, kurz zur „Humanisierung des Völkerrechts", zu fördern, braucht es in Zukunft ein Zusammenspiel vieler Akteure. In seinem letzten Buch *Realizing Utopia* hat uns Antonio Cassese, Zeit seines Lebens ein glühender Verfechter der Selbstbestimmung und des humanitären Völkerrechts, ein Vermächtnis hinterlassen, und in der Conclusio einen möglichen Weg zur Realisierung dieser Utopie aufgezeigt:

> "We have offered [...] a vast panoply of suggestions aimed at promoting reform and progress of the international society over the next two to three decades [...] it is now for diplomats, politicians, national and international lawmakers, but also for NGOs and national and international public opinion to decide [...] whether they are worth being implemented on the ground, or are nothing more than stillborn dreams."[1083]

1083 A. Cassese, 683 f.

Literaturverzeichnis

Abi-Saab, Georges, Conclusion, in: Kohen, Marcelo G. (Hrsg.), Secession, International Law Perspectives, Cambridge 2006, S. 470–476.

Alfredsson, Gudmundur, The Right of Self-Determination and Indigenous People, in: Tomuschat, Christian (Hrsg.), Modern Law of Self-Determination, Dordrecht 1993, S. 41–54.

Allott, Philip, Self-Determination – Absolute Right or Social Poetry?, in: Tomuschat, Christian (Hrsg.), Modern Law of Self-Determination, Dordrecht 1993, S. 177–210.

Almqvist, Jessica, The politics of recogntion: The question about the final status of Kosovo, in: French, Duncan (Hrsg.), Statehood and Self-Determination, Cambridge 2013, S. 165–186.

Alston, Philip, People' Rights, Oxford 2001.

Alston, Philip/ Macdonald, Euan, Human Rights, Intervention, and the Use of Force, Oxford 2008.

Arendt, Hannah, On Revolution, London 1963.

Armstead J. Holmes, Order, Stability and Political Reality, in: Dahlitz, Julie, Secession and International Law: Conflict Avoidance – Regional Appraisals, United Nations: New York and Geneva, 2003, S. 39–46.

Arneil, Barbara: John Locke and America. The Defense of English Colonialism. Oxford 1996.

Asbjorn, Eide, In Search of Constructive Alternative to Secession, in: Tomuschat, Christian (Hrsg.), Modern Law of Self-Determination, Dordrecht 1993, S. 138–176.

Beiner, S. Roland, National Self-Determination: Some Cautionary Remarks Concerning the Rhetoric of Rights, in: Moore, Margret (Hrsg.): National Self-Determination and Secession. New York 2003, S. 158–181.

Blake, Michael, Civil Disobedience, Dirty Hands and Secession, in: Téson, Fernando R., The Theory of Self-Determination, Cambridge, 2016, S. 166–183.

Bloch, Ernst, Das Prinzip der Hoffnung, GA Band, Frankfurt am Main 1959.

Bloch, Ernst, Zum Begriff der Utopie, in: Abschied von der Utopie? Vorträge, Herausgegeben von Hanna Gekle, Frankfurt a. M. 1980, S. 76–82.

Blumenwitz, Dieter/Meissner, Boris (Hrsg.), Das Selbstbestimmungsrecht der Völker und die deutsche Frage, Köln 1984.

Borgen, Christopher J., Law, Rhetoric, Strategy: Russia and Self-Determination Before and After Crimea, in: International Law Studies (2015), S. 216–280.

Borgen, Christopher J., The Language of Law and the Practice of Politics: The Great Powers and the Rhetoric of Self-Determination in the Cases of Kosovo and South Ossetia, in: Chicago Journal of International Law, Vol. 10, No. 1, S. 1–33.

Bothe, Michael, Kosovo – So What? The Holding of the International Court of Justice is not the Last Word on Kosovo's Independence, in: German Law Journal, Vol. 11, No. 8, S. 837–840.

Boyson, Sigrid, Selbstbestimmungsrecht und Recht auf Demokratie. In: Hilpold, Peter: Das Selbstbestimmungsrecht der Völker. Vom Prinzip zum vieldeutigen Recht, Frankfurt a. M. 2009, S. 75–107.

Brilmayer, Lea, Secession and Self-Determination. A Territorial Interpretation, in: Yale Journal of International Law 16 (1991), S. 177–202.

Brownlie, Ian, Recognition in Theory and Practice, in: British Yearbook of International Law 53/1 (1982), S. 197–211.

Buchanan, Allan, Justice, Legitimacy and Self-Determination: Moral Foundations for International Law, Oxford 2004.

Buchanan, Allan, Self-Determination and the Right to Secede, in: Journal of International Affairs, Vol. 45, No. 2, S. 347–365.

Buchanan, Allan, Self-Determination, Secession and the Rule of Law, in: McKim, Robert/ McMahan, Jeff, The Morality of Nationalism, New York 1997.

Buchanan, Allan, Theories of Secession, in: Philosophy & Public Affairs, Vol. 26, Issue 1 (1997), S. 31–61.

Buchheit, C. Lee, Secession. The Legitimacy of Self-Determination, New Haven 1978.

Burke-White, William W., Power Shifts in International Law: Structural Realignment and Substantive Pluralism, in: Harvard International Law Journal, Vol. 56, No. 1, S. 1–79.

Burri, Thomas, The Kosovo Opinion and Secession: The Sounds of Silence and Missing Links, in: German Law Journal, Vol. 11, No. 8, S. 881–890.

Butler, William Elliott, Territorial Integrity and Secession: The Dialectics of International Order, in: Dahlitz, Julie, Secession and International Law: Conflict Avoidance – Regional Appraisals, United Nations: New York and Geneva 2003, S. 111–124.

Cassese, Antonio, Self-determination of Peoples: A Legal Reappraisal, Cambridge 1995.

Cassese, Antonio, Realizing Utopia. The Future of International Law, Oxford 2012.

Cassese, Antonio, Ex iniuria ius oritur: Are we Moving towards International Legitimation of Forcible Humanitarian Countermeasures in the World Community, in: EJIL Vol. 10 (1999), S. 23 -30.

Cassese, Antonio, Five Masters of International Law – Conversations with R. J. Dupuy, E. Jiménez de Aréchapa, R. Jennings, L. Henkin and O. Schachter, Oxford 2011.

Castellino, Joshua, International Law and Self-Determination. The Interplay of Politics of Territorial Possession With Formulations of Post-Colonial "National" Identity, The Hague 2000.

Castellino, Joshua, International Law and Self-Determination: Peoples, Indigenous Peoples, and Minorities, in: Walter, Christian et. al. (Hrsg.), Self-Determination and Secession in International Law, Oxford 2014, S. 27–44.

Castellino, Joshua/Gilbert, Jeremie, Self-Determination, Indigenous Peoples and Minorities, in: Macquarie Law Journal, Vol. 3 (2003), S. 155–178.

Cedric, Ryngaert/ Sven, Sobrie, Recognition of States: International Law or Realpolitik? The Practice of Recognition in the Wake of Kosovo, South Ossetia and Abkhazia, in: Leiden Journal of International Law 24 (2011), S. 467–490.

Chomsky, Noam, The New Military Humanism – Lessons from Kosovo, London 1999.

Christakis, Théodore, Self-Determination, Territorial Integrity and Fait Accompli in the Case of Crimea, in: ZaöRV 75 (2015), S. 75–100.

Christakis, Théodore, The ICJ Advisory Opinion on Kosovo: Has International Law Something to Say about Secession?, in: Leiden Journal of International Law, 24 (2011), S. 73–86.

Christakis, Théodore, The State as a 'primary fact': some thoughts on the principle of effectiveness, in: Kohen, Marcelo G. (Hrsg.), Secession. International Law Perspectives, Cambridge 2006, S. 138–170.

Cirkovic, Elena, An Analysis of the ICJ Advisory Opinion on Kosovo's Declaration of Independence, in: German Law Journal, Vol. 11, No. 8, S. 896–900.

Clapham, Andrew, Secession, terrorism and the right of self-determination, in: Kohen, Marcelo G. (Hrsg.), Secession, International Law Perspectives, Cambridge 2006, S. 46–64.

Clark, Donald/Williamson, Robert G. (Hrsg.), Self-Determination. International Perspectives, Basingstoke 1996.

Clemens, Gabriele (Hrsg.), Nation und Europa: Studien zum internationalen Staatensystem im 19. und 20. Jahrhundert, Stuttgart 2001.

Cobban, Alfred, The Nation-State and National Self-Determination, London 1945.

Cole, Mark D., Das Selbstbestimmungsrecht indigener Völker: Eine völkerrechtliche Bestandsaufnahme am Beispiel der Native Americans in den USA, Berlin 2009.

Coleman, Andrew, Resolving Claims to Self-Determination: Is There a Role for the International Court of Justice?, New York 2013.

Corten, Olivier, Are there Gaps in the International Law of Secession?, in: Kohen, Marcelo G. (Hrsg.), Secession. International Law Perspectives, Cambridge 2006, S. 230–254.

Corten, Olivier, Territorial Integrity Narrowly Interpreted: Reasserting the Classcial Inter State-Paradigm of International Law, in: Leiden Journal of International Law, 24 (2011), S. 87–94.

Crawford, James, Kosovo and the Criteria for Statehood in International Law, in: Milanović, Marko/ Wood, Michael (Hrsg.), The Law and Politics of the Kosovo Advisory Opinion, Oxford 2015, S. 280–290.

Crawford, James, State Practice and International Law in Relation to Secession, in: British Year Book of International Law 69 (1) (1998), S. 85–117.

Crawford, James, The Creation of States in International Law^2, Oxford, 2011.

Crawford, James, The Right of Self-Determination in International Law: its Development and Future, in: Alston, Philip (Hrsg.), Peoples' Rights, Oxford 2001.

Crouch, Colin, Postdemocracy, Cambridge 2004.

Dahbour, Omar, Illusion of the Peoples. A Critique of National Self-Determination, Lanham 2003.

Dahlitz, Julie (Hrsg.), Secession and International Law: Conflict Avoidance – Regional Appraisals, New York and Geneva 2003.

Dahlitz, Julie, Introduction, in: Dahlitz, Julie (Hrsg.), Secession and International Law: Conflict Avoidance: Regional Appraisals, New York 2003, S. 1–10.

Del Mar, Katherine, The myth of remedial secession, in: French, Duncan (Hrsg.), Statehood and Self-Determination, Reconciling Tradition and Modernity in International Law, Cambridge 2013, S. 79–108.

Djeric, Vladimir, Questions of Jurisdiction on the Discretion to Decline a Request for an Advisory Opinion, in: Milanovic, Marko/ Wood, Michael (Hrsg.), The Law and Politics of the Kosovo Advisory Opinion, Oxford 2015, S. 99–117.

Doehring, Karl, Das Selbstbestimmungsrecht der Völker, in: Simma, Bruno (Hrsg.), Charta der Vereinten Nationen, Kommentar, 1991.

Dugard, John/ Raič, David, The role of recognition in the law and practice of secession, in: Kohen, Marcelo G. (Hrsg.), Secession. International Law Perspectives, Cambridge 2006, S. 94–137.

Dugard, John, A Legal Basis for Secession: Relevant Principles and Rules, in: Dahlitz, Julie, Secession and International Law: Conflict Avoidance – Regional Appraisals, New York and Geneva 2003, S. 89–96.

Dugard, John, The Secession of States and Their Recognition in the Wake of Kosovo, Den Haag 2013.

Dülffer, Jost, Die Diskussion um das Selbstbestimmungsrecht und die Friedensreglungen nach den Weltkriegen des 20. Jahrhunderts, in: Fisch, Jörg, Die Verteilung der Welt. Selbstbestimmungsrecht der Völker, München 2011.

Dumberry, Patrick, Lessons learned from the *Quebec Secession Reference* before the Supreme Court of Canada, in: Kohen, Marcelo G. (Hrsg.), Secession, International Law Perspectives, Cambridge 2006, S. 416–452.

Eide, Asbjorn, In Search of Constructive Alternatives to Secession, in: Tomuschat, Christian, Modern Law of Self-Determination, Dordrecht 1993, S. 139–176.

Elsner, B. Roland, Die Bedeutung des Volkes im Völkerrecht. Unter besonderer Berücksichtigung der historischen Entwicklung und der Praxis des Selbstbestimmungsrechts der Völker, Berlin 2000.

Emerson, Rupert, Self-Determination, in: The American Journal of International Law, Vol. 65, No. 3 (1971), S. 459–475.

Emerson, Rupert, The Logic of Secession, in: The Yale Law Journal, Vol. 89, No. 4 (1980), S. 802–824.

Feith, Pieter et al., State Building and Exit, The International Civilian Office and Kosovo's Supervised Independence 2008–2012, ICO: Priština 2012.

Fierstein, Daniel, Kosovo's Declaration of Independence: An Incident Analysis of Legality, Policy and Future Implications, in: The Boston University Law Journal 26 (2008), S. 418–442.

Fisch, Jörg, Das Selbstbestimmungsrecht der Völker. Die Domestizierung einer Illusion, München 2010.

Fisch, Jörg, Die Geschichte des Selbstbestimmungsrechts der Völker, oder der Versuch, einem Menschenrecht die Zähne zu ziehen, in: Hilpold, Peter, Das Selbstbestimmungsrecht der Völker. Vom umstrittenen Prinzip zum vieldeutigen Recht, Frankfurt a. M. 2009, S. 45–74.

Fisch, Jörg, Die Verteilung der Welt. Selbstbestimmung und das Selbstbestimmungsrecht der Völker, München 2011.

Fitzmaurice, Malgosia, The Question of Indigenous Peoples: A Time For Reappraisal? In, French, Duncan, Statehood and Self-Determination, S. 349–376.

Fox, Gregory H., Self-Determination in the Post-Cold War Era: A New Internal Focus?, in: 16 Michigan Journal of International Law 1995), S. 733–1177.

Franck, Thomas M., The Emerging Right to Democratic Governance, in: The American Journal of International Law, Vol. 86, No. 1, (Jan. 1992), S. 46–91.

French, Duncan (Hrsg.), Statehood and Self-Determination, Reconciling Tradition and Modernity in International Law, Cambridge 2013.

Frey, Marc, Selbstbestimmung und Zivilisationsdiskurs in der amerikanischen Außenpolitik 1917–1950, in: Fisch, Jörg (Hrsg.): Die Verteilung der Welt, München 2011, S. 157–174.

Gattini, Andrea, "You say you'll change the Constitution" – The ICJ and Non-State Entities in the Kosovo Advisory Opinion, in: Hilpold, Peter (Hrsg.), Das Kosovo-Gutachten vom 22. Juli 2010, Leiden 2011, S. 206–229.

Gellner, Ernest, Nations and Nationalism, New York 2006.

Grant, Thomas D., Aggression Against Ukraine. Territory, Responsibility, and International Law, New York 2015.

Griffiths, D. Ryan, Age of Secession, The International and Domestic Determinants of State Birth, Cambridge 2016.

Griffiths, D. Ryan, The International and Domestic Determinations of State Birth, Cambridge 2016.

Grotius, Hugo, Le droit de la guerre et de la paix, Paris 1867.

Gusy, Christoph, Selbstbestimmung im Wandel. Von der Selbstbestimmung durch den Staat zur Selbstbestimmung im Staat, in: Archiv des Völkerrechts 30 (1992), S. 385–410.

Hall, Kermit L./Hall, Mark D. (Hrsg.), Collected Works of James Wilson, Indianapolis 2007.

Hannum, Hurst, Rethinking Self-Determination, in: Virginia Journal of International Law, Vol. 34 (1993), S. 1–69.

Hannum, Hurst, Self-Determination in the Post-Colonial Era, in: Clark, Donald/Williamson, Robert (Hrsg.), Self-Determination. International Perspectives, Basingstoke 1996, S. 12–44.

Hannum, Hurst, The Advisory Opinion on Kosovo: An Opportunity Lost, or Poisoned Chalice Refused?, in: Leiden Journal of International Law, 24 (2011), S. 155–161.

Hannum, Hurst, The Right of Self-Determination in the Twenty-First Century, in: Washington and Lee Law Review Vol. 55 (1998), S. 773–780.

Hans, Kelsen, Recognition in International Law – Theoretical Observations, in: Gross, Leo, International Law in the Twentieth Century, USA 1969.

Hansen, Nicholas G., Modern Territorial Statehood, Leiden 2008.

Heater, Derek B., National Self-Determination – Woodrow Wilson and His Legay, Basingstone 1994.

Heintze, Hans-Joachim, Indigene Völker und das Selbstbestimmungsrecht, in Hilpold, Peter, Das Selbstbestimmungsrecht der Völker, S. 159–174.

Heintze, Hans-Joachim, Indigene Völker und das Selbstbestimmungsrecht. Selbstbestimmungsforderung als Sackgasse?, in: Fisch, Jörg, Die Verteilung der Welt. Selbstbestimmung und das Selbstbestimmungsrecht der Völker. München 2011, S. 225–252.

Heintze, Hans-Joachim, Selbstbestimmungsrecht der Völker als Herausforderung des souveränitätsorientierten Völkerrechts – Autonomie und Konfliktlösungsmechanismus, in: Hilpold, Peter (Hrsg.), Autonomie und Selbstbestimmung in Europa und im internationalen Vergleich, Wien 2016, S. 50–67.

Hemingway, Ernest, A Movable Feast, Harmondsworth 1964.

Henkin, Louis, Kosovo and the Law of „Humanitarian Intervention", in: The American Journal of International Law, Vol. 93, No. 4 (1999), S. 824–828.

Higgins, Rosalyn, Self-Determination and Secession, in: Dahlitz, Julie, Secession and International Law: Conflict Avoidance – Regional Appraisals, New York and Geneva 2003, S. 21–38.

Hillgruber, Christian, The Admission of New States to the International Community, in: European Journal of International Law 9 (1998), S. 491–509.

Hilpold, Peter (Hrsg.), Das Kosovo-Gutachten des IGH vom 22. Juli 2010, Leiden 2011.

Hilpold, Peter, Das Kosovo-Problem – ein Testfall für das Völkerrecht, ZaöRV 68 (2008), S. 779–801.

Hilpold, Peter, Humanitarian Intervention: Is There a Need for Legal Reappraisal?, in: European Journal of International Law, Vol. 12, No. 3 (2001), S. 437–467.

Hilpold, Peter (Hrsg.), Autonomie und Selbstbestimmung in Europa und im internationalen Vergleich, Wien 2016.

Hilpold, Peter, Das Kosovo-Gutachten vom 22. Juli 2010: historische, politische und rechtliche Voraussetzungen, in: Hilpold, Peter, Das Kosovo-Gutachten des IGH vom 22. Juli 2010, Leiden 2011, S. 1–30.

Hilpold, Peter, Das Selbstbestimmungsrecht der Völker. Vom umstrittenen Prinzip zum vieldeutigen Recht, Frankfurt am Main 2009.

Hilpold, Peter, Der Osttimor-Fall, Frankfurt am Main 1996.

Hilpold, Peter, Die Anerkennung der Neustaaten auf dem Balkan: Konstitutive Theorie, Deklaratorische Theorie und anerkennungsrelevante Implikationen von Minderheitenschutzerfordernissen, in: Archiv des Völkerrechts Bd. 31/4 (1993), S. 387–408.

Hilpold, Peter, Die Schutzverantwortung (R2P) – Ein Paradigmenwechsel in der Entwicklung des Internationalen Rechts?, Leiden/Boston 2013.

Hilpold, Peter, Die Schutzverantwortung im Recht der Vereinten Nationen (Responsibility to Protect) – auf dem Weg zur Etablierung eines umstrittenen Konzepts?, in: Schweizer Zeitschrift für Internationales und Europäisches Recht 2/2011, S. 231–242.

Hilpold, Peter, Die Sezession im Völkerrecht – Erfordert das Kosovo-Gutachten des IGH eine Neubewertung dieses Instituts?, in: Hilpold, Peter, Das Kosovo-Gutachten des IGH vom 22. Juli 2010, Leiden 2011, S. 49–82.

Hilpold, Peter, Die Ukraine-Krise aus völkerrechtlicher Sicht: ein Streitfall zwischen Recht, Geschichte und Politik, in: Schweizer Zeitschrift für Internationales und Europäisches Recht 2/2015, S. 17–181.

Hilpold, Peter, Selbstbestimmung und Autonomie – Zwischen Sezession und innerer Selbstbestimmung, in: Hilpold, Peter, Autonomie und Selbstbestimmung in Europa und im internationalen Vergleich, Wien 2016, S. 13–49.

Hilpold, Peter, Self-Determination in the 21st Century – Modern Perspectives for an Old Concept, in: 36 Israel Yearbook of Human Rights (2006), S. 247–288.

Hilpold, Peter, Sezession und humanitäre Intervention – Völkerrechtliche Instrumente zur Bewältigung innerstaatlicher Konflikte?, in: ZÖR 54 (1999), S. 529–602.

Hilpold, Peter, The International Court of Justice's Advisory Opinion on Kosovo: Perspectives of a Delicate Question, in: Austrian Review of International and European Law 14 (2009), S. 259–310.

Hilpold, Peter, The Right to Self-Determination: Approaching an Elusive Concept Through Historic Iconography. In: 11 Austrian Review of International and European Law (2006), S. 23–48.

Hilpold, Peter, Ukraine, Crimea and New International Law: Balancing International Law with Arguments Drawn from Hisotry, in: 14 Chinese Journal of International Law (2015), S. 237–270.

Hilpold, Peter, Von der humanitären Intervention zur Schutzverantwortung, in: Hilpold, Peter, Die Schutzverantwortung (R2P) – Ein Paradigmenwechsel in der Entwicklung des Internationalen Rechts?, Leiden/Boston 2013, S. 1–34.

Höffe, Otfried, Demokratie im Zeitalter der Globalisierung. München 1999.

Hongju Koh, Harold, Reflections on the Law and Politics of the *Kosovo Case,* in: Milanović, Marko/ Wood, Michael (Hrsg.), The Law and Politics of the Kosovo Advisory Opinion, Oxford 2015, S. 350–362.

Howse, Robert/ Teitel, Ruti, Delphic Dictum: How Has the ICJ Contributed to the Global Rule of Law by its Ruling on Kosovo?, in: German Law Journal, Vol. 11, No. 8, S. 841–846.

Ipsen, Knut, Des Kosovo-Einsatz – Illegal? Gerechtfertigt? Entschuldbar?, in: Friedens-Warte, Vol. 74, No. 1/2, Jubiläumsheft „100 Jahre Friedens-Warte (1999), S. 19–23.

Israel, Jonathan I., The Anglo-Dutch Moment. Essays on the Glorious Revolution and Its World Impact, Cambridge 1991.

Jacobs, Dov/ Radi, Yannick, Waiting for Godot: An Analysis of the Advisory Opinion on Kosovo, in: Leiden Journal of International Law 24 (2011), S. 331–353.

Jennings, Ivor, The Approach to Self-Government, Cambridge 1956.

Johnson, Richard R., The Revolution of 1688–89 in the American Colonies, in: Israel, Jonathan I., The Anglo-Dutch Moment. Essays on the Glorious Revolution and Its World Impact, Cambridge 1991, S. 214–240.

Jusufaj, Elvina, The Kosovo Precedent in the Secession and Recognition of Crimea, in: Illiria. International Review (2015), S. 267–286.

Kammerhofer, Jörg, Gaps, the Nuclear Weapons Advisory Opinion and the Structure of International Legal Argument Between Theory and Practice, in: British Yearbook of International Law, Vol. 80, S. 333–360.

Ker-Lindsay, James, Explaining Serbia's Decision to Got to the ICJ, in: Milanović, Marko/ Wood, Michael (Hrsg.), The Law and Politics of the Kosovo Advisory Opinion, Oxford 2015, S. 9–20.

Kimminich, Otto, A „Federal Right" of Self-Determination?, in: Tomuschat, Christian, Modern Law of Self-Determination, Dordrecht 1993, S. 83–100.

Kingsbury, Benedict, Reconciling Five Competing Structures of Indigenous Peoples' Claims in International and Comparative Law, in: Journal of International Law and Politics, Vol. 34, (2002), S. 189–250.

Kluke, Paul, Selbstbestimmung – Der Weg einer Idee durch die Geschichte, Göttingen 1993.

Knoll-Tudor, Bernhard, The Settling of a Self-Determination Conflict? Kosovo's Status Process and the 2010 Advisory Opinion of the ICJ, in: Milanović, Marko/ Wood, Michael (Hrsg.), The Law and Politics of the Kosovo Advisory Opinion, Oxford 2015, S. 73–98.

Knop, Karen, Diversity and Self-Determination in International Law, Cambridge 2002.

Kohen, Marcelo G.,/ Del Mar, Kathrine, The Kosovo Advisory Opinion and UNSCR 1244 (1999): A Declaration of 'Independence from International Law', in: Leiden Journal of International Law, Vol. 24, Issue 01 (2011), S. 109–126.

Kohen, Marcelo G., (Hrsg.), Secession. International Law Perspectives, Cambridge 2006.

Kohen, Marcelo G., Introduction, in: Kohen, Marcelo G., Secession. International Law Perspectives, Cambridge 2006.

Kohen, Marcelo G., L'Ukraine et le respect du droit international, Le Temps, 13.3.2014.

Kohler, Georg, Selbstbestimmung, individuell und kollektiv – Oder: Rousseaus Problem, in: Fisch, Jörg (Hrsg.), Die Verteilung der Welt. Selbstbestimmung und das Selbstbestimmungsrecht der Völker, München 2011.

Koivurova, Timo, The Right to Self-Determination of the Saami: the ideal faces the reality, in: Hilpold, Peter, Das Selbstbestimmungsrecht der Völker, S. 175–200.

Koshewnikow, F.I, Völkerrecht, Berlin 1960.

Koskenniemi, Marrti, 'The Lady Doth Protest Too Much' Kosovo, and the Turn to Ethics in International Law, in: The Modern Law Review, Vol. 65, No. 2, S. 159–175.

Koskenniemi, Marrti, From Apology to Utopia. The Structure of International Legal Argument, Cambridge 2005.

Koskenniemi, Marrti, National Self-Determination Today: Problems of Legal Theory and Practice, in: International and Comparative Law Quarterly, Vol. 43, Issue 2, S. 241–269.

Kotliar, Vladimir S./ Chernichenko Stanislav V., Ongoing Global Legal Debate on Self-Determination and Secession: Main Trends, in: Dahlitz, Julie, Secession and International Law: Conflict Avoidance – Regional Appraisals, New York and Geneva 2003, S. 75–89.

Krisch, Niko, International Law in Times of Hegemony: Unequal Power and the Shaping of International Legal Order, in: The European Journal of International Law, Vol. 16, No. 3 (2005), S. 369–408.

Krüger, Heiko, Nagorno-Karabakh, in: Walter, Christian / Von Ungern-Sternberg, Antje/Abushov, Kavus, Self-Determination and Secession in International Law, Oxford 2014.

Lalonde, Suzanne N., Determining Boundaries in a Conflicted World – *The Role of* Uti Possidetis, Montreal 2002.

Lansing, Robert, The Peace Negotiations. A Personal Narrative, Boston/New York 1921.

Lauterpacht, Hersch, Recognition in International Law, Cambridge 1947.

Lauterpacht, Hersch, Recognition of States in International Law, in: The Yale Law Journal (1944), S. 385–485.

Lenin, Wladimir Iljitsch, Die sozialistische Revolution und das Selbstbestimmungsrecht der Nationen (Thesen). Januar – Februar 1916, in: Lenin Werke Bd. 22. Berlin 1960, S. 154–159.

Lenin, Wlidimir Iljitsch, Über das Selbstbestimmungsrecht der Nationen, in: Lenin Werke Bd. 20., Berlin 1961.

Leonhard, Jörn, Die Büchse der Pandora, Geschichte des Ersten Weltkrieges, München 2014.

Lovejoy, David S., The Glorious Revolution in America, Middleton 1987.

Macklem, Patrick, Self-Determination in Three Movements, in: Téson Fernando R. (Hrsg): The Theory of Self-Determination, Cambridge 2016, S. 94–119.

Mammadov, Mushfig, 'Traditional Gap' in the ICJ's Advisory Opinion on Kosovo, in: Caucasian Review of International Law, Vol. 4 (2010), S. 313–324.

Manela, Erez, The Wilsonian Moment. Self-Determination on the International Origins of Anti-Colonial Nationalism, Oxford 2007.

Marxsen, Christian, Territorial Integrity in International Law – Its Concept and Implications for Crimea, in: ZaöRV 75 (2015), S. 7–26.

Marxsen, Christian, The Crimea Crisis, An International Law Perspective, in: ZaöRV (2014), S. 367–391.

Marxsen, Christian/ Peters, Anne/ Hartwig, Matthias, Symposium: "The Incorporation of Crimea by the Russian Federation in the Light of International Law", in: ZaöRV (2015), S. 3–5.

Mayall, James, Nationalism and International Society, Cambridge 1999.

Mayer, Arno J., Wilson vs. Lenin. Political Origins of the New Diplomacy, 1917–1918, Cleveland Ohio 1964.

Mégret, Frédéric, The Right to Self-Determination: Earned not Inherent, in: Téson, Fernando R. (Hrsg.), The Theory of Self-Determination, Cambridge 2016, S. 45–70.

Meissner, Boris, Die marxistisch-leninistische Auffassung vom Selbstbestimmungsrecht, in: Blumenwitz, Dieter/Meissner, Boris (Hrsg.), Das Selbstbestimmungsrecht der Völker und die deutsche Frage, Köln 1984, S. 89–106.

Mejiknecht, Anne, Towards International Personality. The Position of Minorities and Indigenous Peoples in International Law, Antwerpen/Groningen/Oxford 2001.

Mertus, Julie A., Kosovo: How Myths and Truths Started a War, Berkely/Los Angeles/ London 1999.

Milanović, Marko, Arguing the Kosovo Case, in: Milanović, Marko/ Wood, Michael (Hrsg.), The Law and Politics of the Kosovo Advisory Opinion, Oxford 2015, S. 21–59.

Milanović, Marko, Crimea, Kosovo, Hobgoblins and Hypocrisy, in: Blog of the European Journal of International Law, 20. März 2014.

Milanović, Marko, On Realistic Utopias and Other Oxymorons: An Essay on Antonio Cassese's Last Book, in: The European Journal of International Law, Vol. 23, No. 4 (2012), S. 1033–1048.

Milanović, Marko/ Wood, Michael (Hrsg.), The Law and Politics of the Kosovo Advisory Opinion, Oxford 2015.

Moore, Margarete (Hrsg.), National Self-Determination and Secession, Oxford 1998.

Morss, John R., "Mars for the Martians"?: On the Obsolescence of Self-Determination, in: Tesón, Fernando R. (Hrsg.), The Theory of Self-Determination, Cambridge 2016, S. 184–200.

Muharremi, Robert, A Note on the ICJ Advisory Opinion on Kosovo, in: German Law Journal, Vol. 11, No. 1, S. 867–880.

Müller, Daniel, The Question Question, in: Milanović, Marko/ Wood, Michael (Hrsg.), The Law and Politics of the Kosovo Advisory Opinion, Oxford 2015, S. 118–133.

Müllerson, Rein, Sovereignty And Secession: Then and Now, Here and There, in: Dahlitz, Julie, Secession and International Law: Conflict Avoidance – Regional Appraisals, New York and Geneva 2003, S. 125–166.

Murphy, Sean, Reflections on the ICJ Advisory Opinion on Kosovo: Interpreting Security Council Resolution 1244 (1999), in: Milanović, Marko/ Wood, Michael (Hrsg.), The Law and Politics of the Kosovo Advisory Opinion, Oxford 2015, S. 134–166.

Murswiek, Dietrich, The Issue of a Right of Secession – Reconsidered, in: Tomuschat, Christian (Hrsg.), Modern Law of Self-Determination, Dordrecht 1993, S. 21–40.

Murswiek, Dietrich, Offensives und Defensives Selbstbestimmungsrecht: zum Subjekt des Selbstbestimmungsrecht der Völker, in: Der Staat 24 (1984), S. 523–548.

Nietzsche, Friedrich, Vom Nutzen und Nachteil der Historie für das Leben, in: Unzeitgemäße Betrachtungen, in: Nietzsche, Friedrich, Werke in drei Bänden.

Nolte, Georg, Kosovo und Konstiutionalisierung: Zur humanitären Intervention der NATO-Staaten, in: 63 ZaöRV 59/4 (1999).

Ntovas, Alexandros X. M., The paradox of Kosovo's parallel legal orders in the reasoning of the Court's Advisory Opinion, in: French, Duncan (Hrsg.), Statehood and Self-Determination, Reconciling Tradition and Modernity in International Law, Cambridge 2013, S. 139–165.

Oeter, Stefan, The Role of Recognition and Non-Recognition with Regard to Secession, in: Walter, Christian et al (Hrsg.), Self-Determination and Secession in International Law, Oxford 2014, S. 45–68.

Oeter, Stefan, Selbstbestimmungsrecht im Wandel. Überlegungen zur Debatte um Selbstbestimmung, Sezessionsrecht und „vorzeitige Anerkennung", in: Zeitschrift für ausländisches öffentliches Recht und Völkerrecht 52 (1992), S. 771–775.

Oeter, Stefan, Sezession, territoriale Integrität und die Rolle des Sicherheitsrates, in: Hilpold, Peter, Das Kosovo-Gutachten des IGH vom 22. Juli 2010, Leiden 2011, S. 83–110.

Oeter, Stefan, The *Kosovo* Case – An Unfortunate Precedent, in: ZaöRV 75 (2015), S. 51–74.

Oklopcic, Zoran, A Farewell to Rhetorical Arms, in: Eisenberg, Avigail et. al. (Hrsg.), Recognition vs. Self-Determination, Dilemmas of Emancipatory Politics, Vancouver 2014.

Oklopcic, Zoran, *Populus Interruptus*: Self-Determination, the Independence of Kosovo, and the Vocabulary of Peoplehood, in: Leiden Journal of International Law, 22 (2009), S. 677–702.

Oppenheim, Lassa Francis Lawrence, International Law, A Treatise, Seventh Edition, H. Lauterpacht (Hrsg.), England 1948.

Oxenknecht, Renate, Der Schutz ethnischer, religiöser und sprachlicher Minderheiten in Art. 27 des Internationalen Paktes über bürgerliche und politische Rechte vom 16. Dezember 1966, Frankfurt a. M. 1966.

Papić, Tatjana, The Political Aftermath of the ICJ's *Kosovo* Opinion, in: Milanović, Marko/ Wood, Michael (Hrsg.), The Law and Politics of the Kosovo Advisory Opinion, Oxford 2015, S. 240–267.

Pazartzis, Photini, Secession and international law: the European dimension, in: Kohen, Marcelo G. (Hrsg.), Secession. International Law Perspectives, Cambridge 2006, S. 355–373.

Pellet, Alain, *Kosovo* – The Questions Not Asked: Self-Determination, Secession, and Recognition, in: Milanović, Marko/ Wood, Michael (Hrsg.), The Law and Politics of the Kosovo Advisory Opinion, Oxford 2015, S. 268–279.

Pellet, Alain, The Opinions of the Badinter Arbitration Committee: A Second Breath for the Self-Determination of Peoples, in: 3 EJIL (1992) S. 178–185.

Perritt, Henry H., The Road to Independence for Kosovo, A Chronicle of the Ahtisaari Plan, Cambridge 2010.

Peters, Anne, After Trump: China and Russia move from norm-takers to shapers of international legal order, in: Blog of the European Journal of International Law.

http://www.ejiltalk.org/after-trump-china-and-russia-move-from-norm-takers-to-shapers-of-the-international-legal-order/

Peters, Anne, Das Kosovo-Gutachten und Globaler Konstitutionalismus, in: Hilpold, Peter (Hrsg.), Das Kosovo Gutachten des IGH vom 22. Juli 2010, Leiden 2012, S. 229–258.

Peters, Anne, Das Kosovogutachten und die Kunst des Nichtsagens, in: Jusletter 25 (2010), S. 1–4.

Peters, Anne, Does Kosovo Lie in the Lotus-Land of Freedom?, in: Leiden Journal of International Law 24 (2011), S. 95–108.

Peters, Anne, Has the Advisory Opinion's finding that Kosovo's Declaration of Independence was not Contrary to International Law Set an Unfortunate Precedent?, in: Milanović, Marko/ Wood, Michael (Hrsg.), The Law and Politics of the Kosovo Advisory Opinion, Oxford 2015, S. 291–316

Peters, Anne, The Principle of *Uti Possidetis Juris*: How Relevant is it for Issues of Secession?, in: Walter, Christian et al (Hrsg.), Self-Determination and Secession in International Law, Oxford 2014, S. 95–138.

Petritsch, Wolfgang/ Kasser, Karl/ Pichler, Robert, Kosovo- Kosova. Mythen – Daten – Fakten, Klagenfurt 1999.

Pincus, Steve, 1688. The First Modern Revolution, New Haven 2009.

Pomerance, Michla, Self-Determination in Law and Practice. The New Doctrine in the United Nations, Den Haag 1982.

Price, Richard, A Discourse on the Love of Our Country, London 1789.

Prott, Volker, The Politics of Self-Determination. Remaking Territories and National Identities in Europe, 1917–1923, Oxford 2016.

Quane, Helene, Silence in International Law, in: the British Yearbook of International Law, Vol. 84 (2014), S. 240–270.

Rabl, Kurt, Das Selbstbestimmungsrecht der Völker. Geschichtliche Grundlagen. Umriss der gegenwärtigen Bedeutung. Ein Versuch. Zweite umgearbeitete und erweiterte Auflage, Köln 1973.

Raday, Frances, Self-Determination and Minority Rights, in: Fordam International Law Journal, Vol. 26, Issue 3 (2002), S. 453–499.

Raič, David, Statehood and the Law of Self-Determination, The Hague 2002.

Richemond-Barak, Daphné, The International Court of Justice on Kosovo: Missed Opportunity or Dispute 'Settlement', in: Hague Yearbook of International Law, Vol. 23, No. 1 (2001), S. 1–19.

Roben, Volker, The ICJ Advisory Opinion on the Unilateral Declaration of Independence in Respect of Kosovo: Rules or principles?, in: Goettingen Journal of International Law 2 (3) (2010), S. 1063–1086.

Roberts, Anthea, Legality Versus Legitimacy: Can Uses of Force be Illegal but Justified?, in: Alston, Philip/ MacDonald, Euan (Hrsg.), Human Rights, Intervention, and the Use of Force, New York, 2008, S. 179–214.

Rodríguez-Santiago, Elisabeth, The Evolution of Self-Determination of Peoples in International Law, in: Téson, Fernando R., The Theory of Self-Determination, Cambridge 2016, S. 201–240.

Rosas, Allan, Internal Self-Determination, in: Tomuschat, Christian: Modern Law of Self-Determination, Dordrecht 1993, S. 225–252.

Rossi, Christopher R., Impaled on Morton's Fork: Kosovo, Crimea, and the Sui Generis Circumstance, in: Emory International Law Review, Vol. 30, No. 3, S. 353–390.

Rossi, Christopher R., Ex Injuria Jus Non Oritur, Ex Factis Jus Oritur, and the Elusive Search for Equilibrium After Ukraine, in: Tulne Journal of International and Comparative Law, Vol. 24 (2015), S. 143–173.

Rumpf, Helmut, Das Subjekt des Selbstbestimmungsrechts, in: Blumenwitz, Dieter/Meissner, Boris (Hrsg.) Das Selbstbestimmungsrecht der Völker und die deutsche Frage, Köln 1994, S. 47–60.

Salmon, Jean, Internal Aspects of the Right to Self-Determination. Towards a Democratic Legitimacy Principle, in: Tomuschat, Christian, Modern Law of Self-Determination, Dordrecht 1993, S. 253–282.

Sanders, Douglas, Self-Determination and Indigenous Peoples, in: Tomuschat, Christian, Modern Law of Self-Determination, Dordrecht 1993, S. 55–82.

Schickel, Matthias, Zwischen Wilson und Lenin: Die Anfänge der globalen Blockbildung in den Jahren 1917–1919. Dargestellt am Beispiel des amerikanischen Diplomaten William Christian Bullitt, Hamburg 2005.

Schmücker, Reinold, Illegal, aber legitim? Zum Verhältnis von Moral und internationalem Recht, in: Schüttauf, Konrad/ Brudermüller, Gerd (Hrsg.), Globalisierung – Probleme einer neuen Weltordnung, Würzburg 2007, S. 75–94.

Schwabe, Klaus, Woodrow Wilson und das europäische Mächtesystem in Versailles: Friedensorganisation und nationale Selbstbestimmung, in: Clemens, Gabriele (Hrsg.): Nation und Europa: Studien zum internationalen Staatensystem im 19. u. 20. Jahrhundert, Stuttgart 2001, S. 89–108.

Shaw, Malcolm N., The Role of Recognition and Non-Recognition with respect to Secession: Notes on Some Relevant Issues, in: Dahlitz, Julie, Secession and International Law: Conflict Avoidance – Regional Appraisals, New York and Geneva 2003, S. 243–258.

Shaw, Malcolm N., International Law, Fifth Edition, Cambridge 2003.

Shaw, Malcolm N., People, Territorialism and Boundaries, in: European Journal of International Law 8, No. 3 (1997), S. 487–507.

Shelton, Dinah, Self-determination and Secession: The Jurisprudence of International Human Rights Tribunals, in: Dahlitz, Julie, Secession and International Law: Conflict Avoidance – Regional Appraisals, New York and Geneva, 2003, S. 47–74.

Simma, Bruno, NATO, the UN and the Use of Force: Legal Aspects, in: EJIL 10 (1999), S. 1–22.

Sinha, Prakash S., Is Self-Determination Passé, in: 12 Columbia Journal of Transnational Law (1973) S. 260–273.

Stachonova, Monika, The ICJ Advisory Opinion on Kosovo, International Courts Association: The Hague 2014.

Sterio, Milena, The Right to Self-Determination Under International Law. "Selfistans", Secession and the Rule of Great Powers, London 2013.

Summers, James, From Yugoslav Province to Disputed Independence, in: Summers, James (Hrsg.), Kosovo: A Precedent? The Declaration of Independence, the Advisory Opinion and Implications for Statehood, Self-Determination and Minority Rights, Leiden/Boston 2011.

Summers, James, Kosovo, in: Walter, Christian et al (Hrsg.), Self-Determination and Secession in International Law, Oxford 2014, S. 235–255.

Summers, James, The Internal and External Aspects of Self-Determination Reconsidered, in: French, Duncan (Hrsg.), Statehood and Self-Determination, Reconciling Tradition and Modernity in International Law, Cambridge 2013, S. 229–250.

Summers, James, The Idea of the People. The Right of Self-Determination. Nationalism and the Legitimacy of International Law, Helsinki 2004.

Summers, James, Peoples in International Law. How Nationalism and Self-Determination Shape a Contemporary Law of Nations, Leiden 2007.

Talmon, Stefan, Kollektive Nichtanerkennung illegaler Staaten, Tübingen 2006.

Talmon, Stefan, The Duty Not to 'Recognize as Lawful' a Situation Created by the Illegal Use of Force or Other Serious Breaches of a Jus Cogens Obligation: An Obligation without Real Substance?, in: Tomuschat, Christian/ Thouvenin, Jean-Marc, The Fundamental Rules of the International Legal Order – Jus Cogens and Obligations Erga Omnes, Leiden/Boston 2006, S. 99–126.

Tamir, Yael, Liberal Nationalism, Princton 1995.

Tancredi, Antonello, A normative 'due process' in the creation of States through secession, in: Kohen, Marcelo G. (Hrsg.), Secession, International Law Perspectives, Cambridge 2006, S. 170–207.

Téson, Fernando R., Introduction: The Conundrum of Self-Determination, in: Téson, Fernando R., The Theory of Self-Determination, Cambridge 2016, S. 13–32.

Téson, Fernando R., The Theory of Self-Determination, Cambridge 2016.

Thornberry, Patrick, The Democratic or Internal Aspect of Self-Determination with some remarks on Federalism, in: Tomuschat, Christian, Modern Law of Self-Determination, Dordrecht 1993, S. 101–138.

Thornberry, Patrick, Indigenous Peoples and Human Rights, Manchester 2002.

Thürer, Daniel, Das Selbstbestimmungsrecht der Völker – ein Überblick, in: Archiv des Völkerrechts 22 (1984), S. 113–137.

Thürer, Daniel, Das Selbstbestimmungsrecht der Völker. Mit einem Exkurs zur Jurafrage, Bern 1976.

Thürer, Daniel, Der Kosovo-Konflikt im Lichte des Völkerrechts: Von drei – echten und scheinbaren – Dilemmata, in: Archiv des Völkerrechts, 38 Bd., No. 1 (März 2000), S. 1–22.

Tolstykh, Vladislav, Three Three Ideas of Self-Determination in International Law and the Reunification of Crimea with Russia, in: Zeitschrift für ausländisches öffentliches Recht und Völkerrecht, Heft 75, München 2015, S. 119–139.

Tomuschat, Christian (Hrsg.), Modern Law of Self-Determination, Dordrecht, 1993.

Tomuschat, Christian, Die Anerkennung von Neustaaten – Die vorzeitige Anerkennung, in: Hilpold, Peter, Das Kosovo-Gutachten des IGH vom 22. Juli 2010, Leiden 2011, S. 31–48.

Tomuschat, Christian, Secession and self-determination, in: Kohen, Marcelo G. (Hrsg.), Secession. International Law Perspectives, Cambridge 2006, S. 23–45.

Tomuschat, Christian, Self-Determination in a Post-Colonial World, in: Tomuschat, Christian, Modern Law of Self-Determination, Dordrecht 1993, S. 1–20.

Tomuschat, Christian, Völkerrechtliche Aspekte des Kosovo-Konflikts, in: die Friedens-Warte, Vol. 74, No. 12, Jubiläumsheft „100 Jahre Friedens-Warte" (1999), S. 33–37.

Tully, James, The Imperial Roles of Modern Constitutional Democracy, Imperialism and Civic Freedom, Vol. 2, Public Philosophy in a New Key, Cambridge 2008.

Türk, Danilo, Recognition of States: A Comment, in: 4 EJIL (1993), S. 66–71.

Turp, Daniel, Québec's Right to Secessionist Self-Determination: The Colliding Paths of Canada's *Clarity Act* and Québec's *Fundamental Rights Act*, in: Dahlitz, Julie, Secession and International Law: Conflict Avoidance – Regional Appraisals, New York and Geneva 2003, S. 167–206.

Turp, Daniel, The Principle of Autonomy, the Right to Self-Determination and the Case of Quebec, in: Hilpold, Peter (Hrsg.), Autonomie und Selbstbestimmung in Europa und im internationalen Vergleich, Wien 2016, S. 312–321.

Vashakmadze, Mindia/ Lippold, Matthias, „Nothing but a road towards secession"? – The International Court of Justice's Advisory Opinion on Accordance with International Law of the Unilateral Declaration of Independence in Respect of Kosovo, in: Goettingen Journal of International Law 2 (2010), S. 619–647.

Veiter, Theodor, Die Entwicklung des Selbstbestimmungsrechts, in: Blumenwitz, Dieter/Meissner, Boris, Das Selbstbestimmungsrecht der Völker und die deutsche Frage, Köln 1984, S. 9–36.

Vidmar, Jure, Unilateral declarations of independence in international law, in: French, Duncan (Hrsg.), Statehood and Self-Determination, Reconciling Tradition and Modernity in International Law, Cambridge 2013, S. 60–78.

Vidmar, Jure, Explaining the Legal Effects of Recognition, in: International and Comparative Law Quarterly Vol. 61 (2) (2012), S. 361–387.

Vidmar, Jure, International Legal Responses to Kosovo's Declaration of Independence, Vanderbilt Journal of International Law, 42 (2009), S. 779–851.

Vidmar, Jure, Remedial Secession in International Law: Theory and (Lack of Practice), in: St. Antony's International Review 6, No. 1 (2010), S. 37–56.

Vidmar, Jure, Territorial Integrity and the Law of Statehood, in: The Geo. Wash. Int' L. Rev., Vol. 44, S. 101–149.

Vidmar, Jure, The Kosovo Advisory Opinion Scrutinized, in: Leiden Journal of International Law, 24 (2011), S. 355–383.

Von Waldkirch, E., Völkerrecht in seinen Grundzügen dargestellt, Basel 1926.

Walter, Christian, et al. (Hrsg.), Self-Determination and Secession in International Law, Oxford 2014.

Walter, Christian, Postscript: Self-Determination, Secession and the Crimean Crisis 2014, in: Walter, Christian et al (Hrsg.), Self-Determination and Secession in International Law, Oxford 2014, S. 293–311.

Walter, Christian, The Kosovo Advisory Opinion: What It Says and What It Does Not Say, in: Walter, Christian et al (Hrsg.), Self-Determination and Secession in International Law, Oxford 2014, S. 13–27.

Walzer, Michael, Just and Unjust Wars – A Moral Argument With Historical Illustrations, London 1977.

Waters, Timothy William, Misplaced Boldness: The Avoidance of Substance in the International Court of Justice's *Kosovo* Opinion, in: 23 Duke Journal of Comparative & International Law (2013), S. 267–333.

Weller, Marc, The Sounds of Silence: Making Sense of the Supposed Gaps in the *Kosovo* Opinion, in: Milanović, Marko/ Wood, Michael (Hrsg.), The Law and Politics of the Kosovo Advisory Opinion, Oxford 2015, S. 187–218.

Weller, Marc, Contested Statehood, Kosovo's Struggle for Independence, Oxford 2009.

Weller, Marc, Escaping the Self-Determination Trap, Leiden 2008.

Weller, Marc, Modesty Can be a Virtue: Judicial Economy in the ICJ *Kosovo* Advisory Opinion, in: Leiden Journal of International Law, 24 (2011), S. 127–147.

Weller, Marc, The Rambouillet conference on Kosovo, in: International Affairs 75/2 (1999), S. 211–251.

Wells, H. G., The Shape of Things to Come. London 2011.

Whelan, Anthony, Wilsonian Self-Determination and the Versailles Settlement, in: The International and Comparative Law Quarterly, Vol. 43, No. 1. Cambridge 1994, S. 99–115.

Wiessner, Siegfried, The Cultural Rights of Indigenous Peoples: Achievements and Continuing Challenges, in: The European Journal of International Law, Vol. 22, No. 1, S. 121–140.

Wilde, Ralph, Self-Determination, Secession and Dispute Settlement after the Kosovo Advisory Opinion, in: Leiden Journal of International Law, 24 (2011), S. 149–154.

Wildhaber, Luzius, Krim, Ostukraine und Völkerrecht, in: Schweizer Zeitschrift für internationales und europäisches Recht 25/2 (2015), S. 159–170.

William, Thomas Worster, Law, Politics and the Conception of the State Recognition Theory, in: Boston University International Law Journal, Vol. 27, S. 115–171.

Wilson, James, Address to the Inhabitants of the Colonies, in: Hall, Kermit L. / Hall, Mark David (Hrsg.): Collected Works of James Wilson, Indianapolis 2007, S. 46–59.

Zimmermann, Andreas, Secession and the law of State succession, in: Kohen, Marcelo G. (Hrsg.), Secession. International Law Perspectives, Cambridge 2006, S. 208–230.

Weitere Dokumente

Aboriginal Land Rights (Northern Territory) Act 1976

African Commission on Human and People's Rights, Katangese Peoples v. Zaire, Comm. No. 75/92, 1995

A/RES/1514 (XV), 14.12.1960

A/RES/1541 (XV), 15.12.1960

A/RES/2625 (XXV), 24.10.1970, Declaration on Principles of International Law concerning Friendly Relations and Co-operation among States in accordance with the Charter of the United Nations

A/48/94 v. 20. 12. 1993

A/RES/60/1, 24 .10. 2005, World Summit Outcome

A/RES/61/295, 13. 9. 2007

A/RES/63/3, 8. 10. 2008

Art. 10 Völkerbundsatzung

Art. 22 Völkerbundsatzung

Art. 1/2 Charta der Vereinten Nationen

Art. 2/4 Charta der Vereinten Nationen

Art. 24/1 Charta der Vereinten Nationen

Art. 55 Charta der Vereinten Nationen

Art. 73 Charta der Vereinten Nationen

Art. 75 Charta der Vereinten Nationen

Art. 76 Charta der Vereinten Nationen

Art. 77 Charta der Vereinten Nationen

Art. 96 Charta der Vereinten Nationen

Art. 1 Internationaler Pakt über bürgerliche und politische Rechte vom 19. Dezember 1966

Art. 1 Internationaler Pakt über wirtschaftliche, soziale und kulturelle Rechte vom 19. Dezember 1966

Committee on the Elimination of Racial Discrimination, General Recommendation 12, UN. Doc. A/51/18, Annex VIII

Cultural Survival and the Indigenous Peoples' Caucus. "Our Land, Our Identity, Our Freedom" *Cultural Survival Voices* Volume 5, Issue 2 (March 2007)

European Court of Human Rights: Loizidou vs. Turkey, Application no. 15318/89, Judgement, Strasbourg, 18.Dec. 1996

UN Human Rights Committee, CCPR General Comment No. 12: Article 1 (Right to Self-Determination) The Right to Self-Determination of Peoples

UN Human Rights Committee, CCPR General Comment No. 23: Article 27 (Rights of Minorities), CCPR/C/21/Rev. 1/Add. 5

International Court of Justice, Case Concerning Military and Paramilitary Activities in and against Nicaragua (Nicaragua v. United States of America), ICJ Reports 1986

International Court of Justice, Case Concerning the Frontier Dispute (Burkina Faso v. Republic of Mail), ICJ Reports 1986

International Court of Justice, Legal Consequences For States of the continued presence of South Africa in Namibia

International Court of Justice, Legal Consequences of the Construction of a Wall in the Occupied Palestinian Territory, Advisory Opinion, ICJ Reports 2004

International Court of Justice, Legality of the Threat or Use of Nuclear Weapons, Advisory Opinion, ICJ Reports 1996

International Court of Justice, Western Sahara, Advisory Opinion, ICJ Reports 1975

International Law Commission, the Hague Conference (2010), Rights of Indigenous Peoples, Interim Report

International Criminal Court, Report on Preliminary Examination Activities 2016, 14 November 2016, S. 33 ff. https://www.icc-cpi.int/iccdocs/otp/161114-otp-rep-PE_ENG.pdf

Reference re Secession of Quebec (1998) 2.S.C.R. 217

Montevideo Convention, Article 1

Report of the International Committee of Rapporteurs, LN Council Doc. B7/21/68/106 (1921)

S/2004/168, Report of the Special Envoy of the Security-General on Kosovo's future status

S/2007/168, Letter dated 26 March 2007 from the Security-General addressed to the President of the Security Council

S/2007/723, Report of the European Union/United States/ Russian Federation Troika on Kosovo, 4 December 2007

Secretary- General Deeply Regrets Yugoslav Rejection of Political Settlement; Says Security Council should be involved in any Decision to use Force, SG/SM/6938, 24 March 1999

Statement by the President of the Security Council, 19 January 1999, S/PRST/1999/2

Statement by the President of the Security Council, 29 January 1999, S/PRST/1999/5

Statement by the President of the Security Council, 12 December 2003, S/PRST/2003/26

Statement by the President of the Security Council, 18 March 2004, S/PRST/2004/5

Security Council, 5839th meeting, 18 February 2008, S/PV.5839

Security Council, 7125th meeting, 3 March 2014, S/PV.7125

Security Council Resolution, S/RES/216 (1965)

Security Council Resolution, S/RES/217 (1965)

Security Council Resolution, S/RES/541 (1983)

Security Council Resolution, S/RES/591 (1986)

Security Council Resolution, S/RES/787 (1992)

Security Council Resolution, S/RES/745 (1992)

Security Council Resolution, S/RES/836 (1993)

Security Council Resolution, S/RES/847 (1993)

Security Council Resolution, S/RES/859 (1993)

Security Council Resolution, S/RES/1169 (1998)

Security Council Resolution, S/RES/1199 (1998)

Security Council Resolution, S/RES/1203 (1998)

Security Council Resolution, S/RES/836 (1993)

Security Council Resolution, S/RES/847 (1993)

Security Council Resolution, S/RES/859 (1993)

The Kimberly Declaration, International Indigenous Peoples Summit on Sustainable Development Khoi-San Territory Kimberley, South Africa, 20–23 August 2002

The Kosovo Report – Conflict/International Response/Lessons Learned, The Independent International Commission on Kosovo

UN Doc. A/Conf. 157/23, June 1993, World Conference on Human Rights, Vienna Declaration and Programme of Action

UN, Sales No. E. 91 XIV 2 – E. Capotori, Study of the Rights of Persons Belonging to Ethnic Religious and Linguistic Minorities of 1979

UNCIO-Dokumente III

UNCIO-Dokumente VI

UNESCO, International Meeting of Experts on Further Study of the Concept of the Rights of Peoples, Final Report and Recommendations, Paris, 22 February 1990

UN Doc. E/CN.4/ Sub. 2/1985/31 (1985)

UN Doc. E/CN. 4/ Sub. 2/1986/ Add. 4

UN Doc. E/CN.4/ Sub. 2/ 1993/ 34, 10.8.1993, A. Eide, Protection of Minorities: Possible Ways and Means of Facilitating the Peaceful and Constructive Solution of Problems Involving Minorities

S/2004/932, Later dated 17 November 2004 from the Secretary-General addressed to the President of the Security Council

S/2008/260, Later dated 17 April 2008 from Permanent Representative of Serbia to the United Nations addressed to the President of the Security Council

International Court of Justice, Accordance with International Law of the Unilateral Declaration of Independence in Respect of Kosovo, Advisory Opinion, ICJ Reports 2010:

Written Statement of the Government of the Republic of Albania, April 2009

Written Statement of the Government of the Republic of Serbia, 15 April 2009

Written Statement of the Kingdom of the Netherlands, 17 April 2009

Separate Opinion of Judge Yusuf

Separate Opinion of Judge Cancado Trindade

Dissenting Opinion of Judge Bennouna

Separate Opinion of Judge Keith

Declaration of Judge Simma

Disenting Opinion of Judge Koroma

Declaration of Vice-President Tomka

Kosovo Advisory proceeding, Verbatim Record, CR 2009/30.

Kosovo Advisory proceeding, Verbatim Record, United Kingdom, CR 2009/32, S. 47.

Written Statement of Finland, April 2009

Written Statement of the Republic of Estonia, April 2009

Written Statement of the Republic of Poland, April 2009

Written Statement of the Federal Republic of Germany, April 2009

Written Statement by the Russian Federation, 16 April 2009

Written Statement of Argentine Republic, 17 April 2009

Written Statement of the Republic of Azerbajan, 17 April 2009

Written Statement of the Government of Ireland, 17 April 2009

Written Statement by the Swiss Confederation, May 2009

Weitere Materialien

Außenminister Sergej Iwanow am 9. Februar 2007 bei einer Pressekonferenz an Sevilla, anlässlich eines informellen Treffens mit NATO-Außenministern. https://de.sputniknews.com/politik/2007020960464148/.

Außenminister Sergej Lawrow am 9. August 2008 in einem BBC-Interview. www.un.int/russia/new/MainRoot/docs/off_news/090808/newen2.htm.

Boris Tadić, The World in Disarray – Shifting Powers, Lack of Strategies. Rede des Serbischen Präsidenten am 8. Februar 2008 auf der 44. Münchner Sicherheitskonferenz. http://www.contexto.org/pdfs/MUNsecres.pdf.

Canada joins international recognition of Kosovo: http://s310226652.online.de/docs/independence/Canada.pdf.

Crimea parliament declares independence from Ukraine ahead of Referendum https://www.rt.com/news/crimea-parliament-independence-ukraine-086/.

Declaration of Independence of the Autonomous Republic of Crimea and Sevastopol, Voltaire Network, 11 März, 2014, http://www.voltairenet.org/article182723.html.

Die Zeit Nr. 14 vom 27. März 2014, Helmut Schmidt über Russlands Recht auf die Krim, die Überreaktion des Westens und den Unsinn von Sanktionen.

F.A.Z. Frankfurter Allgemeine Zeitung vom 09.08.2016, Michael Martens, Erster Olympiasieg für Kosovo – eine goldene Provokation für Serbien.

F.A.Z. Frankfurter Allgemeine Zeitung vom 20. Oktober 2016, Merkel fordert von EU-Chefs harte Haltung gegenüber Putin.

F.A.Z. Frankfurter Allgemeine Zeitung vom 28.06.1999, S. 11.

J. Goldsmith, The Kosovo Precedent for Syria Isn't Much of a Precedent, in: Lawfare, 24. August 2013. https://www.lawfareblog.com/kosovo-precedent-syria-isnt-much-precedentund.

Kosovo Declaration of Independence, Sunday, 17.02.2008, http://www.assembly-kosova.org/?cid=2,128,1635.

Lord Kennet am 6. Mai 1999 in einer Rede im House of Lords des englischen Parlaments. http://www.publications.parliament.uk/pa/ld199899/ldhansrd/vo990506/text/90506-08.htm.

Neue Zürcher Zeitung, 18.11.2014, Ch. Weisflog, Warum die Krim nicht Kosovo ist – Völkerrechtler widersprechen Putin, Neue Zürcher Zeitung, 18. 11. 2014.

New York Times vom 12. September 2013, Artikel von President Putin in den New York Times, A Plea for Caution From Russia. Op-Ed-Artikel http://www.nytimes.com/2013/09/12/opinion/putin-plea-for-caution-from-russia-on-syria.html?hp&_r=1&.

Präsident Vladimir Putin am 23. Februar 2008. The Sydney Morning Herald, 24. 2 2008. http://www.smh.com.au/news/world/putin-warns-of-brute-force-over-kosovo/2008/02/23/1203467455526.html.

Rede des russischen Präsidenten Wladimir Putin an die Nation, gehalten am 18. März 2014 im Kreml vor Mitgliedern des Föderationsrates und Abgeordneten der Duma. http://en.kremlin.ru/events/president/news/20603.

Regierungserklärung von Bundeskanzlerin Angela Merkel im Deutschen Bundestag, 13. März 2014. https://www.bundesregierung.de/Content/ DE/ Regierungserklaerung/2014/2014-03-13-bt-merkel.html.

Russischer Außenminister Sergei Iwanow am 14. März 2014 in einer Pressekonferenz in London nach einem Treffen mit dem US Außenminister John Kerry. https://www.youtube.com/watch?v=MicqZRnAkOg.

SPIEGEL-Interview mit Ibrahim Rugova, in: Der Spiegel Nr. 26/1989, S. 159–161.

Süddeutsche Zeitung, „Russland zieht sich vom Weltstrafgericht zurück", 16. 11. 2016, http://www.sueddeutsche.de/politik/internationaler-strafgerichtshof-russland-zieht-sich-aus-weltstrafgericht-zurueck-1.3252552.

Süddeutsche Zeitung, 21. März 2014, M. C. Schulte von Drach, Welches Völkerrecht darf's denn heute sein?.

The Guardian, 17. 3.2014, D. W. Drezner, Putin's excuse for a referendum is wrong: Crimea isn't Kosovo – at all, https://www.theguardian.com/comment isfree/2014/mar/17/putin-referendum-crimea-kosovo.

Vasile, Rotaru, Instrumentalising Balkan's recent past. How Russia is (miss)using Kosovo Phttp://web.isanet.org/Web/Conferences/CEEISA-ISA-LBJ2016/Arc hive/29bef07b-21be-4fb7-952a-2329c913ea55.pdf.

Zeit Online, 18.4.2014, Andreas Umland, Wie Putin den Westen austrickste http://www.zeit.de/politik/ausland/2014-04/krim-annexion-akzeptanz-genfer-erklaerung/komplettansicht.

Zeit Online, 15. 2. 2015, Dušan Reljić, Kosovo braucht einen Beschäftigungspakt mit der EU. http://www.zeit.de/politik/ausland/2015-02/kosovo-fluechtlinge-beschaeftigungspakt-eu-armut-arbeitslosgikeit

Völkerrecht, Europarecht und Internationales Wirtschaftsrecht

Herausgegeben von Peter Hilpold und August Reinisch

Band 1 Florian Razesberger: The International Criminal Court. The Principle of Complementarity. 2006.

Band 2 Christian Wimpissinger: Steuerliche Verlustverrechnung nach EG-Recht. 2006.

Band 3 Christina Knahr: Participation of Non-State Actors in the Dispute Settlement System of the WTO: Benefit or Burden? 2007.

Band 4 Daniela Kröll: Toward Multilateral Competition Law? After Cancún: Reevaluating the Case for Additional International Competition Rules Under Special Consideration of the WTO Agreement. 2007.

Band 5 Georg Nolte / Peter Hilpold (Hrsg.): Auslandsinvestitionen – Entwicklung großer Kodifikationen – Fragmentierung des Völkerrechts – Status des Kosovo. Beiträge zum 31. Österreichischen Völkerrechtstag 2006 in München. 2008.

Band 6 Irmgard Marboe: Die Berechnung von Entschädigung und Schadenersatz in der internationalen Rechtsprechung. 2009.

Band 7 Peter Neumann: United Nations Procurement Regime. Description and Evaluation of the Legal Framework in the Light of International Standards and of Findings of an Inquiry into Procurement for the Iraq Oil-for-Food Programme. 2008.

Band 8 Kirsten Schmalenbach / Wolfgang Benedek (Hrsg.): Von Terrorismusbekämpfung bis Klimaschutz. Beiträge zum 32. Österreichischen Völkerrechtstag 2007 in Altaussee. 2008.

Band 9 Stephan Wittich / August Reinisch / Andrea Gattini (Hrsg.): Kosovo – Staatsschulden – Notstand – EU-Reformvertrag – Humanitätsrecht. Beiträge zum 33. Österreichischen Völkerrechtstag 2008 in Conegliano. 2009.

Band 10 Peter Hilpold (Hrsg.): Das Selbstbestimmungsrecht der Völker. Vom umstrittenen Prinzip zum vieldeutigen Recht? 2009.

Band 11 Peter Hilpold / Christoph Perathoner (Hrsg.): Immigration und Integration. Völkerrechtliche und europarechtliche Antworten auf eine zentrale Herausforderung der Zeit. 2010.

Band 12 Claudia Alfons: Recognition and Enforcement of Annulled Foreign Arbitral Awards. An Analysis of the Legal Framework and its Interpretation in Case Law and Literature. 2010.

Band 13 Peter Hilpold / Walter Steinmair / Christoph Perathoner (Hrsg.): Rechtsvergleichung an der Sprachgrenze. 2011.

Band 14 Werner Schroeder / Jelka Mayr-Singer (Hrsg.): Völkerstrafrecht, Rechtsschutz und Rule of Law. Das Individuum als Herausforderung für das Völkerrecht. Beiträge zum 34. Österreichischen Völkerrechtstag 2009 in Tramin/Südtirol. 2011.

Band 15 Werner Petritz: Vor dem Aus? Der Vertrag über die Nichtweiterverbreitung von Kernwaffen. Funktion und Relevanz anhand zweier Beispiele. 2012.

Band 16 Kirsten Schmalenbach (Hrsg.): Aktuelle Herausforderungen des Völkerrechts. Beiträge zum 36. Österreichischen Völkerrechtstag 2011. Unter Mitarbeit von Lando Kirchmair. 2012.

Band 17 Ruth Steger: Staatenimmunität und Kriegsverbrechen. Das IGH-Urteil im Verfahren Deutschland gegen Italien vom 03.02.2012. 2013.

Band 18 Christoph Vedder (Hrsg.): Völkerrecht 2012. Richterliche Praxis und politische Realität. Beiträge zum 37. Österreichischen Völkerrechtstag 2012. Unter Mitarbeit von Manuel Indlekofer. 2013.

Band 19 Wolfgang Benedek / Hans-Peter Folz / Hubert Isak / Matthias C. Kettemann / Renate Kicker (Hrsg.): Bestand und Wandel des Völkerrechts. Beiträge zum 38. Österreichischen Völkerrechtstag 2013 in Stadtschlaining. 2014.

Band 20 Andrea Bockley / Ursula Kriebaum / August Reinisch (Hrsg.): Nichtstaatliche Akteure und Interventionsverbot. Beiträge zum 39. Österreichischen Völkerrechtstag 2014 in Klosterneuburg. 2015.

Band 21 Caroline U. Amann: The EU Education Policy in the Post-Lisbon Era. A Comprehensive Approach. 2015.

Band 22 Karl Edlinger: Die völkerrechtliche Klassifizierung bewaffneter Konflikte. Konflikttypen, Abgrenzungen sowie Rechtsfolgen und deren Auswirkungen auf die Planung und Durchführung militärischer Operationen. 2016.

Band 23 Elisabeth Parteli: Pressefreiheit und Persönlichkeitsschutz. Ein Leitfaden für die journalistische Praxis. Das Spannungsverhältnis zwischen der Freiheit der Äußerung und dem Schutz der Persönlichkeitsrechte unter besonderer Berücksichtigung der Abgrenzung von Tatsachenbehauptung und Werturteil der Rechtsprechung des Europäischen Gerichtshofs für Menschenrechte zu Artikel 10 EMRK. 2017.

Band 24 Anna Fischer: Sezession im Völkerrecht – Faktisches Phänomen oder reale Utopie. Die Geschichte eines Prinzips im Lichte eines unglücklichen Präzedenzfalls. 2017.

www.peterlang.com

www.ingramcontent.com/pod-product-compliance
Ingram Content Group UK Ltd.
Pitfield, Milton Keynes, MK11 3LW, UK
UKHW021912290926
8980IPUK00015B/1212

9 783631 725283